'자조론'과 근대 한국

- 성공주의의 기원과 전파 -

동아대학교 석당학술총서 39

'자조론'과 근대 한국
- 성공주의의 기원과 전파 -

최희정 지음

경인문화사

책을 내면서

'자조론'을 박사학위논문의 주제로 선정한 것은 아주 우연히 시작되었다. 특정하게 믿는 신앙은 없지만 굳이 말하자면 불교인데, 지금 와서 돌이켜 생각하면 '자조론'이라는 주제를 맞닥뜨린 것은 불교에서 말하는 인연인 듯하다. 식민지 시대를 다루어보고 싶다고 의중을 굳혔지만, 정확한 논제를 정하지 못해서 막막한 기분에 기본 사료부터 충실히 읽어보자고 마음먹고 신문을 읽기 시작하여 최남선의 『자조론』 책 광고를 접한 것이 '자조론' 논제를 만나게 된 시초가 되었다.

1910년대 기사를 볼 수 있는 『매일신보』부터 읽기 시작하였는데, 기사의 제목을 보고 흥미 있는 주제를 스크랩하고 동일 주제를 『동아일보』『조선일보』에서 찾아서 함께 보았다. 이런 작업을 하는 와중에 읽는 데 지친 눈이 저절로 머문 곳은 광고였다. 이 가운데 1910년대와 1920년대에 걸쳐 풍부히 광고되었던 신간 서적에 자연히 눈길이 갔고, 『매일신보』에 광고된 새무엘 스마일즈 *Self-Help*의 번역서인 최남선의 『자조론』을 찾았고 이어서 홍난파의 『청년입지편』을 발견하였다.

신문 자료를 처음 읽기 시작했을 때 식민지 사회의 일상을 담담히 기술하고 싶다는 마음이 은연중에 있었다. 이 때문에 최남선과 홍난파와 같이 식민지 시대 잘 알려진 지식인들과 관련된 주제는 대충 흘려 넘겨버렸다. 그런데 1910년대 『자조론』의 완역을 처음 시도한 지식인으로 최남선을 대면하게 되었을 때 적지 않게 당황하였다. 또 단순히 음악가로만 알고 있었던 홍난파가 1920년대 초 『청년입지편』의 표제로 『자조론』의 새로운 번역서를 출간한 것을 확인하는 순간 내 안에서 일어난 지적 충격의 파장은 상당하였다. 무엇보다 한국에서 '자조론' 유통에 대한 역사적 접근이 전혀 이루어지지 않은 점과, 최남선과 홍난파가 '자조론'을 유통한 지식인이었다는 사실에 가슴 두근거렸다.

그런데 미처 알지 못했을 뿐이지 일본과 미국학계에서는 일찍부터 '자조론'과 이것이 메이지 일본사회에 미친 입신출세주의 및 '자조론'의 유통 대상인 근대 주체 '청년'에 대한 연구가 풍부히 이루어지고 있었다. 일본과 미국학계에서 나온 '자조론'과 관련된 연구 성과는 한말 처음 한국 사회에 소개된 서구 근대 지식으로서 '자조론'의 기능과 1920년대 이후 식민지 사회에서 공공적으로 유통된 성공주의를 비교·이해하는 데 큰 도움이 되었다. 그리하여 박사학위논문에서는 한말부터 식민지기까지 사용한 주체와 사회적 조건에 따라 새롭게 창출된 '자조론'의 사회적 의미를 밝힐 수 있었다.

이후 『자조론』 번역의 유통과 '자조론' 활용을 통한 식민지 시기와 포스트 식민지 시기의 연속성을 살펴보는 작업을 수행하면서, 최연택·최영택·백대진·최찬식과 같은 '자조론' 계열 우파 지식인의 계보를 정립하였다. 이들 가운데 특히 최연택과 관련된 자료를 추적하는 데 걸린 시간과 수고 및 논문으로 완성하기까지 과정은 이루 말할 수 없을 정도로 힘들었다. 하지만 최연택과 관련된 자료의 지난한 추적 과정이 없었다면, 이후 최영택을 비롯한 백대진·최찬식 등과 같은 '자조론' 계열 지식인들의 연망 및 그들이 번역 혹은 생산한 『자조론』 아류 서적물에 대한 연구가 진척되기는 어려웠을 것이다. 그러므로 최연택이라는 역사 속 인물을 조우한 것 또한 큰 인연이라고 여겨진다.

이 책은 박사학위논문의 일부분과 '자조론'과 관련하여 그동안 학회지에 발표한 논문을 주제별로 묶어서 새롭게 배열하고 최근 나온 연구 성과를 최대한 반영하여 수정·보완한 것이다. 총 11편의 논문을 담았는데, 각각의 논문을 쓰는 과정뿐만 아니라 이것을 책으로 출간하기까지 많은 분의 격려와

vi

도움을 받았다. 먼저 책으로 출간될 수 있도록 격려해주신 최기영 선생님께 감사드린다. 1930년대 조선총독부의 '자력갱생론'에 대한 논의의 구도를 정립하는 데에는 『자력갱생휘보』 복각판이 출간된 사실을 요시노 마코토 선생님께 전해 듣고 검토할 수 있었던 것이 큰 도움이 되었다. 친구 고지마 게이꼬의 격려와 도움 덕분에 직업으로서 학문에 대한 성찰과 긴장을 놓치지 않을 수 있었다. 진심으로 고맙다는 말을 전하고 싶다. 무엇보다 그동안의 학문적 노력이 결실로 맺어질 수 있도록 석당학술총서로서 출판할 기회를 주신 석당학술원 관계자분들께 감사드린다. 마지막으로 다른 이에 대한 배려와 겸손을 가르쳐 주신 부모님께 감사드리며, 이 책을 바친다.

2020년 1월
최희정

차　례

서 론

1. 연구목적과 필요성

이 책은 '自助論'이 개인·사회·국가에 미친 파급력과 관련하여 근현대 한국사회의 변동과 연속성을 살펴보는데 주요한 목적이 있다. 구체적으로 말하면, 한말부터 포스트 식민지 시기에 이르기까지 개인·사회·국가에 적용된 일상화된 성공주의 담론으로서 '자조론'의 기능과 이것을 활용한 지식인의 계보를 밝히려는 것이다.

'자조론'은 "하늘은 스스로 돕는 자를 돕는다"는 문구로 유명한 새무엘 스마일즈(Samuel Smiles, 1812~1904) Self-Help(『自助論』)의 핵심 가치이다. 1859년 출간된 『자조론』은 부단한 노력을 통해 업적을 달성한 개인의 사례를 소개한 인물 열전이다. 오늘날 위인전의 효시가 되는 이 책은 이 같은 업적을 이루기까지 개인이 수행한 근면·인내·노력 등과 같은 정신자세를 '자조론'으로 형상화하였다. 다시 말하면, '자조론'은 서구 근대 자본주의를 구축하는데 공헌한 서구 위인들의 정신을 표상한 것이라고 볼 수 있다.

이 같은 '자조론'은 나카무라 마사나오(中村正直, 1832~1891)의 『西國立志編: 原名 自助論』 중역을 통해 한말 처음 소개되었다. 이후 『자조론』은 스터디셀러의 목록에 빠지지 않고 등재되는 서적이며, 거듭하여 새로운 번역본이 출판되고 있다. 스터디셀러로서 오랫동안 대중의 인기를 받은 서적이라는 사실에서 짐작할 수 있듯이, 이 책에서 형상화한 서구 근대의 가치인 '자조론'은 남북한 사회 모두에 여전히 살아 숨 쉬고 있다. 현재 남한에서는 성공을 지향하는 개인이 갖출 자기계발의 윤리 덕목으로써, 북한에서는 정치와 경제의 노선을 표상하는 정치 슬로건 '자력갱생론'으로써 활용되고 있다.

이렇듯 '자조론'은 한말 식민지기를 거쳐 포스트 식민지 시기 남북한 사회에 그 뿌리를 내려 토착화하였다. 이것은 한말 식민지기 '자조론'과 경합

했던 '진화론'과 '개조론'이 한 시대를 좌지우지했던 과거의 사조로서 사라진 것과 대비하여 그 생명력이 더욱 생생하게 느껴진다. 한말 식민지기를 거쳐 현재에 이르기까지 '자조론'이 남북한 국가 모두에게 지속될 수 있었던 요인은 무엇일까? 또 이러한 '자조론'을 수용하고 활용한 지식인들은 누구일까? 이 책은 이러한 물음에 초점을 맞추어 '자조론'을 활용한 이른바 '자조론' 계열 지식인의 계보를 추적하는 한편, 근현대 한국 사회에 장기 지속한 '자조론'의 유효성을 살펴보려고 한다.

그동안 '자조론'에 대한 연구가 없었던 것은 아니다. 하지만 한말부터 포스트 식민지 시기까지 통시대적으로 '자조론'이 유통되는 현상과 이것을 유통한 일군의 지식인 집단에 대해 섬세히 살펴본 연구는 없었다. 사실 '자조론'에 대한 관심은 한말과 식민지 시기 '자조론'과 경합 관계에 있었던 사회진화론·개조론·사회주의에 대한 학계의 높은 관심에 비해 저조하였고, 상대적으로 그 연구성과도 소략하였다. 2000년 연간까지 신소설에 삽입된 서구근대 사상으로서 간략히 언급되는 정도에 그쳤을 뿐, '자조론'에 대한 심도 있는 논의가 없었다.

'자조론'을 주제로 한 본격적인 연구는 2000년 중반에 이르러서야 비로소 시작되었다.[1] 이후 동아시아의 근대를 서구 근대 서적의 '번역'과 관련하여 이해하고자 하는 '번역된 근대'라는 아젠다가 학계에 부상되면서, 일본어 중역을 통한 육당 최남선(崔南善, 1890~1957)의 『자조론』 번역에 대한 관심이 높아졌고 이에 따라 '자조론'에 대한 논의도 풍부해졌다. 그리하여 『자조론』 번역의 특징, 『자조론』 번역 저본의 서지사항, 최남선과 윤치호(尹致昊, 1865~1945)의 '자조론' 수용에 대한 비교, 한국 근대의 정치사상으로서 '자조론'을 규명하려는 연구성과가 역사학·국문학·어문학·정치학 분야에서 축적되

---

1 최희정, 「한국 근대 지식인과 '자조론'」, 서강대학교 박사학위논문, 2004. 류시현, 「『Self-Help』의 重譯을 통한 서구 자본주의 가치관의 수용」, 『최남선 연구』, 역사비평사, 2009.

었다.[2] 이렇듯 최근 10여 년간 학문적 경계를 뛰어넘어 '자조론'에 대한 다양한 접근이 이루어진 것은 매우 고무적인 일이다.

그럼에도 '자조론'에 대한 기존연구는 최남선의『자조론』텍스트의 성격과 중역으로서의 특징과 관련된 사항에 대한 논의에 지나치게 치중되었다. 그러하다 보니 시기적으로도 '자조론'에 대한 연구는 이것의 번역이 시도된 1910년대 말 전후에 집중되었다. 또 '자조론'을 수용한 지식인에 대한 관심은 최남선과 윤치호와 같이 식민지 시기 상징 권력을 가졌던 대표적 지식인에 국한되었다. 더구나 한국 근현대 사회에서 '자조론'의 유통과 그것의 역사성에 대한 충분한 논증 없이, '자조론'을 역사학계에서 첨예한 논쟁이 되어 온 근대를 바라보는 두 관점인 식민지 근대화론을 비판적으로 극복하고 내재적 발전론을 심화할 수 있는 정치사상의 위치로 설정하였다.[3]

이러한 논의에 앞서 한국 사회에서 '자조론'이 유통되는 통시성과 이것을 유통시킨 지식인들에 대한 이해가 무엇보다 필요하다. 다시 말하면 선행연구에서는 한국 사회에 장기 유통된 '자조론'의 역사성 및 이것을 활용한 주체의 중요성이 간과되었던 것이다. 그리하여 서구 근대 사상 '자조론'이 활용하는 주체와 시대적 조건에 조응하여 근현대 남북한 사회에서 토착화되는 현상을 살펴보는 데까지는 그 연구가 미치지 못했다. 1918년 최남선이

---

2 황미정,「최남선역『自助論』: 中村正直譯, 畔上賢造譯과의 관련성에 관해서」,『언어정보』9, 고려대학교 언어정보연구소, 2008. 김욱동,『번역과 한국의 근대』, 소명출판, 2010. 김남이,「1910년대 최남선의 "자조론(自助論)" 번역과 그 함의:『자조론(自助論)』(1918)의 변언(弁言)을 중심으로」,『민족문학사연구』43, 민족문학사학회, 2010. 김남이·하상복,「최남선의『자조론(自助論)』번역과 重譯된 '자조'의 의미: 새뮤얼 스마일즈(Samuel Smiles)의『자조(Self-Help)』, 나카무라 마사나오(中村正直)의『서국입지편(西國立志編)』과의 관련을 중심으로」,『어문연구』65, 어문연구학회, 2010. 우남숙,「『자조론』과 한국 근대」,『한국정치학회보』49-5, 한국정치학회, 2015. 류충희,「1910년대 윤치호의 식민지 조선 인식과 자조론의 정치적 상상력: 최남선의 자조론과의 비교를 통하여」,『동방학지』175, 연세대학교 국학연구원, 2016.

3 우남숙, 위의 논문, 85쪽.

『자조론』을 번역했을 당시 최남선의 '자조론' 해석을 계승·발전시킨 이른바 '자조론' 계열 지식인들의 계보를 찾는 작업과 더불어 이들이 한국 근현대 사에서 갖는 역사적 의미를 살펴보아야 할 이유가 여기에 있다.

이제까지 3.1운동 이후 식민지 지식인 사회는 통상적으로 사회주의 사상을 받아들인 좌파 지식인과 문화주의에 입각하여 개조론을 수용한 민족주의 우파 지식인 중심으로 연구되었다. 특히 우파 지식인은 부르주아 민족주의 우파·실력양성론자·민족개량주의자·타협적 민족주의자·문화적 민족주의자 등으로 다양하게 범주화되었는데,[4] 이것은 우파 지식인을 하나로 포괄하는 적절한 개념을 아직 찾지 못했음을 말해준다. 더하여 우파 지식인 내 다양한 분파와 갈래가 있었고, 이에 대한 연구가 미흡하다는 중요한 사실을 알려준다. 이런 점에서 이 책은 그동안 간과되었던 우파 지식인 내 '자조론'을 수용하여 세속적 성공주의를 유포한 지식인 계보를 포착한 것이라고 할 수 있다.

한편 우파 지식인으로서 '자조론'을 수용한 지식인을 주목한 데에는 식민지 시기 민족주의 우파의 논리가 이광수(李光洙, 1892~1950)의 '개조론'에 치중되어 논의되었다는 문제의식도 작동되었다. 식민지 시기 최남선은 이광수와 함께 민족주의 우파 진영의 논리를 생산한 대표적 지식인으로 인식되어왔다. 그럼에도 1910년대 말 최남선의 '자조론' 주장이 견인차 역할을 하여 세속적 성공주의가 식민지 사회에 전파되었고, 이것이 해방 이후 남북한 국가에 계승된 사실은 전혀 주목되지 못했다. 요컨대 '자조론' 계열 지식인과 이들에 의한 성공주의 유포에 대한 연구는 식민지 시기와 포스트 식민지 시기의 단절성을 강조하는 남북한의 공공의 역사 이면에 존재하는 연속성을 아는 데에 반드시 필요할 것이다.

---

4 박찬승, 『한국근대정치사상사연구: 민족주의 우파의 실력양성운동론』, 역사비평사, 1992; 『민족주의의 시대: 일제하의 한국 민족주의』, 경인문화사, 2007. M. 로빈슨 저 (김민환 역), 『일제하 문화적 민족주의』, 나남, 1990.

2. 연구방법과 내용

이 책은 필자가 박사학위논문에서 한말부터 식민지 시기 동안 '자조론'의 사회적 의미가 고정되어 있지 않고 활용하는 '주체'와 '시대적 조건'에 따라 새롭게 창출되었음을 밝힌 연구성과를 토대로 출발한 것이다. 이후 포스트 식민지 시기의 '자조론' 유통까지 그 연구범위를 확장하였다. 또 몇몇 '자조론' 계열 지식인과 이들이 '자조론'의 가치를 파급시키는 데 활용한 『자조론』 아류 서적을 발굴하여 '자조론'이 토착화되는 과정을 검토하였는데, 이 책에는 이러한 내용이 포함되어 있다.

이 책에서 새롭게 범주화한 용어는 '자조론' 계열 지식인 및 『자조론』 아류 서적이다. 앞서 언급했듯이, '자조론' 계열 지식인은 3.1운동 이후 '자조론'을 수용하여 성공주의를 유포한 지식인을 민족주의 우파 지식인 계보의 한 분파로서 범주화한 것이다. '자조론' 계열 지식인으로 새롭게 발굴한 인물은 최연택(崔演澤, 1895~?), 최영택(崔永澤, 1896~?), 최찬식(崔瓚植, 1881~1951), 백대진(白大鎭, 1892~1967)이며, 여기에는 최남선과 홍난파(洪蘭坡, 1898~1941)와 같이 기존에 잘 알려진 지식인도 포함되어 있다.

한편 이같이 식민지 지식인 집단의 분류에서 '자조론' 계열 지식인으로 범주화한 인물들을 전통적 지식인과 구별되는 근대의 주체 '靑年'으로 접근한다. 한말 식민지기 '청년'은 연령상으로 젊은 사람을 통칭하기도 하지만, 그 시대를 주도할 새로운 지식인의 의미가 강하였다.[5] 중요한 사실은 한말

---

[5] 근대 주체로서 '靑年'이라는 단어는 한말 일본을 통해 들어왔으며, 이것은 일본 기독교에서 처음 사용되었다. 1880년 東京基督敎徒靑年會(YMCA) 결성의 주축이었던 고자키 히로미치(小崎弘道, 1856~1938)가 YMCA(Young Men's Christian Association)를 일본어로 번역하면서, 'Young Men'을 당시 일반적으로 사용되지 않았던 '靑年'이란 단어로 번역하여 처음 사용하였다. '청년'은 토쿠토미 소호(德富蘇峰, 1863~1957)가 잡지 『新日本之靑年』 및 『國民之友』에 '壯士'와 대비하여 사용하면서, 1887년 즈음 일본 사회에 폭발적으로 유행하였다. '壯士'가 구시대의 유물로서 부정적인

부터 포스트 식민지 시기까지 '자조론'을 유포한 주체와 그 대상이 '청년'으로 표상되었다는 점이다. 따라서 새롭게 발굴한 '자조론' 계열 지식인들이 『자조론』의 번역 혹은 『자조론』 아류 서적의 번역과 생산을 통해 독자 '청년'에게 '자조론'의 가치를 유포하는 과정과 이것이 갖는 역사적 의미를 밝힐 것이다.

한편 『자조론』 아류 서적은 이 책에서 처음 사용하는 용어로서 '자조론' 계열 지식인들이 '자조론'의 가치를 유포하기 위해 번역하거나 생산한 출판물을 말한다.6 이것은 기존에 『서국입지편』 類書로서 논의된 것을 새롭게

이미지를 표상하는 존재라면, '청년'은 '국민'을 대표하는 존재로서 메이지라는 신시대 일본에 어울리는 이상적인 주체로서 극렬히 대비되었다. 일본에서는 젊은이를 일컫는 와카모노(若者)가 있지만, '靑年'은 교육을 받은 지식인이라는 점에서 그 차이가 있다. 토쿠토미는 기독교 학교인 同志社에서 수학했는데, 이때 기독교의 '청년' 개념을 접한 것으로 보인다. 일본의 '청년' 개념에 대한 대표적 연구는 다음을 참조. 木村直惠, 『靑年の誕生: 明治日本における政治的實踐の轉換』, 新曜社, 1998. 北村三子, 『靑年と近代: 靑年と靑年をめぐる言說系譜學』, 世織書房, 1998. 田嶋一, 『<少年>と<靑年>の近代日本』, 東京大學出版會, 2016. 和崎光太郎, 『明治の靑年: 立志·修養·煩悶』, ミネルヴァ書房, 2017. 김종식, 『근대 일본청년상의 구축』, 선인, 2007. 이상의 일본에서 '청년' 개념을 정리해보면, '청년'은 메이지라는 새로운 시대를 담당할 교육받은 지식인으로서 낡은 과거 일본의 표상인 '壯士'와 대비되는 근대의 주체를 호칭하는 개념이다. 일본의 '청년' 연구에 자극받아서 한말과 식민지 시기 구시대 지식인과 차별되는 근대 새로운 지식인 '청년' 개념과 이에 대한 논의가 현재 활발히 진행되고 있다. 역사학과 국문학 분야를 중심으로 방대한 연구 성과가 축적되었다. 전자는 '청년'의 역사성에 보다 주목하였고 후자는 문학작품 속에서 '청년'의 표상에 관심이 집중되었다. 그 대표적 연구는 다음을 참조. 이경훈, 「오빠의 탄생: 식민지 시대 청년의 궤적」, 『오빠의 탄생: 한국 근대 문학의 풍속사』, 문학과지성사, 2003. 소영현, 『문학청년의 탄생』, 푸른역사, 2008; 『부랑청년의 탄생』, 푸른역사, 2008. 정하늬, 「일제 말기 소설에 나타난 '청년' 표상 연구」, 서울대학교 대학원 국문학과 박사학위논문, 2014. 박철하, 『청년운동』, 독립기념관 한국독립운동사연구소, 2009. 이기훈, 『청년아 청년아 우리 청년아』, 돌베개, 2014; 「'청년', 갈 곳을 잃다: 1930년대 청년담론에 대한 연구」, 『역사비평』 76, 역사비평사, 2006.

6 일본에서 생산된 『자조론』 아류 서적은 동아시아 위인들을 편제하여 이들을 서구의 위인과 어깨를 견주는 세계위인의 반열에 올렸는데, 이런 점에서 『자조론』 아류 서

개념화한 것이다. 메이지 후기와 다이쇼 초기 일본에서는『자조론』의 형식과 내용을 모방하여 일본의 위인들이 편제된 세계위인전이 대량 생산되었는데, 스마일즈『자조론』의 첫 일본어본 번역서인『서국입지편』의 표제를 모방하여 '○○입지편' 형태로 출간된 것이 많았다. 그리고 통상 이 같은 서적들을『서국입지편』類書라고 일컫는다.[7]

이 책에서는 일본에서 출판된『서국입지편』의 類書들 가운데 '입지(=자조)'의 결과를 나타내는 '성공' 및 입지의 대상인 '청년'을 표기한 서적 또한 다량 출간된 사실에 주목하여, 이들을 모두 포괄하는 개념으로『자조론』아류 서적이라는 용어를 사용한다. 그리하여 새롭게 발굴한『立身冒險談』『偉人の少年時代』와 같은 일본의『자조론』아류 서적 및『(現代商人)立志成功美談』과 같은 한국에서 생산된『자조론』아류 서적의 분석을 통해 성공주의가 한국 사회에 유포되는 과정을 살펴볼 것이다.

이같이 새롭게 범주화한 용어와 개념을 본문에 적용할 것인데, 본문은 주제별로 4부로 나누었다. 1부는 '자조론' 수용과 '청년'을 주제로 하여 총 3장으로 구성하였는데, 먼저 1부 1장에서는 한말 '자조론'이 민족주의 이데올로기로 의미화되는 과정을 살펴본다. 1부 2장과 3장에서는 1910년대 말과 1920년대 초『자조론』을 번역한 최남선과 홍난파를 '청년'으로 주목하여,

---

적의 체제는 오늘날 세계위인전의 원형으로서 중요하다. 이 반면 스마일즈의『자조론』은 서구 위인만 있고 동아시아의 위인이 없다는 점에서 현재 통용되는 세계위인전으로서 구색은 갖추지 못했다. 이것은 이 책이 서구 근대 자본주의 발전을 배경으로 하여 성공한 서구 위인들의 이야기로 구성된 데에서 그 이유를 찾을 수 있을 것이다.

7 『서국입지편』類書에 대한 논의는 다음을 참조. 山宮允,「『西國立志編』及びその類書に就いて」,『書物と著者』, 吾妻書房, 1949. 竹內洋,『(增補版)立身出世主義』, 世界思想社, 2005, 12쪽. 산구우 마코토는『서국입지편』이 출판계에 미친 자극으로『서국입지편』의 異本 및 수신서·처세훈·전기·소설류에 '입지'의 단어를 포함한 '立志本' 형식의 서적이 대량 출판된 것을 손꼽았다. 아마 이런 이유로 스마일즈『자조론』의 내용과 형식을 모방하여 출간된 저서들을『서국입지편』類書라고 일컬었던 것같다.

'청년' 최남선의 『자조론』 번역의 역사적 의미와 홍난파로 표상되는 기독교 '청년'의 탄생을 검토한다.

2부는 1910년대 말 개인윤리로서 '자조론'을 새롭게 해석한 최남선의 주장을 계승·발전시킨 '자조론' 계열 지식인으로 최연택을 새롭게 발굴하여, 그의 '자조론' 수용과 성공주의 유포 과정을 살펴본다. 총 3장으로 구성된 2부의 1장에서는 최연택이 3.1운동 이후 일간신문과 그가 경영한 문창사의 출판물을 통해 성공주의를 유포한 상황을 검토한다. 나아가 2부 2장과 3장에서는 최연택이 1920년대 초 '자조론'의 가치를 성공주의로 공론화하는 과정에서 근대 야담집과 소년잡지물을 유용하게 활용한 사실을 살펴볼 것이다.

특히 2부 3장에서는 최연택이 그의 동생 최영택과 함께 경영한 소년계사 잡지사에서 발행한 『소년계』『소녀계』 잡지를 분석하여, 이 잡지가 우파 '자조론' 계열 지식인들과 좌파 오월회의 사회주의 소년운동가들이 연대한 성격을 가짐을 밝힐 것이다. 무엇보다 이러한 양자의 연대가 형성된 데에는 소년계사를 운영한 '자조론' 계열 지식인들의 성공주의 주장에 대한 상호 공감이 중요했음을 드러낼 것이다.

3부는 오늘날 자기계발서의 원조라고 할 수 있는 일본에서 생산된 『자조론』 아류 서적과 한국에서 생산된 『자조론』 아류 서적의 고찰을 통해 한국에서 '자조론'이 토착화되는 징후를 파악한다. 먼저 3부 1장은 최영택이 『매일신보』에 번역·연재한 일본의 『자조론』 아류 서적인 『입신모험담』을 분석하여, 그가 식민지 조선인에게 유포한 성공주의 방향을 살펴볼 것이다. 3부 2장은 최찬식이 편찬한 『동서위인소년시대』를 일본의 『자조론』 아류 서적 『偉人の少年時代』를 재편성한 서적으로서 검토할 것이다. 나아가 3부 3장에서는 '자조론'의 가치를 실천하여 부를 축적하는 데 성공한 식민지 조선의 상인 열전인 백대진의 저서 『(현대상인)입지성공미담』을 한국에서 생산된 『자조론』 아류 서적으로 파악한다.

마지막 4부는 1930년대 식민지 국가와 해방 이후 남북한에서 '자조론'이 국가 이데올로기로써 활용된 것을 살펴본다. 특히 '자조론'이 1930년대 조선총독부의 식민지 지배 이데올로기 '자력갱생론'과 해방 이후 남북한의 새마을운동과 천리마 운동의 관제 이데올로기 '자조정신'과 '자력갱생론'으로 활용된 사실을 통해, 식민지 시기와 포스트 식민지 시기의 연속성을 살펴본다. 더하여 해방 이후 박정희(朴正熙, 1917~1979)와 김일성(金日成, 1912~1994)이 '자조정신'과 '자력갱생론'을 주장한 배경에는 이들의 식민지 경험이 주요했다는 사실 또한 드러낼 것이다.

1부
'자조론' 수용과 '청년'

1장 한말 '자조론' 수용과 학생 '청년'

'自助'는 '하늘은 스스로 돕는 자를 돕는다'는 의미이다. 현재 일상용어로 쓰는 '자조'라는 단어가 지금처럼 널리 통용된 것은 그리 오래된 일이 아니다. 한국은 20세기 초기까지 '자조'라는 말을 거의 쓰지 않았는데, 1906년에서 1908년 사이 신문과 잡지에서 이 말이 사용되면서 사회 일반에 퍼지게 되었다. 한말 계몽적인 신문과 잡지에서는 서구의 새로운 사상과 경향을 앞다투어 소개하였는데, 서구의 신사조로서 '자조론'이 소개되면서 '자조'라는 단어도 통용되었다.

'자조론'은 새무엘 스마일즈의 *Self-Help*의 일본어 번역본 나카무라 마사나오의 『서국입지편』과 아제카미 켄조(畔上賢造, 1884~1938)의 『자조론』 중역을 통해 한말 처음 소개된 이래, 사회진화론의 논리를 相補하는 서구 근대 사상으로 자리매김하였다. 한말 지식인들은 사회진화론을 통해 서구 중심의 제국주의적 세계질서를 파악하는 한편 이 같은 세계질서의 패권자로 도약한 서구 '정신'의 표상으로써 '자조론'에 주목하였다. 따라서 한말 지식인들의 서구세계 질서에 대한 이해를 알기 위해서는 사회진화론과 더불어 '자조론'에 대한 논의가 반드시 필요하다.

그동안 사회진화론은 한말 지식인들에게 가장 큰 영향을 준 서구 근대 사상으로써 집중적인 조명을 받았다. 이에 따라 상대적으로 '자조론'에 대한 관심은 사회진화론에 비해 현저히 낮았지만, 최근 몇 년간 '자조론'에 대한 연구가 팔목할 정도로 많이 축적되었다. 처음 '자조론'에 대한 논의는 한말 계몽적인 목적을 가진 신소설에 '자조론'이 언급된 것을 검토한 데에서 시작되었다. 이후 『朝陽報』와 같은 한말 언론지에서 '자조론'이 번역·소개된 상황을 파악하는 연구가 진척되었고, 최근에는 선행연구 성과를 토대로 하

여 한국 정치사상사에서 '자조론'의 위치를 찾으려는 논의도 전개되었다.[1]

이 같은 선행연구 덕분에 한말 지식인들이 신문과 잡지뿐만 아니라 신소설이라는 문학 장르까지 활용하여 '자조론'의 수용과 전파에 적극적이었음을 잘 알 수 있게 되었다. 또 한말 '자조론'에 대한 정치사상사적 접근은 그동안 사회진화론에 집중되었던 학계의 관심을 환기하여 주었다. 그럼에도 선행연구에서는 남북한에서 '자조론'이 유통되고 있는 장기지속성과 관련하여 한말 '자조론' 유통의 특징을 파악하지는 못했다. 따라서 이 장에서는 현재까지 이어지는 '자조론'의 사회적 연속성을 염두에 두고, 대한제국이 존망의 갈림길에 있었던 한말 시기 '자조론' 수용과 전파의 특징을 밝히려고 한다.

(1) 일본에서 『西國立志編』 번역과 '자조론' 유통

1) 中村正直의 『서국입지편』 번역

1871년 나카무라는 새무엘 스마일즈[2]의 저작 *Self-Help*를 『西國立志編: 原名 自助論』의 표제명으로 출간하였다.[3] 1859년 출간된 *Self-Help*는 '자조'한

---

1 최원식, 『한국근대소설사론』, 창작사, 1986, 255~256쪽. 황정현, 「신소설에 있어 계몽의식의 양면성: 사회진화론과 자조론을 중심으로」, 『신소설연구』, 집문당, 1997, 37~44쪽. 김종철, 「한말 민족현실과 신소설」: 「松籟琴」을 중심으로」, 『인문논총』 5-1, 아주대학교 인문과학연구소, 1994. 양진오, 「육정수의 『송뢰금』 연구: 근대적 주체의 모색과 좌절의 의미를 중심으로」, 『어문논총』 42, 한국문학언어학회, 2005. 손성준, 「수신(修身)과 애국(愛國)」, 『조양보』와 『서우』의 「애국정신담」 번역」, 『비교문학』 69, 한국비교문학회, 2016. 우남숙, 앞의 논문, 2015.

2 1812년 10월 23일 스코틀랜드 해딩턴에서 태어났다. 1832년 에든버러에서 의사자격증을 얻었지만, 언론계에 관심을 갖고 리즈로 거주지를 옮긴 뒤 1838년에서 1842년까지 *Leeds Times*에서 편집을 맡았다. 1845년에서 1866년까지 철도국에서 일했고, 1857년에는 조지 스티븐슨의 전기를 썼다. 그는 *Self-Help* 저술 이후 *Character*(1871), *Thrift*(1875), *Duty*(1880) 등 일련의 저서를 출간하였다.

3 『西國立志編: 原名 自助論』은 이하 『서국입지편』으로 표기함. 나카무라는 1859년 출

인물들의 구체적인 실례로 구성된 일종의 위인전기이다. 이 책은 스마일즈 생전 영국 내에서 수십만 부가 팔릴 정도로 큰 호응을 얻었다.[4] 영어권 외 세계 각국 언어로 번역되었는데, 동아시아 국가에서는 일본에서 처음 『서국입지편』으로 번역되었다. 이후 『서국입지편』의 중역으로 중국과 한국에서도 '자조론'이 소개·유통되었다.

이처럼 근대 한·중·일 동아시아 삼국은 『서국입지편』의 번역 및 중역을 통해 서구 근대에 대한 이해를 공유하게 되었다. 다시 말하면, 나카무라의 『서국입지편』은 동아시아의 '번역된 근대'를 이해하는 단초가 된다는 점에서 중요하다.[5] 이뿐만 아니라 한자 문화의 보급 주체로서 전통시대 동아시아에서 중국이 가진 위상이 '서구의 근대'를 번역하는 작업을 일찍이 착수한 일본으로 이동되면서, 중국 중심의 전통시대 동아시아 세계의 균열이 초래된 轉機가 된다는 점에서도 그 의미가 남다르다.

간된 *Self-Help*를 저본으로 번역한 것이 아닌 1866년 증보 개정된 이후 출간된 1867년 판본을 사용하였다. 柳田泉 校訂, 『西國立志編』, 富山房, 1938; 岡島昭浩·澤崎久和·永井崇弘·李忠啓, 「『西國立志編』の漢語-左傍訓を有する漢字語彙とその索引-」, 『福井大學敎育地域科學部槪要 I : 人文科學』 51, 福井大學, 2000, 12쪽에서 재인용. 『서국입지편』의 초판본은 和紙에 13編 11冊의 형태로, 1870년 11월 1-8冊을 시작으로 5회에 걸쳐 1871년 시즈오카(靜岡)에서 출판되었다. 이 초판본을 '靜岡版'이라고 하고, 같은 형태로 同人社에서 출판된 것을 '同人社版'이라고 한다. 『서국입지편』은 1877년 11冊을 한 권으로 묶어서 『改正西國立志編』으로 다시 출간되었다. 靜岡版 『서국입지편』은 와세다 대학에 소장되어 있고, 나카무라 친필의 『서국입지편』은 靜嘉堂文庫에 소장되어 있다. 오오쿠보 토시아키(大久保利謙)는 나카무라가 가필한 『서국입지편』 1編 1冊을 발굴하였다. 『서국입지편』의 판본 및 출간 과정은 다음을 참조. 大久保利謙, 「中村敬宇の初期洋學思想と『西國立志編』の譯述及び刊行について : 若干の新史料の紹介とその檢討」, 『史苑』 26-23, 立敎大學史學會, 1996, 1쪽. 필자는 東京大學 소장의 '同人社' (1871년 7新刻) 판본 『서국입지편』을 참조.

4 이영석, 「자조-19세기 중간 계급의 가치와 노동 귀족」, 『다시 돌아본 자본의 시대』, 한울 아카데미, 1999, 287쪽.
5 동아시아 국가들이 번역을 통해 서구의 근대를 이해하고 추종한 사실을 개념화한 '번역된 근대(translated modernity)'에 대한 연구는 다음을 참조. 리디아 리우 지음(민정기 옮김), 『언어횡단적 실천』, 소명출판, 2005.

『서국입지편』의 번역자 나카무라는 도쿠가와 바쿠후의 유교 교육을 받은 유학자였지만, 영국으로 파견되어 서구의 선진 문명도 몸소 체험한 인물이 었다.[6] 나카무라는 1867년 2월 도쿠가와 바쿠후의 유학생단 감독으로 임명되어 영국으로 건너갔다. 그는 귀국할 때 친구 프리랜드(H.U. Freeland)에게 영국에서 찾은 정신을 일본인에게 어떻게 전달하면 좋을지 조언을 구했고 그 회답으로 Self-Help를 받았다. 1868년 6월 일본으로 귀국하면서 나카무라는 곧 번역에 착수하여 1871년『서국입지편』을 출간하였고, 연이어 존 스튜어트 밀(John Stuart Mill, 1806~1873)의 On Liberty를 번역하여 1872년『自由之理』로 출간하였다.[7] 나카무라는 1년 반 정도 영국에 머물면서 Self-Help와 On Liberty 이 두 책의 핵심 가치인 '개인(individual)'의 '자조'와 '자유'가 서구 근대를 탄생시킨 원동력이라고 파악했던 것이다.

주목되는 사실은 나카무라의『서국입지편』은 Self-Help 원문의 뜻을 충분히 살려서 일본어로 번역하기보다는 부분적으로 첨삭을 가한 뒤 재구성한

---

6 나카무라는 도쿠가와 바쿠후의 교육기관인 昌平黌에서 공부하여 교수가 되었다. 그는 토쿠가와 바쿠후에 고용된 儒者였으며, 明六社 同人으로 활동했고 동경제국대학 교수를 역임했다. 기독교 신자로 전도사 활동도 했으며, 1874년 세례를 받은 감리교도였다. 1873년 同人社를 설립하였는데, 이 학교에서 윤치호가 유학하였다. 윤치호가 입신출세주의를 지향하는『자조론』을 읽었을 가능성과 나카무라에게 받은 영향은 다음을 참조. 이광린, 「윤치호의 일본유학」, 『개화파와 개화사상연구』, 일조각, 1989, 44~60쪽. 나카무라의 연보와 이력은 다음을 참조. 高橋昌郎,『中村正直』, 吉川弘文館, 1966. 石井民司,『自助的人物之典型 中村正直傳』, 成功雜誌社, 1907. 나카무라 마사나오의『서국입지편』번역과 그를 통한 서구 근대 사상 수용은 다음을 참조. 松澤弘陽, 「西洋經驗と啓蒙思想の形成:『西國立志編』と『自由之理』の世界-」, 『近代日本の形成と西洋經驗』, 岩波書店, 1993. 石田雄, 「J. S. ミル『自由論』と中村敬宇および嚴復: 比較思想史的試論」, 『日本近代思想史における法と政治』, 岩波書店, 1976. 황미정, 「중촌정직(中村正直)의 Liberty역고(譯考): 서국입지편(『西國立志編』)과 자유지리(自由之理)를 중심으로」, 『일어일문학연구』 65, 한국일어일문학회, 2008.

7 Earl H. Kinmonth, The Self-Made Man in Meiji Japanese Thought: From Samurai to Salary Man (Berkeley: University of California Press, 1981), pp. 22~23. 高橋昌郎, 위의 책, 72쪽.

편역서라는 점이다.[8] 편역서로서 특징은 다음 두 가지로 요약된다. 첫째 나
카무라가 유학자의 소양을 가진 인물로서 *Self-Help*에 나오는 서구의 새로운
개념과 중요한 단어를 유교에서 유래한 漢語와 成句로 번역한 점이다.[9] 이것
의 단적인 실례는 스마일즈의 *Self-Help*를 번역하는 과정에서 나온 산물인
'自助'이다. 나카무라는 'self-help'에 해당하는 일본어가 없어서 어렵게 '자
조'라는 새로운 신조어를 만들었음에도, 정작 책의 주 표제를 '西國立志編'
으로 하여 유교적 용어인 '立志'를 사용하였다. 특히 나카무라는 원문의 13
장 전체를 총괄하는 서문을 비롯하여 1장·2장·5장·8장·9장·11장 앞에 자신
이 기술한 '序'를 넣어 그의 견해를 주장하였는데, 이 '서'는 일본어 가나 없
이 한문으로만 기술되었다.[10] 이렇듯 한문으로만 기술한 '서'는 나카무라가
전통 유교 교육을 받은 유학자임을 잘 보여준다.

둘째 나카무라가 『서국입지편』을 번역할 당시에는 *Self-Help*에 나오는 서
구의 새로운 개념을 번역할 일본어 대응어가 완전히 고착되지 못했기 때문
에, 결과적으로 원문의 뜻을 잘 살린 번역이 이루어지지 못했다는 점이다.[11]

---

8 마쯔자와는 나카무라가 『서국입지편』 원문의 내용을 이해할 수 없어서 생략한 것이
  아니라, 일본 독자의 예비지식과 흥미를 생각하여 논지와 크게 관계없는 부분을 생
  략했다고 본다. 松澤弘陽, 위의 책, 1993, 258쪽. 킨몬스는 기업가와 예술가의 장에
  서 그 삭제와 압축이 현저하며, 이와 반대로 윤리와 도덕에 대해 기술한 부분은 삭
  제나 압축 없이 번역했다고 지적한다. Earl H. Kinmonth, p. 26.
9 松澤弘陽과 石田雄 그리고 Earl H. Kinmonth 모두 『서국입지편』 번역이 유교와 친화
  적이었음을 말한다.
10 나카무라의 '서'에 대한 상세한 연구는 이새봄, 「나카무라 마사나오의 『西國立志編』
  서문에 나타난 보편성 논의」, 『동방학지』 172, 연세대학교 국학연구원, 2015 참조.
11 나카무라가 서구의 새로운 개념들을 적절히 번역할 일본어가 없어서 고민한 과정은
  다음을 참조. 마루야마 마사오·가토 슈이치 저(임성모 옮김), 『번역과 일본의 근대』,
  이산, 2000, 85~87쪽. 야나부 아키라 저(서혜영 옮김), 「나카무라 마사나오의 다양한
  번역어」, 『번역어 성립사정』, 일빛, 2003, 24~25쪽. 야나부는 서구의 새로운 개념을
  일본어로 번역할 수 없는 데에는 두 가지 이유가 있다고 보았다. 예를 들면 'society'
  는 일본어로 번역하기 매우 힘든 단어였는데, 첫째 'society'에 해당하는 일본어가 없
  다는 점이다. 둘째 해당하는 말이 없다는 사실은 일본에 'society'에 대응할 만한 현

나카무라는『서국입지편』1장의 'Self-Help: National and Individual'를 '邦國及び人民の自ら助くることを論ず(방국과 인민이 스스로 돕는 것을 논함)'이라고 번역하였다. 이 같은 나카무라의 번역은 서구의 근대어인 'Nation'이 '國家'로, 'Individual'이 '個人'이라는 하나의 번역어로 대응·고착되기 이전의 모습을 잘 보여준다.[12] 이 반면 1906년 새롭게 번역된 아제카미 켄조의『自助論』번역에서 1장 'Self-Help: National and Individual'은 '自助-國民及び個人(자조-국민과 개인)'으로 번역되었다.[13] 이것은 'Nation'은 '國家'로 'Individual'은 '個人'의 대응어로 고착되었음을 말해준다. 즉 메이지 초기와는 달리 서구에서 유입된 새로운 개념에 대한 사회적 이해와 합의가 어느 정도 이루어졌기 때문에, 아제카미의『자조론』은 상대적으로 나카무라보다 훨씬 원문에 충실한 번역이 될 수 있었다.

이상에서 알 수 있듯이, Self-Help의 첫 일본어 번역본인『서국입지편』은 원문의 뜻을 충실히 번역하기보다는 '서'와 원문의 첨삭을 통해 나카무라의 주장과 견해가 상당히 피력된 책이었다. 따라서 이러한 원서의 내용과 다른 변용 과정을 거친 번역본은 원서의 저자가 의도했던 바와 일정한 괴리가 생

실이 없었다는 것이다. 나카무라가 'society'를 政府·동료(仲間)·인민의 회사(人民の會社) 등으로 번역한 것은 이러한 일본의 현실 상황을 잘 말해준다.

12 'Individual'이 '個人'으로 번역되는 과정은 야나부 아키라 저(서혜영 옮김), 위의 책, 35~52쪽 참조.

13 畔上賢造,『自助論』, 内外出版協會, 1906.『자조론』은 상·중·하·속편으로 나누어져 번역되었고, 1906년 4월·6월·10월·12월에 출간되었다. 아제카미 켄조는 1884년 10월 28일 長野縣 上田町에서 태어났다. 1902년 와세다 대학 예과에 입학하였고, 우치무라 간죠(内村鑑三, 1861~1930)의 문하생이 되었다. 스승 우치무라와 함께 1914년『平民詩人』을 발간하였고, 이후 기독교와 관계된 다량의 잡지 서적 등을 출간하고 저술하였다. Self-Help의 번역자 나카무라와 아제카미는 모두 기독교를 믿는 신자였는데, Self-Help에 내포된 빅토리아 시대의 가치인 근면, 자존, 검약, 이웃과의 친교, 조국에 대한 긍지가 원래 청교도적 전통 또는 소생산자적 전통에서 나온 것이기 때문에 이러한 가치에 친화적일 수 있었을 것이다. 빅토리아 시대의 청교도적 전통은 이영석, 위의 책, 286~287쪽 참조.

길 수 있다. 게다가 1859년 Self-Help가 출간되었던 영국의 상황과 『서국입
지편』이 출판되었던 1871년 일본의 그것은 동질적이지 않다. 그럼에도 시공
간을 뛰어넘어 영국과 일본 두 곳 모두에서 원서와 번역본 모두 베스트셀러
가 되었다. 이것은 원서와 번역서가 그 시대 '독자' 대상들이 원하던 가치와
시기적절하게 조응했다는 중요한 사실을 알려준다.

2) 『서국입지편』의 보급과 메이지 입신출세주의

스마일즈가 Self-Help를 출간한 경위는 초판 서문에 잘 드러나 있다. 이
책은 야학회에 참여한 청년들을 대상으로 한 강연원고를 바탕으로 하여 출
간된 것으로서, 귀족이 아닌 태어날 때부터 신분이 낮은 인물들이 각고의
인내와 노력 끝에 업적을 달성한 이야기들로 구성되었다.[14] 이러한 이 책의
구성은 당시 영국의 정치와 사회 상황, 그리고 빅토리아 중기 영국의 가치
체계가 일정 정도 반영된 것이었다.

잘 알려져 있듯이, 영국에서는 산업혁명으로 노동자 계급이 새롭게 탄생
하였다. 스마일즈가 다룬 신분이 낮은 인물들의 업적달성은 바로 이러한 노
동자 계급을 대상으로 하며, 그가 상정한 Self-Help의 독자임을 충분히 짐작
할 수 있다.[15] 이 반면 1871년 『서국입지편』이 출간된 일본은 영국과 같은
산업혁명을 겪지 않았고 이에 따라 영국 자본주의 체제의 부산물인 노동자
계급도 아직 존재하지 않았다.

그럼에도 1868년 일본에서는 영국의 산업혁명에 못지않은 사회변동을 초

---

14 스마일즈의 Self-Help 초판 서문은 새무엘 스마일즈 저(남용우 역), 「原著者의 初版
　序文」, 『自助論』, 을유문화사, 1972, 9~11쪽 참조.
15 마쯔자와는 영국에서 Self-Help의 주 독자층은 중간계급 하층에서 노동자계급 상층
　이었다고 보았다. 松澤弘陽, 위의 책, 279쪽. 빅토리아 시대의 가치관과 '자조' 개념
　및 중간계급과 노동계급 사이 각 계급 고유의 입장과 이해에 따른 '자조'를 둘러싼
　사회적 담론은 다음을 참조. 박지향, 「빅토리아 시대의 가치관」, 『영국사-보수와 개
　혁의 드라마』, 까치, 1997, 399~409쪽. 이영석, 위의 책, 301~318쪽

래한 메이지 유신의 정치 혁명이 일어났다. 메이지 정부는 근대 국가 체제 정비에 총력을 기울였고, 서구 근대 국가가 이룩한 부강을 이루려는 각종 근대화 작업을 진행하였다.[16] 이에 따라 메이지 정부는 새로운 근대 국가를 운영할 관료를 충원하기 위해 제국대학을 창설하였고, 1877년 첫 제국대학 으로 동경제국대학이 만들어졌다. 또 제국대학에 들어갈 수 있는 예비학교 로 제일고등학교가 설립되었다. 제일고등학교-동경제국대학이라는 새로운 관료충원 제도에 편입된 메이지 '청년'들은 메이지 정부의 고급 관료로서의 미래가 보장되었다.[17]

이 같은 메이지 초기 일본의 상황은 엄격한 신분제도로 신분 간의 이동이 금지되어 있었던 에도시대와는 달리, 공부를 통해 관료적 입신출세를 할 수 있는 상대적으로 모든 이들에게 공평한 '가능성'이 열린 시기였다.[18] 다시 말하면 근대 국가 체제를 수립하고 있던 메이지 초기는 개인의 '사회적 이 동'이 제도 내 체계에 따라 규정되는 질서가 아직 완전히 구축되지 않은 상태였다. 바로 이때 『서국입지편』이 출간되었고, 이 책은 개인의 노력과 인내로 사회적 이동을 이룰 수 있다는 '입신출세주의'의 지침서로써 유통 되었다.[19]

『서국입지편』과 함께 후쿠자와 유키치(福澤諭吉, 1835~1901)의 『학문을 권함』(1872)은 이 같은 메이지 초기 개인의 사회적 이동에 대한 방향을 제

---

16 升味準之輔 著(李慶熹 역), 『日本政治史 I : 幕末維新, 明治國家의 成立』, 형설출
　 판사, 1991, 53쪽.
17 일본에서 학력집단이 탄생되는 과정은 竹內洋, 『學歷貴族의 榮光과 挫折』, 中央公
　 論新社, 1999 참조.
18 노력을 통한 가능성의 시대로 메이지 유신 직후를 언급한 연구는 다음을 참조. 槇林
　 滉二, 「西國立志編小考: 立身出世의 內實」, 『文教國文學』 38·39, 廣島文教女子大
　 學國文學會, 1998, 107~108쪽.
19 마에다 아이 지음(유은경·이원회 옮김), 「메이지 입신출세주의의 계보: 「서국입지편」
　 에서 「귀성」까지」, 『일본 근대 독자의 성립』, 이룸, 2003, 137~139쪽. 竹內羊, 『立
　 志·苦學·出世』, 講談社, 1991, 38~60쪽.

시한 대표적 서적으로 손꼽힌다. 『서국입지편』과 『학문을 권함』은 1870년
대 가장 많은 부수가 팔린 책이었는데,[20] 이것은 이 두 책이 메이지 초기 개
인의 사회적 이동에 대한 독자들의 열망에 가장 적절히 조응했기 때문이었
다. 특히 『서국입지편』은 메이지 초기 사회 각층의 사람들이 두루 읽은 베스
트셀러로서 위치를 오랫동안 고수하였는데,[21] 메이지 정부가 문명개화 정책
의 일환으로 『서국입지편』을 교과서로 채택한 것에도 그 이유가 있었다.[22]

---

20 Endymion Wilkinson, *Japan Versus the West: Image and Reality* (London: Penguin,
   1990), pp. 58~59. 『서국입지편』은 모두 100만부 이상 팔려나간 베스트셀러였다. 마
   루야마 마사오·가토 슈이치 저(임성모 옮김), 위의 책, 87쪽. 한편 『서국입지편』은
   후쿠자와의 『西洋事情』과 나이타 우치다(內田正雄, 1839~1876)의 『輿地誌略』과
   더불어 메이지 시대의 세 책으로 손꼽힌다. 高橋昌郎, 위의 책, 78쪽.
21 마쯔자와는 사회의 상층에서 하층까지 모두 『서국입지편』의 독자였다고 지적한다.
   松澤弘陽, 위의 책, 279쪽. 한편 킨몬스는 나카무라가 애초 책의 독자로 상정한 집
   단은 士族이었다고 본다. 앞서 언급했듯이, 나카무라는 'self-help'를 어렵게 '自助'
   로 번역했음에도 불구하고, 책의 주 제목을 '西國立志編'이라고 하였다. 이 책의 주
   제목에 사용된 '立志'는 사람을 鼓舞하는 올바른 결심이라는 맹자의 말인데, 立志
   는 무사들이 읽는 책에서 사용되었고 幕末 활동가가 '높은 도덕적 목적을 가진 사
   람'이라고 스스로를 일컫는 '志士'의 의미와 깊은 관계가 있다는 것이다. 그리고 책
   의 형식과 사용된 언어를 살펴볼 때, 士族을 대상으로 하였다고 보았다. 序文은 한
   문으로 기록되었고, 본문은 당시 행정문서와 동일한 형태의 文語體로 쓰였기 때문
   이었다. 또 이 책에서는 각 개인이 가진 능력에 따라 일정한 지위를 획득할 수 있다고
   했는데, 이러한 점을 이해할 수 있는 계층이 사족이라는 것이다. Earl H. Kinmonth,
   pp. 33~34.
22 메이지 정부는 전국의 神官이나 승려를 교도직에 임명하여 3개조의 교육헌장과 문
   명개화의 필요성을 대중에게 설파했다. 이때 교도직은 『학문을 권함』과 『서국입지
   편』을 설교의 교재로 주로 사용하였다. 또한 이 두 책은 교도직의 口話커뮤니케이
   션으로 글자를 못 읽은 계층에게까지 파고 들어갔다. 하지만 1870년대 후반 일본 정
   부는 고양되어가는 자유민권운동에 대항하여 초기의 개명적이고 계몽적인 교육정책
   을 크게 우회시켰다. 그리하여 정부는 기존의 교과서 제도를 개정하였는데, 그 교과
   서 목록에서 『학문을 권함』이 완전히 빠지게 되었다. 이후 『학문을 권함』의 판매 부
   수는 하향곡선을 그리기 시작하였다. 『학문을 권함』이 교과서 목록에서 완전히 모
   습을 감춘 것에 반하여, 『서국입지편』은 '소학교에서 말로 전하는 용도에 한함'이라
   는 제한부 허가를 받았고, 1910년까지 베스트셀러 지위를 유지하였다. 마에다 아이

요컨대 *Self-Help*는 산업혁명 이후 자본주의 체제로 편제된 영국사회에, 『서국입지편』은 메이지 유신으로 근대 국가체제를 정비하던 일본 사회에 '개인의 사회적 이동'에 대한 방향성을 제시하며 메이지 일본사회에 큰 반향을 불러일으킨 책이었다. 특히 『서국입지편』은 새로운 근대 국가로 거듭나는 일본의 관료체제에 편입될 예비군을 양성하는 학교의 교과서로 지정되었다. 그리하여 학생으로서 공부를 통하여 정부의 관료가 되는 당대 '입신출세주의'의 방향성을 제시하는 지침서로서 기능하였다.

(2) 한말 '자조론' 유통과 사회적 의미

1) 언론의 '자조론' 소개와 학생 '청년'의 '자조'

한국에서 '자조론'은 1906년 5월 25일 출간된 『조양보』 창간호에 처음 소개되었다. 이후 '자조론'은 『大韓每日申報』(1907~1908), 『西友』(1906~1907), 『大韓自强會月報』(1907), 『大韓學會月報』(1908), 『海朝新聞』(1908) 등에 각각 번역 소개되었다. 즉 1906~1908년 사이 한말의 계몽적인 잡지와 신문, 그리고 일본의 유학생 잡지 등에 그 내용이 집중적으로 소개되었던 것이다. 또 『송뢰금』과 같은 신소설에 '자조론'의 문구가 삽입되어 소개되기도 하였다.[23]

저(유은경·이원희 옮김), 위의 책, 119~125쪽. 三川知央, 「『西國立志編』はどのようにして明治初期の社會に廣がったのか」, 『人間社會環境研究』 17, 金澤大學大學院人間社會環境研究科, 2009. 大鳥一元, 「日本最初の敎科書」, 『近代の本の創造史』 7, 近代日本の創造史懇話會, 2009.

23 『조양보』 1906년 6월 25일자. 『대한매일신보』 1907년 10월 25일자, 10월 27일자. 「가정주의: 자조자천조론」, 『대한매일신보』 1908년 3월 22일. 金聖睦, 「自助精神」, 『共修學報』 창간호, 1907. 洪聖淵, 「國家程度는 必自個人之自助品行」, 『대한학회월보』 3, 1908. 朴殷植, 「自强與否의 問答」, 『대한자강회월보』 4, 1906. 『西友』 12~14, 1907~1908. 『海朝新聞』, 1908년 4월 12일자. 陸定洙, 『松籟琴』, 博文書館, 1908.

먼저『조양보』는 창간호를 비롯하여 2호와 3호에 차례로 '자조론'을 소개
했다. '자조론'이『조양보』창간호 첫 번째 글 및 2호와 3호에 연이어 실린
것을 볼 때,『조양보』발행 관계자들이 '자조론'을 상당히 중요하게 다루었
다고 판단된다.[24]『조양보』에 실린 '자조론' 내용을 구체적으로 살펴보면,
이러한 사실은 더욱 명확히 드러난다. 다음은『조양보』에 소개된 '자조론'
의 첫 서두이다.

　　○　自助論
　　此論은 英國 近年 碩儒 스마이르스氏의 著한 바라. 大凡 個人의 性品思想이
　　國家運命에 關한 力이 甚大함으로 이에 書를 著하여 國民을 醒覺케 함이니,
　　世界到處에 氏의 著書를 繙譯함이 極多한데 自助論이 卽其一 이라. 今에 其
　　著論中에 的實한 處를 譯하여 讀者로 한 가지 斯道를 講究코자 하노니, 中興
　　의 圖함에 庶乎根本의 力을 得하리라.[25]

위의 '자조론' 집필자는 '其著論中에 的實한 處를 譯'이라는 표현을 썼다.
이 표현을 얼핏 보면, 집필자가 '자조론' 일부분을 떼어서 번역·소개하려는
것 같다. 하지만 이 글은 '자조론'을 단순히 번역하여 소개한 것이 아니라,
집필자가 자신의 견해를 주장하기 위해 '자조론'을 끌어들여 논설 형식으로
기술한 것이다. 이러한 점은 '國民及個人'이라는 제목으로 글을 본격적으로
전개하는 다음에서 확인할 수 있다.

　　○　國民及個人
　　一國의 價値는 卽國家를 組織한 個人의 價値라. 吾人의 所失이어대 在한요하
　　면 國家行政制度의 力을 信함이 過大하고 個人의 力을 視함이 過小함에 在하
　　니, 大學에 이른바 天子로부터 庶人에 至하여 一是 다 修身으로서 本을 삼나

---

24 『조양보』의 발기인은 朴殷植·金秉壽·申錫廈·張應亮·金允五·金秉一·金達河·金
　　錫桓·金明濬·郭允基·金基柱·金有鐸이다.『조양보』1906년 6월 25일자.
25 『조양보』1906년 6월 25일자.

니 其本이 亂하고 末이 治하니 否하며 其厚할 바에 薄하고 其薄할 바에 厚하니 有치 않다하니 正이 是를 謂함이라.[26]

'國民及個人'이라는 제목을 볼 때, 집필자는 *Self-Help*의 제1장에 해당하는 'Self-Help: National and Individual'의 내용을 소개하고자 했던 것 같다. 그리고 'Self-Help: National and Individual'을 '國民及個人'이라고 번역한 점을 볼 때, 아제카미의 『자조론』을 참고했다고 짐작된다. 또한 '자조론'을 소개한 위의 글 서두를 보면, 집필자는 '자조론'에서 '個人의 性品'이 국가의 운명을 결정하는 역할을 한다고 읽었다. '개인의 성품'은 영어 원문의 'Character'에 해당하며, 일본어 번역본 및 '자조론'을 소개한 다른 글에서는 '品性' 및 '品行'으로 번역되었다.[27]

주목되는 사실은 『조양보』의 '자조론' 집필자가 스마일즈가 말하는 서구 근대 국가의 '개인'이 가진 '品行'을 유교 경전인 『大學』의 구절을 빌어서 '修身'으로 파악하였다는 점이다. 집필자는 서구 사상 속에서 '신(God) 앞에 혼자 있는 인간, 또 사회(Society)에 대해 궁극적인 단위로 혼자 있는 인간'인 'Individual'에 대한 개념을 인지하지 못했다.[28] 그는 'Character'를 '修身'으로 이해했던 것이다. 즉 집필자는 유교의 '修身齊家治國平天下'의 관념으로 '자조론'을 읽었다.

國家에 進步는 個人의 克己하고 勤勉하고 正直한 程度에 在하며 國家에 進步도 또한 個人의 懶怠와 私慾과 卑劣한 程度에 在하니 … 天助自助란 此一句는 萬人이 實驗한 語니 正確無疑할지라. 自助自新의 精神은 卽是人間進步의

---

26 『조양보』 1906년 6월 25일자.

27 스마일즈의 *Character*(1871)는 *Self-Help* 사상을 저변으로 하여 저술된 책이다. 일본에서는 『品性論』으로 번역되었다. 『조양보』 1906년 7월 25일자에는 『品性論』의 내용을 소개한 '品行의 智識'이 '자조론'을 소개한 논설란에 함께 수록되었다.

28 'Individual'의 개념은 야나부 아키라 저(서혜영 옮김), 위의 책, 44쪽 참조.

根니 이 國民이 多數히 此精神을 體究하면 곧 그 國의 勢力이 용然히 發來하리라.[29]

위의 내용에서 알 수 있듯이, 집필자가 '개인의 자조'를 말하는 이유는 그 것이 '국가의 세력' 증강과 관련되었기 때문이었다. 이러한 집필자의 태도는 전통적인 유교 사상 내에서 '국가와 개인의 관계'를 파악하고 있음을 잘 보여준다. 따라서 집필자는 위의 내용 뒤에 이어지는 글에서 유교 사상의 '수신'으로 간주한 '품성'을 국가의 흥망과 관련하여 거듭 강조한다.[30] 이같이 집필자가 개인의 품성을 강조한 데에는 그것이 바로 당시 시대 과제였던 대한제국의 '정치적 독립'과 연결된다고 판단했기 때문이었다.[31]

이렇듯 『조양보』에 게재된 '자조론'은 한말 정치적으로 독립적이지 못했던 대한제국의 독립을 열망하는 집필자의 주장이 담긴 글이었다. 집필자는 '개인의 성품사상'이 '국가의 운영'에 영향을 준다는 논지에서 국민을 각성시킬 의도로 '자조론'을 소개하였던 것이다. 이렇듯 집필자는 개인에 한정하여 '개인의 자조'를 보지 않고 이것을 '국가'로 확대·해석하였으며, 그의 주된 관심사는 오로지 '국가의 정치적 독립'이었다.

요컨대 『조양보』에 '자조론'을 기고한 집필자는 유교적인 틀 내에서 '국가와 개인의 관계'를 조망했으며, 양자의 관계에서 '국가'에 무게 중심을 두고 논지를 전개했다. 집필자는 '국가'를 개인의 집합체로 파악하였다. 따라서 '개인의 자조 품성'은 곧 개인의 집합체인 국가와 동일시되었다. 그리하

여 '개인의 품성'이 자조하면 개인의 집합체인 국가는 독립적일 것이라고
파악하였다. 이후 『공수학보』 『대한학회월보』와 같은 일본 유학생 단체에
서 출간한 잡지에서 '자조론'의 번역과 소개는 『조양보』의 '자조론' 논설 요
지 패턴을 크게 벗어나지 않았다.[32]

한편 1907년 10월 『대한매일신보』에는 『조양보』 창간호에 수록된 '자조
론'과 동일한 내용이 게재되었다. 『대한매일신보』는 『조양보』 창간호의 내
용을 두 부분으로 나누어 1907년 10월 25일과 27일에 각각 소개하였다. 두
출처의 내용은 편집하는 와중에 발생한 것으로 짐작되는 몇 개의 미전환 한
자를 제외하고 같다. 다시 말하면, 『조양보』와 『대한매일신보』에 '자조론'
을 기고한 필자는 동일 인물임이 틀림없다.[33] 같은 내용을 1여 년의 간격을
두고 소개한 것을 볼 때, 『조양보』의 집필자가 주장한 논지가 당시 사회의
주요 쟁점으로 심도 있게 다루어졌음을 알 수 있다.

『대한매일신보』에 '자조론'이 게재된 지 불과 며칠 뒤인 1907년 11월 1일
『서우』 12호에도 '자조론'이 소개되었다. 『서우』는 12호를 시작으로 13호와
14호에 잇달아 '자조론'을 소개하였다. 『서우』에서는 『조양보』와 『대한매일
신보』에 실린 논설 형식의 '자조론'과 달리, 나카무라의 『序』와 아제카미의
『자조론』 1장 부분을 실제로 번역하여 소개하였다. 『서우』 12호는 논설란
에 그 제목을 '自治論'이라 하고,[34] 나카무라가 『서국입지편』에 첨부한 '序'

---

32 김성목, 위의 글, 1907. 홍성연, 위의 글, 1908.

33 『조양보』와 『대한매일신보』에 공통적으로 참여한 박은식이 '자조론'의 집필자일 가
  능성이 크다. 박은식은 『조양보』의 발기인으로서 여기에 상당히 많은 글을 기고했
  을 뿐만 아니라, 1905년 8월부터 1907년 말까지 대한매일신보사에 재직하였다. 박은
  식의 대한매일신보사 재직은 이광린, 「『대한매일신보』 간행에 대한 일고찰」, 『대한
  매일신보연구』, 서강대학교 출판부, 1986, 25쪽 참조.

34 '自助論'을 '自治論'으로 이름 붙인 것을 볼 때, 한말 지식인들이 국가의 운영 및 정
  치에 쏟은 관심 정도를 추측할 수 있다. 또 이것은 당시 자조론을 비롯하여 수많은
  서구의 새로운 사상들이 들어왔지만, 그러한 사상이 '학술적'이 아닌 당시 시대적·정
  치적 논제와 관련되어 논의되었음을 말해준다. 다시 말하면, '자조론'의 '실제 구체적

를 번역하여 게재하였다. '자조론'을 소개하면서 나카무라가 번역한 『서국입지편』 본문이 아니라 그의 서문을 탑재하였는데, 이것은 아마 양계초(梁啓超, 1873~1929)의 영향이지 않을까 여겨진다.[35]

1899년 양계초는 『淸議報』 28호와 29호에 '자조론'을 소개하였다.[36] 양계초는 『청의보』에 '자조론'을 소개하면서 나카무라가 직접 쓴 서문 부분을 그대로 옮겨서 게재하였다. 양계초는 나카무라의 '서'를 통하여 '자조론'을 이해하였는데, 『서우』 12호에 소개된 '자조론'은 이것이 반영된 것으로 보인다. 즉 나카무라의 서문은 한말 지식인들이 '자조론'을 이해하는 주요 통로가 되었다.[37] 홍미롭게도 『서우』에서는 각 장의 나카무라 '서' 가운데 1장만 완역되어 게재되었다.[38] 특히 『서우』 13호에서는 제목을 이전의 '自治論'에서

인 내용'을 학술적으로 연구하여 그것을 소개하는데 주된 목적이 있지 않았다.

35 양계초는 일본에 머물면서 요코하마에서 1899년 『淸議報』 및 1901년 『新民叢報』 잡지를 발간하였다. 서울과 인천에는 『청의보』 판매보급처가 있었기 때문에, 양계초의 저작은 한국에 즉시 소개되었고 한말 지식인들은 이 같은 양계초 저작에 많은 영향을 받았다. 한말 지식인들이 양계초에게 사상적으로 영향을 받은 사실은 이광린, 「구한말 진화론의 수용과 그 영향」, 『한국개화사상연구』, 일조각, 1979 참조. 양계초와 한국 지식인들의 관계에 대한 기존 논의를 정리한 연구는 우남숙, 「량치차오(梁啓超)의 「自助論」과 한국의 자강·독립 사상」, 『한국동양정치사상사연구』 15-2, 한국동양정치사상사학회, 2016 참조.

36 梁啓超, 「飮氷室自由書-自助論」, 『淸議報』 28, 1899, 5~7쪽; 「飮氷室自由書-自助論序」, 『淸議報』 29, 1899, 5~8쪽. 『청의보』에 게재된 '자조론'은 양계초의 『음빙실문집』과 『음빙실자유서』에도 수록되었다. 梁啓超, 「自助論」, 『飮氷室文集』, 廣智書局, 1907; 『飮氷室文集』, 以文社, 1977, 13~18쪽; 「自助論」, 『飮氷室自由書』(漢文本), 搭印社, 1908; 全恒基 譯, 『飮氷室自由書』, 搭印社, 1908, 30~44쪽.

37 아제카미가 번역한 『자조론』이 한국에 소개된 이후에도 『서국입지편』은 오랫동안 한국 지식인들에게 읽혔다. 국문학자 이숭녕(李崇寧, 1908~1994)은 한말에 태어나 식민지 시기인 1933년 경성제국대학 조선어 문학과를 졸업하였다. 그의 서적을 모아 둔 서울대학교 心岳文庫에는 1916년 판본의 『서국입지편』이 소장되어 있는데, 이것은 이숭녕이 아제카미의 『자조론』이 아닌 『서국입지편』을 선택하였음을 알려준다.

38 나카무라의 序에서 總論과 1장의 序 부분만을 모두 번역하고 4장·5장·9장은 앞 일

'自助論'으로 바꾸고, 아제카미의『자조론』1장을 번역하여 게재하였다.[39]

　이상과 같은 한말 언론의 '자조론' 번역과 소개에서 중요한 특징을 발견할 수 있는데, 그것은『자조론』제1장 '국가와 개인의 관계' 부분의 번역과 소개에 초점을 두었다는 점이다. 앞서『조양보』의 '자조론' 소개에서 알 수 있듯이, 집필자가 자신의 주장을 관철하기 위해 쓴 '자조론' 논설에서도 1장 '국가와 개인'을 주제로 논지를 전개하였다. 이렇듯 한말 '자조론'이 소개·번역되는 과정에서 이루어졌던 '선택과 생략 그리고 집중'은 당시 사회의 관심에 따라 결정된 '의도적 행위'라고 여겨진다. 한말 신문과 잡지는 당시 사회의 주요 관심사였던 대한제국이라는 '국가의 운영'과 관련하여『자조론』1장 '국가와 개인'을 번역·소개하거나 논설의 주제로 선택하였던 것이었다.

　'자조론'이 소개된『조양보』『서우』그리고『대한학회월보』『공수학보』는 잡지 창간의 목적과 참여한 인사들의 성격이 뚜렷이 드러나는 잡지이다.『조양보』의 발기인 및 중요 임원들은 '대한자강회'와 밀접한 관련이 있었고,[40]『서우』는 잡지 이름에서 드러나듯이 서북지역 즉 평안도와 황해도 사람들이 중심이 되어 만든 잡지였다.『서우』의 대다수 회원이 배출된 서북지

부분만 번역하였으며, 11장은 번역하지 않았다.

39 『서우』14호는 13호에 이어서 그 뒷부분을 번역하였지만 '未完'으로 그쳤다. 아제카미의『자조론』은 메이지 초기 나카무라의『서국입지편』이 어려운 문체인 반면, 동시대인 메이지 말기에 번역되어 읽기가 수월하다는 점에서 선택되었다.『서우』에 아제카미의『자조론』을 번역한 집필자는 앞서 이러한 사실을 밝힌 뒤,『서우』12호에 '나카무라의 序'를 먼저 번역하여 게재하였다.『西友』12, 1907, 9쪽.

40 백순재는『조양보』를 대한자강회의 기관지로 간주하였다. 그는『조양보』의 발기인 및 중요 임원이 대한자강회의 간부들이었고, 대한자강회의 설립 목적이 '교육의 확장과 산업의 발달을 연구 실시함으로 자국의 부강을 계도하여 타일 독립의 기초를 作할 일'로서『조양보』의 사명관과 같다고 보았다. 백순재,「한국잡지발달사」,『한국잡지총람』, 한국잡지협회, 1972, 41~104쪽. 한편 유재천은『조양보』와 대한자강회의 밀접한 관계를 인정하지만, 대한자강회의 기관지로『조양보』를 파악하지는 않았다. 劉載天,「「朝陽報」論攷」,『저널리즘論攷: 牛凡 李海暢 敎授華甲 紀念論文集』, 이화여자대학교 출판부, 1976, 92~94쪽.

역은 개항 이래 서구의 선진문물을 가장 빨리 받아들였으며, 이 지역의 많은 인물들은 서울이나 일본으로 유학 가서 새로운 지식을 도입하는 데 앞장섰다.

이렇듯 잡지 『서우』는 서북지방이라는 지역적인 특성을 배경으로 창간되었으며, 선진문물을 흡수하고자 교육을 받는 '청년' 즉 학생 '청년'을 일정 정도 겨냥해서 만들어졌다.[41] 『대한학회월보』『공수학보』 또한 외국에서 유학하는 학생 '청년'을 겨냥해서 만들어졌다.[42] 이러한 잡지 창간의 목적과 조응하여, '자조론'이 소개될 즈음 잡지에 실린 '자조'의 구체적 실례는 공부하는 학생 '청년'의 학비와 관련된 사항이었다. '자조론'을 소개하는데 적극적이었던 『대한매일신보』와 『대한학회월보』에서 '自助人助' 항목으로 이러한 자조의 실례가 소개되었다.

> 美國산퍼낸드 高等중學校에 韓人留학生 鄭登燁氏와 보늘낸드 中學校의 留學生 李大衛氏는 美國에 渡往할 時에 學問目的을 크게 定하고 不多한 學資金을 *練以持하고 學校에 就業하여 工夫를 勤孜히 하며 行爲를 端正히 함이 校長과 敎師와 同學生徒들이 甚히 相愛하고 禮遇하더니 鄭登燁氏는 學費가 不足함으로 去春間에 산퍼낸드 학교에서 出하여 노생결니스로 往하니 已往同學하든 中 一人이 鄭氏를 追至하여 言하되 君의 才調와 行爲로서 廢工됨이 可惜하니 余가 君의 學費金을 每朔十元式 擔當하여 줄 터이니 學業하기까지 工夫하자함이 鄭氏가 厚意를 感謝하고 更히 그 學校에 入하여 工夫하게 되었고

---

41 『서우』 창간호 취지문을 참조. 서우학회와 그 교육활동은 다음을 참조. 한상준, 「서우학회에 대하여」, 『역사교육논집』 1, 역사교육학회, 1980. 이송희, 「한말 서우학회의 애국계몽운동과 사상」, 『한국학보』 26, 일지사, 1982. 이원필, 「개화기 각종 학회와 민간단체에 의한 교원양성」, 『논문집』 22-1, 부산교육대학교, 1986.
42 『대한학회월보』는 1908년 2월 일본 동경에서 유학하던 유학생을 중심으로 만들어진 잡지이다. 발기인 일동이 『대한학회월보』 1호에 쓴 '大韓學會 趣旨書'를 보면, '鳴呼라 吾儕는 日本에 留學하는 靑年이라 言必稱國民代表는 儒學十有年에 所業이 何事오'이라는 문장을 통해 자신들이 학생 '청년'임을 밝힌다. 발기인 일동, 「大韓學會 趣旨書」, 『대한학회월보』 1, 1908, 2쪽.

李大衛氏는 自費하여 工夫하더니 學費金이 罄竭하니 今秋 開學에 入學하면 明年放學時까지 支保키 極難함을 甚憫하든 次에 그 學校校長 엘손氏가 特別히 李氏를 愛하여 其 곧 敎育會에 李氏를 薦하고 金錢一百元을 補助하여주니 其厚恩을 感謝하고 無慮히 工夫하게 되었으니 此는 鄭李兩氏가 工夫의 誠勤과 行爲의 端正함으로서 外國人의 出*補助를 得하여 成功을 可期할터이니 豈不大幸哉니 泰西哲學家之言에 曰 自助者는 人必助之라 人助가 卽天助라 謂할지로다.[43]

위는 1906년 10월 21일자 『대한매일신보』의 '自助人助' 항목인데, 여기에서 미국으로 유학 간 정등엽과 이대위가 학자금을 마련하는 실례를 보도하였다. 그들은 학비 부족으로 공부를 더 할 수 없는 상황에 이르게 되었지만, '工夫에 誠勤하고 行爲가 端正'한 덕분에 외국인으로부터 학자금을 받았다. 여기에서는 '工夫에 誠勤하고 行爲가 端正'한 것을 정등엽과 이대위의 '자조'로 간주하고, 외국인의 학비 보조를 '人助'로 보며, 곧 이 '人助'를 '天助'라고 했다. 이어서 1909년 12월 30일자 『대한매일신보』에서도 함경북도 경흥군 웅상면에 거주하는 송창희가 학업을 제대로 수행하는데 부족한 경비 문제가 소개된다. 또 이와 유사한 실례를 1908년 9월호 『대한학회월보』의 '自助人助' 항목의 김병협 관련 기사에서 찾을 수 있다.[44]

이상의 『대한매일신보』 『대한학회월보』에서 소개된 한말 '자조'의 구체적 대상을 보면, 공부하는 학생 '청년' 개인이다. 또 그들이 행한 '자조'의 내용은 청년의 교육과 결부된 문제인 '학비'와 관련된 사항이었다.[45] 즉 '청

---

43 「自助人助」, 『대한매일신보』 1906년 10월 21일자.
44 「自助人助」, 『대한학회월보』 7, 1908. 김병협이 학비가 없어서 노동일을 하면서 학업을 지속한 사정은 『대한학회월보』 4호에 이미 한차례 소개되었다. "本會會員 金炳協氏는 今春에 靑山學院에 入學하여 學科를 勤修하더니 不幸히 學費가 中絶하여 近日에는 勞動場에 去하여 土, 木, 石材等 運搬하는 荷車를 引挽하여 每日二十餘錢 賃價로 買糧自炊하며 夜學校에 往하여 受學하되 其困苦를 堪耐하여 卒業하기 前에는 斷不歸國하기로 自失하였다 하니 該氏 志氣는 可嘉할 바이오며 氏는 完順君 李載完氏의 壻郎이라더라" 「其志可賞」, 『대한학회월보』 5, 1908, 65쪽.

년' 개인의 교육과 결부된 문제에 '자조론'을 적용한 것이다. 앞서 언급했듯이, 이 같은 학생 '청년'의 '자조'에 대한 실례를 소개한 『대한매일신보』 『대한학회월보』는 『자조론』 제1장 국가와 개인에서 '국가'에 무게 중심을 두고 '자조론'을 소개하였다. '국가'를 개인의 집합체로 보고, '개인의 품성'이 자조하면 개인의 집합체인 국가는 독립적일 것이라고 파악하였던 것이다.

이 같은 논조의 '자조론' 소개로 미루어 볼 때, 『대한매일신보』 『대한학회월보』에서 '자조'의 실례로 소개한 학생 '청년'은 '개인'으로 국한된 존재가 아니라 대한제국이라는 국가를 책임질 '국민'임을 알 수 있다. 그들에게 강조된 교육은 '실제 현실'에서 결과적으로 개인의 사회적 이동 및 지위를 유지하도록 해 주었을 가능성도 없지 않아 있다. 하지만 한말 언론에서 '자조론'이 유통된 사회적 맥락을 볼 때, 당시 청년의 교육은 그들 '개인의 성공'을 위함이 아니라 국가의 자강과 독립을 목표로 한 것이었다. 따라서 학생 '청년'의 '자조'는 개인의 성공이 아닌 대한제국의 자강과 독립을 의미하였다고 말할 수 있다.[46]

2) '自强'으로서 '自助'

『대한자강회월보』는 한말 '자조론'을 유포한 대표적 잡지인데, 이것은 대

---

45 한말의 학생 '청년'은 1920년대 '고학생'의 존재와는 다르다고 여겨진다. 한말은 1920년대와 달리 대학을 비롯한 고등교육기관이 한국에 없었던 시기로서, 한말 학생 '청년'은 대부분 일본이나 미국에서 유학하는 유학생들이었다. 이러한 유학생들이 겪는 학비 곤란의 문제를 절대적 빈곤의 산물로 보기는 힘들다. 예를 들면 『대한학회월보』의 「自助人助」 기사에 소개된 김병협은 '완산군 이재원의 婿郞'이다. 결국 한말 학생 '청년'의 존재는 미국이나 일본으로 유학할 수 있는 사회 상층에 속한 일군의 지식층이라고 할 수 있다.

46 『대한매일신보』에서 '자조'의 실례로 소개된 이대위(1878~1928)와 정등엽(1884~?)은 미주지역에서 독립운동을 전개했으며, 이 공로를 인정받아 보훈처의 독립유공자로 포상되었다. 이대위의 미주독립운동은 다음을 참조. 최기영, 『이대위: 잊혀진 미주 한인사회의 대들보』, 역사공간, 2013.

한자강회의 기관지이다. 대한자강회의 주요 임원인 박은식(朴殷植, 1859~
1925)과 장지연(張志淵, 1864~1921)을 비롯하여 원영의(元泳義, 1852~?) 등은
'자조론'을 이 단체 결성의 주요 목적인 대한제국의 '자강'과 '독립'에 대한
주장을 뒷받침해 주는 논거로써 활용하였다.

> 我全國人民이 個個奮發心과 忍耐性으로 國力을 養成하는 事業에 對하여 百難
> 을 不顧하고 一心進取하여 自助로서 天助를 得하기로 自助를 삼은 然後에야
> 自强을 加致오. … 吾國의 獨立은 吾國의 自力으로 할 것이오. 他國의 力은
> 不借하리라 하고 自强의 性質을 培養하며 自立의 基礎를 扶植할지니 若不能
> 然아면 永永히 他人의 奴隷而已오 犧牲而已니 悠悠歲月에 此恨何極가 客이
> 唯唯而退어늘 乃述其言하여 告我同胞하노라.[47]

위는 박은식이 쓴 「自强與否의 問答」의 일부분이다. 박은식은 이 글을 客
이 대한제국의 자강과 독립할 방법에 관해 묻고 그가 여기에 답하는 문답
형식으로 구성하였다. 그 요지는 국민이 '자조'하여 '자강'하면 대한제국의
'독립'을 이룰 수 있다는 것이었다. 요컨대 박은식은 독립된 국가로서 대한
제국의 존립이 위험함을 충분히 인식하였고, 이에 대한 방안으로서 '자조론'
의 논지를 대한제국이라는 국가에 적용했다. 그리하여 박은식은 독립하기
위해서는 타국의 힘을 빌리지 않고 국민 스스로 힘으로 이루어야 함을 주장
하면서, 대한제국의 '자립'과 '자강'이 곧 국가의 집합체인 국민의 '자조'를
통해 이룰 수 있다고 강조하였다.

이같이 '자조론'을 대한제국의 '자강'이라는 사회적 의미로 유포한 박은
식의 논지는 1907년 7월에 발행된 『대한자강회월보』 13호에 수록된 원영의
의 「自助設」에서 다시 한번 확인된다.[48]

---

47 朴殷植, 「自强與否의 問答」, 『대한자강회월보』 4, 1906, 1~3쪽.
48 전통과 근대에 교착점에 있는 지식인으로서 원영의 생애와 저술 활동은 다음을 참
　조. 최미경, 「원영의 『소학한문독본』 연구」, 성균관대학교 교육대학원 한문교육전

泰西人이 有天助之語하니 盖自助者는 天必助之也라. … 若要自助는 必須先立
其志니 志者는 必之所之也라. 既定己心所之而修其實力하여 自强不息然後에
積於中而發於外하여 用之不竭하고 行之有餘어니와 … 然則 天之所助者는 必
在自助 而自助之實는 不外乎窮理力學自强不息이니 盖去其救他助之舊念而新
之也哉아[49]

한편 박은식·원영의와 함께 대한자강회의 중요 임원이었던 장지연 또한
황해도의 동명학교 자조회 취지문에서 '자강'으로서 '자조'를 역설하였다.[50]
대한자강회 회원들의 이러한 주장은 대한제국의 '자강'과 '독립'을 지향한
이 단체의 결성 목적을 잘 드러낸다고 할 것이다. 흥미로운 사실은 이들과
함께 대한자강회에서 활동한 일본인 오오가키 다케오(大垣丈夫, 1861~1929)
또한 '자조론'을 끌어들여 대한제국의 '자강'과 '독립'을 주장하였다는 점
이다.[51]

공 석사학위논문, 1999. 남궁원, 「개화기 한문문법서 『초등작문법』의 저작 배경과
   의의」, 『한문교육연구』 26-1, 한국한문교육학회, 2006.
49 漳隱 元泳義, 「自助說」, 『대한자강회월보』 13, 1907, 9~11쪽.
50 "英人斯邁爾斯氏有言曰 天助自助 盖自助者 所謂自强自立者也 … 發揮自助之精
   神 樹立自强之基礎 …" 장지연, 「白川 東明學校生徒 自助會 趣旨文」, 『韋庵文稿』,
   국사편찬위원회, 1956, 248~249쪽.
51 오오가키는 1861년 12월 19일 石川縣 金澤市에서 출생하였고 1885년 慶應義塾을
   졸업하였다. 『청년입지편』 외에도 『朝鮮紳士大同譜』(1913)와 『大家論集』(1908)과
   같은 책을 편집하여 출간하였다. 오오가키의 연보와 대한자강회를 비롯한 한국에서
   활동과 그 평가 및 그의 출판물에 대한 연구는 다음을 참조. 이현종, 「대한자강회에
   대하여」, 『진단학보』 29·30, 진단학회, 1966. 池川英勝, 「大垣丈夫について : 彼の
   前半期」, 『朝鮮學報』 117, 朝鮮學會, 1982; 「大垣丈夫の硏究: 大韓自强會との關
   連を中心として」, 『朝鮮學報』 119·120, 朝鮮學會, 1986. 김항구, 「大垣丈夫연구:
   대한자강회와 대한협회 활동을 중심으로」, 『중제장충식박사화갑기념논총』, 단군대
   학교 출판부, 1992. 김도형, 「한국근대계몽기 일본적 계몽담론의 영향에 대한 연구:
   오가키 다케오 관련기사 및 저술분석을 중심으로」, 『일본공간』 10, 국민대학교 일본
   학연구소, 2011. 이성혜, 「오오가키 다케오(大垣丈夫)의 유학 문명고 일고(一考)」,
   『일본문화연구』 45, 동아시아일본학회, 2013. 우남숙, 「오오가키 다케오(大垣丈夫)
   의 자조론 연구」, 『한국정치학회보』 51-4, 한국정치학회, 2017.

오오가키는 1906년 2월 한국으로 도항하였는데, 도착한 직후 황성신문사를 방문하여 사장 장지연을 만났다. 이후 장지연 및 박은식과 밀접한 교류를 하며 이들과 함께 대한자강회에서 활동하였다.[52] 잘 알려져 있듯이 오오가키가 한국에서 활동한 시기는 일본이 을사조약을 체결하여 대한제국을 보호국으로 하여 통감부 통치가 시작된 때였다. 이 같은 시기 일본인 오오가키가 한국인들과 함께 대한제국의 '자강'과 '독립'을 주장한 의도에 대해서는 그 의견이 분분하다.[53] 그럼에도 표면적으로 오오가키는 '자조론'에 기반하여 대한제국의 '자강'과 '독립'을 주장한 사실은 분명한데, 이것은 오오가키의 발화 의도와 상관없이 한말 사회에 대한제국의 '독립'과 '자강'으로서 '자조론'이 유통되었다는 사실을 잘 말해준다는 점에서 중요하다.

> 天은 自助하는 者를 助한다는 格言은 外他列國人民보다도 彼等은 卓越히 實行하는 國民이라. 宜其英國은 世界의 太陽不沒의 植民大帝國을 組織하고 美國은 北極으로부터 南極에 通하는 大陸覇權을 有하는 大共和國을 建設함이겨 … 各自大韓의 偉大國民이 되기를 勉勵할지어다.[54]

먼저 위의 내용은 1906년 8월 오오가키가 『대한자강회월보』 2호에 기고한 「偉大한 國民에난 三個特性이 有함을 見함」의 논설 가운데 『자조론』의

---

52 池川英勝, 위의 논문, 537쪽. 1908년 홍문관에서 발행된 오오가키의 저서 『청년입지편』에는 박은식이 기고한 序가 수록되었는데, 이것은 양자의 친밀한 관계를 잘 말해준다.

53 오오가키가 한일병합에 반대했고 한국의 자강을 역설했지만, 이것은 제국주의자적인 본성을 숨긴 위장책이며 박은식과 같은 민족주의자들이 그의 위장술을 알아채지 못했다고 지적한 연구는 다음을 참조. 지부일, 「한말 애국계몽운동가의 근대화 인식론: 백암 박은식을 중심으로」, 『동양학연구』 7, 동양학연구학회, 2001. 조종환, 「애국계몽운동가들의 제국주의 침략에 대한 인식: 백암 박은식을 중심으로」, 『논문집』 21, 가톨릭상지대학 사회개발·산업기술연구소, 1991. 오오가키의 한국 활동에 대한 상반된 기존의 논의는 김도형, 위의 논문, 206~208쪽 참조.

54 「偉大한 國民에난 三個特性이 有함을 見함」, 『대한자강회월보』 2, 1906, 1~2쪽.

핵심어구가 삽입된 부분만을 추출한 것이다. 이 논설의 전반적 내용은 위대한 국민이 가진 세 가지 특성을 말한 것인데, 이것은 그 가운데 첫 번째 특성에 해당한다. 오오가키는 영국과 미국 국민이 자조의 정신을 가졌기 때문에 위대한 국민이 될 수 있었다고 말하면서, 대한의 국민이 자조의 정신을 갖기를 촉구하였다.

이어서 1906년 9월 오오가키는 『대한자강회월보』 3호에 '국채보상운동'과 관련한 글을 기고하면서, 한국국민이 '자조적 인물'이 되면 충분히 빚을 갚을 수 있다고 주장하였다.[55] 여기서 오오가키가 사용한 '자조적 인물'이라는 용어는 1902년 일본에서 창간된 잡지 『성공』에서 유포한 인물상인데, 이것은 그가 1900년대 이후 일본에서 부상한 『成功』과 같은 입신출세주의를 표방한 잡지의 독자였음을 짐작하게 해준다.[56]

흥미롭게도 무라카미 슌죠(村上俊藏, 1872~1924)가 창간한 『성공』은 스마일즈의 추종자였던 미국의 오리슨 스웨트 마든(Orison Swett Marden, 1850~1924)이 창간한 Sucess(1898) 잡지를 모방하여 창간한 것이었다. 이것은 스마일즈 『자조론』이 세계 각국에 번역되면서 미국과 일본 등지에서 '자조론'을 추종하는 스마일즈의 후예들이 성장하였음을 잘 말해준다. 이러한 스마

---

55 "國難에 良相을 思하고 家貧의 賢妻를 思하나니 韓國目下에 何人을 思하리오. 良相도 必要오. … 卽今日韓國人이 斷然한 決心을 有하여 各自奮發하여 自助的人物을 作成한즉 國家에 一千滿圓이나 二千滿圓 負債가 有할지라도 何何憂慮之可及이며 正心慧眼으로 二千萬人之同胞가 唾雙腕而奮起하면 一億二億은 勿論하고 十億百億에 金錢도 地上에 湧出케함을 得할지라" 金陵居士(大垣丈夫), 「勿憂韓國無錢」, 『대한자강회월보』 3, 1906, 53쪽.

56 『성공』 잡지의 부제는 '立志獨立進步之友'이고 그 발행 목적은 '자조적 인물양성'이었는데, 실제 '자조적 인물'에 대한 항목을 두어 그 구체적 실례를 소개하였다. 「米國自助的人物の要素: クリーブランド」, 『成功』 6-2, 1905. 「戰後と自助の人物」, 『成功』 8-1, 1905, 한편 성공잡지사에서는 『서국입지편』을 편제한 나카무라를 '자조적 인물'의 전형으로 조명하였는데, 이것은 '자조'한 서구 위인들로 구성된 스마일즈 『자조론』을 일본 위인에 응용한 것이다. 石井民司, 위의 책, 1907. 잡지 『성공』에 대한 상세한 사항은 이 책 3부 2장 참조.

일즈 후예들은 『자조론』의 형식과 내용을 모방한 다양한 『자조론』 아류 서적들을 출판하였는데, 오오가키의 저서 『청년입지편』은 '○○입지편' 형태로 출간된 『자조론』 아류 서적에 해당된다. 무엇보다 『청년입지편』은 애초 대한제국의 '청년'을 겨냥하여 한국에서 출판된 특징이 있다.[57]

오오가키의 한말 활동과 마찬가지로 대한제국의 자강과 독립을 주장하는 내용으로 구성된 『청년입지편』을 출판한 저자의 의도를 명확하게 말하기 어렵다. 하지만 이 책이 한말을 일본의 메이지 유신에 비견하는 '隆熙維新'으로 규정하고, 대한제국의 '청년'들에게 『자조론』에서 강조되었던 품성과 수양 그리고 근면과 노력을 함양할 것을 독려하는 내용으로 구성되었다는 사실은 분명하다.[58]

특히 이 책의 네 번째 장인 「청년의 의기와 책임」에서는 청년이 평소 '자조'하는 지기를 양성할 것을 촉구하면서, 이것이 시대적 요구에 응하는 청

---

57 『청년입지편』이 '청년'을 독자 대상으로 한 사실은 다음 광고에서 잘 드러난다. "本書는 靑年의 志氣를 活潑케하며 責任이 自重함을 覺悟케 하는 一大明鑑이라 一般靑年은 讀하소서"(『황성신문』, 1908년 5월 24일자). 『청년입지편』은 국한문 혼용으로 출판되었다. 일본이나 한국에서 일본어본은 출간되지 않았는데, 일본어 원고를 바로 劉文相이 번역하여 출판한 것으로 여겨진다. 번역자 유문상은 관립일어학교 출신이며 관비 일본 유학생으로 오오가키가 졸업한 게이오기주쿠에서 1년간 수학한 경험이 있었다. 『대한제국관원이력서』 참조. 한편 오오가키의 『청년입지편』은 『자조론』 아류 서적이 생산되었던 메이지 후기 일본의 지적 흐름을 반영한 책으로 판단된다. 1909년 10월 일본에서 나가타 가쿠엔(永田岳淵)이 오오가키의 제명과 동일한 『청년입지편』을 수양총서로 출간하였다. 나가타는 『청년입지편』을 시작으로 수양총서 『苦學力行の人』 및 『實業立身傳』을 발행하였는데, 이것은 '자조론'의 가치를 유포한 『자조론』 아류 서적에 해당된다. 永田岳淵, 『靑年立志編 -修養叢書(1)-』, 富田文陽堂, 1909; 『苦學力行の人』, 富田文陽堂 1910; 『實業立身傳』, 富田文陽堂, 1910. 흥미로운 사실은 1923년 홍난파가 『자조론』을 번역하면서 오오가키의 저서와 동일하게 『靑年立志編』로 하였다는 점이다. 이것은 1920년대 초반까지도 신조어 '자조'와 치환되는 용어로 전통어 '입지'가 식민지 사회에 더욱 널리 유통되었음을 말해준다.

58 大垣丈夫 著(劉文相 翻譯), 『靑年立志編』, 弘文館, 1909, 1~10쪽.

년의 자세라고 주장하였다.[59] 이러한 사실로 미루어 볼 때, 『청년입지편』이
한말 '청년'의 의기를 진작시켜 그들에게 시대적 사명으로 대한제국의 '독
립'과 '자강'의 책임을 주지시키는 서적으로 한말 사회에서 '유통'된 것은
틀림없다. 이것은 1910년 한일병합 이후 조선총독부가 『청년입지편』을 금
서로 지정한 것에서 더욱 명확히 알 수 있다.[60]

이상에서 알 수 있듯이, 대한자강회의 임원이었던 박은식·장지연·원영의
를 비롯하여 일본인 오오가키까지 한말 이들이 전파한 '자조론'의 사회적
의미를 한마디로 말하면 대한제국의 '자강'이라고 할 수 있을 것이다. 이렇
듯 한말 사회에서 '자조론'은 대한제국의 정치적 독립 여부와 관련되어 유
통되었다. 요컨대 한말 '자조론'은 대한제국이 자주독립의 근대 국가로 변혁
할 것을 조장하는 민족주의 이데올로기로 활용되었던 것이다.

---

59 『청년입지편』은 다음과 같이 6개의 장으로 구성되었다. 1. 靑年은 志氣를 自鞭함이
宜함 1. 自己를 信하여 勤勉力行함이 宜함 1. 希望과 生命 1. 靑年의 意氣와 責任
1. 靑年의 處世要訣 1. 人은 沈毅로 爲主함이 宜함. "巨鍾도 不打하면 其音을 不
發하고 響應의 理도 發音치 아니하면 反響이 無하나니 天은 自力으로 勉助하는
者를 扶하고 自力으로 進取하는 者에 與하는지라. 靑年諸子의 意氣는 進取로서
己任을 作하여 平日에 自助하는 志慨를 養成할지니 彼・徒히 先輩의 後에 逡巡鬱
緣하여 上進을 期코져 하는 卑屈男兒와 如한 者는 吾*의 謂한 바 靑年이 아니니
吾輩의 靑年이라 謂함은 時代要求에 應하여 振起하는 呼風喚雲의 氣慨가 有한
風雲兒를 指的함이라" 大垣丈夫, 위의 책, 25~26쪽.
60 『청년입지편』은 사회의 안녕과 질서를 방해한다는 이유로 1910년 11월 19일 금서로
처분된다. '자조론'을 소개한 양계초의 『음빙실자유서』와 『음빙실문집』도 동일한
이유로 같은 날 금서로 지정되었다. 『조선총독부관보』 1910년 11월 19일자.

2장 1910년대 崔南善의 『자조론』 번역과
'청년'의 '자조'

근래 출간된 새무엘 스마일즈의 *Self-Help* 번역서를 보면, 『자조론』은 성공의 처세술 혹은 자기계발에 관한 인생의 지침서로서 공공연히 선전된다. 또 이 책이 주장하는 '자조론'은 '성공'을 이루고자 하는 개인이 갖춰야 할 시대를 초월한 보편적 정신으로 강조된다.[1] 하지만 오늘날과 같이 '자조론'이 개인의 성공과 결부된 가치로 '공론화'된 것은 3.1운동 이후 1920년대부터이며, 육당 최남선의 『자조론』 번역은 이러한 인식의 시발점이 되었다는 점에서 중요하다.[2]

최남선의 『자조론』 번역은 스마일즈의 *Self-Help*가 아닌 일본어 번역본을 '중역'한 것이며, 번역가 최남선이 자신의 글을 삽입하여 '번역 목적'을 밝힌 편역서라는 점이 특징적이다. 한국에서 '자조론'은 한말 계몽적인 언론지에 처음 번역·소개되었는데, 한말 최남선의 '자조론'의 이해 또한 이 같은 언론의 흐름에서 크게 벗어나지 않았다. 그런데 1918년 『자조론』 번역에서 최남선은 그의 의견을 開陳한 글을 별도로 수록하여, 한말 '자조론' 번역과 소개에 대한 재해석을 시도하였다.[3] 따라서 최남선의 『자조론』 번역은 일정

---

1 『자조론』은 스터디셀러 도서로서 꾸준히 판매되고 있다. 몇 가지 번역서를 실례로 들면 다음과 같다. 김유신 역, 『(새뮤얼 스마일즈의) 자조론』, 21세기북스, 2006. 장만기 역, 『자조론·인격론』, 동서문화사, 2006. 공병호 역, 『새뮤얼 스마일즈의 자조론』, 비즈니스북스, 2006. 이화승 역, 『새뮤얼 스마일즈의 자조론』, 비타민북, 2006. 북타임 역, 『자조론(시대를 초월한 인생지침서6)』, 북타임, 2009. 강미경 역, 『헬프: 스스로를 돕는 일상의 기술』, 느낌이 있는 책, 2017.

2 崔南善 譯說, 『自助論』, 新文館, 1918.

3 『자조론』 상권은 6장으로 구성되어 있는데, 각 장의 앞에 최남선 자신의 의견을 담

한 번역 목적에 의해 번역된 서구 근대지식이 한국 사회 내에서 어떻게 의미화되고 유통되었는지에 대한 시대적 추이를 추적할 수 있다는 점에서 매우 중요하다.

'자조론'에 대한 관심은 최남선의 『자조론』 번역에 관한 연구에서 시작되었다고 해도 과언이 아닐 정도이며, 그 연구의 초점은 대략 다음 두 가지로 요약된다. 첫째 일본이라는 프리즘을 통과하여 서구의 근대를 이해한 '중역'의 과정에서 스마일즈 『자조론』 원전 및 일본어 번역본 사이에서 발생하는 차이점을 살펴본 연구이다. 둘째 최남선이 「변언」의 형식으로 그의 글을 삽입한 『자조론』의 내용을 통해, 이 책의 번역 의도 및 1919년 3.1운동 독립선언서를 기초한 최남선의 사상적 배경을 파악한 연구이다.[4]

이 같은 기존연구 덕분에 『자조론』의 서지사항과 중역으로서의 특징 및 번역가로서 최남선의 면모까지 잘 알 수 있게 되었다. 그렇지만 기존연구에서는 『자조론』 번역 그 자체의 역사성을 주목하지 않았기 때문에, 한말과 식민지 시기 『자조론』 번역의 차이점, 한말에서 식민지 국가로의 정치적 변

은 '변언'을 삽입한 것이 특징적이다. 이외에도 책 전체의 「서」 「譯自助論敍言數則」 「譯自助論敍言數則」을 삽입하여 그의 견해를 피력한 독특한 체제이다. 이 책의 구성은 다음과 같다.

自助論 序… 최남선/ 自助論 初版 原序… 새무엘 스마일즈/ 自助論 再版 原序… 새무엘 스마일즈/ 譯自助論敍言數則… 최남선/ 少年讀者에게 10條… 최남선/ 自助論 總目/ 自助論 上卷 細目/ 弁言… 최남선/ 序 … 中村正直/ 1장/ 변언, 2장/ 변언, 3장/ 변언, 4장/ 변언, 5장/ 변언, 6장

4 황미정, 위의 논문, 2008. 류시현, 위의 책, 86~106쪽. 김남이, 위의 논문, 2010. 김남이·하상복, 위의 논문, 2010. 김병철, 『한국근대번역문학사연구』, 을유문화사, 1975, 212~213쪽, 357~359쪽. 최박광, 「육당의 친일 시비론과 문화적 위상」, 『최남선 다시 읽기: 최남선으로 바라본 근대 한국학의 탄생』, 현실문화, 2009, 57~65쪽. 平川祐弘, 『天ハ自ラ助クルモノヲ助ク』, 名古屋大學出版會, 2006, 348~352쪽. 이외에도 최남선이 번역한 서구 서적들에 대한 관심이 높아지면서, '번역가'로서 최남선을 조명하는 가운데 『자조론』의 번역형태와 방법 등이 지적되었다. 김욱동, 위의 책, 2010; 「최남선」, 『근대의 세 번역가』, 소명출판, 2010.

동이『자조론』번역에 미친 영향 등은 이 시기 '자조론'과 관련하여 중요한 논의임에도 불구하고 주의 깊게 검토되지 못했다.

따라서 이 장에서는 1918년『자조론』번역이 최남선으로 대표되는 1910년대 지식인의 식민지 사회에 대한 인식과 태도가 반영된 것이라는 시각에서, 한말과 1920년대『자조론』번역 사이에서 이것이 갖는 역사적 의미에 주목하였다. 그러므로 이 장은 1910년대 최남선의『자조론』번역을 계기로 하여, 한말에서 1920년대로 '자조론'의 사회적 의미가 변화되는 추이를 살펴보는데 주요한 목적이 있다. 특히 이러한 변화를『자조론』의 번역 주체이자 독자 대상이기도 한 '청년' 최남선의 식민지 시대에 대한 인식과 관련하여 살펴볼 것이다.

(1)『자조론』번역과 출판

1) 한말 스마일즈 저작의 번역과 소개

최남선은 서울의 전형적인 中人 집안 출신으로서, 조선왕조 말에 태어나 어렸을 때는 서당에서 한학을 배운 세대이다. 그는 일찍이 일본어를 배웠고 근대 학교 교육 또한 수학했기 때문에 동양고전과 신학문 양자를 동시에 섭렵할 수 있었다.[5] 그리고 부친 최헌규(崔獻圭, 1857~1933)의 막대한 부에 힘

---

5 최남선은 1890년 4월 26일 學部 관할 觀象監의 枝師(6品)이면서 한약방을 운영한 최헌규의 둘째 아들로 漢城 中部 上犁洞(서울시 중구 을지로 2가)에서 태어났다. 본관은 鐵原이며 그의 집안은 서울에서 대대로 중인직을 세습하였다. 전통시대 중앙정부의 기술 전문직에 종사했던 중인들은 직업적 특성으로 서구를 중심으로 재편되던 당시 세계질서의 변화를 빨리 감지할 수 있었다. 이에 따라 중인들의 자제들은 누구보다 먼저 신학문에 접할 수 있었다. 육당이 근대학교인 경성학당에 입학하여 일본어를 배우고, 또 황실장학생 자격으로 일본에 유학갈 수 있었던 것은 그의 부친 최헌규의 시세에 대한 판단과 경제적 도움이 컸다. 최헌규 이래로 둘째 아들 육당을 포함하여 그의 자손들은 사회 각 분야에서 두드러진 두각을 나타낸다. 따라서 육당

입어, 19세 나이에 형인 최창선(崔昌善, 1888~1946)과 함께 신문관을 창립하여 경영한 출판인이었다. 최남선은 출판인으로서 보다는 방대한 저술을 남긴 학자로 더욱 알려져 있는데, 한말에서 식민지 시기에 걸쳐 그가 남긴 저작물은 양적 측면에서는 견줄만한 인물이 없을 정도이다. 이렇듯 최남선이 지속적으로 저술과 출판활동에 매진하였던 이유는 일찍부터 일본 출판계를 통하여 문화 권력의 위력을 자각하고 자신 소유의 출판사를 통한 출판을 기획했기 때문일 것이다.[6] 타의 추종을 불허하는 그의 출판 저작물은 신문관과 같은 자신의 출판사가 없었다면 애초에 불가능한 일이었다.

　최남선의 문화 권력에 대한 지향은 '기획된' 출판물로 이어졌다. 당시로

의 집안은 근대변동기 중인 출신들이 사회 각 분야에서 두드러진 활동을 보였던 대표적 사례로서 언급된다. Kyung Moon, Hwang, *Beyond Birth: Social Status in the Emergence of Modern Korea* (Cambridge, Mass.: Harvard University Press, 2004), pp. 147~160; 「The Chungin of the Late Choson and Early Modern Eras: The State Specialists and legitimacy」, 『실학사상연구』 21, 무악실학회, 2001. 육당의 집안과 생애는 다음을 참조. 홍일식, 『六堂硏究』, 일신사, 1959. 조용만, 『육당 최남선: 그의 생애, 사상, 업적』, 삼중당, 1964. 이영화, 「생애」, 『최남선의 역사학』, 경인문화사, 2003. 최학주, 『나의 할아버지 육당 최남선: 근대의 터를 닦고 길을 내다』, 나남, 2011.
6　신문관은 토쿠토미 소호가 창립한 民友社를 본따서 건립되었다. 金貞淑, 「出版人 崔南善 硏究」, 중앙대학교 신문방송대학원 석사학위논문, 1991, 97쪽. 토쿠토미는 언론을 통해 문화 권력을 장악한 메이지 시기 대표적 인물이다. 근대 일본을 이끌어갈 새로운 지식인으로서 메이지 '청년'의 이미지는 그가 민우사에서 발간한 잡지 『國民之友』를 통해 창출한 것이었다. 즉 토쿠토미와 『국민지우』를 통해 메이지 일본 사회에 '청년담론'은 폭발적으로 유행하게 되었다. 토쿠토미는 한일병합 직후인 1910년 10월 『매일신보』의 감독이 되면서 한국 언론에 영향력을 미쳤고, 최남선과 이광수와 같은 한국 지식인에게도 많은 영향을 미쳤다. 최남선이 발간한 잡지 『소년』이나 『청춘』도 그 이름에서 이러한 토쿠토미의 '청년론'에 영향을 받은 것이다. 이경훈, 위의 책, 42~75쪽. 출판인으로서 최남선과 신문관 출판물을 조명한 연구는 다음을 참조. 박천홍, 「근대출판의 선구자 육당 최남선」, 『문학과 사회』 79, 문학과 지성사, 2007. 박진영, 「창립 무렵의 신문관」, 『사이』 7, 국제한국문학문화학회, 2009; 『신문관: 번역소설전집』, 소명출판, 2010. 권두연, 『신문관의 출판 기획과 문화운동』, 고려대학교 민족문화연구원, 2016.

는 획기적인 조선광문회의 고전수집과 번역사업 및 신문관을 통한 서구 서
적의 번역은 바로 이러한 맥락에서 이해될 수 있다. 최남선의 기획 아래 소
설을 비롯하여 많은 서구 서적들이 번역되었다. 이 가운데 스마일즈의 『자
조론』은 오랜 기간의 번역 과정을 거쳐 출판된 번역서로서 최남선에게 특별
한 의미가 있는 서적이었던 같다.[7]

최남선의 '자조론'에 대한 관심은 한말 『소년』에 스마일즈의 저작을 부분
적으로 번역하여 소개한 것에서 잘 드러난다. 당시 계몽적인 신문과 잡지를
통하여 '자조론'이 소개되었기 때문에, 육당 또한 '자조론'을 비롯하여 '자조
론'의 가치에 기반을 둔 스마일즈의 또 다른 저작에도 관심을 둔 것 같다.
'자조론'은 1906년 『조양보』 창간호를 통하여 그 내용이 알려지게 된 이후,
한말의 계몽적인 잡지와 신문 및 일본의 유학생 잡지 나아가 신소설에까지
소개되었다. 앞서 언급했듯이, '자조론'이 번역되거나 집중적으로 소개된 시
기는 1906년에서 1908년 사이이며, 전통 유교 사상의 범주에서 쉽게 이해될
수 있었던 원서 1장 '자조-국가와 개인'이 주로 번역되거나 소개되었다.

'자조론'의 번역과 소개에서 나타나는 이와 같은 특징은 한말의 시대적
상황과 밀접한 관련이 있다. 원서 1장 '국가와 개인'이 번역되거나 소개된
이유는 '治國'의 기본 단위가 되는 修身하는 '개인'과 그것의 집합체로서 '국
가'에 대한 관심 때문이었다. 여기에서 '개인'의 '자조'는 곧 국가의 '독립'

---

7 최남선의 생애와 사상에 큰 영향을 미친 책으로는 스마일즈의 『자조론』과 『품성론』
및 존 스튜어트 밀의 『자유론』이 손꼽힌다. 최박광, 위의 책, 57쪽. 최남선에게 '자
조론'은 대중을 교도해야 할 가치이면서 동시에 자신의 행동윤리를 규정하는 가치
로서 오랫동안 유효했다. 이것은 1920년대 잡지 『동명』의 앞표지에 '민족적 자조에
일치합시다'라는 표어 문구부터, 1940년대 셋째 아들의 진학문제에 의견을 제시하
는 소소한 일상사에서 잘 드러난다. 1942년 최남선은 셋째 아들 한검이 문과에 진학
하는 것을 반대하면서 네 가지 이유를 들었다. 그 가운데 세 번째로 든 것이 '自力과
사회설비의 欠無'였다. 최학주, 위의 책, 67~71쪽. 한말과 식민지 시기 '자력'은 '자
조'의 의미로 사용된 용어인데, 아들의 진로 선택과 같은 일상적인 문제에 '자조'를
언급한 것이다.

과 '자강'의 의미로 읽혔다. 요컨대 원서 1장을 중심으로 한 '자조론'의 번역
과 소개는 대한제국의 '독립'과 '자강'에 대한 관심에서 비롯되었다. 대한제
국은 1905년 을사조약 체결 이후 통감부가 설치되면서 일본의 비공식적 식
민지가 되었고, 이후 1907년 정미7조약으로 그 존립이 위태로운 지경에 이
르렀다. '자조론'의 번역과 소개는 이같이 대한제국이 독립국가로서 위기를
맞았던 시기에 집중적으로 이루어졌던 것이다.

한말 최남선의 스마일즈 저작에 관한 관심 또한 앞서 언급한 '자조론'이
번역되거나 소개되는 양상과 동일하였다. '자조론'의 번역과 소개가 대한제
국의 '독립'과 '자강'에 대한 관심에서 비롯되었듯이, 최남선의 스마일즈 저
작의 번역과 소개 또한 대한제국의 '독립자존'에 관한 것이었다. 최남선은
『소년』을 통하여 스마일즈의 글을 번역하거나 소개하였는데, 스마일즈를 직
접 언급하여 게재한 글은 세 편이다. '이런 말씀을 들어보게'의 코너에 소개
된 「스마일즈 書節錄」과, 「스마일즈 書節譯」,[8] 그리고 '신시대 청년의 신호
흡'의 코너에 『品性論』 3장 「勇氣論」을 번역한 것이다.[9]

이 세 편은 『품성론』의 일부분을 번역하거나 참고한 특징이 있다. 앞서
언급했듯이 '품성론'은 한말 언론에서 '자조론'과 더불어 번역되거나 소개되
는 경우가 많았다. 이것은 『품성론』이 『자조론』의 마지막 장인 '품성'을 기
반으로 하여 저술되었기 때문이다. 『품성론』은 『자조론』에 뒤이어 출간된
스마일즈의 저서로서, 여기서 'Character'는 한말 언론에서 '자조론'을 소개

---

8 최남선, 「이런 말씀을 들어보게: 스마일즈 書節錄」, 『少年』 2-2, 1909, 39~42쪽; 「이
   런 말씀을 들어보게: 스마일즈 書節譯」, 『少年』 2-3, 1909, 50~53쪽

9 최남선, 「新時代靑年의 新呼吸(七): 뿌리탠國 德學大家 스마일쓰 先生의 勇氣論」, 『少
   年』 2-9, 1909, 5쪽. 『품성론』은 Character(1871)를 번역한 것이다. Character는 일본
   에서 '品性論'으로 번역되었고 한말 사회에서도 '품성론'으로 주로 사용되었다. 최남
   선은 원문에 『性行論』으로 번역하여 사용하였다. 최근에는 『인격론』으로 번역되고
   있다. 여기에서는 한말 일반적으로 사용된 용어를 그대로 사용하여, 원문의 『성행론』
   대신 『품성론』으로 통일하여 표기하였다.

하면서 개인이 '自助'하는데 갖추어야 할 덕목인 '性品' 내지 '品行'으로 번역되었다.[10]

한편 이 세 편 모두 대한제국의 자강과 독립을 위해 '소년'이 품성을 함양하고 자조할 것을 독려하는 글이다. 『소년』이라는 잡지의 표제가 말해주듯이, 여기에 실린 글들은 대한제국을 이끌 새로운 지식인 '소년' 곧 '청년'[11]을 계몽하기 위한 목적으로 기술되었다. 실제 「스마일즈 서절록」과 「스마일즈 서절역」 글의 구성도 『품성론』을 번역하거나 인용하여 독자 '소년'에게 내용을 전달하고 계몽하는 방식이다. 따라서 『품성론』 3장을 번역한 「용기론」을 포함하여 두 편 글의 독자 대상은 '소년' 곧 '청년'이다.

「스마일즈 서절록」은 인용 출처가 표기되어 있지 않지만, 미국을 '독립'시킨 워싱턴의 '품행'에 관한 내용을 볼 때 『품성론』 1장으로 확인된다. 이 글의 요지는 워싱턴과 같은 품행을 가진 사람이 '국력을 증진시키고 부강'하게 한다는 것이다. 또 한국의 을지문덕과 이순신도 이러한 품행을 가진 위인으로 예시하며, '소년'에게 이들과 같은 위인의 품행을 본받을 것을 훈계한다. 요컨대 대한제국의 '독립'과 '자강'을 위해서 '소년'이 高尙瑩潔한 품성을 부단히 연마할 것을 촉구하는 내용이다.

한편 「스마일즈 書節譯」 또한 '애국주의'를 다룬 내용에서 『품성론』 1장을 참고한 것으로 확인된다. '서절역'이라는 제목만 보면 스마일즈의 저작을 번역한 것처럼 보이지만, 원서를 있는 그대로 충실히 번역한 것이 아니라,

---

10 이와 관련된 내용은 이 책 1부 1장 참조.
11 여기서 '소년'은 연령적 개념이라기보다는 그 시대를 이끌고 나갈 새로운 지식인의 개념으로 '청년'의 범주에 속한다. 이와 같은 '소년'의 의미는 최남선이 잡지 『소년』에 대하여 언급한 다음 글에서 확인된다. "社會 장래의 樞軸을 담당할 靑年에게 정당한 自覺과 質實한 風氣를 喚起하기 위하여 雜誌 『少年』을 發刊하였도다." 최남선, 「10年」, 『청춘』 14, 1918, 7쪽. 또한 최남선의 측근이었던 조용만과 그의 손자 또한 이러한 사실을 언급하였다. 조용만, 『일제하한국신문화운동사』, 正音社, 1975, 35쪽. 최학주, 위의 책, 140쪽.

『품성론』 1장을 참고하여 최남선이 자신의 주장을 넣어 재구성한 글이다. 최남선은 '애국주의'라는 주제 아래 '자조론'의 '근로' 개념을 사용하여, 말로만 애국을 부르짖지 말고 묵묵히 한 걸음씩 착실하게 '勞動力作'하는 것이 애국이라고 주장하였다. 그리고 마지막 부분에서 "우리 신대한 '소년'의 애국은 斥洋도 아니요, 排日도 아니요, 오직 自成自守니라"고 종결짓고 있다. 이 글이 『품성론』을 참고하였다는 점을 염두에 둔다면, '自成自守'는 개인의 '품성' 함양과 '자조'만이 대한제국의 '독립'과 '자강'을 이루는 방법을 말하는 것이라고 판단된다.

위에서 『소년』에 직접 언급된 세 편의 스마일즈 저작을 살펴보았는데, 모두 『품성론』 1장 「품성의 힘」을 번역하거나 그것을 참고하여 재구성한 글이었다. 이같이 개인의 '품성'에 대한 최남선의 집중적인 관심과 강조는 한말 당시 '자조론'의 이해와 밀접한 관련이 있다. 한말 『조양보』의 '자조론' 소개 글과 관련하여 보면 이러한 사실이 더욱 분명히 드러난다.

'자조론'을 『조양보』에 소개한 집필자는 스마일즈 『자조론』의 내용을 "大凡 個人의 性品思想이 國家運命에 關한 力이 甚大함으로 이에 書를 著하여 國民을 醒覺케 함이니"[12]라고 축약하였다. 즉 『자조론』은 개인의 '성품'이 국가 운명을 좌우하기 때문에, 이 책은 '국민'을 각성하기 위해 저술되었다고 말하였다. 이것을 통해 볼 때, 최남선이 『소년』에 스마일즈 『품성론』에서 추출한 세 편의 글을 게재한 것 또한 '자조론'에 대한 관심에서 비롯되었음을 알 수 있다. 또 최남선이 『소년』에서 스마일즈를 직접적으로 언급한 글은 앞서 살펴본 세 편뿐이지만, 이외에도 워싱턴과 프랭클린·나폴레옹··에디슨·와트 등의 인물을 주제로 한 글들은 『자조론』과 『품성론』에 영향을 받아 게재한 것으로 보인다.[13] 요컨대 스마일즈 저작에 대한 최남선의 관심

---

12 『조양보』 1906년 6월 25일자.
13 『자조론』과 『품성론』은 자조한 인물과 훌륭한 성품을 갖춘 인물의 사례를 많이 제시하고 있는데, 여기에 워싱턴·프랭클린·나폴레옹·에디슨·와트 등이 언급되었다.

은 한말 언론에서 '자조론'을 번역하고 소개한 목적인 대한제국의 '독립'과 '자강'에 있었다.

2) 1918년 『자조론』 출판

『자조론』은 신문관 창립 10주년이 되던 해인 1918년에 출간되었다. 최남선은 『자조론』 출판에 남다른 애착과 기대를 했던 것 같다. 이것은 신문관 창업 10주년 기념호인 『청춘』 14호에 『자조론』 출간에 대한 대대적 광고를 통해 잘 드러난다. 『청춘』 14호는 신문관 10주년 기념호인 만큼 보통호 보다 3배나 많은 여러 편의 논문이 게재되었으며, 최남선 또한 현재 역사학과 민속학에서 논의되는 불함문화론과 단군론의 바탕이 된 중요한 논문인 「稽古劄存」을 실었다. 최남선이 신문관 10주년에 기울인 노고를 짐작할 수 있는데, 여기에 『자조론』은 서두 전면에 광고되었던 것이다.[14] 그러므로 『자조론』은 신문관 창립 10주년의 의미를 빛내줄 서적으로 기획·출판된 것임을 알 수 있다.

『자조론』의 전면 광고는 『청춘』 13호에서도 확인된다. 『자조론』은 출간을 전후해서 『청춘』 13호와 14호에 잇달아 대대적으로 홍보되었다. 그리고 『자조론』과 함께 1918년 4월 28일 발행된 『청춘』 13호의 경우는 전면 광고에 이어 「新文館出判時報」를 통해 거듭 『자조론』 출판을 알렸다.[15] 이에 더하여 『자조론』에 수록된 「譯自助論敍言數則」를 게재하여,[16] 『자조론』에 대한 독자의 관심을 유도하였다. 또 1918년 6월에 발행된 『청춘』 14호는 4월 말에 출간된 『자조론』 1장 앞에 수록하였던 『서국입지편』의 '序'를 다시 한

---

14 『자조론』 광고는 『청춘』에 광고된 다른 신간 서적들과 현격히 차이가 드러날 정도로 대대적이었다.

15 『매일신보』에서도 1918년 5월 2일자와 5월 17일자에 광고되었다.

16 『청춘』 13, 1918, 41~46쪽. 『청춘』 목차에는 「自助論序及譯敍」라고 되어있다. 『자조론』에는 「譯自助論敍言數則」 조항이 11개 제시되었는데, 『청춘』에는 5개 조항만 예시되었다.

번 게재하여 독자의 관심을 더욱 유발하였다.[17]

한편 『자조론』 출판에 대한 최남선의 남다른 각오와 기대는 다음 「譯自助論敍言數則」에서 잘 드러난다.

> 余 此書의 啓沃을 蒙한지 已久하고 同愛少年에게 愛益을 與共하려 하여 譯稿에 着手한 것이 또한 12年前事나 인하여 身世가 부즈럽시 奔走하여 竣工이 末由하더니 昨冬以後에 至忙이 도리어 大閒을 將來하여 舊稿를 改績할 機를 得하니, 대개 裕閒한 時에는 오히려 暇를 乘하지 못하다가 困迫한 中에 도리어 便을 得한 것이라. 爾來 一年有餘의 歲月은 片時寸晷가 도모지 애오라지 奮鬪의 紀念이오. 더욱 人에게 勸導하는 것보담도 自己 먼저 自助란 點으로 깊이 自省自勵할 要가 있게 된지라, 此書의 論說과 吾身의 遭遇 서로 表裏가 되고 서로 證驗이 되니 此譯이 尋常한 一時文事에 不過하되 余自身에 在하야는 全生涯의 一大記念碑가 될 것이로라.[18]

위의 내용에서 『자조론』의 본격적인 번역과 출판이 최남선 자신의 문제의식에서 시작되었음을 알 수 있다. 『자조론』은 번역의 착수에서 출판까지 장작 12년이 걸린 대작으로서, 12년 전 옛날 원고를 다듬고 다시 본격적으로 번역할 때 육당의 각오 또한 남달랐던 것이다.[19] 최남선은 독자에게 『자조론』을 타인(人)에게 권유하기보다는 스스로가 '자조'에 대하여 깊이 '自

---

17 「中村敬宇博士의 自助論譯本序」, 『청춘』 14, 1918, 30~31쪽.

18 최남선, 「譯自助論敍言數則」, 위의 책, 13쪽.

19 여기서 12년 전은 1906년 또는 1907년경이 아닐까 추정된다. 최남선이 『자조론』에 수록한 글 가운데는 출판 몇 년 전에 작성되어 『청춘』에 먼저 게재된 것이 있다. 「譯自助論敍言數則」과 「自助論序」의 경우 글의 끝에 1914년에 썼다고 기재하였으며 『청춘』 13호에 게재되었다. 그런데 「역자조론서언수칙」의 경우는 『청춘』 13호에 실린 일부만 1914년에 작성하고 이후 첨부된 것이 아닌가 생각된다. 앞서 언급했듯이, 「역자조론서언수칙」은 『자조론』이 출간되기 이전 『청춘』 13호에 5개 조항이 실렸다. 위에서 인용한 「역자조론서언수칙」의 경우는 『청춘』 13호에 기재되지 않은 조항이다. 따라서 번역의 경위를 밝힌 글의 내용을 참조하면, 이것은 1918년 출판이 임박하여 작성한 조항일 가능성이 있다.

省'할 필요가 있었기 때문에 번역했다고 밝히고 있다. 그리고 자신의 인생에 '일대 기념비'가 될 것이라고 『자조론』 번역과 출판의 의미를 부여하였다.

이렇듯 『자조론』 번역은 한말부터 착수되어 오랜 번역 기간을 거쳐, 신문관 10주년 기념 해인 1918년 출판됨으로써 그 번역의 의미를 배가시켰다. 앞서 언급한 '자조론'을 모태로 한 '품성론'을 1909년 『소년』에 번역하고 소개한 것은 바로 이러한 『자조론』 번역의 착수에서 비롯되었다고 볼 수 있다. 하지만 이와 같은 노고 끝에 출간된 『자조론』은 완역본이 아니었으며, 이후에도 완역본은 공식적으로 출판되지 않았다. 『자조론』을 출간할 당시 전체 13장 가운데 6장밖에 번역되지 않았다. 그런데 6장의 마지막 부분에 '自助論卷之上終'이라고 기재한 것과 더불어 '自助論 上卷'이라는 표제로 광고된 것으로 보아서,[20] 하권을 출판할 계획이었던 것 같다.

나아가 『자조론』 하권은 출판할 계획만 있었던 것이 아니라, 실제로 모든 번역을 마쳤고 출판하는데 일본의 식민행정과 마찰을 일으킬 소지도 없었다. 이것은 1920년 6월 20일자 '西大門監獄 鐵窓裡에 『自助論』을 著하는 崔南善에 近狀'[21]이라는 제목의 『조선일보』 기사에서 확인된다. 당시 최남선은 3.1운동에서 독립선언서를 작성한 죄목으로 서대문형무소에서 복역하던 중이었는데, 『자조론』 번역을 마쳤다는 기사가 보도되었던 것이다.[22] 또 『자조론』 번역을 마치고 다른 서적을 저술하려는데 식민행정의 제한으로 저술하지 못하며, 특히 '조선역사에 관한 저술'은 허락받지 못했다는 내용이 아울러 보도되었다.

이러한 정황으로 볼 때 『자조론』 하권은 최남선의 의지에 따라 출판되지

---

20 최남선, 위의 책, 256쪽
21 『조선일보』 1920년 6월 22일자.
22 『동아일보』 6월 12일자 기사를 보면, 최남선이 이미 『자조론』 하권을 완역했다고 보도하였다. 완역한 날짜에 대해 두 신문 기사 내용이 완전히 일치하지 않지만, 적어도 1920년 6월 즈음 『자조론』을 완역했다는 점은 확실하다.

않았던 것 같다. 이와 같은 최남선의 결정은 3.1운동 이후 달라진 식민통치
와 이에 따라 식민지 사회 진출을 조장하는 '청년수양서'가 대대적으로 유
행한 데에 있다고 여겨진다. 1923년 1월 홍난파가 『자조론』의 또 다른 번역
서 『청년입지편』을 출간하였다. 당시 『청년입지편』과 같은 서적은 '청년수
양서'로 통칭되면서, 청년의 '입신성공'을 위한 지침서로서 공공연히 선전되
었다.[23] 3.1운동 이후 문화통치로 바뀐 식민지 사회 분위기에서 수양을 통한
청년의 성공을 지향하는 각종 '청년수양서'가 유행하게 되었고, 여기에 '자
조' 덕목은 필수적으로 포함되었다.[24]

　이렇듯 식민통치의 변화와 더불어 청년수양서가 유행하게 되면서 1920년
대 초 '자조'는 '입신성공'이라는 분명한 사회적 의미를 갖게 되었던 것이
다. 이것은 육당이 『자조론』 번역에서 주장했던 청년의 정신자세를 말하는
개인윤리 덕목으로서 '자조'보다 한 걸음 더 나아간 것이었다. 또한 당시
『자조론』 광고에서 볼 수 있듯이, 1910년대는 '청년수양서'가 거의 없었던
상태였기 때문에,[25] '청년수양서'로서 『자조론』 상권의 출간은 그 자체만으
로도 획기적인 일이었다. 하지만 1920년대 초 『청년입지편』을 비롯하여 다
양한 종류의 '청년수양서' 서적이 출간되고 있었으며, 『자조론』 상권에서
주장했던 '자조'의 지향점은 이미 진부한 논리가 되고 말았다.

　한편 최남선 개인사적 측면에서 보면, 청년수양서가 대대적으로 유행하고
있던 1920년대 초 그는 서대문형무소에서 가출옥하여 출판사 동명사를 창
건하고 주간 잡지 『동명』의 집필과 출판으로 여념이 없었을 시기였다. 애초

---

23 洪永厚, 『靑年立志編: 一名 自助論』, 博文書館, 1923. 『청년입지편』의 신문 광고는
　다음을 참조. 『매일신보』 1923년 3월 1일자, 3월 3일자, 3월 8일자. 『동아일보』 1923
　년 3월 10일자, 1923년 3월 17일자, 3월 29일자.
24 姜厦聲, 『二十世紀 靑年讀本: 一名 修養編』, 太華書館, 1922.
25 『청춘』 14의 『자조론』 광고에서 '『自助論』과 如한 修養上硬書 全無한 歡迎中에
　飛也賣去함이 그 最大한 證據라'고 하였는데, 이것은 1910년대 『자조론』과 같은
　청년수양서가 없었던 사실을 잘 말해준다.

부터 원서를 충실히 번역하는 것이 목적이 아니었기 때문에 이러한 상황에
서『자조론』하권을 출판할 필요가 없었다고 여겨진다. 그럼에도 이와 같은
정황을 통해 분명히 알 수 있는 사실은 3.1운동 직전과 직후『자조론』번역
에 대해 육당은 상당한 애착을 뒀고, 그에게 많은 영향을 준 서적임은 틀림
없다는 것이다.[26]

26『자조론』출간 직후 최남선은 '독립선언서'를 작성하고 3.1운동에 참여하였다. 3.1운
동은 식민지 시대 조선인 전체가 단결하여 일본 제국주의에 저항한 최고의 '민족주
의 운동'이며 '독립운동'이라고 평가된다. 그런데 근대어 '독립(Independence)'이 시
대에 따라 이것을 사용하는 주체에 따라 다르게 인식되었다는 점을 생각해본다면,
3.1운동에 참여할 당시 최남선이 주장한 '독립'의 의미를 재고할 필요가 있다. 특히
3.1운동 직전『자조론』번역에서 최남선이 주장한 내용을 참작해 볼 때, 기존연구에
서 민족주의 운동으로 의미화한 육당의 독립선언서 작성과 3.1운동 참여를 다시 생
각해 볼 여지가 있다고 본다.
　개화기 문명개화파와 일본 정부는 모두 조선의 '독립'을 주장하였다. 하지만 양자
가 주장한 '독립'은 중국 곧 중화주의 질서에서 탈피하는 것으로서 표면적으로는 동
질적인 의미였지만, 실제 내용은 달랐다. 문명개화파의 경우, 청으로부터 독립하지
않으면 조선이 앞으로 서구 중심의 근대 세계질서에서 독립된 국가로 있을 수 없다
는 것을 알고 있었기에 조선의 '독립'을 주장하였다. 이에 반하여 일본은 조선에 자
신들의 영향력을 미치기 위해서는 전통시대 중국 중심의 동아시아 세계질서에서 우
선 조선을 탈피시키지 않으면 안 된다는 의미로 주장한 것이 '조선의 독립'이다.
　요컨대 한말 '독립'은 서구 열강의 근대 세계질서에 편입될 수 있는 근대 국가의
수립을 의미하는 것이었다. 해방 이후 최남선은 독립선언서 작성에 대한 원칙과 경
위를 회고하는 글을 기술하였다. 그런데 여기에는 일본 제국주의의 침탈성을 비난하
고 일본 대 조선 민족의 대항 구조로서 '독립'을 주장하였기보다는, 전통시대 종주
국 중국으로부터 '독립', 동양 평화의 입장에서 '독립', 월슨의 민족자결주의 원칙에
따른 '독립' 등 개화기에서 1910년대 후반까지 '독립'에 대한 논의가 모두 포함되었
다. 최남선, 「내가 쓴 독립선언서」,『새벽』2-2, 새벽사, 1955.『자조론』번역 이후
최남선의 독립선언서 작성과 3.1운동 참여의 의미는 보다 섬세히 논의될 필요가 있
다. 최근 이에 관한 연구는 류충희, 위의 논문, 2016 참조.

(2) 『자조론』의 독자 '청년'의 '자조'

1) 과거 전통과 단절된 '청년'

최남선이 『자조론』을 출판하면서 이 책의 독자로 상정한 집단은 '청년'이었다. 이것은 『자조론』에 수록된 그의 글과 『자조론』 광고에서 확인된다. 먼저 『자조론』에 수록된 최남선의 글[27] 가운데, 「소년독자에게 10조」를 보면, 이것은 표제에서 이미 『자조론』의 독자가 '소년'임을 드러내고 있다. 또 「역자조론서언수칙」의 첫 번째 조항에서는 '신청년'의 입지처신상에 보감을 주려고 『자조론』을 번역했다고 말하며, 이 책의 독자로 '신청년'을 언급하였다.[28]

> 朞月之間에 第一板의 大部가 發售됨은 出版界의 新謄錄을 作하는 大好評이지마는 現代靑年으로 此書를 受讀하지 아니한 者 아직 世間에 許多하니 自助論 普及에 對하여 吾人이 一層高聲으로 廣告力勸할 必要가 有한지라. 時代靑年에게 正路와 要律을 指示함은 吾人最大의 義務임을 信하노라.[29]

위의 『청춘』에 실린 『자조론』의 광고를 보면, 여기에서 『자조론』의 독자는 '현대청년' '시대청년'으로 일컬어지는 '청년'이다. 최남선은 『자조론』과 『자조론』 광고를 통해 이 책의 독자로 상정된 '청년'을 다양하게 호명하였는데, 3.1운동 이전에 많이 사용된 호명된 용어를 굳이 들자면, 「역자조론서언수칙」 첫 번째 조항에 있는 '신청년'이다.[30] 이처럼 『자조론』의 독자는

---

27 「自助論序」「譯自助論敍言數則」「少年讀者에게 10條」「弁言」이 있다. 「자조론서」는 역자 서문에 해당되며, 「역자조론서언수칙」은 이 책의 원서와 번역하게 된 경위 등을 밝히고 있다. 「소년독자에게 십조」는 이 책을 읽는 방법 및 이유 등 10가지를 독자 '소년'을 대상으로 밝힌 글이다. 「변언」은 『자조론』의 각 장 번역이 시작되기 전에, 해당 번역 장에 대해 최남선이 자신의 견해를 밝힌 글이다.

28 최남선, 「譯自助論敍言數則」, 위의 책, 10쪽.

29 「『自助論』 광고」, 『청춘』 14, 1918.

'신청년' '소년' '현대청년' '시대청년'과 같이 각각 달리 호명되었지만, 이들은 모두 '조선이라는 낡은 과거'를 상징하는 '노인'과 대비되는 '청년'이라고 할 수 있다.[31]

이렇듯 1910년대 말『자조론』의 독자로 상정된 '청년'이 수용할 '자조론'의 내용과 '청년'의 위치 설정은 한말 '청년'의 그것과는 전혀 달랐다. 한말 '청년'은 대한제국을 책임지고 이끌고 갈 '국민'으로서 '청년'이었다. 그렇지만 1910년대 말『자조론』의 독자 '청년'은 식민지 사회에 진출할 '개인'으로서 '청년'이었다. '청년'은 식민지 국가의 '국민'과 식민지 조선의 '조선인'이라는 식민지 모순을 피하여 식민지 '사회'의 일개 구성원인 '개인'으로 규정되었다. 1910년대 말 '자조론'은 청년의 개인윤리와 결부된 가치로 전환되었던 것이다. 이것은 한말 '자조론'이 대한제국 국민으로서 '청년'에게 민족의식을 고양하는 민족주의 이데올로기로서는 이제 기능하지 못했음을 말해준다.

이처럼『자조론』의 독자 '청년'이 한 '개인'으로서 '청년'을 의미한다는 사실은「자조론서」를 통해 잘 알 수 있다.「자조론서」는『자조론』번역 전체를 조망하는 역자 최남선의 관점과 의도를 표명한 글로써 중요한데, 이 글의 주제어가 바로 '自己'이다.「자조론서」는 역자 서문에서 으레 기대되는

---

30 1919년 1월 20일 잡지『新靑年』이 창간된 것으로 보아서, 3.1운동 이전 새로운 시대를 이끌고 갈 담당자 내지 주체로서 '신청년'이라는 어휘가 유행했던 것 같다. 한편 '신청년'이라는 표제로 1915년 9월 중국과 1919년 12월 일본에서도 잡지가 발간된 점을 생각해보면, '신청년'은 1910년대 후반 동아시아 삼국의 '청년담론'에서 사용되던 용어였던 것으로 짐작된다.『신청년』잡지에 관한 연구는 다음을 참조. 한기형,「『신청년』해제」,『서지학보』26, 한국서지학회, 2002;「잡지『신청년』소재 근대문학 신자료(1)」,『대동문화연구』41, 성균관대학교 동아시아 학술원 대동문화연구원, 2003:「근대 잡지『신청년』과 경성구락부」,『서지학보』26, 한국서지학회, 2002.
31 최남선이 독자로 상정한 이러한 '청년'의 이미지는 토쿠토미 소호의 '청년론'에 영향을 받은 것이라고 여겨진다. 토쿠토미는『國民之友』에서 '壯士'를 구시대의 유물로 부정적인 이미지로 규정하면서 그에 대비되는 메이지 '청년' 상을 창출했다. 木村直惠, 위의 책, 42~50쪽.

책을 번역하게 된 구체적인 계기라든가 느낌이 평이하게 서술되지 않았다. 이 서문은 '자기'라는 주제어를 사용하여 이것으로 마치 실타래를 푸는 것처럼 글을 전개하여 종국에 『자조론』을 반드시 읽어야 할 당위가 부여되었다.

이 같은 「자조론서」의 '자기' 강조는 한말 '자조론'이 번역되거나 소개될 때와의 양상과는 사뭇 다르다. 앞서 언급했듯이 한말 '자조론'이 번역되거나 소개될 때는 개인과 국가 관계를 유기적으로 파악하려는 경향이 높았는데, 여기에서는 '자기'를 내세울 뿐 국가·사회·개인 관계를 처음부터 글의 구도에 넣지 않았다. 다시 말하면 「자조론서」에는 '자기'라는 개체만이 유독 강조된다. 여기에서 최남선이 강조한 '자기'의 의미는 1915년 『청춘』에 수록한 「저(自己)」의 내용과 일맥상통한다. 최남선은 「자조론서」를 1914년에 미리 작성해두었다가 이후 1918년 이것을 삽입하여 『자조론』을 출간하였다.[32] 주목되는 사실은 최남선이 「자조론서」를 작성한 1914년부터 『자조론』을 출판한 1918년까지 『청춘』과 『시문독본』에 『자조론』 관련 글이 중복적으로 수록되었는데,[33] 1915년 『청춘』의 「저(自己)」는 이러한 글들 가운데 하나였다고 할 수 있다.

---

32 최남선은 「자조론서」의 글 끝에 1914년에 이것을 작성하였음을 밝혔다. 최남선, 「自助論序」, 위의 책, 4쪽.

33 최남선, 「我觀: (저)自己」, 『청춘』 4, 1915; 「我觀: 우리들은 先輩라는 것이 없음」, 『청춘』 4, 1915, 17~18쪽; 「財物論」, 『청춘』 8, 1917; 「努力論」, 『청춘』 9, 1917; 「勇氣論」, 『청춘』 11, 1917; 「修養의 三段階」, 『청춘』 9, 1917; 「文明의 發達은 偶然이 아님」, 『청춘』 10, 1917; 「貴賤論」, 『청춘』 12, 1918. 한편 『자조론』에 수록된 6장의 '변언'은 『靑春』에, 4장의 변언은 『時文讀本』에 수록되었다(최남선, 「藝術과 勤勉」, 『靑春』 11, 1917; 「堅忍論(上, 下)」, 『시문독본』, 1918). 『시문독본』 초판본은 1·2권으로 구성되어 1916년에 발행되었다. 1918년 4월 15일 발행된 『(정정판)시문독본』은 초판을 개정 증보하여 3·4권이 보충되었는데 여기에 4장 변언이 수록되었다. 『자조론』의 발행일은 1918년 4월 28일로 『시문독본』과 거의 동시에 출간되었다. 『(정정판)시문독본』에는 위에서 제시한 『청춘』에 게재된 글들이 다시 수록되었다. 「文明과 努力」 (=「努力論」, 『청춘』 9, 1917); 「呂才飛行(上, 下)」 (=「勇氣論」, 『청춘』 11, 1917); 「財物의 三難」 (=「財物論」, 『청춘』 8, 1917).

저는 저이니라. 저 밖에 저가 없으며 저가 아닌 저가 없을 것이 마땅히 그럴
것 아니냐. 제가 서지 아니한 것은 생각하지 아니하고 남이 넘어뜨린 줄로
알며 제가 살지 못한 것은 깨닫지 못하고 남이 죽인 줄로 알아 저의 일을
생각할 때에 저를 빼는 것이 우리들이니 天下에 이에서 어리석은 것이 또 어
디 있으리오. … 스스로 찾으라. 스스로 하라.[34]

위의 '자기'에 관한 내용을 보면, '자기'라는 개체만 있고 그것을 둘러싼
관계는 찾을 수 없다. 다시 말하면 '자기'를 둘러싸고 있는 환경이라고 말할
수 있는 구조적 문제는 거의 고려되지 않았다.[35] 최남선은 「자조론서」에서
"일찍 自己를 認하지 못하고 오히려 自己를 助하지 못하여 有할 것을 有하지
못하고 取할 것을 取하지 못하는 此時"라고 말하였다.[36] 이것은 자신이 서지
못하거나 살지 못한다는 이유는 남의 탓이 아니라 자신에게 원인이 있다는
위의 '저(自己)' 글의 요지와 일치한다.

이렇듯 「자조론서」와 「저(自己)」의 '자기' 인식은 식민지로 전락한 조선
에 대한 최남선의 현실 인식을 드러낸 것이라고 여겨진다.[37] 여기에서 최남
선은 식민지로 전락한 조선의 현실이 조선 자신에게 그 근본적 원인이 있음
을 지적한다. 이것은 일본 제국주의 침탈의 근본적 문제점을 전혀 고려하지

---

34 최남선, 「我觀: (저)自己」, 『청춘』 4, 1915, 16~17쪽.
35 '개인'에 대한 육당의 이러한 사고는 사실 '자조론'이 가지고 있는 원초적 문제점을
   드러내고 있다. *Self-Help*가 출간되었을 당시 이 책에 쏟아진 비난은 '개인'이 어떻게
   할 수 없는 사회 또는 국가의 구조적 문제들이 존재하는데 이것을 도외시했다는 것
   이다. 예컨대 국가의 원조를 필요로 하는 절대적 빈곤층이 존재하기 마련인데 '자
   조'라는 개념에는 이것이 상정되어있지 않았다. 육당의 「저(自己)」 글을 '자조론'과
   관련하여 본다면, '자조' 개념 자체가 가지고 있는 이러한 허점이 전혀 고려되지 않
   고 서술되었다고 할 수 있다. '자조' 개념이 내포한 태생적 모순은 박지향, 위의 책,
   249~250쪽 참조.
36 최남선, 「자조론서」, 위의 책, 4쪽.
37 「자조론서」의 '자기'와 『청춘』의 「저(자기)」의 글을 육당의 현실 인식 즉 역사 인식
   과 관련하여 생각할 수 있는 근거는 아래의 주) 40 참조.

않은 채, 식민지 통치의 원인을 모두 조선 즉 '자기'의 탓으로 돌려서 해석하고 있는 것이다.

위에서 살펴보았듯이, 「저(自己)」와 「자조론서」에서 '자기'는 국가 또는 민족과의 관계 설정이 되어 있지 않은 개체이다. 최남선의 이러한 '자기' 인식은『청춘』의 '我觀'란에 「자기」글과 함께 수록된 「우리들은 先輩라는 것이 없음」이라는 다음 글에서 거듭 확인된다.

> 우리의 쳐다볼 目標될 만한 이가 있는가. 우리의 나아갈 길을 튼 이가 있는가. 우리의 길잡이 되는 이가 있는가. … 우리는 <u>正當한 意義로 살펴 先輩란 것이 있지 아니하도다. 우리 젊은이는 오직 저를 믿으며 저를 힘입나니 우리 스스로는 앞으로 밀어주는 先輩와 뒤를 바치는 後進을 要하지 아니하거니와 世運을 爲하여는 이에서 더한 설움이 없을 일이라. … 우리 스스로 先輩되지 아니하면 우리는 先輩가 없으며 우리로부터 先輩 노릇 하지 아니하면 우리 뒤 사람도 先輩가 없을지니 우리는 이제부터 우리 스스로 先輩될지니라. … 우리는 지나간 先輩없음을 서러워하기는 새로이 우리 스스로 先輩됨을 기뻐하노라.[38]

위의 글의 요지는 우리 젊은이에게 선배가 없으니, 스스로가 선배가 되자는 것이며 또 이것을 기쁘게 여긴다는 것이다. 이 글은 '우리 젊은이'라는 주체와 '선배'를 대비하고 있다. 최남선은 「역자조론서언수칙」두 번째 조항에서 "선배 후배 관계가 일시에 끊어졌다"라고 하면서, 새로운 시대에 '청년' 후배를 제대로 이끌 선배가 없어 청년들이 방황하게 되었다고 현실을 진단하였다.[39]

따라서 위의 글에서 말하는 '선배'란 구체적으로 조선의 과거 전통을 의미한다고 판단된다. 여기서 '선배'는 '우리 젊은이'와 대비되어, '우리 젊은

---

38 최남선, 「我觀: 우리들은 先輩라는 것이 없음」,『청춘』4, 1915, 17~18쪽
39 최남선, 위의 책, 10쪽.

이'가 새로운 시대를 이끌고 갈 담당자인 '청년'이라면, '선배'는 이와 대비되는 구시대의 낡고 고루한 '노인'으로서 조선을 의미하는 것이다. 1915년 '선배가 없다'는『청춘』4호에 게재된 글의 내용은 1918년『자조론』의「역자조론서언수칙」에서는 "선배 후배 관계가 일시에 끊어졌다"로 더욱 과격하게 표현되었다. 이것은 '선배'라는 '조선'의 과거 전통을 부정하고, 나아가 과거와 현재의 한국 역사를 단절적으로 보는 최남선의 역사 인식을 잘 보여준다.[40]

그리하여『자조론』은 과거 전통과 단절된 현재 '청년'의 선배 역할로 규정되었다.「역자조론서언수칙」세 번째 조항에서는 "此書를 此種先輩에게 獻하야 反省의 機를 作하시게 하며 아울러 來後少年에게 希望新光의 資로 寄與코저 하노라"고 하며, "선배에게『자조론』을 주어 반성의 기회를 만들겠다"고 하였다. 이것은 선배가 현시점에서 '청년'에게 가르치고 물려줄 유산이 아무것도 없으니,『자조론』이 그 역할 대행을 한다는 의미이다.「소년독자에게 10조」에서도 "自己가 곧 신문명의 역군으로 선배의 경험을 청하는 셈으로 읽는 것"이라고 하며,[41]『자조론』의 역할을 선배가 없는 '자기' 곧 '청년'의 선배로서 규정하여 '청년'에게 이것을 읽어야 하는 당위를 거듭 부여하였다.

2) '청년'의 미래와 '自助進明主義'

『자조론』은 '정신적 준비'가 최대한 선전되었다.[42]『자조론』을 읽으면 20

---

40 최남선은 신문관 10주년을 기념하여 신문관 건립과 자신의 10여 년을 회고하는「10년」이란 글을 썼다. 여기에서 최남선은 처음 철학에 대한 관심에서 출발하여 경제학을 거쳐 종국에 자신의 관심이 '사학'으로 바뀌었다고 밝혔다. 따라서『자조론』을 출간할 당시인 1918년경 최남선의 주된 관심은 '역사학'에 있었으며,『자조론』에 수록된 최남선의 글은 그의 역사 인식을 드러낸 것이라고 판단된다. 최남선,「10年」,『靑春』14, 1918, 5쪽.

41 최남선,「소년독자에게 10조」, 위의 책, 17쪽.

세기 새로운 무대에 서게 될 '정신적 준비'를 할 수 있다고 독자 '청년'를 독려하였던 것이다. 이것을 앞서 살펴본 내용과 관련하여 말하면, '조선'이라는 과거 선배가 아무런 정신적 준비 없이 현재를 맞이하여 오늘날 '청년'들이 정신적 基柱 없이 방황하게 되었음을 의미한다. 즉 최남선이 말하는 '정신적 준비'는 '과거'에 대한 부정에서 출발했다고 할 수 있다. 이와 같은 최남선의 과거에 대한 부정은 '정신적 준비'라는 모토를 주장하게 만든 원천이 되었으며, 『자조론』 번역에서 '정신적 준비'는 구체적으로 '자조진명주의'로 표명되었다.

1918년 6월 『청춘』 14호에 수록된 『자조론』 광고를 보면, 『자조론』이 독자 '청년'의 대대적 호응으로 날개 돋친 듯 팔려나간다는 상황과 함께 '자조진명주의'가 청년의 표어가 되어간다고 선전한다.[43] 즉 『자조론』은 독자 '청년'이 정신적 준비를 할 수 있는 '자조진명주의'의 가치를 담고 있는 책으로서 광고되었다. 그런데 이 같은 '자조진명주의'라는 용어는 『자조론』에 수록된 최남선의 글과 『자조론』 광고에서만 볼 수 있을 뿐, 『자조론』이 번역된 1918년 이전과 이후 사회에서는 사용된 용례를 찾아볼 수 없다. '자조진명주의'는 1910년대 '자조론'에 대한 최남선의 해석으로서, 『자조론』 번역에서 처음 주장되었다. 다시 말하면 '자조진명주의'는 『자조론』 번역 과정에서 최남선이 창출한 개념인 것이다.

'자조진명주의'는 『자조론』의 독자 '청년'이 갖춰야 할 정신자세와 개인 윤리 덕목으로만 거론되었다. 이것은 '자조론'이 한말 '대한제국의 자강과

---

42 최남선, 「譯自助論敍言數則」, 위의 책, 10~14쪽. 「新文館出版時報」, 『청춘』 13, 1918, 35쪽. 「『자조론』 광고」, 『매일신보』 1918년 5월 17일자,

43 "現代青年의 進明上 自覺이 正當하고 向上的情神이 旺盛한 줄을 知하게 됨은 近來의 快事니. 何오. 『自助論』과 如한 修養上硬書 全無한 歡迎中에 飛也似賣去함이 그 最大한 證據라. 今에 '自助進明主義'는 青年間의 標語가 되어가나니 이 氣風을 去益助長함은 便是時代 改化의 根本的 事業이니라" 「『自助論』 광고」, 『青春』 14, 1918.

독립'과 1920년대 '개인의 입신성공'과 같은 분명한 사회적 의미로 표출된
것과 대비된다. 우선 '자조진명주의'의 용어를 보면, 이것은 '自助主義'와
'進明'을 조합시켜 만든 조합어이다. '자조주의'는 다음 「역자조론서언수칙」
에 그 내용이 언급되었다.

> 대개 今日의 文明은 본대 國家的으로 醞釀하고 生出한 것이 아니라, 各個人
> 의 忍耐와 堅認으로써 發揮한 各種慧能이 做出한 것이오, 國家는 實로 그 效
> 益만을 收合한 것이니, … 吾人은 信하기를 今日 吾人이 福地로 臻하는 大正
> 路最捷徑은 勤勉, 忍耐, 熱心, 專力等으로 合成한 自助主義 - 個別의 自助로
> 團體의 大福을 將來하는 主義로써 항상 進步的 經營과 活動的 生涯를 取하는
> 一路라 하노니, 此書는 實로 그 가장 信賴할 嚮導 鞭策이라 하노라.[44]

위의 내용을 보면, '자조주의'는 근면·인내·열심·전력 등을 합성한 것으
로서 개별의 자조로서 단체의 큰 복을 가져오는 주의라고 정의된다. 그리고
전체적인 글의 전개 논지를 보면, 이러한 '자조주의'가 '문명'과 관련되어
설명된다. 즉 문명의 창출은 '개인'의 인내와 끈기 다시 말하면 '자조'가 중
요하며, '국가'는 단지 이러한 '개인'의 성과를 모으는 것에 지나지 않는다
고 말한다. 최남선이 주장한 '자조진명주의'의 가장 큰 특징은 문명을 이룬
'개인'에 대한 강조이다.

최남선은 「風氣革新論: 班風을 去하라. 班枷를 脫하라」의 글에서 '진명'의
뜻을 밝히고 있는데, 여기에서도 '문명'과 그것을 이룬 제임스 와트(James
Watt, 1736~1819)와 마틴 루터(Martin Luther, 1483~1546)와 같은 주요 담당
자를 중심으로 글의 논지를 전개하였다.[45] 이러한 사실로 볼 때, '진명'은

---

44 최남선, 「역자조론서언수칙」, 위의 책, 11~12쪽.
45 "進明에 대한 吾人의 困難을 說하는 者 흔히 財力의 부족을 說하며 時運의 不利를
說하나 余는 以爲하되 進明事業의 效績이 不擧하는 原因은 결코 世人이 云謂하
는 此等 皮相的 理由가 아니라, 實로 文明進步에 대한 一般社會의 根本的 培養
- 精神的 準備- 곧 文明에 進할 軌道가 無함이 그 本源的 原因이라 하노니, 첫째

'문명진보'을 의미하는 것임을 알 수 있다.[46] 따라서 '자조주의'와 '진명'이
조합된 의미를 생각해보면, '자조진명주의'는 '개인'의 근면과 인내 곧 '자
조'로서 '문명의 진보'를 추구하는 정신자세를 말한다. 그런데 최남선이 이
와 같은 '자조진명주의'의 정신자세를 말하는데 사용된 논리가 '풍기혁신론'
의 소제목인 '班風을 去하라. 班枷를 脫하라'이다. 즉 '풍기혁신론'이란 과거
조선의 근간이 되었던 양반제도를 비판하고 이들 양반이 가진 정신자세를
개혁하자는 것이다.

> 우리 東洋은 不幸히 此 兩班制度가 最近까지 존재하여 小靈의 自由發展을 障
> 碍하고 能力의 自由 競爭을 錮廢하니 努力의 필요가 旣無하매 進步의 原動이
> 又無하여 드디어 西人의 後鹿을 仰하였으나 … 然則 금일 吾人의 文明 追逐
> 上에 最大 障礙가 되는 者 何오. 曰 各人의 心中에 深固히 着眼한 兩班心이니
> 라. 此 障礙를 제거하는 데 最急務는 何뇨. … 故로 改化事業은 반드시 風氣
> 의 革新으로 始하며, 思想의 改變으로 始하나니라. 무릇 天下의 事 爲者 牛毛
> 와 如할지라도 獲者 麟角과 如한 것이늘, 吾人의 進明事業은 可爲할 牛毛와

는 財力부족, 時運 不利등을 力說하는 其人의 心理가 이미 奮鬪努力, 向上情神의
文明的 情神이 부족한 明證이라 하노라. … 와트는 富人이 아니니 30년 勤勞가 30
錢에 値치 못함을 嘆 하도록 窮厄을 當하였으며 루터는 時運兒가 아니니 身命을
摠히 上帝께 委任할 밖에 依恃가 無하도록 孤苦를 當하였도다." 최남선, 「風氣革
新論: 班風을 去하라. 班枷를 脫하라」, 『청춘』 14, 1918, 24~25쪽.
46 이미 살펴본 바와 같이 『청춘』 14호는 신문관 10주년을 기념하는 특별호로서, 『자조
론』에 대한 대대적인 광고와 더불어 많은 학술 논문이 게재되었다. 그런데 이 학술
논문을 제외한 나머지 글들은 모두 『자조론』의 내용과 긴밀히 연관되어있다. 최남
선의 회고 글 「십년」을 비롯하여 '我觀'의 「배금주의」, 「도덕적 경장」 그리고 위에
서 인용한 「역자조론서언수칙」이 그러하다. 이 글들의 특징은 '문명진보'의 중요성
을 강조하며, 논지의 전개에서 『자조론』과 『품성론』에서 다루어진 와트·콜럼버스·
루터·프랭클린 등과 같은 인물들의 근면과 인내, 용기를 거론하였다. 위의 「역자조
론서언수칙」에 등장하는 중기기관차 발명자 제임스 와트는 『자조론』에서, 종교개혁
가 마틴 루터는 『품성론』 3장 「용기론」에 수록된 인물이다. 앞에서 살펴보았듯이,
『품성론』의 경우 스마일즈가 『자조론』의 마지막 장 '품성'을 기반으로 저술한 것이
다. 한편 「용기론」은 한말 최남선이 『소년』에 번역하여 게재한 바가 있다.

如한데, … 風氣革新이 文明의 근본이라 함은 此를 謂함이니라.[47]

위는 최남선이 조선의 양반제도와 兩班心을 비판한 내용이다. 최남선은 과거 조선[48]의 양반제도 때문에 능력의 경쟁과 노력이 이루어지지 못해 진보의 원동력이 없었다고 신랄하게 비판하면서, '문명진보'의 최대 장애가 바로 마음 깊숙이 자리 잡은 '양반심'이라고 주장한다. 이 같은 내용의 '풍기혁신론'은 1910년대 식민지 사회를 바라보는 '청년' 최남선의 인식을 단적으로 드러낸 것이라고 할 수 있다.

'풍기혁신론'의 논리를 따르면, 문명의 진보를 이루지 못한 1910년대 식민지 현실은 과거 조선의 양반에게 책임이 있으며, 식민지에서 이룩해야 할 급선무는 식민지 해방이 아니라 바로 문명의 진보이다. 이렇듯 최남선은 과거 전통에 대한 비판 및 식민지로 전락한 조선의 현실을 '문명진보'의 정신 자세를 말하는 '자조진명주의'로서 객관화하였던 것이다.

그런데 이 같은 최남선의 '양반'에 대한 부정적인 주장은 1910년대 역사적 실상과는 거리가 있다. 1910년대 과거 조선의 양반층 대부분은 식민지 조선의 급선무는 '문명의 진보'가 아닌 식민지 상태에서 해방되는 것으로 생각하여 식민지 독립운동에 참여하였다. 과거 양반 가운데에는 조선의 지배층으로서 조선왕조 멸망의 책임을 통감하고, 수치스러움에 자결하거나 해외로 나가 공산주의 운동에 몸담으며 독립운동에 헌신한 인물 또한 적지 않았다. 이러한 조선의 과거 양반층은 소위 노블레스 오블리주를 실천했다고 할 수 있으며, 최남선이 말한 '양반심'이 오히려 이것을 실천하는 원동력으로 작동되었다.

따라서 최남선이 '풍기혁신'되어야 할 것이라고 주장한 '양반심'은 '문명

---

47 최남선, 「風氣革新論: 班風을 去하라. 班枷를 脫하라」, 『청춘』 14, 1918, 21~23쪽.
48 '우리 동양'이라고 기재되었지만, 양반제도를 언급하는 것으로 보아서 구체적으로 '조선'을 지칭한다고 판단된다.

진보'를 논리로 한 '자조진명주의' 관점에서이다. 문명을 진보시키는 데에는 예술·기술·과학과 같은 것이 매우 중요한데도 과거 조선의 양반들은 이것을 멸시하는 정신자세를 가졌다는 것이다. 이렇듯 최남선이 양반제도와 양반심을 풍기혁신하는 것이 곧 문명의 근본이라고 주장하는 이유는 무엇일까? 또 왜 이것을 '자조진명주의'의 정신자세를 방해하는 최대 걸림돌로 말하였을까? 이것은 아래 글에서 과거 양반에 비해 열등한 중인의 신분적 배경을 은폐한 최남선의 화법에서 그 이유를 찾을 수 있을 것 같다.

> 朝鮮이 世界의 兩班鄕이라 하면 是를 喜함이 可할까? 是를 悲함이 可할까? … 舊社會와 新時代의 差異가 허다한 중에 最大 特點은 政治의 一隷屬物이던 四民百業이 變하여 그 主人이 되고 基本이 된 것이니, 換言하면 소위 兩班과 常民이 地位를 全易함이요 … 금일 文明의 主要한 부분은 工藝니 匠色으로 蔑視하던 者 그 主權者요, 금일 文明의 基礎는 天文 地理 物理 醫術 등 科學이니 雜織으로 蔑視하던 者 그 擔當者요 … 現代 문명이란 것은 거의 다 朝鮮의 소위 常人이 做出한 것이요[49]

위의 글에서 최남선은 옛날과 현재의 가장 큰 차이점으로 양반과 상민의 지위가 완전히 바뀐 것을 꼽고 있다. 현재 문명은 과거 공예나 장인으로서 멸시당했던 사람에 의해 이루어졌으며, 문명의 기초는 천문·지리·물리·의술 등의 과학으로서 과거에 잡직으로서 멸시당하던 사람들이 그 담당자라고 하였다. 따라서 현재 조선의 문명은 이들에 의해 창출된 것이라고 주장한다. 이렇듯 1918년 『자조론』 번역을 통해 '자조진명주의'를 주장할 무렵 최남선의 최대 화두는 '문명'이었으며, 그것을 이룬 담당자가 과거 양반제도를 근간으로 한 조선의 체제에서 부당하게 대우받았음을 토로하였다.[50]

---

49 최남선, 위의 글, 16~18쪽.
50 『자조론』과 더불어 1918년 4월 출간된 『시문독본』(정정판)에 실린 최남선의 글 및 그가 선택하여 게재한 玄相允의 「自己表彰과 文明」과 같은 글을 보면, '개인-사회-

특히 위에서 문명의 기초라고 주장되는 '천문'과 '의술'은 바로 최남선의 집안이 대대로 종사해온 가업이다. 그런데 위에서 최남선이 말하는 논리대로라면 현재 가장 급선무는 '문명진보'라는 '자조진명주의'적 정신자세를 갖는 것인데, 과거 조선의 전통에서 자신의 집안과 같은 출신 사람들이 이러한 정신자세를 가졌다고 말한다. 따라서 이러한 정신자세를 갖지 않은 양반들은 부정되어야 했고, 양반 중심으로 운영되었던 조선의 과거는 부정되어야 할 과거였던 것이다. 상대적으로 과거부터 '자조진명주의'의 정신자세를 가졌던 최남선과 같은 '청년'이 문명진보가 급선무인 현재 그에 합당한 사회적 지위를 가지는 것은 당연한 논리가 된다.

이렇듯 '문명의 진보'가 급선무인 현재 '청년'에게 가장 요구되는 조건은 바로 '자조진명주의' 정신자세를 갖는 것이다. 이러한 정신적 자세를 가진 청년이 현대 문명의 주역이 될 수 있다. 그런데 이러한 논리는 현실적으로 '청년' 개인이 식민지 사회로 진출하는 것을 의미한다고 할 수 있다. 또 '청년'이 '자조진명주의'의 정신적 자세로 식민지 사회에 진출하는 것은 '개인'의 '문명진보'를 의미하는 것이었다. 이에 따라 '자조진명주의'는 '새로운 시대' 개인의 '운명개척'으로 다음과 같이 선전되었다.

> 新時世에 適應할 精神的 準備를 先有하라. … 原本은 現代文明의 由來를 尋繹하고 成因을 剖解하여 文明上 落後人에게 覺醒과 希望과 奮闘心과 創造的 機會를 集給하기로 有名한 世界的大文字오. 또 繹本에는 六堂 崔氏의 弁文數萬言을 附載하여 時下吾人에게 尤極沈痛한 提悟가 有케 하였으니 時勢에 對하여 殷憂를 懷하는 人士는 반드시 此書에 就하여 時世運化의 正覺을 得하며

문명'이 강조됨을 알 수 있다. 한편 최남선은 "우리 근대의 社會的 習慣으로 점잖은 이가 누가 工藝上制作을 스스로 發表하고 남은 稱道하며 또 이로써 立身揚名은 고사하고 잘못하면 無妄과 不測의 禍나 부르기 쉬우니 누가 이런 일을 입에 오르내리고 …"라고 말하며, 과학을 이룬 공예가를 제대로 대우하지 않은 조선의 사회관습을 비판하였다. 최남선, 「飛行機의 創作者는 朝鮮人이라」, 『靑春』 4, 1915, 12쪽; 「朝鮮의 飛行機 (下)」, 『時文讀本』, 신문관, 1918.

運命開拓의 秘鑰을 得할지니라.[51]

『매일신보』에 실린 위의 『자조론』 광고는 "새로운 시대에 적응할 정신적 준비를 먼저 가져라"는 문구로 시작한다. 그리고 시세에 대해 걱정하고 있는 사람이 『자조론』을 읽으면, 변화하는 시세를 명확히 깨달을 수 있고 운명개척의 비밀 열쇠를 가질 수 있다고 선전한다. 이 같은 광고 내용은 「신문관출판시보」에서도 동일하게 확인된다. 즉 '자조진명주의'를 표식으로 삼은 『자조론』은 장래 청년에게 정신적 基柱가 될 것이라고 하면서, 이 책이 '절실한 시세'의 요구에 대응한 것이라고 선전하였다.[52]

『매일신보』와 「신문관출판시보」의 광고에서는 『자조론』이 출간된 1918년 이 시기를 '새로운 시대' 혹은 '변화하는 시세'라고 표현하였다. 여기서 '새로운 시대'란 한말에서 식민지 국가로 정치적 변동이 일어난 상태를 말하는 것인데, 통상적으로 1910년대를 무단통치가 자행된 암흑시기로 간주한 시각과는 차이가 있다. 1910년대 '자조진명주의'라는 정신적 준비 자세를 가지고 '새로운 시대' 개인의 운명을 개척하자는 것은 바로 식민지라는 현재의 상태를 인정하는 논리가 된다고 볼 수 있다. 결국 '자조진명주의'의 내용은 '문명'으로 상징되는 식민지 국가에 대한 인정이라고 할 수 있을 것이다.[53]

---

51 「『자조론』 광고」, 『매일신보』 1918년 5월 17일자.
52 "來後靑年에게 精神的一大基柱를 與함은 實로 時下莫先의 急務라 謂할지니, 自助進明主義로 標幟를 삼은 六堂의 此譯은 과연 切實緊着한 時勢의 要求에 對하여 가장 適當한 酬應이라 할 것이며" 「신문관출판시보」, 『청춘』 13, 1918, 35쪽.
53 "中村正直博士의 譯한 西國立志編, 곧 自助論이 明治以後의 精神上에 偉大한 影響을 與한 것은 實로 福澤氏의 著譯이 物質上으로 偉大한 改化를 與한 것과 共히 新日本史上에 特筆大書될 事實이니 대개 方今, 社會上의 要地에 據하고 重望을 苟한 者로 此書의 感化를 受치 아니한 者 幾無하다함이 可한지라 僅僅四十五年間에 過人한 建設을 造就한 新日本文明은 此書에 負함이 大타할지니" 『청춘』 13, 1918, 46쪽.

요컨대 1910년 일본이 조선을 식민화했을 때 중인 출신 최남선에게 '식민지'는 과거의 신분적 배경이 원활히 작동될 수 없는 자신의 '능력'으로 인정받을 수 있는 새로운 세계로 인식되었다.[54] 이러한 그의 인식은 『자조론』 번역 과정에서 '자조진명주의'로 표출되었다. 특히 최남선의 『자조론』 번역을 계기로 '자조론'은 한말 대한제국의 '독립'과 '자강'을 말하던 민족주의 이데올로기를 탈피하여 개인윤리 덕목으로 전환되었으며, 이것은 1920년대 '자조론'이 개인의 성공과 결부된 가치로 '공론화'되는데 견인차 역할을 했다는 점에서 중요하다.

---

[54] 최남선은 어렸을 때부터 자신이 중인 집안 출신이라는 것과 조선의 신분제 질서에서 양반과 비교하여 열등한 중인의 사회적 위치를 명확히 인지하고 있었다. 조용만, 위의 책, 1964, 42~47쪽.

3장 洪蘭坡 가문의 기독교 수용과 '청년' 홍난파

홍난파에 대한 관심은 아주 우연한 기회에 시작되었다. 새무엘 스마일즈의 *Self-Help* 번역서를 찾던 와중에 『靑年立志編: 一名 自助論』을 발견하게 되었는데, 놀랍게도 홍난파가 번역한 것이었다. 그동안 '음악가'로 인상 깊었던 홍난파가 이 책을 번역한 것과 더불어 번역서의 표제를 '청년입지편'으로 한 점이 홍미로웠다. 게다가 1920년대 초 『청년입지편』이 식민지 조선 사회에서 입신출세주의 지침서로서 유포되었다는 사실이 더욱 홍미로웠다.[1] 이것은 한국 서양음악의 초창기 '음악가'로 주로 조명되어 온 홍난파를 근대 지식인 '청년'의 범주에서 생각해 볼 수 있게 한 계기가 되었다.[2]

앞서 언급했듯이 홍난파는 음악가로서 잘 알려졌지만, 1910년대 이미 소설가·신문기자 등의 활동을 하면서 상당한 양의 소설과 수필을 남긴 문학가이자 번역가였다.[3] 소설가·번역가 등의 활동을 포함하여 홍난파가 다양한

---

1 『매일신보』 1923년 3월 1일자, 3월 3일자, 3월 8일자 광고, 『동아일보』 1923년 3월 10일자, 3월 17일자, 3월 29일자 광고.
2 '음악가' 홍난파에 대한 연구 경향을 정리하면 다음과 같다. 첫째 다수의 양악 음악가를 배출한 홍난파 가계에 대한 연구이다. 김창욱, 「홍난파의 가계와 그 문화」, 『음악과 민족』 24, 민족음악학회, 2002. 둘째 홍난파를 '민족음악가' 또는 '친일음악가'로 접근한 연구이다. 이것에 관한 연구성과는 일일이 나열할 수 없을 정도로 많은데, 대표적 연구는 다음을 참조. 이유선, 「최초의 提琴家 洪永厚(蘭坡) (1898-1941)」, 『증보판 한국양악백년사』, 음악춘추사, 1985. 나운영, 「홍난파 선생 예찬」, 『畿甸文化硏究』 14, 인천교육대학 기전문화연구소, 1985. 노동은, 「홍난파: 민족음악개량운동에서 친일음악운동으로」, 『친일파 99인』 3, 돌베개, 1993; 「부문별 친일문제연구: 친일음악 연구현황과 과제 I 」, 『민족문제연구』 11, 민족문제연구소, 1996; 「일제하 음악인들의 친일논리와 단체」, 『음악과 민족』 25, 민족음악학회, 2003.
3 홍난파를 문학가와 번역가로 접근한 연구는 다음을 참조. 이희정, 「1920년대 초기의 『매일신보』와 홍난파 문학」, 『어문학』 98, 형성출판사, 2007. 박진영, 「소설 번안의

분야에 적극적으로 도전한 것은 3.1운동 이후 문화통치로 일본의 식민통치 체제가 바뀐 1920년대에 집중적으로 시도되었다. 식민지 시기 내내 홍난파는 다양한 사회활동을 통해 사회적 위상을 획득하려는 '입신출세'의 노선을 시종일관 추구하였다.[4]

이런 사실에서 볼 때 홍난파의 『청년입지편』 번역은 결코 우연이 아니며, 그가 추구하는 입신출세주의 노선의 지침서로 작용했을 것임을 알 수 있다.[5] 그러므로 홍난파는 『청년입지편』의 번역 주체이지만 동시에 이 책의 독자로 상정된 '청년'에 해당한다고 할 것이다. 따라서 이 장에서는 스마일즈 『자조론』을 『청년입지편』으로 번역·유포한 '청년' 홍난파를 구체적 사례로 하여, 한국 근대의 새로운 지식인 '청년'이 탄생하는 과정과 그 배경을 살펴보려고 한다. 그동안 근대의 주체이자 표상으로서 '청년'의 개념에 대해서는 주목할 만한 연구성과가 축적되었지만, '청년'의 유형에 대한 구체적 사례연구는 아직 미흡하다. 그리하여 여기에서는 홍난파가 기독교를 배경으로 탄생한 기독교 '청년'의 유형임을 밝히는 데 그 초점을 둔다.

다중성과 역사성: 『레미제라블』을 위한 다섯 개의 열쇠」, 『민족문학사연구』 33, 민족문학사학회, 2007; 「홍난파와 번역가의 탄생」, 『번역가의 탄생과 동아시아 세계문학』, 소명출판, 2019. 윤경애, 「홍난파의 러시아소설 번역 연구(1): 『첫사랑』의 일본어 저본과 번역의 계보를 중심으로」, 『한민족어문학』 84, 한민족어문학회, 2019; 「홍난파의 『쿠오바디스』 번역 양상과 번역의 계보」, 『번역학연구』 20-2, 한국번역학회, 2019; 「홍난파의 『레미제라블』 번역 양상과 번역의 계보 고찰」, 『일본어학연구』 59, 한국일본어학회, 2019.

4 다양한 시도를 중도에 그만두지 않았다면 확보했을 사회적 지위에 대해 아쉬움을 토로한 내용은 다음을 참조. 홍난파, 「유모레스크」 上, 『조선일보』, 1931년 2월 20일자.

5 홍난파는 서구의 명작을 200권가량 탐독한 뒤 그 가운데 "가장 감명 깊었다는 것 몇 권을 골라서 중역했다"고 말하였다. 이런 언급으로 미루어 보아, 일본에서 입신출세주의 지침서로 유명한 스마일즈의 『자조론』을 읽고 깊은 감명을 받아서 『청년입지편』 제명으로 중역하여 출간하였음을 알 수 있다. 홍난파, 「焚書의 理由」, 『博文』 8, 박문서관, 1939, 7쪽.

(1) 홍준의 기독교 수용

1) 홍준의 정동 이주와 입교

홍난파 가문은 남양홍씨 대호군공파(大護軍公派)에 속한다. 입향조는 홍명구(洪明九)이며, 17세기 이후 현재 京畿道 華城市 活草洞에서 집성촌을 이루면서 세거하였다.[6] 홍난파 가문을 족보를 통해 살펴보면, 식민지 시기 이전에는 족보 기록상 현저한 지위를 역임했던 인물을 찾기가 어렵다. 다시 말하면 족보 기록 자체가 빈약하다. 이에 대해서는 두 가지 경우를 유추해 볼 수 있다. 첫째 실제로 사회적 지위를 획득한 인물이 거의 없었을 경우와, 둘째 인물에 대한 정보 그 자체가 족보 기록에서 누락되었을 가능성이다. 이것은 가문의 위세와 결속력을 공고히 할 현저한 인물이 계속 배출되지 않았음을 우회적으로 말해주는 것이기도 하다.

식민지기 이전 가문 구성원들의 뚜렷한 행보를 거의 볼 수 없었던 홍난파 가문과 비교해 볼 때, 식민지 시기 홍난파 집안의 행보는 식민지 언론을 통해 심심찮게 노출된다. 즉 가문 구성원들의 사회적 인지도와 진출이라는 측면에서 식민지기 이전과 이후 홍난파 가문의 위상은 확연히 달라졌다.

식민지 시기 홍난파 집안에서는 서양음악을 연주하는 음악가가 다수 배출되었다. 이것은 [圖1]의 남양홍씨 대호군공파 세계도에서 잘 드러난다. 이 세계도를 보면 홍준의 차남인 난파를 비롯하여, 장남 홍석후(洪錫厚, 가계도에서 ●표시)의 아들들인 재유(載裕), 은유(恩裕), 성유(盛裕), 지유(志裕)는 모두 바이올린 연주가로서 활동하였다. 이렇게 가족 구성원들이 서양음악에 입문할 수 있었던 계기는 정동에 있었던 새문안교회에서 찬송가와 같은 기독교 음악을 접할 수 있었기 때문이다.[7] 이처럼 홍난파 가문이 새문안교회

---

6 『南陽洪氏族譜』 3, 回想社, 1991. 장철수 외저, 『남양마을지』, 화성문화원, 1999, 108~109쪽.

7 송태옥, 「(永厚)洪蘭坡研究」, 연세대학교 대학원 석사학위논문, 1976, 9~10쪽.

와 밀접한 관련을 맺으면서 기독교를 수용하게 된 데에는 난파의 8촌 형 홍
정후(洪正厚, 1867-1902, 가계도에서 ★표시)의 영향이 컸다고 알려져 있다.

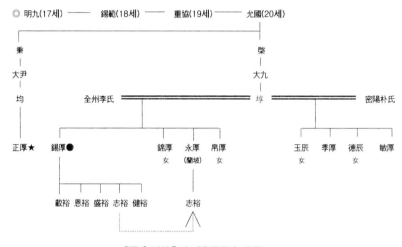

[圖1] 남양홍씨 대호군공파 세계도

홍정후는 1890년 언더우드가 세운 神學班을 1회로 졸업했으며, 1895년 새
문안교회 신축 당시 건축 감독직을 맡았던 초창기 교인이다. 그러므로 새문
안교회와의 인연은 각별했다고 알려져 있다. 또 언더우드에게 홍준을 천거
하여, 홍준이 17년간 언더우드의 어학 선생으로 있을 수 있었다고 한다.[8] 한

---

8 김창욱, 「洪蘭坡音樂硏究」, 동아대학교 박사학위논문, 2004, 14쪽. 김양환, 『홍난파
평전』, 남양, 2009, 25~26쪽. 송태옥, 위의 논문, 9쪽. 송태옥이 이같이 언급한 이래
후학의 연구에서 거듭 재인용되었다. 그런데 1895년 새문안교회 신축 때 교회의 건
축 감독직을 맡은 인물을 홍정후라고 단정할 수 없다. 1895년 교회를 건축할 때 '洪
執事'라는 인물이 건축 감독을 맡았다고 처음 언급되었다. 새문안교회70년사 편찬위
원회 편, 『새문안교회70년사』, 새문안교회, 1958, 29~30쪽. 이후 '홍집사'를 홍정후로
추측하지만 확인하기는 힘들다고 밝히고 있다. 새문안85년편찬위원회 편, 『새문안
85년사』, 새문안교회, 1973, 75쪽. 당시 활동한 同名의 洪正厚는 두 명이 있는데, 홍
난파의 8촌 형 홍정후(1867~1902)와 사망연대를 정확히 알 수 없는 홍정후(1832~?)

편 홍난파 가족 가운데에서 기독교 문화와 직접적인 관련을 맺은 인물은 그의 형 석후부터라고 한다. 이에 따라 부친 홍준 세대까지를 유교문화권으로 이후 석후 세대를 기독교 문화권으로 구분하였다.[9] 즉 기존 연구에서 홍난파 가문의 기독교 수용과 새문안교회와의 관계는 홍정후와 석후 두 인물을 중심으로 설명되었다.

송태옥이 홍정후가 홍준을 언더우드의 어학 선생으로 추천했다고 언급한 이래, 이것은 후학의 연구에서 홍난파 가족의 기독교 수용과 관련되어 이해되었다. 홍정후가 홍난파 가문에서 가장 먼저 기독교를 수용했던 인물이었기 때문에, 홍난파 가족들이 이러한 홍정후에게 기독교 영향을 받았다고 간주하였다. 또 홍석후를 시작으로 새문안교회의 집사를 역임하는 등 기독교 신자로서 새문안교회와의 관계가 뚜렷이 드러나기 때문에 석후부터 기독교 문화권으로 구분하였다.

하지만 홍정후가 새문안교회 초창기 교인으로서 홍준을 언더우드의 선생으로 추천했다는 사실만으로는 홍난파 가족이 홍정후의 영향으로 기독교를 수용했는가의 여부는 확인되지 않는다. 또 다음 절에 후술하겠지만 석후는 새문안교회 교인인 부친 홍준 영향으로 기독교와 관련을 맺은 것으로 판단된다. 따라서 홍난파 가족이 기독교의 영향을 받고 새문안교회와 친밀한 관계를 형성하는 데에 직접적 역할을 한 인물은 홍준이라고 판단된다. 즉 홍준이 새문안교회에 입교하는 과정은 이후 이 집안이 기독교를 수용하는데 중요한 역할을 한 사실을 말해준다고 할 수 있을 것이다. 그러므로 여기에서는 먼저 홍준의 기독교와의 관련 사항을 살펴보고자 한다.

활초동이 세거지였던 홍준이 새문안교회가 있었던 정동으로 이주한 시기

가 있다. 『기독교대백과사전』에는 송태옥이 설명한 홍정후가 후자(1832~?)로 기재되어 있다. 『기독교대백과사전』, 기독교문사, 1985. 홍정후에 대해서는 앞으로 좀 더 면밀한 연구가 필요하다고 본다.

9 김창욱, 위의 논문, 2002, 240~246쪽.

와 경위에 대해서는 몇 가지 이견이 있지만, 대부분 홍준의 장남과 차남인 석후와 난파의 출생 및 성장과 관련하여 말해졌다.[10] 여기에서는 홍준을 중심으로 정동 이주를 살펴보려고 하며, 새문교안교회 명부와 족보 기록을 통해 홍준의 이주 시기를 추론하면 다음과 같다. 첫째 족보 기록을 보면, 홍준의 부친인 대구(大九)는 34세를 일기로 준이 3세 때 사망하였고 그가 묻힌 장소는 '활초동'이었다. 홍준의 모친인 청주 한씨(1832~1897)는 남편의 무덤이 있는 활초동이 아닌 高陽郡 龍江面 雙龍亭(현재 서울시 마포구 아현동)에 묻혔다.[11] 한씨의 무덤이 활초동에 있지 않은 것으로 볼 때, 사망할 당시인 '1897년' 활초동에 거주하지 않았을 가능성이 크다. 다시 말하면 한씨가 계속 활초동에 거주했다면 굳이 서울에 무덤을 쓰지 않았을 것이다. 홍대구 이래 홍준의 직계 가족들은 활초동에 묻히지 않고, 화장되거나 서울에 묻힌 것으로 확인된다. 홍대구 이래 활초동에 무덤을 쓰지 않은 점, '1897년' 사망한 어머니 한씨의 무덤이 서울에 있는 것으로 짐작해 볼 때, 한씨와 함께 홍준은 활초동을 떠나 정동으로 이주했을 것으로 짐작된다. 따라서 족보 기

---

10 홍난파 가족이 활초동에서 정동으로 이주한 시기는 1898년부터 1900년 초반까지 여러 견해가 있다. 이러한 이주 시기에 대한 관심은 홍난파의 출생지에 관한 논란에서 비롯되었다. 홍난파는 남양 홍씨 세거지인 활초동에서 태어난 것으로 통상 알려져 있지만, 자필 이력서를 비롯한 문헌 자료에서는 1898년 서울에서 출생한 것으로 기록되어있다. '난파 연보 공동 연구 위원회'는 정동 이주에 대한 다양한 견해는 문헌상으로 확인된 것이 아닌 증언에 따른 것이기 때문이라고 지적한다. 이주 시기에 관한 논란과 자필 이력서는 난파 연보 공동 연구위원회 편, 위의 책 참조. 한편 정동으로 이주한 경위에 대한 의견 역시 다양하다. 홍난파가 형 석후와 함께 선교사의 권유로 서울에 올라와 정동에 자리를 잡았다거나(이유선, 위의 책, 140쪽), 서울에서 완전히 자리를 잡은 석후가 고향에 있던 부모와 난파를 올라오게 했다고 한다. 한상우, 「난파 홍영후 연구」, 단국대학교 음악학과 석사학위논문, 1984, 13쪽. 이와 달리 개화기 변화의 물결을 누구보다 빨리 읽었던 부친 홍준이 자신의 가문을 중흥시키고자 하는 열망과 자식의 사회적 출세를 위해 가족들을 이끌고 상경했다고 보기도 한다. 김창욱, 위의 논문, 2004, 14~15쪽.

11 『남양홍씨족보』 3, 233~234쪽.

록을 따르면, 적어도 홍준은 어머니 한씨가 사망한 1897년에는 서울에 거주
했던 것으로 추측된다.

둘째 새문안교회에 남아있는 초기 교인을 기록한 신상카드를 통해 홍준
의 정동 이주 시기를 추론하면, 족보 기록에서 추적한 시기보다 빠른 1892
년이라고 판단된다. 먼저 새문안교회 초기 교인명부인 신상카드를 보면, 홍
준은 35세 때인 1892년 세례를 받았다. 그리고 당시 주소는 '서부면 정동'으
로 기록되어 있다.[12] 이렇듯 새문안교회에서 제일 먼저 사용한 신상 카드 양
식에서 홍준의 기록을 찾을 수 있는데,[13] 이것은 그가 새문안교회 초창기 교
인이었음을 알려준다.

> 내[에비슨]가 洪석후씨를 처음 알게 된 것은 우리가 <u>1893년 서울에 도착하기</u>
> <u>直前에 찍은 최초의 장로교 男子學校의 寫眞을</u> 통해서였다. 그는 그 學校의
> 學生이었고 여러 해 동안 수명의 선교사들에게 말을 가르친 어느 학식 있는
> 朝鮮人의 아들이었다. … <u>이 학교가 문을 닫았을 때</u> 홍씨는 조선의 문부성이
> 설립한 소위 의료원에 입학하여 수료했다.[14]

위는 세브란스 의학전문학교 교장을 역임한 올리브 에비슨(Oliver R. Avison,

12　새문안교회역사편찬위원회 편, 『새문안교회문헌사료집』, 새문안교회, 1987, 404쪽.
　　박형우는 언더우드가 홍준에게 세례를 주었을 것으로 추정하였다. 박형우, 『금파 홍
　　석후』, 연세대학교 출판부, 2008, 5쪽. 그런데 언더우드는 2년 정도 새문안교회를 떠
　　나 있다가 1893년부터 다시 일을 보기 시작했으며, 그 이전에는 마펫이 새문안교회
　　일을 맡았다. 새문안교회 창립 100주년 기념사업회 역사편찬위원회, 『새문안교회
　　100년사』, 새문안교회, 1995, 102쪽.
13　새문안교회의 교인명부 신상카드에는 두 가지 양식이 남아있다. 첫 신상카드에는 한
　　글로 성명·친속·년·세례·사업·거주·특별사건·학습의 여덟 가지 항목이 있는데, 홍
　　준의 경우는 성명·나이·세례·거주의 네 가지 항목만 표기되어 있었다. 이것보다 뒤
　　에 다시 작성된 카드는 한자로 다음과 같은 항목이 있다. 氏名, 親族, 職業, 本官,
　　本籍, 住所, 移來·移去, 誕生, 學習·洗禮·入敎.
14　에비슨 記念事業會 譯, 『舊韓末秘錄』 上, 대구대학교 출판부, 1986, 72쪽.

1860~1956)이 홍준과 그의 아들 석후에 대해 언급한 내용이다. 이것과 앞서 살펴본 홍준의 신상카드 내용을 종합해보면, 홍준과 석후 부자는 정동에 거주하면서 새문안교회 및 설립자 언더우드와 밀접한 관련이 있었던 것 같다. 1883년생인 석후는 배재학당에서 수학한 것으로 알려져 있다.[15] 그런데 위의 에비슨의 언급에 따르면, 배재학당에 수학하기 이전 언더우드가 설립한 원두우 학당을 다녔을 가능성이 크다.

원두우 학당은 언더우드가 자신의 집 옆 건물을 사서 뒤에 새문안교회로 옮긴 것인데, 처음에는 고아원으로 출발하였다. 1886년 고아원으로 정식 출발하여 1893년 12월 고아원의 성격을 탈피하고 학교 형태로 운영되었다. 또 고아원의 책임자가 여러 번 바뀌어 민노아학당·예수교학당·구세학당으로 불렀다. 그런데 미국 선교본부에서 1897년 10월 복음전도에 주력해야 한다는 이유로 학교 폐쇄를 명령한 뒤 학교는 폐쇄되었다.[16] 위에서 에비슨이 최초의 남자 '장로교 학교'와 '이 학교가 문을 닫았을 때'라고 언급한 내용을 보면, 홍석후가 당시 다닌 학교는 원두우 학당으로 짐작된다.[17] 요컨대 홍석

---

15 김세한, 『배재80년사』, 배재학당, 1965, 819쪽.
16 새문안교회 한국인 교인들은 선교본부의 학교 폐쇄 결정과 관계없이 학교운영에 필요한 재정을 마련하여 1898년부터 교회 안에서 주간학교를 계속 운영하였다. 이때 여선교사 윕볼드가 남녀학생을 지도하는 초등교육을 실시하였는데 이것이 '영신학교'로 발전하게 된다. 중등교육기관으로는 1901년 연지동에 게일의 주관 하에 중학교를 설립하고 '경신학교'라고 하였다. 새문안교회 창립 100주년 기념사업회 역사편찬위원회, 위의 책, 81~112쪽.
17 박형우는 에비슨의 기록에서 '1893'년은 연도가 틀리고, '첫 장로회 남학교'는 배재학당을 잘못 표현한 것으로 보았다. 박형우, 위의 책, 15쪽. 기존에 알려진 홍석후의 이력에서, 홍석후는 관립의학교를 입학하기 이전 배재학당에서 수학하였기 때문에 박형우의 지적이 적절하다고 여겨지는 측면도 있다. 하지만 배재학당은 감리교도인 아펜젤러가 세운 학교이며 당시 폐교되지 않았기 때문에 원두우학당이라고 보는 것이 타당할 듯하다. 에비슨이 언급한 '1893년'은 그가 한국에 파견된 연도로서 에비슨 개인에게 매우 의미 있는 연도라고 생각되기 때문에, 오류의 가능성이 적다고 여겨진다. 또 기록자인 에비슨이 감리교인 만큼 장로교와 감리교가 세운 학교를 구분하지 못하지는 않았을 것이라고 짐작된다. 따라서 홍석후가 이승만과 배재학당 동기

후는 새문안교회 교인이었던 아버지 홍준의 영향으로 1893년경 새문안교회
의 언더우드가 운영하는 원두우학당을 다녔을 것이다.

한편 홍준과 마찬가지로 초기에 작성된 새문안교회의 신상카드에는 석후
의 아내 김씨의 기록이 있다.[18] 이 기록에 따르면 김씨는 18세인 1898년 세
례를 받았고, 그녀의 거주지는 '서부면 정동 1통 8호'였다. 이 덕분에 1892
년 홍준이 입교할 당시 기재된 '서부면 정동'의 정확한 주소가 '서부면 정동
1통 8호'임을 짐작할 수 있다. 홍석후의 연세대학교 의과대학 학적부 기록
에도 원적과 주소가 경기도 경성부 정동 1통 8호로 기재된 사실도 또한 이
것을 증명해준다.[19]

이상에서 살펴본 족보와 새문안교회 교인명부의 기록을 정리하면, 홍준의
모친 한씨는 1897년 사망했으며 그녀는 서울에 묻혔다. 이에 따라 홍준이
1897년에는 서울에 거주했음을 알 수 있었다. 그런데 홍준이 이보다 일찍
1892년 새문안교회에서 세례를 받았으므로, 이미 1892년에 서울 정동에 거
주했다고 여겨진다.[20] 무엇보다 홍준이 새문안교회 초창기 기독교 신자였다
는 사실을 확인할 수 있었다. 그러므로 홍난파 가족이 기독교를 수용하는 데
보다 직접적인 역할을 한 인물은 그의 아버지 홍준이었을 것으로 판단된다.

라는 점을 고려해 볼 때, 이승만이 배재학당을 입학한 1894년경 즈음이나(『培材百
年史』, 1989, 111쪽) 미국선교본부의 학교 폐쇄 명령이 있었던 1897년 이후에 배재
학당을 다녔을 것으로 짐작된다. 정리해보면, 홍석후의 이력은 원두우 학당 → 배재
학당 → 관립의학교로 추측된다.

18 족보 기록을 보면 석후는 김씨 성을 가진 부인과 두 번 결혼하였다. 첫 번째 부인
이름은 김은배이다. 박형우, 위의 책, 2008, 6쪽. 김은배(1881~1942)가 홍석후(1883~
1940)보다 오래 산 것으로 보아서 첫 번째 부인과 사별을 이유로 두 번째 부인과
혼인하지 않았음을 알 수 있다. 『남양홍씨족보』 3, 233쪽.

19 박형우, 위의 책, 7쪽. 홍석후는 3년 과정의 관립의학교를 3회(1903~1906)로 졸업한
뒤, 세브란스 의학교에 편입(1906)하여 1회로 졸업하였다.

20 홍준이 석후가 태어난 '1883년'에 이미 정동에 거주했을 수도 있다. 1883년 이후 계
속 정동에 거주하였으므로 1892년 그의 주소가 정동으로 기재되었을 가능성도 있다.

2) 성경번역가 홍준

홍준은 남양 홍씨 가문의 족보에 字는 준오(俊五)이며 '主事'를 역임한 사실을 기재하고 있다. 그 외 그에 대해서 별다른 관력은 기록되어 있지 않다.[21] '주사'라는 관료 명칭으로 미루어 볼 때, 그는 갑오경장 이후 대한제국 시기 관직을 역임한 것임을 알 수 있다. 또 그의 이름을 『文科榜目』과 『雜科榜目』에서 찾을 수 없다는 점에서, 갑오경장 이전 과거를 통해 관직을 역임한 것 같지는 않다. 그리고 홍준이 종사한 구체적인 일에 대해서는 새문안교회 초기 교인명부의 신상카드 직업란에서 확인된다. 그는 1892년 세례받을 당시에 '번역하는 일'을 했다고 밝혔다.[22] 그렇다면 홍준이 직업란에 기재한 '번역하는 일'은 어디에서 구체적으로 무엇을 번역한 것일까? 이에 대해서는 다음 두 가지 경우로 추론된다.

첫째 주사직을 역임한 사실과 관련지어 보면, 그가 '번역관'으로 정부 행정부서에서 일한 경우이다. 1900년 6월 19일자 『관보』를 보면, 홍준은 6월 16일자로 궁내부 번역과 번역관 판임관 6등에 임관되었고, 6월 17일자로 통신사 전화과 주사로 임관되었다.[23] 따라서 족보에 기록된 '주사'직 역임은 1900년의 관력을 기록한 것으로 보인다. 그런데 1900년 이전 정부 관리로 임용된 기록을 찾을 수 없다는 점에서, 1892년에 정부 관리로서 '번역하는 일'에 종사했다고 보기는 어렵다. 그러므로 홍준은 1892년 이전부터 번역하는 일에 종사한 듯하며, 이 경력을 바탕으로 1900년 궁내부 소속의 번역과 번역관으로 출사할 수 있었던 것 같다.

---

21 『남양홍씨족보』 3, 233쪽.
22 새문안교회역사편찬위원회 편, 위의 책, 1987, 404쪽. 새문안교회 설립자 언더우드는 1895년 교회 신축 당시 새문안교회 교인들의 빈곤한 경제적 상황을 언급하면서 교인들의 직업에 대해 언급하였다. 여기에 'Interpreter'가 포함되어 있다. L. H. Underwood, *Fifteen Years among the Top-knots or life in Korea* (New York: American Tract Society, 1904), p. 132.
23 『官報』 1900년 6월 19일자.

둘째 1892년 당시 '번역하는 일'에 종사했다는 사실을 염두에 둔다면, 홍준은 기독교 선교사와 더불어 '한글성경번역'에 참여한 번역가였을 가능성이 크다. 기독교에서 한글성서 번역은 국내 보다 국외인 중국과 일본에서 먼저 번역되었다. 따라서 이것은 크게 국외번역 시기와 국내번역 시기로 나눌 수 있다. 국내 번역 시기는 다시 다섯 시기로 나눌 수 있는데, 홍준은 준비시대(1885~1893)와 위원회번역성서(1893~1910)로 분류되는 시기에 한국인 번역가로서 참여했던 것 같다.[24]

준비시대는 언더우드와 아펜젤러가 입국한 이후부터 1893년까지이다. 이 시기는 한글성서 번역을 관장할 '상임성서실행위원회' 및 그 산하기구인 '성서번역자회'가 조직되기 이전의 7년간을 말한다. '준비시대'인 1887년에는 서울에 있던 5명의 선교사 언더우드·아펜젤러·알렌·스크랜톤·헤론으로 조직된 '성서번역위원회'가 조직되었다. 번역책임자로는 언더우드와 아펜젤러가 선정되었고 위원장으로 언더우드가 선출되었다. 이에 따라 1887년 아펜젤러와 언더우드는『마가의젼한복음셔언히』를 번역했고, 1890년에는 아펜젤러가 로스가 번역한『예수셩교누가복음』을 수정하여『누가복음젼』등을 번역하였다.[25]

홍준이 1892년 당시 '번역하는 일'에 종사했다는 것으로 미루어 볼 때, 그는 준비시기(1885~1893)에 선교사들과 함께 한글 성경번역 작업에 참여한 것으로 보인다. 그런데 선교사들이 함께 일한 한국인 번역자의 이름을 거론하지 않은 경우가 많아서 이름이 밝혀진 번역자는 35명 정도밖에 되지 않는다. 선교사 휴 밀러(Huge Miller, 1872~1957)는 언더우드와 아펜젤러를 위시한 선교사들과 함께 한글성경 번역 작업에 종사했던 한국인 번역가를 언급하였는데, 여기에서 '홍준'이 찾아진다.

---

24 이덕주의 분류방식을 따랐다. 이덕주,「초기 한글성서 번역에 관한 연구: 특히 성서 번역자들의 활동을 중심으로」,『한글성서와 겨레문화』, 기독교문사, 1985, 418쪽.
25 이덕주, 위의 책, 430~433쪽.

그 公會는 또한 元杜尤, 亞扁薛羅 兩氏의 飜譯한 마가福音을 一八八七年에 出版하였으며, 一八六二年에 奉川서 요한, 누가 兩福音을 出版한 뒤에 이 事業은 大英聖書公會에 一任하게 되었다. … 우에서 말한 人士들 밖에도 이 事業에 協助한 朝鮮人士들은 宋淳容, 趙閑奎, 崔炳憲, 洪埻, 李昌稙, 李源謨 諸氏며 그 밖에도 많은 것이나 詳考할 길이 없다.[26]

최현배 또한 언더우드와 아펜젤러를 비롯한 여러 선교사들과 더불어 1900년 간행되었던『신약전서』번역에 홍준이 참여했음을 말하였다.[27] 그런데 최현배는 홍준의 한자 표기를 '洪埻'이 아닌 '洪埈'이라고 표기했다. 최현배는 같은 글에서 이창직의 한자를 '李昌稙'이 아닌 '李昌植'으로 오기하였다.[28] 이에 반해 위 밀러의 글에서는 이창직의 한자 이름이 '李昌稙'으로 정확히 표기되었다. 이로 미루어 보아 밀러의 한자 인명 표기가 최현배보다 더 정확한 듯 하다. 따라서 최현배가 '洪埈'이라고 표기한 한자 인명은 '洪埻'을 오기했다고 판단된다. 이상과 같은 사실을 통해 볼 때, 홍준은 언더우드를 비롯한 선교사들과 함께 한글 성서번역작업에 참여한 한국인 번역가임을 확인할 수 있다.

한편 한글성서 번역에 참여한 사람 가운데 이름을 알 수 있는 35명의 다른 한국인 번역가들 가운데에서도 홍준에 대한 정보는 특히 부족하다. 이덕

---

26 H. Miller(閔休) 씀(柳瀅基 譯), 「朝鮮語聖經의 由來」, 『單卷聖經註釋』, 新生社, 1934, 57쪽.

27 "초대 선교사들이 온 뒤 1887년에, 성서 번역 위원회가 창립되고, … 1900년에는 드디어 신약전서를 완성 출판하였다. 그래서, 감리교 제일예배당에서, 감사회가 거행되었다. 이 신약전서의 뒤치기에 종사한 공로자는 서양 선교사 언더우드, 아뻰셀러·레이놀스·드롤롭(M.N. Troollopc)·께일·스그란돈의 여럿이와 조선 사람 신도 崔炳憲·趙閞奎·鄭東鳴·李昌稙[稙]·金明濬·洪埈[洪埻]들이다" 최현배, 「기독교와 한글」, 『神學論壇』 7, 연세대학교 신과대학 신학회, 1962, 470쪽.

28 최현배와 마찬가지로 후대의 홍난파 연구논문에서 그의 부친을 소개하는데 '홍준'의 이름표기를 종종 틀리는 경우를 볼 수 있다. 이것은 '홍준'이란 인물에 대한 정보가 부족했음을 말해주는 증거일 것이다.

주는 35명의 한국인 번역자의 종교적 배경을 조사하였지만 4명의 신상은 찾을 수 없었다. 4명의 명단은 홍준을 비롯한 송덕조·조용규·송순영이다.[29] 여기서 조용규와 송순영은 밀러의 글에서만 언급되며, 이들 가운데 그나마 정보가 확인되는 인물은 송덕조이다.

송덕조는 언더우드의 조선어 선생이라고 알려져 있다.[30] 선교사 제임스 게일(James Scarth Gale, 1863~1937)이 거의 유일하게 송덕조에 대하여 언급하였는데, 이덕주는 게일이 말한 "정약용··이가환·남상달·홍종삼·제씨가 규정한 국문수용법을 송덕조로부터 배워 영한자전과 신구약성경번역에 착수하였다"는 대목에 주목하여, 송덕조를 천주교 관련 인물이라고 판단하였다.[31] 송덕조는 천주교인이거나 아니면 적어도 천주 교리서 및 성서에 깊은 지식을 갖춘 인물이라는 것이다. 언더우드는 엘린우드 박사에게 보낸 서신에서 "제 언어 교사는 로마 가톨릭 교도이며 저는 그의 도움을 받고 있습니다"[32]고 언급하였는데, 이 같은 사실로 볼 때 이덕주의 지적대로 언더우드의 조선어 선생은 '천주교' 신자였던 것으로 판단된다.

한편 홍준이 언더우드의 어학 선생이었다는 기록을 참고하면,[33] 언더우드의 어학선생이 몇 명인지는 확인되지 않지만 그가 엘리우드 박사에게 보낸 서신에서 언급한 자신의 어학교사에 해당하는 인물이 홍준일 가능성을 배

29 이덕주, 위의 책, 498쪽.

30 "同[언더우드]목사가 渡鮮日에 士人 宋德祚를 교제하여 조선어를 학습할 때 故 丁若鏞 李家寰 南尙達 洪鐘三 諸氏의 규정한 國文需用法을 採用하여 英韓字典과 新舊約聖經飜譯에 着手하니 國文需用法의 一牧됨이 自比爲始하였으며 …" 奇一 (J.S. Gale), 「元牧師行狀」, 『神學世界』 1-4, 감리교회신학교 신학세계편집부, 1916, 157쪽.

31 이덕주, 위의 책, 481~483쪽.

32 김인수 옮김, 「엘린우드 박사에게 보내는 편지(1885년 7월 6일)」, 『언더우드 목사의 선교편지(1885-1916)』, 장로회 신학대학교 출판부, 2002, 36~37쪽.

33 에비슨 기념사업회 역, 위의 책, 72쪽. 정구충, 「금파 홍석후」, 『한국의학의 개척자』, 동방도서, 1985, 223~224쪽. 연세대학교 의과대학, 『醫學百年』, 연세대학교 출판부, 1986, 61쪽.

제할 수 없다. 게다가 홍준이 서울 정동으로 이주하기 이전 거주한 활초동에는 활초공소가 있었고, 이것은 남양지역에서 백학공소·고모리공소와 더불어 가장 오래된 역사를 지닌 공소였다. 그러므로 이곳은 천주교 박해시대부터 교우촌이 존재하여 신자들의 삶의 터전이 되었다고 한다.[34] 따라서 홍준이 교우촌이 있었던 활초동에 세거했다는 사실을 상기해 볼 때, 그가 천주교 신자였을 가능성이 충분히 있는 것이다. 또 송덕조를 통해 유추해 볼 때, 조용규·송순영·홍준의 신상에 대한 정보가 거의 공개되지 않았던 것은 그들이 과거 천주교 신자였기 때문이었을 것으로 여겨진다.

요컨대 홍준은 1892년 새문안교회에서 세례를 받은 기독교 신자였다. 그는 새문안교회 설립자 언더우드 및 선교사들의 어학 선생으로서 그들과 함께 한글성경 번역에 참가하였다. 따라서 홍준은 새문안교회 초기 교인으로서, 설립자 언더우드의 어학 선생으로서, 또 한글 번역을 함께 한 번역가로서 새문안교회 및 언더우드와는 특별한 관계였다고 볼 수 있다. 이런 점에서 홍난파 가족이 새문안교회의 교인이 되는 데에는 무엇보다 홍준의 역할이 컸다고 판단된다.

(2) 새문안교회와 '청년' 홍난파

1) 새문안교회와 홍난파 가족 구성원

새문안교회는 1887년 장로교 목사인 언더우드가 서울 정동에 세운 교회로 서울에서는 처음 건립된 기독교 교회였다. 홍준이 1892년 세례를 받고 새문안교회 교인이 된 이후 그의 가족들은 모두 새문안교회 교인이 되었다. 홍준의 가정에 출생이나 혼인으로 새로운 가족 구성원이 늘어날 때마다 그

---

34 최완기, 「남양지역의 역사 지리적 기초와 천주교 신앙의 수용」, 『교회사학』 3, 수원교회사연구소, 2006, 96쪽. 원재연, 「병인박해기 남양의 천주교 박해와 순교자」, 『교회사학』 3, 수원교회사연구소, 2006, 106쪽.

들은 새문안교회의 통과의례를 거쳐 기독교 신자로 거듭나게 되었다. 홍준의 가족 구성원들은 유아세례나 세례문답을 통한 '학습' 과정을 거쳐 '세례'를 받았으며 이후 새문안교회 교인이 되었다. 다음에서 홍난파 가족이 기독교 신자가 되어 새문안교회와 관련을 맺는 과정을 살펴볼 것인데, 이것을 통해 홍난파 집안 구성원들이 기독교를 배경으로 탄생한 기독교 '청년'임을 드러낼 것이다.

앞서 언급했듯이 홍준의 가족 구성원으로 편입되는 방식은 혼인과 출생 두 가지 방법인데, 먼저 혼인의 경우를 살펴보도록 하겠다. 홍준의 두 번째 부인 밀양박씨의 경우를 보면,[35] 그녀는 홍준과 혼인하기 이전에는 기독교 신자가 아니었던 것 같다. 밀양박씨가 '학습' 과정을 거쳐 '입교'하는 세례문답식을 거쳤다는 점은 이 같은 사실을 잘 말해준다. 1912년 박씨의 입교 기록을 보면, 그녀는 정동 1통 8호에 거주하며 식구 14명 모두가 기독교를 믿는다고 기재되었다.[36] 즉 1912년 당시 혼인으로 가족에 편입된 밀양박씨 이외 홍준의 가족들은 이미 모두 기독교 신자였던 것이다.

한편 홍준의 장남 석후의 첫 번째 부인 김씨 또한 앞서 밀양박씨의 사례와 마찬가지로 혼인으로 새문안교인이 된 경우이다. 그녀 역시 홍석후와 혼인하기 이전에는 기독교인은 아니었던 것 같다. 김씨의 성명란에는 '홍석후 부인'이라고 기재되어 있으며, 1898년 세례를 받은 것으로 되어있다.[37] 당시 그녀의 남편 홍석후(16세)는 배재학당의 학생으로서 새문안교회 교인이었을 것으로 짐작된다. 그리고 홍석후의 둘째 며느리, 즉 홍은유의 부인인 이기정 (李己正) 역시 20세 때인 1928년 11월 4일 세례를 받았다.[38]

---

35 밀양박씨는 홍준의 첫 번째 부인인 전주 이씨가 사망한 뒤 혼인하였다. 『남양홍씨족보』 3, 233쪽.
36 새문안교회역사편찬위원회 편, 위의 책, 140쪽, 156쪽. '아들 넷, 딸 셋, 손자 셋, 손녀 하나'로 기재된 것과 홍준 부부를 포함해도 13명으로, 전체 식구수로 표기된 14명이 정확하지 않다.
37 새문안교회역사편찬위원회 편, 위의 책, 405쪽.

이상에서 살펴본 혼인 이외에 '출생'으로 홍난파 가족 구성원이 되었을 경우에도 역시 세례나 유아세례를 통해 새문안교회의 교인이 되었다. 먼저 홍난파는 홍준과 첫 번째 부인 전주 이씨 사이에서 출생하였다. 이후 그는 1911년 YMCA 중학과 재학시절에 두 번의 세례문답식을 거쳐 '입교'하였다.[39] 홍준과 두 번째 부인 박씨 사이에는 딸 '옥진(玉辰)'과 아들 '계후(季厚)'가 출생하였는데, 이들은 1912년 1월 7일 '젓세례'를 받았다. 같은 날 홍석후의 딸 '옥님' 또한 '젓세례'를 받았다.[40] 이렇듯 홍준의 두 번째 부인 밀양 박씨는 혼인한 이후 그 자신도 세례문답 과정을 거쳐 새문안교회 교인이 되었고, 그녀의 자식들 또한 출생 직후 유아세례를 받아 자연스럽게 새문안교회의 교인이 되었다.

이 뿐만 아니라 홍석후의 아들인 재유(1903년생), 은유(1906년생), 성유(1908~1936) 그리고 지유(1913년생)는 모두 '유아세례'를 받은 뒤 입교하였다. 그리고 홍은유가 이기정과 혼인하여 출생하게 된 장녀 홍란수(洪蘭秀, 1929년생) 또한 '유아세례'를 받았다. 1906년 홍재유는 4세, 홍은유는 1세 때 각각 세례를 받았으며, 1922년 11월 5일 같은 날에 재유·은유·성유는 입교하였다.[41] 홍석후의 넷째 아들 지유는 2세 때인 1914년 6월 31일날 소아세례 즉 유아세례를 받았다.[42]

이렇듯 홍난파의 부친 홍준이 새문안교회 교인이 된 이래, 혼인과 출생으로 새롭게 편입된 가족 구성원들 또한 새문안교회의 유아세례와 입교 과정의 통과의례를 거쳐 기독교 신자가 되었다. 이렇듯 이들의 삶은 새문안교회와 밀접한 관계를 맺고 있었다. 홍난파와 그의 가족들은 새문안교회에서 친

---

38 새문안교회역사편찬위원회 편, 위의 책, 409쪽.
39 새문안교회역사편찬위원회 편, 위의 책, 129쪽.
40 새문안교회역사편찬위원회 편, 위의 책, 227쪽. 홍준은 『새문안교회당회록』에서 한글 이름이 '홍윤'으로 오기되어 있다.
41 새문안교회역사편찬위원회 편, 위의 책, 404~405쪽.
42 새문안교회역사편찬위원회 편, 위의 책, 313쪽.

구를 사귀고, 혼인 관계를 맺은 이른바 새문안교회 공동체의 삶을 영위한 사람들이었다. 이러한 그들의 삶을 구체적으로 살펴보면 다음과 같다.

홍난파의 친구로는 음악가 이관구(李寬求)와 독고선(獨孤璇)이 유명하다.[43] 이들은 홍난파와 함께 中央保育院(현재 중앙대학교) 교사로 재직한 직장동료임과 동시에 새문안교회 교인이라는 공통점이 있다. 특히 이관구의 경우는 홍난파와 더불어 새문안교회 교인으로서 YMCA 중학과를 함께 다니며 절친한 친구 사이가 된 듯하다. 이관구가 홍난파와 함께 같은 시기에 새문안교회에 다닌 사실은 1911년 7월 13일자 세례문답 기록에서 확인된다.[44] 또 홍난파보다 한 살 많은 독고선은 평안북도 선천출신으로 1929년 새문안교회로 移居한 경우이다.[45]

한편 홍석후의 셋째 아들인 홍성유는 피아니스트 김원복(金元福, 1908~2002)과 결혼하였는데, 양가 가족들은 새문안교회를 활동을 통해 서로 잘 알고 있었을 것으로 짐작된다. 김원복의 부친인 김형준(金亨俊)은 한국 서양음악의 선구자로서 홍난파의 작곡으로 잘 알려진 봉선화의 작사가이다. 그는 원래 황해도 신천 출신으로 신천교회를 다니다가 새문안교회로 옮겼다.[46] 이후 그는 홍석후와 더불어 1913년 새문안교회 당회의에서 집사 후보자로서 서로 경쟁하였다.[47] 이렇듯 김형준이 장차 사돈이 될 홍석후와 함께 집사 후보자로 계속 거론된 사실은 그가 새문안교회 활동에 적극적이었고 사돈이 된 홍석후를 잘 알고 있었음을 시사해준다.

---

43 홍정수 해제, 「나운영 음악자료(1)/ 제공: 나운영 기념사업회 양악 150년사 메모 (1)」, 『음악과 민족』 17, 민족음악학회, 1999, 216쪽.
44 새문안교회역사편찬위원회 편, 위의 책, 128쪽. 1911년 7월 13일은 홍난파가 재문답으로 세례를 받았던 세례문답식과 동일한 날짜이다. 이관구는 '학습' 판정을 받았다. 그는 13세 '청년학관 학생(YMCA)'으로서 2년 동안 기독교를 믿었으며, 모든 식구들이 기독교를 믿는다고 기록되어 있다.
45 새문안교회역사편찬위원회 편, 위의 책, 386쪽.
46 새문안교회역사편찬위원회 편, 위의 책, 276쪽.
47 새문안교회역사편찬위원회 편, 위의 책, 264쪽, 273~274쪽, 281~282쪽, 285쪽.

홍석후의 사돈인 김형준의 아들과 딸들도 음악계에 종사했으며 새문안교회의 교인이었다. 김형준과 부인 김형도(金亨道) 사이에서 출생한 장자 김천복(金天福)은 2세 때인 1921년 5월 8일 새문안교회에서 세례를 받았으며 음악교사로 재직하였다. 김형준의 셋째 딸인 김신복은 1916년 1월 30일생으로 1세 때인 1916년 10월 15일 세례를 받았고, 27세 때인 1936년 11월 8일 입교하였다. 이렇듯 홍석후와 사돈관계인 김형준 가족 역시 새문안교회 교인으로서 이 두 집안은 음악계에 종사한 공통점 또한 있다.[48] 홍난파는 김형준과 더불어 음악 활동을 했을 뿐만 아니라, 김형준의 딸이며 조카 홍성유의 부인인 김원복과 성유와 더불어 동경고등음악학원에서 함께 공부하였고 또음악연주 활동도 하였다. 이러한 그들의 연망이 새문안교회에서 시작되었음은 말할 나위가 없다. 홍난파 집안의 기독교 수용은 서양음악 연주가라는 식민지의 새로운 지식인으로서 성장할 수 있는 배경으로 작용하였던 것이다.

한편 홍석후와 김형준은 1913~1917년 사이 새문안교회 집사로서 함께 활발히 활동하였다.[49] 그런데 흥미로운 사실은 한국 양악의 초석을 마련했다고 평가받는 김인식(金仁湜, 1885~1962)과 이상준(李尚俊, 1884~1948)도 이들과 함께 새문안교회 집사로서 활동했다는 점이다[50] 이상준은 1913년 4월 朝鮮正樂傳習所 朝鮮樂 歌 男娼 전공의 2회 졸업생이었고, 김인식은 조선정악전습소 교사였다. 홍난파는 조선정악전습소 서양악 성악과를 이상준과 마찬가지로 2회로 졸업한 다음 다시 기악과에 재학하였는데, 당시 김인식에게 바이올린을 처음 배웠다고 한다.[51] 또 홍난파의 형인 석후는 난파가 성악과

---

48 새문안교회역사편찬위원회 편, 위의 책, 382쪽, 385쪽.

49 새문안교회70년사 편찬위원회 편, 위의 책, 162쪽.

50 새문안교회역사편찬위원회 편, 위의 책, 322쪽. 새문안교회70년사 편찬위원회 편, 위의 책, 162쪽.

51 조선정악전습소는 한국 최초의 사립음악교육기관인 조양구락부(1909)가 1911년 조직을 변경하고 명칭을 고친 것이다. 장사훈, 「朝鮮正樂傳習所 一覽」, 『國樂大事典』, 세광출판사, 1985, 960~964쪽; 「한국최초의 민간음악 교육기관」, 『민족문화연구』 8,

를 졸업한 다음 기악과에 재학할 당시인 1913년 4월에 조선악 현금과에 재
학하였는데,[52] 이때는 김인식과 새문안교회 집사로서 함께 활동한 시기이다.
말하자면 김인식·이상준·홍석후와 난파는 새문안교회 교인이자 조선정악전
습소의 동료이면서 스승과 제자의 중첩적인 관계에 있었던 것이다.

한국 서양음악의 선구자였던 김형준·김인식·이상준은 이미 서북지역에서
기독교 세례를 한차례 받은 인물들이었다.[53] 그리고 이들은 교회의 찬송가
나 풍금을 통하여 서양음악을 처음 접한 한국 서양음악의 선구자들이었다.
새문안교회 교인이었던 홍난파를 비롯한 그의 가족들도 이들처럼 교회음악
을 통해 서양음악에 입문하게 되었다. 이에 덧붙여 홍난파 가족에게는 새문
안교회로 이거해 온 김형준·김인식·이상준과 같은 한국 서양음악의 선구자
들과의 만남이 있었다.

홍난파는 한국 양악의 선각자로서 또 자신의 바이올린 스승으로서 김인
식의 공로를 높이 평가하였다.[54] 그가 조선정악전습소에 진학하여 본격적으
로 서양음악을 전공하게 된 것은 새문안교회에서 김인식과의 교인으로서
만남 이후라고 여겨진다. 이처럼 홍난파 가족들은 이들과 혼인관계, 학교 동
기, 그리고 스승과 제자, 동료 음악연주가로 돈독한 친분 관계를 유지하였
다. 이들이 이 같은 밀접한 유대관계를 맺을 수 있게 된 기제는 모두 새문안
교회 공동체의 교인이었다는 점이 작용하였다. 요컨대 홍난파 집안의 기독
교 수용에 따른 새문안교회 공동체로서의 삶은 기독교를 배경으로 한 식민
지의 새로운 지식인인 '청년'으로 성장하는 배경이 된다고 할 것이다.

고려대학교 민족문화연구소, 1974. 박은경, 「한국최초의 민간음악교육기관 조선정악
　전습소연구」, 『음악과 민족』 21, 민족음악학회, 2001. 이유선, 『국악대사전』, 108~110쪽.
52 장사훈, 『국악대사전』, 963쪽.
53 이유선, 『국악대사전』, 110~124쪽. 박은경, 「한국최초의 작곡가 김인식 연구」, 『음악
　과 민족』 19, 민족음악학회, 2000.
54 홍난파, 「洋樂朝鮮의 搖籃時代」, 『朝光』 46, 1939.

2) 교육선교와 기독교 '청년' 홍난파

식민지 시기 홍난파는 그의 조카이자 형 석후의 아들인 재유와 은유·성유·지유와 함께 음악가로서 활동하였다. 특히 홍성유의 경우는 홍난파·이영세와 함께 1933년 한국 최초의 바이올린 3중주단인 난파 트리오를 결성하였다. 이처럼 식민지 시대 홍난파 가족은 직업적 음악가들을 많이 배출한 음악가 가족으로 유명했다.[55] 그런데 홍재유와 은유는 음악가로서 활동하기도 했지만 동시에 의사라는 직업도 갖고 있었다. 그리고 그들의 부친인 홍석후는 세브란스 의과대학 1회 졸업생(1908)으로서 한국에서 안이빈후과 영역을 개척한 전문의로서 유명하다.[56] 또 의과대학 졸업 이후에 홍난파와 더불어 조선정악전습소에 입학하여 음악을 전문적으로 배운 적이 있었다.

한편 홍난파의 이력을 보면, 일본으로 건너가 동경음악학교에서 음악공부를 하기 이전 세브란스 의학교에 입학하여 1여 년 정도 의학공부를 하였다.[57] 여기에서 홍난파 가족 구성원들의 이력의 특징이 찾아지는데, 그것은 식민지 시기 이들은 의사와 음악가라는 전문직을 동시에 선택할 수 있는 위치에 있었다는 점이다. 식민지 시기 홍난파와 그의 가족 구성원들은 음악계와 의학계를 자유롭게 넘나들면서, 서구 근대 지식체계의 전문가 영역으로 진입하는 동일한 패턴을 보여주고 있다.

과거 한국의 전통적인 신분제도 체제에서 음악계와 의학계 종사자들은

---

55 '좋은 환경의 바이올리니스트 홍지유씨'라는 제목의 글을 보면, 홍영후·바이올리니스트 홍성유와 그의 부인 피아니스트 김원복이 있는 이해 깊은 음악가정에서 태어나 장래가 촉망되는 음악도라고 전망한다. 『조선일보』 1935년 6월 26일자.

56 정구충, 위의 책, 228쪽. 박형우, 위의 책, 2008. 새문안교회 교인 신상카드 기록에 따르면, 홍은유의 장녀 홍란수는 의학생으로 표기되어 있는데, 그녀 또한 의학의 길을 선택했던 것 같다. 새문안교회역사편찬위원회, 위의 책, 404쪽.

57 세브란스 의과대학 진학 기록은 박형우, 위의 책, 2008, 5쪽에서 재인용. 홍난파가 세브란스 의학교를 중도에 그만두었다는 사실은 다음을 참조. 「유모레스크」上, 『조선일보』 1931년 2월 20일자.

그들의 '전문성'을 제대로 평가받지 못했으며, 사회적 위상 또한 그다지 높지 않았다. 음악계와 의학계 종사자들은 기술직 中人에 해당하며, 그들의 직분은 거의 세습되었다. 1894년 갑오경장 이후 제도적으로는 신분제가 철폐되었지만, 과거 전통적인 신분제 질서와 사회 인식은 오랜 기간 사회 이면에서 존재했다. "요리집 술상 옆에서 독창을 하라거나 양깽깽이를 해라 하고는 광대나 풍각쟁이 대접을 한다"는 홍난파의 언급은 이러한 사실을 잘말해준다.[58] 이것은 익숙하지 않은 서양 악기나 음악에 대한 거부감을 표현한 것으로 볼 수도 있지만, 음악가를 과거 광대와 동일시하는 전통적 사회인식이 보다 강하게 반영된 것으로 생각된다.

초기 의학계 종사자들을 향한 시선 또한 이러한 과거 사회 인식에서 크게 벗어나지 않았다. 세브란스 의학교 1회 졸업생 및 초기 의학생의 가정 배경을 조사한 연구를 보면, 전통시대 양반과 같은 상층 신분에서는 환자를 치료하는 험한 일을 하는 의학공부를 기피했다는 사실을 알 수 있다.[59] 의술은 전통시대 신분제 질서 내에서는 중인층이 담당한 잡일이었다. 그러므로 이시기 의술을 서양의 근대를 이룩할 수 있었던 과학으로서의 '의학'으로 이해하고, 앞으로 도래할 사회에는 이러한 '전문성'을 요구하는 직업이 사회적위상을 가질 것을 예견할 수 있었던 조선인은 소수에 불과했다. 따라서 초기 의학을 공부했던 학생은 교육선교에 포섭된 기독교 신자가 대부분이었을 수밖에 없었다.[60]

일찍이 기독교를 수용한 부친 홍준의 영향으로 그의 가족들은 기독교가 한국에 포교되는 초창기에 신자가 될 수 있었다. 기독교와 새문안교회는 이

---

58 홍난파, 위의 글, 1939, 126쪽.
59 박형우, 「조선 개항 이후의 서양의학도입: 의학교육을 중심으로」, 『동방학지』 104, 연세대학교 국학연구원, 1999, 265~274쪽.
60 초기 의학생 대부분은 기독교 신자로서 선교사들과 긴밀한 관계를 맺고 있었다. 박형우, 위의 논문, 272~273쪽.

들의 일상적 삶을 지배하였다. 이러한 사실은 홍난파와 그의 가족 구성원들
이 다녔던 학교에서도 잘 드러난다. 그들은 세브란스 의학교를 비롯하여 원
두우학당·YMCA 중학과·배재학당을 다녔다. 잘 알려져 있듯이 이 학교들
은 언더우드와 아펜젤러가 설립하였거나 또는 외국인 선교사들이 연합해서
세운 기독교 학교이다. 홍석후는 원두우 학당을 거쳐서 배재학당과 세브란
스 의학교를 졸업하였다. 그의 아들인 홍재유·은유·성유 또한 배재학당을
졸업하였고, 홍재유와 은유는 세브란스 의학교를 졸업하였다.[61]

한편 홍난파는 1910년 皇城基督敎靑年會(YMCA) 중학과에 입학하여 1914
년 졸업하였다.[62] 그런데 여기에서 홍난파가 다닌 'YMCA'를 황성기독교청
년회라고 일컫는 것을 주목할 필요가 있다. 'YMCA'는 Young Men's Chris-
tian Association으로서, 영어 'Young Men'이 '靑年'에 해당된다. 이것을 통해
일본과 마찬가지로 한국에서도 '청년'이라는 단어가 기독교에서 유래한 것
임을 알 수 있다.[63] 또 근대교육을 받은 지식인을 '청년'이라고 할 때, 이러

---

61 『동아일보』 1927년 7월 30일자. 김세한, 위의 책, 819쪽. 박형우, 위의 책, 2008. 1922
　년 당시 홍재유는 배재 3학년, 은유와 성유는 2학년에 재학 중이었다. 새문안교회역
　사편찬위원회 편, 위의 책, 1987, 405쪽. 홍재유는 1925년 졸업했고, 은유와 성유는
　1926년 졸업했다. 김세한, 위의 책, 824~825쪽.

62 홍난파의 유년시절에 대해서는 상세히 알려진 바가 없지만, 자필이력서에는 한학 수
　학 이후 YMCA 중학과에 입학했다고 기록되어 있다(자필 이력서는 난파 연보 공동
　연구위원회 편, 위의 책 참조). 그런데 홍난파는 한학을 수학한 다음 YMCA 중학과
　에 입학하기 이전 원두우학당을 모태로 하는 영신소학교를 졸업했던 것 같다. 이것
　은 홍난파가 동경음악학교를 그만둔 다음 동경고등음악학원에 입학할 때 그 입학원
　서에 '1905년에서 1910년까지 사립영신소학교를 졸업했다'라고 직접 자필로 기재한
　기록에서 알 수 있다. 遠藤喜美子, 『鳳仙花: 洪蘭坡 評傳』, 文藝社, 2002, 74쪽.

63 YMCA에서 '청년'의 의미는 각별했는데, 1921년 기관지를 발간할 때 명칭을 『靑年』
　으로 할 정도였다. 발간되기 전 '청년'과 '서광'이라는 두 표제를 두고 상당히 고민
　했지만, 결국 '청년'을 표제로 선택하였다. 「특별광고」, 『청년』 창간호, 1921. 김필수
　는 『청년』의 발간 취지를 '기독교주의'를 민족의 문명향상에 선도하기 위한 까닭이
　라고 밝히면서, '청년'이 『청년』을 구독함으로써 사상을 수양하기를 바란다고 하였
　다. 金弼秀, 「『靑年』發刊의 首辭」, 『靑年』 창간호, 1921.

한 '청년'의 탄생에 기독교가 밀접한 관련이 있음을 알 수 있다. 한국의 근대교육사가 기독교의 근대학교 건립과 더불어 시작되었다고 할 수 있기 때문이다. 홍난파와 그의 가족 구성원들을 기독교 '청년'이라고 일컬을 수 있는 이유는 바로 여기에 있다.

앞서 언급했듯이 홍난파와 그의 가족 구성원들이 다녔던 원두우학당·배재학당·YMCA 중학과·세브란스 의학교는 기독교 학교이다. 그런데 이 같은 기독교 학교는 조선정부가 기독교의 조선선교에 대해 내린 방침에 따라 설립된 것이었다. 1884년 9월 조선정부는 외부(外部)를 통해 미국인 선교사 매클레이에게 고종의 선교 윤허를 전달했다. 그 내용은 외국인들의 국내 활동 범위를 의료(병원)와 교육(학교)활동으로 국한한다는 것이었다. 이에 따라 기독교 선교사들은 선교를 목적으로 우선 의료와 교육에 관한 활동부터 시작하였다. 그리하여 기독교 선교사들에 의해 학교와 병원 그리고 의학교 등이 설립되었다.[64] 기독교 선교사들은 학교나 병원을 통한 근대 서구의 '지식체계'로 먼저 조선인에게 다가서는 '간접선교' 방식을 채택하였던 것이다.

초창기 기독교 신자였던 홍난파와 그의 가족 구성원들은 한국 기독교가 포교하기 위한 방침으로 조선인에게 접근했던 교육선교의 우선 대상이 될 수 있었다. 초창기 기독교 신자였던 그들은 기독교의 교육선교의 혜택을 받을 수 있는 유리한 위치에 있었던 것이다. 식민지 시기 홍난파를 비롯한 그의 가족 구성원들이 음악계 또는 의학계로 동일 진로패턴을 보이는 것 또한 새문안교회의 교인으로서 기독교 교육선교의 우선 대상이 되었기 때문이다.

요컨대 새문안교회는 홍난파를 비롯한 그의 가족 구성원들이 의사와 음

---

64 새문안교회 창립 100주년 기념사업회 역사편찬위원회, 위의 책, 79쪽. 신광철, 「개항기 한국 그리스도교의 포교전략: 한국사회의 그리스도교 이해에 대한 대응을 중심으로」, 『한국기독교와 역사』 9, 한국기독교역사연구소, 1998.

악가로서 전문성을 구비한 '청년'으로 탄생될 수 있도록 한 기독교 공동체 공간이었다. 서구의 지식체계가 현재와 같이 각각 전문화된 독립된 영역으로 세분되지 않았던 시기에, '영어'로 된 의학서와 서양음악의 악보를 읽는 것은 근대지식을 습득하는 입장에서는 같았다. 따라서 의학과 음악 양자는 각각 독립적이고 전문적인 영역으로 존재한 것이 아닌 상호 연계된 영역으로 존재할 수 있었다. 이렇듯 기독교를 배경으로 근대교육의 혜택을 받으면서 성장했던 이들은 구시대 지식인과 차별되는 식민지의 새로운 지식인 '청년'의 한 부류를 형성하게 되는데, 곧 이들을 기독교 '청년'이라고 부를 수 있을 것 같다.

2부

'자조론'과 성공주의

1장 崔演澤의 '자조론' 수용과 성공주의

3·1운동 이후 식민지 지성계를 한마디로 요약하기는 어렵지만, 문화주의에 입각한 개조론과 이에 대항하는 축으로서 사회주의의 대두라고 말할 수 있다. 1920년대 초 개조론과 사회주의 사조가 대립하고 있을 즈음, 한편에서는 '자조론'이 개인의 성공을 지향하는 입신출세주의·성공주의로 부상되었다. 이렇듯 1920년대 식민지 사회에서 '자조론'의 가치가 성공주의로 표면화되는 데에는 이것을 전파한 지식인들의 역할이 컸다고 할 수 있다.

그동안 '자조론'의 가치를 전파한 지식인에 대한 관심은 최남선과 윤치호와 같이 식민지 지식인 사회에서 상징권력을 가졌던 대표적 지식인에 집중되었다. '자조론'의 가치가 성공주의로 표상되어 근현대 한국 사회에 그 뿌리를 내려 토착화되는 데에는 이들과 더불어 '자조론'의 가치를 유포한 일군의 지식인들이 중요한데도 이들에 대한 연구는 없었다. 이에 따라 이 장에서는 3.1운동 전후 최남선과 윤치호와 더불어 '자조론'의 가치를 확산시킨 일군의 지식인들 가운데 최연택을 주목하여, 1920년대 '자조론'이 성공주의를 지향하는 가치로 공론화되는 과정을 살펴보려고 한다.

1920년대 초 최연택은 『매일신보』『신천지』『수양』을 중심으로 활동하면서 文昌社라는 신생 출판사를 경영한 출판경영인이었다. 1920~1930년대 문창사는 식민지 사회에 지적 자극을 줄 수 있는 지식을 생산하였고, 식민지 지식인으로서 최연택의 행보는 최남선·홍난파와 유사했다. 최연택은 최남선과 마찬가지로 지식을 생산·유통하는 출판경영인이었으며, 1920년대 홍난파와는 『신천지』『매일신보』에서 함께 활동하며 성공주의를 유포했다.

이렇듯 '자조론'의 가치를 수용하고 성공주의 담론을 식민지 사회에 유통한 초창기 지식인에 해당한다는 점에서 최연택은 매우 중요한 인물이다. 즉

1920년대 이후 성공주의 확산과 관련된 '자조론' 계열 지식인 계보를 조망하는데 최연택은 반드시 검토되어야 할 인물인 것이다. 그럼에도 최연택은 이제까지 소설가·번역가·시인·기독교 신앙인으로서 부분적으로 조명되는 데에 그쳤을 뿐이다.[1] 따라서 이 장에서는 '자조론' 계열 지식인으로서 최연택의 위치를 찾고, 그의 '자조론' 수용 및 성공주의 유포에 관한 내용을 검토할 것이다.

(1) 최연택의 근대교육과 사회활동

1) 제도교육과 인적네트워크

최연택의 본관은 경주이며 1895년 출생한 것으로 추정된다. 현재 서울시 서대문구 아현동에서 오랫동안 거주하였다. 아버지 최태식은 상당한 재산을 소유한 자산가로서 최연택과 그의 동생 최영택을 아현동의 太極學校로 진학시킬 정도로 근대교육에도 열의를 가진 인물이었다. 하지만 그의 집안이 아현동에 거주한 배경이라든가 전통시대 가문의 행적을 찾기 매우 어려운데, 이것은 그의 가문이 전통시대 상층 신분층에 속하지 못했음을 우회적으로 알려준다.[2]

---

1 李賢淑, 「<金太子傳> 異本 硏究: <每日申報本>과의 비교를 중심으로」, 『한민족문화연구』 5, 한민족문화학회, 1999. 김성연, 『영웅에서 위인으로: 번역 위인전기 전집의 기원』, 소명출판, 2013, 234~250쪽. 권철호, 「1920년대 딱지본 신소설 연구」, 서울대학교 대학원 국어국문학과 석사학위논문, 2012, 109~125쪽. 권유성, 「1920년대 초기 『每日申報』의 근대시 게재 양상과 의미」, 『한국시학연구』 23, 한국시학회, 2008, 107~110쪽. 하도균, 「초기 한국성결교회의 전도활동에 관한 연구」, 서울신학대학교 신학대학원, 박사학위논문, 2001.

2 출생연도와 아버지 최태식과 어머니 김운봉 및 동생 최영택과 호동(湖東)의 가족사항은 다음을 참조. 「붓방아」, 『매일신보』 1922년 8월 19일자. 崔永澤, 「少年文藝運動防止論(三)」, 『매일신보』, 1927년 4월 21일자. 「父を相手に金の裁判」, 『朝鮮新聞』

최연택은 13세까지 전통적인 서당교육을 받은 다음 아현동에 설립된 근대 교육기관인 태극학교로 진학하였다.[3] 아현태극학교 재학시절 최연택의 높은 학구열은 『황성신문』에 소개될 정도였으며, 이 학교를 졸업한 이후 보성중학교로 진학하였다.[4]

阿峴私立太極學校三年及生徒 金度演 崔演澤 兩氏는 年金十七八歲라 日前에 成婚하였는데 其婚日에도 該兩氏가 寸陰을 受惜하여 点心時間에 婚禮를 行하고 卽位上學하였다니 該兩氏의 公課上 熱誠은 一般 敎育界에 實로 模範할 事더라.[5]

최연택과 함께 『황성신문』의 지면에 실린 김도연(金度演, 1894~1967)은 그의 태극학교 동창생이며, 재학 당시 두 사람은 의형제까지 맺은 친한 친구였다. 두 사람은 결혼한 직후에도 곧 학업에 매진하는 높은 학구열을 보여주며 1·2등을 다투었다.[6] 최연택이 다닌 4년제 사립 태극학교는 이동휘(李東輝, 1873~1935)와 안창호(安昌浩, 1878~1938)가 국권회복을 위해 2세 교육을 강조하였던 한말의 시대적 분위기에서 창립된 근대 교육기관으로, 아현동의 부호 차석희(車錫喜)·김덕문(金德文)의 알선과 의연금의 모집으로

1924년 10월 4일자. 최연택, 「死亡에서 活路로」, 『活泉』 13, 1923, 25쪽. 아현교회 70년사 편찬위원회, 『阿峴七十年史』, 서울 아현교회, 1984, 102쪽. 金度演, 『나의 人生白書: 常山回顧錄』, 康友出版社, 1967, 171쪽.

3 최연택, 「死亡에서 活路로」, 『활천』 13, 1923, 45쪽.

4 아현태극학교는 현재 명맥이 유지되고 있지 않아 졸업생과 관련된 공식자료의 열람이 여의치 않다. 다행스럽게도 졸업생인 김도연의 회고록에서 최연택의 재학시절과 이후 보성중학교 진학이 확인된다. "崔演澤君도 나와 같이 入學하였으나 李完載君은 家庭形便이 困難하여 工夫를 繼續할 수 없게 되어 歸鄕하게 되었고 우리 두 사람만이 普成中學校에 가서 工夫를 繼續하였다." 김도연, 위의 책, 26쪽.

5 「雜報: 寸陰是競」, 『황성신문』 1909년 12월 23일자. 김도연은 1894년생으로 『황성신문』에 소개된 나이는 착오인 듯하다.

6 「잡보: 태극학기」, 『대한매일신보』 1908년 12월 23일자. 김도연, 위의 책, 23쪽.

1908년 개교하였다.[7]

아현태극학교의 교사진은 교장 김중환(金重煥), 교감 조중건(趙中建), 학감 홍순필(洪淳泌)을 비롯하여,[8] 김일선(金一善)과 대한자강회 회원으로 활동했던 김교익(金敎翼)[9] 등으로 구성되었다. 김교익·홍순필·김일선과 같은 태극학교 교사들은 수업시간을 통해 학생들에게 애국심을 고취시켰는데, 최연택은 지리와 역사 그리고 수신 시간에 교사 홍순필과 김일선으로부터 "나라의 국권을 회복하려면 제군들의 애국정신으로서만 이룩된다"는 말을 들었다.[10] 이것을 계기로 최연택은 애국심을 고취시켜 국가의 독립을 위해 힘을 모으자고 김도연·이완재 등 3인과 의형제를 맺을 정도였다. 그리하여 최연택은 태극학교 수업 이외에도 친구 김도연과 함께 한말의 정치 단체[11]에서 주관하는 애국지사들의 강연회에 참석하기도 하였다.

특히 최연택은 교사 김교익으로부터 일본 유학에 대한 권유를 받았다. 그

---

7 「阿峴太極校」, 『대한매일신보』 1908년 7월 25일자. 「阿峴設校」, 『황성신문』 1908년 6월 5일자. 「基金成立」, 『황성신문』 1908년 8월 18일자. 「太極盛況」, 『황성신문』 1908년 10월 4일자. 김도연, 위의 책, 22~23쪽.

8 「雜報: 阿峴太極校」, 『황성신문』 1908년 7월 25일자. 황성신문의 기사에 소개된 학감 洪淳弼은 '洪淳泌'의 이름을 혼돈하여 기재한 것이라고 판단된다. 『대한매일신보』에는 '洪淳泌'로 소개되었다. 「雜報: 太校任員」, 『대한매일신보』 1908년 7월 25일자. 홍순필은 대동인쇄주식회사·보문관·경성서적업조합·조선도서주식회사의 설립과 경영에 주도적으로 참여한 출판인이었다. 방효순, 「조선도서주식회사의 설립과 역할에 대한 고찰」, 『근대서지』 6, 근대서지학회, 2012, 64~65쪽. 1930년대 최연택이 조선물산장려회의 기관지 『신흥조선』에 글을 투고한 사실을 찾을 수 있는데, 이것은 홍순필과 김도연이 조선물산장려회의 임원이었던 데에 그 이유가 있어 보인다. 綠東(최연택), 「破天荒과 咸興差使」, 『新興朝鮮』 3, 1934, 25쪽.

9 「회원명부」, 『대한자강회월보』 2, 1906.

10 김도연, 위의 책, 24~25쪽.

11 김도연, 위의 책, 24쪽. 원문에는 '大韓自獨會' '獨立協會'라고 표기되어 있는데, 대한자독회는 大韓自強會를 잘못 기재한 것으로 생각된다. 또 독립협회는 1898년 해체되었으므로, 여기에 언급된 독립협회는 다른 정치 단체를 오기하여 표기한 것으로 판단된다.

리하여 최연택은 보성중학교 재학 중 김교익의 도움을 받아 친구인 김도연과 함께 일본 유학을 떠났다.[12] 최연택은 일본에 도착한 후 김도연과 함께 우선 정규 학교에 들어가는 데 필요한 일본어 및 영어와 수학을 배웠다. 그렇지만 최연택의 일본 유학 기간은 길지 않았던 것 같다. 최연택은 김도연과 함께 1913년 10월 중순 한국을 떠나 일본 동경에 도착한 그 이듬해인 1914년 김도연이 긴죠(錦城)중학교 3학년에 입학하기 이전까지 일본에 있었던 것으로 보인다.[13] 즉 최연택의 일본 유학기간은 1913년 한국을 떠나 김도연이 긴죠중학교에 입학하기 이전인 1914년까지로, 정규 학교 과정을 이수받지 못하고 아주 짧은 기간 예비 학교를 다녔던 것이다. 이것은 최연택이 1914년 6월 「김태자전」의 연재로 『매일신보』에 처음 등장하는 것으로도 알 수 있는데, 이때가 바로 일본에서 돌아온 직후였던 듯하다.

이렇듯 최연택은 보성중학교 재학 중에 일본으로 유학을 갔는데, 이러한 형태는 상급학교에 진학하려던 당시 식민지 '청년'들의 일반적인 행보이다. 잘 알려져 있듯이 보성중학교는 식민지기와 해방 이후 한국의 정치·문화를 좌지우지했던 인물들을 탄생시킨 산실이었다. 최연택의 보성중학교 동창생인 정치가 이기붕(李起鵬, 1896~1960), 언론인·교육자 최승만(崔承萬, 1897~1984), 문학인 염상섭(廉想涉, 1897~1963) 등이 여기에 해당한다.[14] 이들은 보성중학교를 졸업하거나 재학 중에 일본으로 유학을 갔다는 공통점이 있다. 그런데 김도연을 비롯한 동창생들은 유학하는 동안 『학지광』과 같은 유학생 커뮤니티를 통한 활동과 더불어 2·8 독립선언도 함께 참여한 경험을

---

12 김도연, 위의 책, 30쪽. 최연택, 「死亡에서 活路로」, 『활천』 13, 1923, 45쪽.
13 최연택의 친구인 김도연이 회고록에서 중학교 입학 이전에는 '우리'라는 명칭을 사용했는데 입학 이후에는 '나'라는 호칭을 사용하는 것에서 추정할 수 있다. 김도연, 위의 책, 59~65쪽. 한편 김도연은 중학교 졸업 이후 게이오(慶應)대학에 진학할 당시 자신과 더불어 입학한 학생 네 명의 이름을 언급하였는데, 여기에 최연택의 이름이 거론되지 않은 것에서도 잘 알 수 있다.
14 김도연, 위의 책, 29쪽. 최승만, 『나의 회고록』, 인하대학교출판부, 1985, 85쪽.

가진 반면,[15] 최연택은 이러한 경험에 동참하지는 못하였다.

　최연택의 친구인 김도연은 보성중학교 다닐 때 평상시 이기붕 및 최승만과 같은 동창생과 어울리는 등의 친분관계는 아니었다.[16] 하지만 해방 이후 김도연이 정계에서 활동하게 되었을 때, 2·8독립선언에 대한 공통된 경험에 더하여 보성중학교 동창생이라는 인연은 이들 관계를 돈독히 하는 기제로 작용하였다.[17] 따라서 김도연을 비롯한 보성중학교 동창생들의 일본 유학의 실례로 볼 때, 식민지 시대 형성된 일본 유학생 중심의 학력집단이 해방 이후 한국사회에까지 영향을 미쳤다는 점을 알 수 있다.[18]

　이 반면 최연택은 아현태극학교에서부터 일본 유학에 이르기까지 1910년대 식민지 조선에서 평균수준을 넘는 교육을 받았지만, 일본유학생 중심의 학력집단으로 형성된 인적네트워크는 온전히 가질 수 없었다. 하지만 식민지 시대 상위 수준의 교육은 최연택이 3.1운동 이후 새로운 지식 보급의 창구인 출판사 경영에 뛰어들 수 있는 자양분이 되었다. 또 근대교육을 통한 '청년'으로 성장은 『매일신보』를 중심으로 한 문인활동과 『신천지』 동인 활동으로 이어졌다. 무엇보다 최연택과 같은 『신천지』 동인들은 『매일신보』 기자인 송순기(宋淳夔, 1892~1927) 및 백대진과 긴밀한 관계에 있었으며, 이

15　최승만, 위의 책, 74~82쪽.

16　중학교 시절 밤마다 이기붕 집에서 이기붕·최승만·염상섭 이 세 사람은 모였지만, 여기에 김도연은 동참하지 않았다. 최승만, 위의 책, 35쪽.

17　김도연은 보성중학교 동창생에 관해서 "그 당시 같이 공부한 학생 중 沈命九·최승만·이기붕 같은 사람은 건국 후까지도 서로 동창생의 우의를 나눌 정도로 깊은 교분이 있었을 뿐만 아니라 국사를 같이 논의한 때도 있었다"고 언급하였다. 김도연, 위의 책, 29쪽.

18　메이지 시대 일본의 경우, 第一高等學校의 입시를 거쳐 제국대학 특히 동경제국대학을 정점으로 한 학력귀족이 탄생되었다. 학력의 階序를 통과한 선택된 지식인들은 이후 일본사회의 패권을 잡게 된다. 竹內洋, 위의 책, 1999. 식민지 조선의 경우 1920년대 이전에는 경성제국대학과 같은 대학이 존재하지 않았고, 경성제국대학은 조선인을 위해 창설된 것도 아니었다. 따라서 경성제국대학 창설 이전 식민지 사회의 최상층 교육수준은 일본 유학생 중심의 학력집단이었다.

들은 1920년대 '자조론'을 수용하여 성공주의를 유포하는데 적극적이었다는 특징을 갖는다.[19] 요컨대 최연택이 성공주의를 주장하게 된 배경에는 『매일신보』『신천지』의 인적네크워크가 중요했다고 말할 수 있을 것이다.

2) 청년단체 활동과 출판사 경영

앞서 언급했듯이 최연택은 아현동에서 오랫동안 거주하였다. 1920년대 들어서 최연택은 '청년'으로서 거주지 아현동의 청년운동에 참여하는 한편 문창사라는 출판사를 창건하여 성공주의와 같은 그가 유포하고자 하는 새로운 지식과 사상 보급에 앞장섰다. 우선 최연택이 아현동 지역의 청년운동에 참여한 사항을 살펴보면, 그가 아현동에 결성된 太光親睦會라는 청년단체 활동에 적극적이었음을 알 수 있다.

1921년 최연택은 태광친목회가 주관하는 풍속강연회에서 이 단체의 발기인 김관호(金觀鎬)·차상호(車相鎬)[20]와 함께 연사로 참여하여 '개인의 본위'라는 주제로 강연하였다.[21] 최연택과 함께 연사로 참여한 김관호는 이 단체

---

19 송순기는 1919년경 매일신보 기자로 입사하여 그가 병사한 1927년 사퇴하였고, 백대진 또한 1919년경 매일신보 기자로 입사하여 1922년 즈음 퇴사한 것으로 알려져 있다. 「本社論說部長 宋淳夔氏別世」, 『매일신보』 1927년 9월 13일자. 장신, 「1922년 잡지 新天地 筆禍事件 연구」, 『역사문제연구』 13, 역사문제연구소, 2004, 322~323쪽. 최연택과 송순기는 매우 절친한 친구였다. 양자가 『매일신보』 지면에서 서로 주고받은 글 및 詩社를 창단한 사실은 다음을 참조. 勿齋(송순기), 「人物과 時期란 者는 何」, 『매일신보』 1920년 6월 2일자. 최연택, 「時期와 勞作의 論文을 讀하고: 勿齋君에게 寄함」, 『매일신보』 1921년 1월 3일자. 「鶴林詩社設社趣意書」, 『매일신보』 1921년 6월 26일자. 백대진과는 그가 경영한 문창사에서 사전을 함께 편찬하였으며, 송순기와 더불어 백대진이 창간한 『신천지』의 동인으로 활동하였다. 白大鎭·崔演澤 共編(尹致昊 校閱), 『(英鮮對譯)偉人의 聲』, 문창사, 1922.
20 최연택과 차상호는 1938년 설립된 생업공조사에 각각 감사와 이사직을 역임하였다. 『朝鮮銀行會社組合要錄』, 東亞經濟時報社, 1939(국사편찬위원회 한국사데이터베이스). 또 이들은 전차임금통일운동의 주민대표자회 아현동 대표로서 함께 참여하였다. 「전차임금통일운동 주민대표자회 개최에 관한 건」(국사편찬위원회 한국사데이터베이스 위의 출처).

를 이끌어간 중심인물로서, 최연택과는 태극학교 동문이었으며 함께 아현노
동교육회도 창립하였다.[22] 또 아현노동교육회의 발기인으로 김철호(金鐵鎬)
가 찾아지는데, 최연택과 함께 아현노동교육회의 발기인이자 아현동 화약고
이전 교섭위원이기도 하였다.[23] 중요한 사실은 김철호가 바로 최연택과 함
께 『매일신보』에 「프랭클린의 자서전」을 공역한 인물이라는 점이다. 즉 최
연택과 김철호는 아현동의 지연관계를 기반으로 하여 「프랭클린의 자서전」
을 공역하였던 것이다.[24]

태광친목회는 김관호를 비롯하여 강헌영(姜憲永)·차상호 외에 이름을 밝
히지 않은 20명의 발기인으로 창립되었다.[25] 최연택은 이름이 밝혀지지 않
은 태광친목회 발기인 20명 가운데 한 명이었던 것 같다. 이것은 최연택의
집에 수십 명의 유지가 태광친목회 회관 건립을 공동집회소 건립으로 발전
시키자는 안건으로 모인 사실에서 알 수 있다.[26] 한편 최연택이 아현동의 화
약고 폭발사건으로 열린 주민회의에서 화약고 이전 교섭위원으로 선출되었
을 당시, 태광친목회의 발기인 강헌영 또한 교섭위원으로 선출되었다.[27] 이
후 최연택은 차상호·강헌영을 위시하여 백여 명과 더불어 용산경찰서에 화
약고 이전에 대한 청원서를 제출하였다.[28]

김관호 또한 주민총대로 경기도 경찰부 보안과에 출두하여 화약고 이전
을 진정하였고, 결국 이러한 노력으로 화약고 이전에 대한 허락을 얻어내었

21 「통속강연회」, 『동아일보』 1921년 9월 22일자.
22 「雜報: 太極盛況」, 『황성신문』 1908년 10월 4일자. 「太光親睦會組織」, 『매일신보』 1921년 8월 19일자. 「阿峴勞動敎育夜學會」, 『매일신보』 1920년 11월 4일자.
23 「活火山같은 危險物」, 『동아일보』 1921년 8월 13일자.
24 崔演澤·金鐵鎬 共譯, 「프랭클린의 自敍傳」, 『매일신보』 1921년 11월 8일자~1922년 1월 24일자.
25 「太光親睦會組織」, 『매일신보』 1921년 8월 19일자.
26 「公同集會所建設」, 『매일신보』 1921년 9월 21일자.
27 「活火山같은 危險物」, 『동아일보』 1921년 8월 13일자.
28 「百餘名의 連署로」, 『매일신보』 1921년 8월 19일자.

다.[29] 즉 아현동의 화약고 이전 결정은 최연택을 비롯한 태광친목회의 활동으로 이루어졌다.[30] 이처럼 최연택은 태광친목회 발기인들과 더불어 아현동의 사회문제에 적극적으로 동참하였다. 나아가 1920년대 초 경성지역 전차임금통일운동의 교섭위원으로 선출되어 아현동 대표로 주민대표자회에 참여한 것을 비롯하여,[31] 『조선일보』 고양군(현재 아현동) 지국장을 역임하였다.[32]

이렇듯 1920년대 초 최연택은 지역 사회활동을 하면서 거주지 아현동에 '문창사'라는 출판사를 창립하여 그의 동생 최영택과 최호동과 함께 경영하였다.[33] 문창사는 1920년대 새롭게 출판업에 뛰어든 신생 출판사였다. 1920년대 경성에는 한말과 1910년대를 거치면서 이미 출판업계에서 그 입지를 다진 박문서관·신구서림·영창서관·덕흥서림·회동서관 등이 번창하고 있었다.[34] 한말을 거쳐 식민지 시기 대성한 이 같은 유명 출판사들은 당시 인기리에 판매되었던 고전 소설류의 생산과 유통에 집중한 덕분에 크게 성장할 수 있었다.

그런데 최연택은 이렇듯 조악하고 저급한 소설류 판매에 집중하여 이익

---

29 「阿峴火藥庫移轉確實」, 『동아일보』 1921년 8월 21일자.
30 「阿峴火藥庫移轉決定」, 『매일신보』 1921년 8월 16일자.
31 「來十七日住民大會」, 『동아일보』 1921년 8월 3일자. 「전차임금통일운동 주민대표 자회 개최에 관한 건」, 『思想問題에 關한 調査書類 4』, 京龍高秘 제3094호, 발신일 1928년 9월 17일자(국사편찬위원회 한국사데이터베이스).
32 「名譽毀損罪로 벌금백원」, 『매일신보』 1922년 8월 19일자,
33 최연택의 거주지 주소는 1919년 현재 高陽郡 龍江面 阿峴里 264番地이다. 崔演澤, 「閨怨」, 『매일신보』 1919년 12월 1일자. 『罪惡의 種子』는 두 판본이 있는데, 1922년 9월 28일자 판본에는 편집 겸 발행자 최연택의 주소가 '高陽郡 龍江面 阿峴里 264'이고, 문창사의 주소가 '京城西大門外 阿峴里 90'이다. 하지만 1922년 12월 25일자 판본에는 저작자 최연택의 주소가 '高陽郡 龍江面 阿峴里 90'이고, 문창사의 주소가 '경성부 서대문외 아현리'로 되어있다. 한편 『소년계』가 편집인 최영택, 발행인 최연택, 인쇄인 최호동으로 발행된 사실에서 세 형제가 문창사 운영에 함께 참여했다는 점을 알 수 있다.
34 방효순, 「일제시대 민간서적 발행 활동의 구조적 특성에 관한 연구」, 이화여자대학교 박사학위논문, 2000, 69쪽.

을 취하는 출판업자의 행위를 맹렬히 비난하였다.[35] 그리하여 그는 문창사
에서 고전소설류를 팔아 세속적인 이익을 노리는 행위를 지양하고, 식민지
사회문제 및 새로운 지적 동향에 상응하는 서적들의 출간을 기획하였다. 먼
저 사전류의 출간이 주목되는데, 최초의 신어사전이라 평가되는 『현대신어
석의』 및 『偉人의 聲』과 같은 신생 어휘사전과 영어 외래어 사전을 간행하
였다.[36] 이 같은 사전류 출판은 최연택이 외국어를 한글로 번역해야 할 필요
성을 인식했을 뿐만 아니라 한글 사용에 대한 남다른 이해가 있었음을 알려
준다.[37]

이외에도 문창사에서는 사회문제와 기독교 사상을 담은 『단소』 『죄악의
씨』와 같은 신소설을 간행하였고, 『동서고금』과 같은 재담과 야담의 경계에
있는 새로운 형태의 근대 야담집을 편찬하였다. 또한 1920년대 중반 소년운
동이 전개될 때 소년운동협회의 방정환(方定煥, 1899~1931) 계열과는 다른
오월회의 정홍교(丁洪敎, 1903~1978)를 필진으로 포함하여 소년소녀를 대상
으로 한 전문잡지 『소년계』와 『소녀계』를 발행하였다. 1930년대에는 식민
지 권력과 식민지 지식인들이 관심을 쏟았던 조선의 고적에도 주목하여 『조
선의 명승고적』을 출간하였다. 또 1930년대 후반 문창사는 삼공사로 출판사
명을 바꾸어 야담전문잡지인 『야담대회록』(1938)을 발행하는데, 이것은 『월
간야담』과 『야담』과 같은 야담 전문잡지가 창간되는 당시 지적 동향을 반
영한 기획이라고 여겨진다.[38] 특히 이 가운데 『동서고금』 『야담대회록』 『소

---

35 최연택, 「출판업자에게 고함」, 『매일신보』 1923년 1월 14일자.
36 최연택, 『現代新語釋義』, 문창사, 1922. 白大鎭·崔演澤 共編(尹致昊 校閱), 『(英鮮
  對譯)偉人의 聲』, 문창사, 1922.
37 최연택, 「讀書에 關하야」, 『매일신보』1920년 11월 28일자; 「演說用語의 注意」, 『매
  일신보』 1920년 11월 21일자. 최연택의 이러한 인식은 아마 보성중학교 재학 시절
  국어를 담당한 한글학자 주시경의 영향이 컸지 않았는가 여겨진다. 최연택의 친구인
  김도연과 동창생 최승만을 비롯하여 보성중학교 졸업생 다수가 인상 깊은 수업으로
  주시경 선생의 한글 강연을 손꼽았다. 김도연, 위의 책, 1967, 26쪽. 최승만, 위의 책,
  36쪽. 보성팔십년사 편찬위원회, 『普成80年史』, 普成中高等學校, 1986.

년계』와 같은 출판물은 최연택이 1924년 출판한 『세계일류사상가논문집』과
더불어 그의 성공주의 전파에 유용하게 활용되었다.

(2) 기독교 '청년' 최연택과 성공주의

1) 유교지식인에서 기독교 '청년'으로

최연택은 식민지 시기 근대교육을 이수하고 기독교의 영향 아래에 있었
던 기독교 '청년'의 범주에 속한다. 그는 기독교를 수용하면서 과거 전통적
인 학문체계의 상징인 유교와 연결고리를 끊었다. 이렇듯 최연택이 유교라
는 전통 의식의 범주에서 벗어나 기독교 '청년'으로 전환되는 시점에 그는
'자조론'의 가치를 성공주의로 표면화하여 식민지 사회에 유포하기 시작하
였다. 따라서 최연택이 기독교 신앙을 갖게 되는 과정을 살펴보는 것은 기
독교 '청년'으로의 전환과 그의 성공주의 주장과의 관련성을 이해하는데 있
어서 중요하다.

최연택은 1914년 아현동에 창건된 아현성결교회 신자로서 1926년경에는
집사까지 역임할 정도로 독실한 기독교 신자였다. 하지만 그가 처음부터 기

---

38 최연택, 『(社會小說)단소』, 文昌社, 1922; 『(社會小說)罪惡의 씨』, 文昌社, 1922; 『(珍
談奇話)東西古今』, 文昌社, 1922; 『朝鮮의 名勝古蹟』, 文昌社, 1933. 『少年界』와
『少女界』 잡지 발행은 이 책 2부 3장 참조. 한편 의협소설로 『(義俠小說)燕丹의 恨』
(1926)과 『(義俠小說)義人의 무덤』(1926)이 문창사에서 발행되었다. 또 최연택과 최
호동이 주관이 되어 소년소녀를 대상으로 한 전문잡지 『潭海』도 출판하였지만, 이
것은 현전하지 않는 듯하다. 「雜誌 『潭海』 創刊」, 『시대일보』 1925년 11월 19일자.
이외 문창사의 광고를 통해 알 수 있는 간행물로는 최연택의 동화집 『사랑의 동무』
를 비롯하여 『古學生』 『貧의 淚』 『受驗準備書』 『韓末巨星 金玉均先生』 『世界奇
聞集』 등이 있다. 이 역시 현전 여부가 명확하지 않다. 조선총독부의 검열로 인해
압수되거나 그 내용이 삭제된 간행물로는 『新朝鮮』 『金囊秘密』이 있다(경성지방법
원편철자료, 국사편찬위원회 한국사데이터베이스).

독교에 대해 강한 믿음을 가졌던 것은 아니었다. 14~15세 즈음 아현감리교
회에서 처음 기독교를 접했지만, 그때는 유희와 구경거리로 교회의 문턱을
드나들어 설교와 기도가 무의미하게 와 닿았다고 한다. 최연택은 그의 집안
에서 처음 기독교 신앙을 접했으며, 기독교인으로서 본격적인 신앙생활은
같은 지역에 있는 아현성결교회에서 시작한 듯하다.[39] 이후 동생 최영택과
어머니 김운봉도 기독교 신앙을 받아들였다.[40]

　이렇듯 기독교 신앙이 없었던 가정에서 최연택은 어떻게 처음 기독교 신
앙을 수용한 것일까? 이것은 최연택이 성결교단에서 발행한 종교잡지 『활
천』에 기고한 「한익찬목사추도기」와 「사망에서 살길로」의 두 글에 잘 드러
나 있다.[41] 먼저 「한익찬목사추도기」에서는 1921년 말에서 1922년 초 최연
택은 죽음을 넘나드는 열병을 겪고,[42] 마침 아현성결교회로 부임한 목사 한
익찬의 전도에 힘입어 독실한 기독교 신자로 거듭났다고 밝히고 있다.[43]

　한편 「사망에서 살길로」에서는 앞서 언급한 「한익찬목사추도기」의 내용
과는 다소 다르다. 여기에서는 주색을 즐겼던 최연택이 중병에 걸려 병원에
입원하였고 가까스로 살아남았지만, 또 다시 주색에 빠진다. 그러던 가운데

---

39 최연택, 「死亡에서 活路로」, 『활천』 13, 1923, 45쪽; 「故韓益燦牧師追悼記」, 『활천』
　 24, 1926.
40 아현교회70년사 편찬위원회, 위의 책, 102쪽.
41 「사망에서 살길로」는 1923년부터 1924년까지 『활천』에 세 편이 기고되었다.
42 최연택이 김철호와 함께 『매일신보』에 연재한 「프랭클린의 자서전」은 1921년 11월
　 8일에서 1922년 1월 24일까지 번역자의 병으로 연재와 중단이 반복되다가 결국 중
　 단되었다. 즉 두 명의 공역자 가운데 최연택이 병에 걸렸던 것이다. 한편 최연택은
　 한익찬 목사의 전도로 그가 기독교 신자가 되었다고 언급했는데, 1920년대 한익찬
　 목사가 아현성결교회 목사로 재직했던 기간이 1921년 4월부터 1924년 3월까지이다.
　 여기에 최연택이 문창사를 경영하면서 『(珍談奇話)東西古今』을 출간하고 이 책의
　 서문을 기술한 시기가 1922년 5월이다. 따라서 1922년 5월은 병상에서 일어나서 문
　 창사를 경영한 시점인 듯하다. 이상의 내용을 종합해 볼 때, 그가 병상에 있었던 기
　 간은 '1921년 말과 1922년 초'라고 판단된다.
43 최연택, 위의 글, 1926, 47~50쪽.

최연택의 눈앞에 照魔鏡이라고 할 만한 거울이 나타나 자신의 죄악을 비추는 신비한 신앙체험을 하였다. 최연택은 이를 번민하던 가운데 이전부터 자신을 전도하려고 노력하던 한익찬 목사의 집을 방문하여 구원의 말을 듣고 세례를 받았다고 고백한다.[44]

이상과 같이 『활천』에 게재된 글은 최연택이 자신과 아현성결교회와의 관계에 초점을 두고 서술한 것이다. 또한 이것은 신앙체험을 보다 극적으로 표현하고 한익찬 목사의 헌신적인 전도를 강조하기 위해 쓴 글로써 목적에 맞게 조금씩 달리 표현되었던 것 같다.[45] 따라서 최연택이 기독교 신앙을 갖게 된 계기가 하나는 중병에 걸렸을 때이고 또 다른 하나는 신비한 신앙체험으로 각기 달리 나타난다. 그렇지만 최연택이 한익찬 목사의 전도와 큰 어려움을 겪고 기독교 신앙에 입문한 사실과 그 시기가 1922년경이라는 점은 공통된다.

그런데 그의 기독교 신앙 입문 시기에 관해서는 1920년이라는 또 다른 기록이 있다. 1920년에 쓰인 「종교교육과 미신」과 「목숨(生命)」의 내용을 보면,[46] 최연택은 1920년 당시 기독교 신자였다. 따라서 앞서 살펴본 『활천』의 내용을 종합하여 최연택이 기독교 신앙을 갖게 된 시기를 추정하면 1920년경 이미 그는 기독교 신자였고, 이후 개인적 고난의 경험과 한익찬 목사의 전도에 힘입어 기독교 신앙에 대한 믿음을 굳건히 한 시기가 1922년경이었다고 보는 것이 적절할 듯하다.[47]

---

44 최연택, 「사망에서 살길로(중)」, 『활천』14, 1924, 55~56쪽; 「死亡(사망)에서 活路(살길)로(下)」, 『활천』 15, 1924, 43~44쪽.

45 『활천』이 성경연구·설교·간증·신앙육성방안 등 순수한 종교지로 성결교회의 기관지 성격을 탈피하지 못했던 것도 그 주요 이유로 들 수 있다.

46 "余는 耶蘇信者이라 …"고 기독교 신자임을 밝힌다. 최연택, 「종교교육과 미신」, 『매일신보』 1920년 11월 3일자. "진짜 생명이 십자가 위에 있고 … 죽음을 두려워하고 삶을 사랑하여 십자가 위에 사형을 달게 받아 영생을 얻은 지저스 크리스트를 따르고 본받지 못함은 대체 무슨 이유인가"라고 진짜 생명으로서 예수의 죽음을 언급하였다. 최연택, 「목숨(生命)」, 『매일신보』 1920년 5월 31일자.

한편 1920년은 최연택이 기독교 신자였다는 사실 뿐만 아니라 그가 새롭게 사회활동을 재기한 시점이라는 점에서도 중요한 해이다. 앞서 언급했듯이 1914년경 최연택은 일본 유학에서 돌아왔다. 하지만 그는 도모했던 일이 잘 풀리지 않게 되자 낙향하여 담화회를 조직하여 생활하였다.[48] 이후 1919년 연말 「규원」이라는 시로 『매일신보』에 다시 등단하면서 본격적인 사회활동을 재기하였다. 즉 최연택이 일본에서 돌아온 이후 1919년 말 1920년대 초 본격적인 사회활동을 시작하기까지 거의 5여 년간은 학문적 방황을 했던 것으로 보인다. 바로 이 시기 학문적 방황의 끝에서 최연택은 자신의 일상을 지배하던 유교를 대신할 대상으로 기독교를 선택한 것이다. 다음은 최연택이 말한 자신의 학문적 방황과 유교와의 결별이다.

> 我는 本來 科學萬能主義자들과 無神論者들에게 敎育을 받아온 까닭으로 次次 長成할수록 科學의 能力을 稱訟하게 되었습니다. … '所謂 物質文明이라는 것이 吾儕에게 苦痛을 줌이 적지 아니하니 그것이 將次 此 世界를 盡滅하지나 아니할는지?'하고 매우 恐懼하며 놀랐습니다. 그 후에 나는 '此世上으로 하여금 和平스럽고 快樂한 世上을 만들려면 반드시 宗敎의 力이 아니면 될 수 없다'고 思惟하였습니다. 然이나 當時 我와 가장 密接하게 關係를 맺은 儒敎로는 到底히 此任을 堪當할 수 없는 줄 알고 此보다 더 뛰어난 宗敎를 찾아보려고 無限히 苦痛하였습니다. 天道敎의 大宗正義라는 經典도 硏究하여

---

47 최연택이 『활천』에서 1922년경 기독교 신앙을 가진 것으로 말한 이유는 신앙고백이라는 그의 글쓰기 방식과 관련이 있는 듯하다. 종교적인 극적 체험의 효과를 강조하는 방식으로 사건을 배열하였기 때문에, 실제 그 사건이 일어난 연도라든가 설명의 인과성이 맞지 않는 경우가 발생한다. 가령 최연택은 1924년 「사망에서 살길로(중)」의 글에서 "「生苦死榮」이라는 논문을 지어 … 다시 오락주의로 귀향되어 10여 년 동안의 장구한 세월을 이 주의 하에 살게 되어"라고 말하였다(「사망에서 살길로(중)」, 111쪽). 그런데 10여 년 전에 기술했다는 「생고사영」은 『매일신보』 1920년 6월 11일자에 기고한 글이며, 말미에 1920년 6월 7일자에 '作稿'하였다고 분명히 표기되어 있다. 즉 10년 전이 아닌 1920년 6월에 쓴 글이다. 따라서 이와 같은 연도 오기 사례로 볼 때, 최연택이 기독교 신앙을 가진 시기는 1920년경이었다고 판단된다.

48 崔綠東 纂, 「序」, 『(珍談奇話)東西古今』, 문창사, 1922.

보고 佛敎의 佛經도 硏究하여도 보고 老莊의 道도 硏究하여 보았습니다만은
皆 我에게 만족을 주지 못하고 … 我는 다시 儒敎에 돌아가서 더 깊이 硏究
하여 보려고 七書와 濂洛諸賢의 諸學說을 全部 求해가지고 遠近間 名聲이 높
은 諸儒林 學者等을 다 찾아가서 其道의 講說하는 것을 듣는 中에 … 我는
其時에 孔孟의 言을 그대로 遵守하여 眞된 仁義의 人이 되어보리라는 大決心
을 가지고 愼獨과 克己를 實踐하여 보려고 無限한 勞苦를 해 보았습니다. …
我는 其時에 또 다시 絶望에 빠진 人이 되어 儒敎硏究는 드디어 幕을 닫치고
又 他處에 가서 무엇을 硏究하기로 決心하고 國境을 넘어 亡命客처럼 이리저
리 彷徨하며 얼마동안 捕風捉影의 生涯를 보내었습니다. 然하나 該處에서도
아무 滿足을 얻지 못하고 돌아오고 말았습니다.[49]

위의 내용을 정리하면, 최연택은 과학을 맹신하던 중 물질문명으로 이 세
계가 없어질 것을 두려워하여 화평하고 쾌락한 세상을 만들기 위해서는 종
교의 힘이 반드시 필요하다고 생각하였다. 하지만 자신과 가장 밀접한 관계
에 있던 유교로는 이 책임을 감당할 수 없다고 판단하여, 이것을 해결해 줄
종교를 찾아 천도교·불교·노장의 도에 이르기까지 다방면으로 연구하였지
만 만족을 얻지 못하였다. 그리하여 다시 유교로 돌아갔지만, 이 과정에서
아주 깊은 절망에 빠지게 되어 마침내 유교연구를 종식 짓게 된다. 이렇듯
최연택이 유교를 대신할 다른 종교를 찾다가 결국은 다시 유교연구에 매진
하는 모습은 자신의 일상과 가장 밀접한 유교를 벗어나는 것이 얼마나 힘든
일이었는가를 여실히 보여준다.

이처럼 1920년 즈음 최연택은 일상을 지배하던 유교를 탈피하여 기독교
를 선택하였다. 그럼에도 신앙고백 이전인 1920년에서 1922년까지 기독교에
대해 비판적인 측면을 가지고 있었다. 이러한 사실은 그가 1920년 자신이
기독교 신자라고 밝힌 글에서, 미신적인 논조로 교회에서 목사나 전도사가
강연하는 것을 비판하는 것에서도 확인된다.[50] 결국 이 같은 기독교에 대한

---

49 최연택, 「사망에서 살길로(중)」, 54~55쪽.

비판은 1920년에서 1922년까지 유교라는 전통 의식의 범주를 탈피하여 온전한 기독교 '청년'이 되기까지 최연택의 고통과 방황이 반영된 것이라고 판단된다.

기독교 '청년'으로 최연택의 전환은 1922년 11월 그가 자신의 기독교 사상을 이입하여 『죄악의 씨』 소설을 출간한 것에서 잘 드러난다. 1914년 최연택은 유교 이념이 담긴 한문번역소설 「김태자전」을 연재하였지만,[51] 1921년 기독교를 수용한 이후 근대 프로테스탄티즘의 윤리와 자본주의 정신의 집약본인 「프랭클린의 자서전」을 번역하였다. 다시 말해 최연택의 두 번역은 그의 사상적 변화 흐름을 보여주는 중요한 작업이며, 여기에 소설 『죄악의 씨』는 기독교 사상을 완전히 내면화한 최연택의 자세를 보여주는 것이다. 이렇게 볼 때 그의 번역서 「김태자전」과 「프랭클린의 자서전」 그리고 소설 『죄악의 씨』는 기독교 '청년'으로의 변화의 정도와 강도를 감지하게 해 주는 지표이다.

2) 『자조론』 수용 경로와 성공주의

1919년 말에서 1920년 초는 최연택이 새롭게 사회활동을 시작한 때이며, 이와 동시에 유교적 전통 의식의 범주를 탈피하고 기독교 '청년'으로 전환되는 시점이기도 하다. 바로 이 시기 최연택은 『동아일보』와 『매일신보』에 '자조론'의 가치를 표면화하여 성공주의를 주장하기 시작하였다. 1920년대

---

50 최연택, 「宗敎敎育과 迷信」, 『매일신보』 1920년 11월 3일자. 미신을 혐오하고 과학을 신봉하는 근대주의자로서 최연택의 태도와 기독교에 대한 반감은 다음을 참조. 綠東生, 「와우산에서 석전을 觀하고」, 『매일신보』 1921년 1월 31일자; 「死亡에서 活路로」, 45쪽; 「사망에서 살길로(중)」, 54~55쪽.

51 최연택의 「김태자전」은 서유영(徐有英, 1801~?)이 창작한 한문 장편소설 『六美堂記』(1863)에서 파생된 한글 이본으로써 '매일신보본'으로 연구되었다. 『육미당기』는 불교적인 이념과 유교적 이념이 적절히 조화된 고전소설로서 평가된다. 李賢淑, 위의 논문, 1999.

초반 최연택의 이러한 주장은 1924년 『세계일류사상가논문집』에 그의 글
「성공론」으로 재차 강조되었다.

최연택이 스마일즈의 『자조론』을 처음 접한 것은 태극학교 재학시절 즈
음이었던 것 같다. 대한제국의 '자강과 독립'을 염원하던 한말의 시대적 분
위기에서 최연택은 양계초 서적을 통해 자조론을 수용하였다. 이는 최연택
의 『세계일류사상가논문집』에 수록된 『자조론』이 양계초의 글에서 추출한
것이라는 점에서 확인된다. 말하자면 한말 지식인들이 양계초의 『음빙실문
집』과 『청의보』와 같은 서적의 영향을 받아 『자조론』을 '자강과 독립'의 사
상으로 수용하였던 모습을 최연택에게서도 발견할 수 있다.[52]

이렇듯 최연택이 『자조론』을 접하게 된 경로를 통해, 최연택 또한 동시대
한말 지식인들과 같이 『자조론』을 구국의 방책과 관련된 사상으로 읽었을
것을 짐작할 수 있다. 그런데 최연택이 1924년 『세계일류사상가논문집』에
양계초의 『자조론』이 수록된 시기는 한말의 상황과는 사뭇 달랐다. 이 편저
에 실린 그의 글 「성공론」의 성공주의 주장을 뒷받침해주는 사상으로서 『자
조론』이 소개되었던 것이다.

이러한 최연택의 성공주의 주장은 3·1운동 직후 1920년부터 시작되었다.
1920년 『동아일보』가 창간된 직후, 최연택은 이것을 축하하는 글을 비롯하
여 「成功」이라는 글을 3회에 걸쳐 기고하였다.[53] 1회의 冒頭에 "吾人은 何時
까지든지 成功主義者니라"라고 시작하여, 성공주의자가 되기 위한 방책을

---

52 앞서 언급했듯이 한말 『西友』에 '자조론'이 소개되었을 때, 여기에 일본의 나카무라
마사나오가 『서국입지편』에서 기술한 서문이 함께 실렸다. 이 나카무라의 서문은
양계초가 『청의보』에 '자조론'을 소개하면서 함께 게재한 것이었다. 양계초는 나카
무라의 서문을 통하여 '자조론'을 이해하였으며, 『서우』에서는 이것이 반영되었던
것이다. 한편 최연택의 동창생인 최승만 또한 양계초의 『음빙실문집』을 읽었다고
회고하였다. 최승만, 위의 책, 43쪽.
53 최연택, 「成功(1)」, 『동아일보』 1920년 5월 23일자; 「成功(2)」, 『동아일보』 1920년
5월 24일자; 「成功(3)」, 『동아일보』 1920년 5월 25일자.

말하였다. 그리고 2회에 다음과 같이 스마일즈의『자조론』문구를 인용하며
성공주의에 대한 자신의 견해를 밝혔다.

西諺에 가라대 "懈怠한 者는 兩針이 無한 時計와 如하여 스나가나 아울러 無
用하다" 하니 無用으로 歸하는 懶夫가 어찌 平生에 小毫의 成功이 有함을 企
待하리요? "一勤天下無難事"라 함은 事의 難易가 없고 才의 巧拙이 없이 오
직 勤怠之間에 成敗가 隨在함을 力說함이로다. 비록 如何한 剛毅의 人일지라
도 莫大한 危難의 襲擊을 受할 時는 문득 自力의 微弱함을 感하여 人의 幇助
를 企待하는 依賴心이 萌動함을 免키 難하니 此依賴心이란 自身을 墮落의 穽
中으로 挽引하는 魔手이다. <u>吾人은 千辛萬苦를 備嘗할지라도 更可奮勵하여
自助만 爲함이 可하니 "天은 自助者를 助한다"하는 金言은 眞實로 吾人의 自
奮自勵를 勸進함이 아니냐.</u>[54]

최연택은『동아일보』의 연재가 끝난 직후『매일신보』에 다시「성공의
비결」이라는 주제로 6회에 걸쳐 글을 연재하였다.[55] 이 글은『동아일보』의
「성공」시리즈와 마찬가지로 첫 회에 '吾人은 成功主義者니라'는 소주제로
시작한다. 이후 '勤勉하라' '依賴心을 拔去하라' '寸陰을 是競하라' '失敗에 退
屈치 말라' 등과 같은 소주제로 글의 내용을 구성하면서『자조론』의 가치를
강조하였다. 그리고 근대 프로테스탄티즘의 윤리와 자본주의 정신의 집약본
인『자조론』에 대한 이러한 최연택의 관심은 곧 동일한 가치를 담고 있던
「프랭클린의 자서전」의 번역으로 이어졌다.[56] 앞서 언급했듯이, 이 번역은
1920년에서 1922년 사이 기독교 '청년'으로 전환되고 있던 최연택의 사상적

---

54 최연택,「成功(2)」,『동아일보』1920년 5월 24일자.
55 최연택,「成功의 秘訣」,『매일신보』1920년 6월 24일자, 6월 26일자, 6월 28일자, 6
월 29일자, 7월 5일자.
56 메이지 말기 일본에서 벤자민 프랭클린이『자조론』의 가치를 실현시킨 '자조적 인
물'로 평가된 것은 다음을 참조. 永田岳淵,「自助的精神のたるフランクリン」, 위
의 책, 1909.

변화를 말해주는 지표라고 볼 수 있다.

　한편 최연택은 1924년『세계일류사상가논문집』을 출간하면서 1920년부터 주장했던 그의 성공주의에 대한 주장을 보다 분명히 드러내었다. 이 책에는 당시 식민지 지식인에게 많은 영향을 미쳤던 토쿠토미 소호와 타카야마 쵸규(高山樗牛, 1871~1904) 및 양계초 등과 같은 저자들의 논·저서에서 발췌한 번역문 16편과 함께 최연택의 글 1편이 실려 있다. 이 16편 가운데『자조론』이 포함되어 있으며, 최연택의 글「성공론」이 冒頭에 게재되었다.

　『세계일류사상가논문집』에서 최연택의 글은「성공론」단 1편이지만, 총 162쪽 가운데 50쪽으로 전체 분량의 3분의 1정도를 차지한다. 즉「성공론」은 편저 서두에 의례적인 저자의 소개나 감상을 간단히 기술한 글이 아니다.「성공론」은 이 편저에 수록된 글의 요약본이자 성공주의에 대한 덕목을 일목요연하게 정리하여 이 책의 성격을 드러낸 것이라고 할 수 있다. 이와 같은「성공론」을 비롯하여『세계일류사상가논문집』에 수록된 글들은 성공주의를 지향하는 청년을 대상으로 출간되었다.[57] 이러한 사실들은 이 시기『자조론』이「성공론」을 뒷받침하는 논리로 게재되고 있음을 보여준다.

　최연택은「성공론」의 글을 시작하면서 '성공주의'에 대하여 다음과 같이 말하였다. "각기 그 처지와 형편과 재주에 따라 일을 이루고 공을 쌓고 이름을 떨치는데 힘쓰는 것이 인간의 본능이다. 그러므로 인간은 어떤 때나 어느 장소를 막론하고 본능적으로 '성공주의'를 지향한다"는 것이다.[58] 이러한 성공주의의 정의에 이어 최연택은 성공주의의 덕목을 본격적으로 설명하였

57　'將來 偉人巨傑을 目的하는 前途多望한 청년'을 독자로 한다는 점이 선전되었다.
　　「『세계일류사상가논문집』광고」,『매일신보』1924년 10월 12일자, 10월 14일자, 또
　　최연택은「성공론」에서 "以上에 列擧한 諸德의 修養은 모든 成功의 基因이 되리
　　라 합니다"고 언급하였다. 최연택,『世界一流思想家論文集』, 문창사, 1924, 50쪽.
　　이상의 내용을 종합해볼 때,「성공론」을 포함한『세계일류사상가논문집』의 독자는
　　성공주의를 지향하는 '청년'임을 알 수 있다.
58　최연택, 위의 책, 2쪽.

는데, 대부분 남의 글을 인용하여 자신의 견해를 드러내는 서술방식을 사용하였다. 우선 그가 성공하기 위한 덕목으로 제일 먼저 손꼽은 것은 '立志'였다. '입지'는 신조어 '자조'를 대치하는 언어인데, 이것은 최연택이 스마일즈 『자조론』을 수용하고 그것의 가치를 성공주의로 표면화했다는 사실을 잘 말해준다고 할 것이다.

이외 성공주의 덕목으로 剛勇·熱誠·堅忍·小成·자신력·근면·건강이 설명되었는데, 이것을 실천한 위인으로 최연택이 반복적으로 인용한 인물은 워싱턴·나폴레옹·콜롬버스·넬슨·웰링턴·링컨·프랭클린 등이다. 특히 '근면'의 덕목에서 '천재'에 대하여 "천재란 근면에 不外한다" "천재라는 것은 노력하는 力"이라고,[59] 천재의 노력에 대한 문구를 인용한 것이 주목된다. 앞서 언급했듯이 1920년부터 최연택 '자조론'의 가치에 입각하여 성공주의를 주장하였다. 이러한 그가 「성공론」에서 천재의 노력에 대한 문구를 인용한 것은 1920년대 식민지 사회에 유통하고자 했던 『자조론』의 내용을 강조한 것이라고 여겨진다.

1920년대 식민지 사회에서 『자조론』이 성공하기 위한 청년들의 수양서로 읽히면서, 이것이 식민지 사회에 미친 파급효과는 '노력하는' 영웅 즉 위인상을 제시한 것이다. '영웅'이란 태생적으로 지혜와 재능이 뛰어나고 용맹하여 보통 사람과는 다른 비범함을 가진다. 따라서 이러한 '영웅'과 '노력'이라는 단어는 전혀 어울리지 않는다고 할 수 있을 것이다. 그런데 1921년 『매일신보』에 5회에 걸쳐 실린 「영웅호걸의 노력을 요함」은 최연택이 「성공론」에서 천재에 대하여 언급한 맥락과 같다.[60]

이처럼 최연택이 성공주의 덕목으로 '근면'을 설명하면서 '노력하는' 천재에 대한 문구를 인용한 점은 그가 이러한 식민지 문화 조류를 이끌어갔던 식민지 '청년' 집단에 속한다는 사실을 말해준다. 또 이것은 3·1운동 이후

---

59 최연택, 위의 책, 26~27쪽.
60 李丙雨, 「英雄豪傑의 勞力을 論함」, 『매일신보』 1921년 1월 8일~1월 12일자.

식민지 사회는 비범한 능력을 갖춘 불세출의 영웅이 필요한 시대가 아니라, 평범한 사람들이 일상의 노력으로 식민지 사회에 진출하려는 자세가 요구된다는 사실을 강조한 것이다.

한편 최연택은 '小成'의 항목에서 조선 역사상 '小成'의 실례가 되는 인물과 일본 및 서구의 실제 인물들을 비교하여 제시하였다. 그리고 여기에서 다시 세부적으로 성공을 소극적 성공과 적극적 성공으로 분류하였다. 그리하여 당시에는 위대한 성공처럼 보이지만 훗날 가치가 없는 것을 소극적 성공이라고 하였다. 소극적 성공의 예로 삼국통일의 김유신과 프랑스 함선을 격파한 흥선대원군을 들고 있다. 특히 흥선대원군의 행위를 비인도적·야만적이라고 하며 조선의 문호를 개방할 좋은 기회를 놓쳤다고 하였다.

이에 반해 적극적 성공을 이룬 인물로는 미국을 독립시킨 워싱턴, 노예를 해방한 링컨, 신교를 세운 루터, 일본 메이지유신 수훈자 요시다 쇼인(吉田松陰, 1830~1859)을 들었다. 그런데 최연택은 서양의 위인들과 일본의 위인 요시다 쇼인을 동격에 세우고, 여기에 요시다 쇼인과 동일한 조선의 위인으로서 김옥균(金玉均, 1851~1894)을 손꼽았다. 또한 요시다 쇼인의 사후에는 사이고 타카모리(西鄕隆盛, 1828~1877), 키도 타카요시(木戶孝允, 1833~1877), 오오쿠보 도시미치(大久保利通, 1830~1878), 이토 히로부미(伊藤博文, 1841~1909) 등과 같은 인물들이 그의 뒤를 이어 일본은 '今日의 문명'을 이루었지만, 조선에는 일본과 달리 김옥균의 후계자가 없었다고 말한다.[61] 즉 김옥균을 적극적 성공을 이룩한 인물로서 보고, 조선 근대 문명의 개척자로서 높이 평가하였다.

이상과 같은 최연택의 '小成' 항목에 대한 서술방식과 인식은 제국 일본에서 편제된 서구 근대지식이 식민지 조선으로 유입되어 성공주의 덕목으로 표출된 것이라 할 수 있다. 즉 최연택은 「성공론」에서 적극적 성공의 예

---

61 최연택, 위의 책, 20~22쪽.

로 김옥균과 요시다 쇼인을 등치시키고 이에 앞서 요시다 쇼인을 서양의 위인들과 동격화한 것이다. 이 같이 김옥균과 요시다 쇼인 그리고 서양 위인을 동격으로 간주한 것은 메이지 말기 일본에서 생산된『자조론』아류 서적류의 위인 배치 구도의 인식과 닮아있다.『자조론』아류 서적류에서는 일본 및 동아시아 국가들의 위인들을 서양 위인과 대등하게 배치하였던 것이다.

따라서 최연택이 김옥균을 적극적 성공의 실례로 든 것은 그를 서구와 일본의 근대를 이룩한 '자조'하여 성공한 위인들과 동격으로 간주한다는 의미가 된다. '근대'와 '문명'이라는 기준에 의거하여 개화기 김옥균의 행위를 성공의 사례로서 제시하였던 것이다. 결국 최연택과 같이 1920년대 '자조론'의 가치를 성공주의로 표면화한 식민지 '청년'들에게 성공의 기준은 근대화와 문명화를 이룬 척도였다.

요컨대 최연택은 1920년『동아일보』의「성공」에서부터 1924년「성공론」에 이르기까지 자조론의 가치를 성공주의로 표면화하여 유포하였다. 1920년 그의 성공주의 주장은 앞서 살펴본 1918년 최남선의『자조론』번역에서 도출된 '청년'의 식민지 사회로의 진출을 독려하는 주장에서 한 걸음 나아간 것이다. 1923년 홍난파의『청년입지편』이 '청년'의 '입신성공'을 조장하는 청년수양서로서 유포된 즈음, 최연택은『세계일류사상가논문집』에 수록된 그의 글「성공론」을 통해 성공주의를 지속적으로 주장하였다. 이 같은 1920년대 초반 최연택의 행보는 '자조론'의 가치가 성공주의로 공론화되는데 주요한 역할을 했다는 사실을 말해준다.

2장 崔演澤의 야담집 기획·출간과 성공주의

1920년대 초 성공주의를 유포한 최연택과 관련된 자료를 찾던 와중에 1938년 간행된 『野談大會錄』이라는 야담 전문잡지를 우연히 발견하였다.[1] 현재까지 알려진 야담 전문잡지는 1930년대 중반 창간된 윤백남(尹白南, 1888~1954)의 『월간야담』(1934~1939)과 김동인(金東仁, 1900~1951)의 『야담』 (1935~1945) 이 두 잡지뿐이다. 즉 『야담대회록』은 이제까지 학계에 알려지지 않은 야담전문잡지로서 중요하다.[2] 보다 주목되는 사실은 이것이 1920년대 초 식민지 사회에 성공주의를 유포한 최연택이 1930년대 말 간행한 잡지라는 데에 있다.

흥미로운 사실은 최연택이 1938년 『야담대회록』을 창간한 것은 야담에 대한 일시적 관심에서 나온 산물이 아니었다는 점이다. 최연택이 1920년대 초 문창사를 창간한 직후 처음 출판한 책은 『기인기사록(상)』이었는데, 이것은 친구 송순기가 신문에 연재한 야담을 묶은 야담집이었다.[3] 게다가 현재 확인되는 바로 문창사의 최종 간행물 또한 야담 전문잡지인 『야담대회록』이었다.[4] 이뿐만 아니라 최연택은 1922년부터 1938년 사이 『동서고금』 『세

---

1 崔演澤, 『野談大會錄』 1, 三共社, 1938.
2 『별건곤』을 비롯한 각종 대중잡지에서 야담의 장르를 적극적으로 수용했음에도 불구하고, 『월간야담』과 『야담』이 호황을 누리던 1930년대 후반에 이 두 잡지를 제외하고 '야담'을 표제로 한 다른 야담 전문잡지가 창간된 사실은 알려진 적이 없었다.
3 송순기, 『奇人奇事錄』, 문창사, 1922. 최연택은 『기인기사록』의 서문을 직접 썼다. 송순기의 글과 『기인기사록』에 관한 연구는 다음을 참조. 간호윤, 『송순기 문학 연구: 1920년대 문인 지식인의 대 사회적 글쓰기』, 보고사, 2016. 서신혜, 「송순기의 「전신전」으로 읽는 한국 사람의 재물관」, 『한국 전통의 돈의 문학사, 나눔의 문화사』, 집문당, 2015. 이승은, 「활자본 야담집 『奇人奇事錄』의 편찬 의식과 의미」, 『Journal of Korean Culture』 24, 한국어문학국제학술포럼, 2013.

계기문집』 및 『매일신보』의 「松齋談叢」 연재물과 같은 야담 관련 출판물을
꾸준히 출간하였다.

이렇듯 문창사에서 야담 관련 서적을 꾸준히 출간한 사실은 최연택이
1920~1930년대 근대 야담이 창출·유통되는데 중요한 역할을 담당한 출판경
영인이었다는 점을 일깨워준다. 그럼에도 문창사와 '자조론' 계열 지식인 최
연택의 야담집 출판을 주의 깊게 살펴본 연구는 전무하다고 할 것이다. 문
창사에서 출판된 『세계기문집』은 현전 여부조차 확인되지 않으며, 『동서고
금』은 겨우 그 원문이 소개된 정도에 그쳤다.[5] 또 최연택의 『매일신보』 연
재 야담물 「송재담총」 또한 기존의 야담 연구사에서 논의되지 못했다.[6] 특
히 『야담대회록』은 야담 잡지로서 학계에 알려진 바가 없었다.

---

4 최연택이 1921년 창건한 문창사는 근대 야담집을 비롯하여 식민지 사회의 지적 변
  화에 조응한 서적들을 출판·판매하는 활동을 1930년대 후반까지 유지하였다. 잘 알
  려져 있듯이 문창사를 비롯하여 3.1운동 이후 수 많은 출판사들이 창건되었음에도
  불구하고, 이를 경영한 출판인과 출판 현황을 알 수 있는 곳은 극히 일부분에 지나
  지 않는다. 3.1운동 이후 새롭게 창건된 출판사와 출판인에 대한 관심과 연구는 이
  제 시작 단계라고 할 수 있으며, 최근 이에 대한 주목할 만한 연구성과는 다음을 참
  조. 박진영, 「출판인 송완식과 동양대학당」, 『人文科學』 109, 연세대학교 인문학연
  구원, 2017.
5 『세계기문집』의 실물은 확인되지 않는다. 『세계기문집』을 광고한 『소년계』 잡지에
  게재된 목차를 참고하여 원전을 추적한 결과 加藤栗泉, 『世界奇聞全集』, 廣文社,
  1875의 일부분을 추출하여 번역한 것임을 알 수 있었다. 한편 『동서고금』은 『한국
  재담자료집성』 3에서 '단행본 형태의 재담집: 비순수 재담집'의 '재담'으로 분류·편
  제되었다. 정명기 편, 『한국재담자료집성』 3, 보고사, 2009.
6 이러한 상황 속에서 최근 『기인기사록(하)』 『현대신어석의』와 같은 문창사 출판물이
  새롭게 영인·활자화되었는데, 이것은 출판인 최연택과 그의 간행물이 갖는 중요성
  을 환기시켜 주는 轉機가 되었다. 두 회귀본이 영인·활자화되면서 이에 대한 심도
  있는 연구 또한 이루어졌다. 崔演澤, 『現代新語釋義』, 文昌社, 1922. 한림과학원 편,
  『한국근대신어사전』, 선인, 2015. 송순기 지음(간호윤 옮김), 『기인기사록(하)』, 보고
  사, 2014. 송순기 지음(간호윤 풀어엮음), 『기인기사: 조선의 별난 사람 별난 이야기』,
  푸른 역사, 2008. 간호윤, 위의 책, 2016. 서해진, 「『현대신어석의(1922)』 신어연구」,
  성균관대학교 석사학위논문, 2017.

20세기 출현한 근대 야담에 대한 연구는 거의 문학의 분야에서 이루어졌다. 이에 대한 연구의 동향 및 그 의의는 방대하여 일일이 나열할 수 없을 정도이다. 그럼에도 야담에 대한 기존 연구 성과를 요약하면 다음 두 가지이다. 첫째 1920년대 김진구의 야담운동부터 전시체제에 이르기까지 민중의 '오락'과 '교화'라는 식민지 통치제제 아래 야담의 기능과 역할에 주목한 연구이다.[7] 둘째『靑丘野談』『於于野談』 등과 같은 전근대 야담 텍스트와의 상관성에 주목하여, 근대 야담집에 수록된 단편서사의 갈래와 변이를 추적하고 이를 통해 야담 텍스트의 유형을 분류한 것이다.

특히 이러한 근대 야담집의 텍스트 분석 결과 야담의 '근대적 변용'은 근대 출판자본주의의 상업주의적 통속화와 일본 제국주의의 식민지적 억압 아래 '전근대적'인 '이야기'라는 전통이 활용된 것으로 간주되었다.[8] 이러한

---

7 차혜영, 「1930년대 《월간야담》과 《야담》의 자리」,『상허학보』8, 상허학회, 2002. 이경돈, 「『별건곤』과 근대 취미독물」,『대동문화연구』46, 성균관대학교 대동문화연구원, 2004. 고은지, 「20세기 '대중오락'으로 새로 태어난 '야담'의 실체」,『정신문화연구』31-1, 한국정신문화연구원, 2008. 공임순,『식민지 시기 야담의 오락성과 프로파간다』, 앨피, 2013.

8 임형택, 「야담의 근대적 변모: 일제하에서 야담전통의 계승양상」,『한국한문학연구』10, 한국한문학회, 1996. 정부교, 「근대 야담의 전통 계승 양상과 의미:『월간야담』을 중심으로」,『국어국문학』35, 문창어문학회, 1998. 이윤석·정명기, 「개항기 소설과 야담에 나타난 서구 인식」,『열상고전연구』17, 열상고전연구회, 2003. 김준형, 「야담운동의 출현과 전개 양상」,『민족문학사연구』20, 민족문학사학회 민족문학사연구소, 2002;「19세기 말 20세기 초 야담의 전개양상」,『구비문학연구』21, 한국구비문학, 2005. 한편 근대 야담집에 수록된 '근대'의 이야기에 주목한 연구도 있지만, 전근대 야담의 내용을 차용한 과거 텍스트의 재현과 전승이 여전히 압도적임을 확인시켜준다. 류정월, 「『조선기담』에서 구술과 기술, 전통과 근대의 상호작용」,『한국고전연구』33, 한국고전연구학회, 2016. 이외에도 1930년대『야담』의 창시자 김동인이 기획한 근대 서사에 주목하거나,『월간야담』과『야담』의 작가군의 면모를 살펴보려는 다양한 연구가 시도되고 있다. 신상필, 「김동인의『야담』잡지를 통해 본 근대 야담의 서사 기획」,『한민족문화연구』57, 한민족문화학회, 2017;「야담 전문잡지『월간야담』『야담』의 운영과 작가층의 구성 양상」,『남명학연구』53, 경상대학교 남명학연구소, 2017.

논의는 근대 야담의 내용과 기능 및 역할 등을 식민지 통치와 관련지어 접근하였으며, 나아가 이들 야담 텍스트의 원천과 유형을 알 수 있다는 점에서 유익하다.

다만 선행 연구가 식민지 시기 야담을 창출하고 유통한 주체에 대해 지성사적 계보와 연관하여 주목한 것은 아니다. 이 장에서는 근대 야담을 유포한 주체와 그 행위가 갖는 식민지 지성사적 의미를 밝혀 야담이 갖는 근대성을 역사적으로 접근하려고 한다. 이러한 구도 아래 이 장에서는 식민지 '지배'와 '근대'가 상호 모순적으로 공존하는 '식민지 근대'의 시공간에 '자조론' 계열 지식인 최연택이 '야담'의 영역에 새롭게 편입시킨 이야기의 근대성에 주목한다.

따라서 이 장은 최연택의 야담집 기획 및 출판을 조명하여 그가 간행한 야담 관련 서적이 갖는 의미를 식민지 지성사적 측면에서 살펴보는데 그 주요한 목적이 있다. 무엇보다 최연택의 야담 관련 출판물은 '자조론' 계열 지식인이라는 그의 지적 계보와 관련하여 논의될 것인데, 이것을 통해 최연택이 새롭게 근대 야담의 영역에 편입시킨 일본과 서구의 이야기들이 그의 성공주의 전파에 활용된 상황을 파악할 수 있을 것이다.

(1) 1920년대 초 文昌社 창건과 야담집 출판

1) 『매일신보』 야담 연재물과 문창사의 야담집

1921년 3월 최연택이 문창사를 창건한[9] 직후 발행한 첫 출판물은 『매일신보』 기자 송순기가 이 신문에 연재한 야담 「기인기사」를 단행본으로 묶은

---

9 문창사 창건 시기는 다음을 참조. 張在洽, 『朝鮮人會社·大商店辭典』, 副業世界社, 1927, 96쪽.

『기인기사록(상)』(1921)이었다. 문창사는 『기인기사록(상)』에 이어 곧 『동서
고금』의 근대 야담집도 출간하였는데, 이 두 책에 수록된 야담은 이미 『매
일신보』에 연재되거나 부분적으로 소개된 것이었다. 다시 말하면 『기인기사
록(상)』과 『동서고금』의 근대 야담집 출판은 『매일신보』의 야담 연재 기획
에서 비롯된 것이었다.

> 曾이 每日申報紙上에 連載되여 好評을 博得한 本書는 史家宋淳夔氏의 名著인
> 歷史的奇譚으로 海東, 往古奇傑의 神奇한 事績을 網羅蒐集한 者이라 萬家必
> 備의 良書임은 勿論이요 特히 史를 硏究하시는 人士의 好參考가 되겠으며…
> 社會小說 단소 發行在邇 社會小說 죄악의 씨 印刷中 珍談奇話 동서고금 校閱
> 中 英鮮對譯 偉人의 聲 發行在邇 書籍出版 販賣業 文昌社[10]

문창사는 1922년 6월 20일자 『동아일보』에 『기인기사록(상)』을 비롯한
서적들의 광고를 게재하는데, 이미 출판된 서적으로는 『기인기사록(상)』이
유일하다. 근간이 될 서적으로 『단소』 『偉人의 聲』이 소개되었고, 『죄악의
씨』는 인쇄 작업에 있으며 『(珍譚奇話)東西古今』은 검열하는 중임을 알려
준다. 따라서 1921년 3월 문창사의 창건과 더불어 발행된 출판물은 야담집
『기인기사록(상)』이라는 사실을 알 수 있다.

그런데 최연택은 어떻게 문창사를 창건한 시점에 『매일신보』에 연재된
「기인기사」를 단행본으로 묶어 『기인기사록(상)』으로 출판할 수 있었던 것
일까? 바꾸어 말하면 「기인기사」 신문 연재 야담의 작가 송순기는 『기인기
사록』 단행본을 어떻게 출판 경험이 없는 신생 출판사 문창사에서 출간하였
을까? 이 같은 의문을 푸는 데에는 최연택과 송순기의 관계 및 최연택의 문
창사 창건 목적에 대한 이해가 필요할 것이다.

---

10 『동아일보』 1922년 6월 20일자.

所在地: 京城府 西大門外 阿峴里 90番地.

特色: 內外國圖書具備

營業科目: 圖書出版, 敎科書取扱 雜誌及文房具

同社는 大正十年(1921년)三月에 資本金二.萬圓을 積立하고 前記場所에서 斯業
을 開始하였는데 同社의 主人崔演澤氏는 元來 文筆의 士로 命名이 江湖에 赫
赫한 文士이다. 그리하여 <u>同氏는 利益 그것보다도 自己의 趣味 그것 때문에</u>
<u>斯業을 開始하게 되었습니다. 그리하여 同社는 普通書肆와 其趣가 不同하여</u>
京鄕讀書子의 注文이 日至하는 터이오. 特히 薄利로 酬應하기 때문에 한層
더 注文이 日至한답니다.[11]

　　우선 문창사의 창건 목적을 살펴보면, 최연택은 문필로 뛰어난 문사로서
문창사는 이러한 그의 '취미'로 창건되었다고 한다.[12] '同社는 普通書肆와 其
趣가 不同하여'라고 언급된 것은 문창사가 서적 출판과 판매를 통해 '이윤(=
이익)'의 극대화를 추구하는 여느 상업적 출판사와 차별성을 갖고 창건되었
음을 말해준다.[13] 이러한 최연택의 문창사 창건 기획 아래 출판된 첫 발행물
이 『기인기사록(상)』이었던 것이다. 문창사는 3.1운동 이후 창건된 여타 출
판사들이 단명한 것에 비하여 1921년부터 1930년대 말까지 비교적 오랜 기
간 출판업을 지속했다. 그럼에도 최연택 이외 단독 혹은 공저로 단행본을
발행한 저자는 홍종욱·이택·백대진·윤치호·최영택·송순기 등으로 손에 꼽
을 수 있을 정도이다.[14] 여기에는 여러 가지 이유가 복합적으로 작용하였겠

---

11 장재흡, 위의 책, 96쪽.

12 『조선인회사·대상점사전』의 저자 장재흡은 백대진과 더불어 『신천지』 잡지의 운영
　　및 폐간 과정을 함께 한 핵심 인물이다. 최연택이 『신천지』 동인으로 함께 활동한
　　사실로 미루어 볼 때 장재흡은 문창사의 창건경위에 대해 명확히 알고 있었을 것이
　　라고 판단된다.

13 최연택은 '小品文懸賞募集'과 같은 新舊文藝를 진흥시키기 위한 기획을 시도하면
　　서, 모집된 글 가운데 수작을 선정하여 일정한 금액을 지불하려는 방침을 공지하였
　　다. 『동아일보』 1922년 7월 21일자 광고 참조. 문창사 창건 이후 이 같은 최연택의
　　문예 기획은 이윤의 극대화를 추구하는 상업적 출판사와의 차별성을 드러내는 한
　　실례이다.

지만, 당시 인기리에 판매되었던 고전 소설류나 척독류를 배제하고 문창사의 창건 목적에 부합하는 서적을 발행하기가 쉽지 않았던 출판 사정도 반영되었다고 할 것이다.

이에 따라 문창사에서 발행된 단행본은 거의 대부분 최연택의 저서·편저이거나, 그의 문창사 창건 '취미'에 부합하는 지적 기반을 공유한 '자조론' 계열 지식인 최영택·송순기·백대진·윤치호 등의 서적이 출간되었다. 통상 송순기의 『기인기사록』은 상업성과 통속성을 목표로 출판된 여타 구활자본 야담과 달리 나름의 편찬의식과 당시 역사의 현재성을 반영한 근대 야담집으로서 평가되었다.[15] 이 같은 평가는 최연택의 '취미'에 부합하는 문창사의 첫 발행물로 『기인기사록』이 기획되었다는 사실을 재차 일깨워준다. 바꾸어 말하면 송순기가 출판 경험이 전무한 신생 출판사 문창사에서 그의 처녀작인 『기인기사록(상)』을 출판하였던 데에는 최연택과 더불어 '자조론' 계열 지식인으로서 동질적인 학문적 유대를 형성한 데에서 찾을 수 있을 것이다.[16]

최연택과 송순기는 『신천지』 동인지 활동을 함께 하였고 鷄林詩社와 같은 한문 시사를 창건하는데 뜻을 같이하였다. 이 같은 최연택과 송순기의 학문적 유대와 그 친밀도는 문창사에서 발행된 문예사전 『현대신어석의』의 편자와 저자가 책의 서지사항과 광고에서 최연택과 송순기로 混記된 것에서 잘 드러난다.[17] 송순기가 사망한 이후인 1930년 『현대신어석의』 광고에서

---

14 洪種旭·李澤 著, 『銀行要覽』, 문창사, 1926. 白大鎭·崔演澤 共編(尹致昊 校閱), 위의 책, 1922. 崔永澤, 『(동화집)별바다』, 문창사, 1926. 『동아일보』 1926년 7월 31일자, 9월 2일자, 10월 4일자 광고 참조.

15 간호윤, 위의 책, 2016, 135~179쪽. 이승은, 위의 논문, 41~44쪽. 김준형, 「근대 전환기 야담의 전대 야담 수용 태도」, 『한국한문학연구』 41, 한국한문학회, 2008, 619쪽.

16 송순기가 '자조론'적 가치를 언급한 글은 다음을 참조. 勿齋學人(송순기), 「自助者」, 『매일신보』 1924년 3월 2일자; 「漫錄: 他賴와 自賴」, 『매일신보』 1924년 6월 29일자; 「華盛頓傳記를 讀함(上)(下)」, 『매일신보』 1924년 7월 27~28일자.

17 최연택과 송순기가 『현대신어석의』의 편자 혹은 저자로 어떤 역할을 담당했는가는 추후 심층적으로 살펴보아야 할 것이다. 문창사에서 1922년 출판된 『현대신어석의』

이 책의 저자가 송순기로 소개되었다. 이것은『현대신어석의』의 편찬이 양 자의 학문적 동질성과 친밀성에 기반을 둔 공동 작업이었을 가능성을 시사 해준다.

『매일신보』의 지면은 1921년 3월 문창사 창건 이전 최연택과 송순기가 상호 학문적 교감을 하는 중요한 장소가 되었다. 나아가 양자가 문창사에서 야담집을 발행하기 이전 근대 야담을 창출하던 장소로 유용하게 활용한 곳 또한『매일신보』였다. 잘 알려져 있듯이 송순기의『기인기사록(상)』은『매 일신보』에 연재된「기인기사」(1921년 7월 1일~12월 27일)를 단행본으로 출 간한 것이다. 그런데 바로 이 시기 최연택 또한「松齋談叢」(1921년 8월 8 일~9월 7일)의 제목 아래『매일신보』에 야담을 연재하였으며, 이것의 일부 가『동서고금』야담집에 편제되었다.

[표1]「송재담총」내용과 관련 사항

순서	국가	제목/날짜 (1921년)	인물과 내용	관련사항
7	미국	恩師之師(8.18)	벤자민 프랭클린의 성공과 관련된 일화	『프랭클린자서전』 번역
2	미국	化爲良民(8.9)	미국 어떤 아이의 虛言하지 않는 행동에 감화된 衆漢이 良民이 된 일화	『동서고금』(23)
4	미국	遂爲石交(8.14)	조지 워싱턴(1732~1799) 일화	『동서고금』(2)
6	일본	性度寬厚(8.16)	일본인 重矩 집의 寶弓을 하인이 부러뜨린 일화	
9	일본	以一求卅(8.27)	일본 上野國 무사집의 玉椀이 파손된 일화	『동서고금』(47)

의 서지사항을 참고하면, 이 책의 겉표지에는 '崔演澤 編'으로 표기되었고 뒷면 서지 사항에는 '著作者 崔演澤'으로 기술되었다. 그런데 1930년『현대신어석의』광고에서 는 이 책의 저자를 송순기(=송물재)라고 밝히고 있다. 崔湖東 監修,『文學講義錄』, 朝鮮文化協會, 1930, 82쪽.『현대신어석의』에 대한 연구는 다음을 참조. 趙南浩,「『現 代新語釋義』考」,『語文研究』31-2, 한국어문교육연구회, 2003, 53쪽.

12	독일	膽氣驚人(9.7)	독일 어떤 병사 이발 일화	『동서고금』(6)
5	영국	性度溫和(8.16)	아이작 뉴톤(1642~1727) 일화	『동서고금』(4)
3	?	姑待後報(8.10)	700냥을 분실한 사람이 신문사에 습득 사례금 100냥을 공지하면서 발생한 일화	『동서고금』(34)
8	조선	可通神明(8.20)	洪瑞鳳(1572~1645)의 母	전통 야담집 소재
10	조선	不忍斥言(8.31)	尙震(1493~1564)	전통 야담집 소재
11	조선	公正(9.6)	李元翼(1547~1634)	전통 야담집 소재
1	조선	金玉君子(8.8)	吳允謙(1559~1636)	전통 야담집 소재

「송재담총」은 1921년 8월 16일만 두 편이 수록되었고, 8월 8일부터 9월 7일까지 각 1편씩 총합 12편이 연재되었다. 여기에 수록된 조선시대 인물 홍서봉(洪瑞鳳, 1572~1645), 상진(尙震, 1493~1564), 이원익(李元翼, 1547~1634), 오윤겸(吳允謙, 1559~1636)과 관련된 일화는 전통시대 야담집에서 전승된 것이며, 소재가 된 인물들의 경우 다양한 형태의 일화가 전승되어 오고 있다. 중요한 사실은 조선시대 일화 이외 「송재담총」에 연재된 단편서사는 미국·영국·독일의 서구 국가 및 일본과 같이 근대 이후 조우하게 된 국가들의 이야기들을 다수 편제했다는 점이다.

특히 「송재담총」의 7번째 연재물인 「恩師之師」의 주제인 '프랭클린의 성공'은 自助的 인물의 대표적 실례로 거론되는 벤자민 프랭클린에 대한 일화라는 점에서 주목된다. 최연택은 「송재담총」 연재에 이어 『매일신보』에 「프랭클린의 자서전」을 번역·연재하였는데, 이에 앞서 「恩師之師」를 통해 '프랭클린의 성공'과 관련된 일화를 유포시켰던 것이다.[18] 4번째와 5번째 기술된 워싱턴과 뉴턴은 프랭클린과 마찬가지로 서구 근대정신을 표상한 자조적 인물로 평가받는데, 이들의 일화는 『동서고금』에 재수록된다.

이렇듯 전통 야담집에서 전승된 조선의 인물들을 소재로 한 것은 제외하

---

18 崔演澤·金鐵鎬 共譯, 「프랭클린의 自敍傳」, 『매일신보』 1921년 11월 8일자~1922년 1월 24일자.

고, 「송재담총」에 수록된 미국·영국·독일 등의 서구 국가와 일본의 이야기, 그리고 동시대 이야기들은 『동서고금』에 거의 재수록 되었다. 뒤에 후술하겠지만, 『동서고금』에 수록된 단편서사는 최연택이 1916~1917년간 경기도 포천에 낙향하여 담화회를 조직하여 여기에서 구술된 것을 원천으로 한 것이다. 그렇다고 하면 『동서고금』에 재수록된 「송재담총」의 단편서사 또한 이 담화회에서 비롯된 것으로 동일하다. '야담'이라는 것이 본래 사람들 사이의 이야기 즉 구술에서 파생된 것이라고 할 때, 최연택이 담화회에서 나눈 서구 국가 및 일본 그리고 동시대 이야기들을 새롭게 '야담'의 영역으로 편입했음을 알 수 있다.

2) 최연택의 『동서고금』 편찬과 그 특징

『동서고금』은 1922년 출간부터 최근 영인본 출간에 이르기까지 기화·소화·재담·야담 등으로 다양하게 일컬어졌는데,[19] 이것은 여기에 수록된 단편서사의 형식과 내용이 일률적이지 않으며 복잡다단하다는 사실을 말해준다. 『동서고금』은 전통 야담을 전승한 단편서사가 수록되어 있는데 더하여, 동시대 이야기를 비롯하여 미국과 영국의 凡人과 偉人의 일화와 같은 서구의 이야기들 및 일본의 그것이 다수 수록되었다는 점이 특징적이다. 이 같은 내용 구성의 특징은 그동안 『동서고금』에 대한 본격적인 연구가 진행되지 못한 한 요인이기도 하다.[20]

---

19 『매일신보』 1923년 1월 20일자. 『월간야담』 3-6, 1936 광고 참조. 최연택, 『죄악의 씨』, 문창사, 1922년 12월 25일자 발행 판본 뒷면 광고 참조. 최연택, 「序」, 『(진담기화)동서고금』, 문창사, 1922. 崔湖東, 위의 책, 84쪽.

20 『동서고금』은 영인되는 과정에서 재담집으로 간주되었다. 하지만 이홍우는 『동서고금』에 재담으로 간주되지 않는 단편 서사가 보다 많이 수록되었다는 점을 고려하여 이 책을 재담집으로 분류하지 않았다. 이홍우, 「일제강점기 재담집 연구」, 서울대학교 석사학위논문, 2006, 22쪽. 한편 이강옥은 '재담'의 개념이 명확히 정의되지 않은 채, 『한국재담자료집성』에서 『동서고금』의 단편 서사를 '비순수'로 분류한 것은 잘

1930년대 중반 『월간야담』의 문창사 광고에서 『동서고금』은 '야담'으로 광고되었는데, 이것은 이 시기 '야담'이 가진 대중적 친밀성을 고려한 최연택의 의도와 전략이 반영된 것이라고 여겨진다. 잘 알려져 있듯이 '야담'이라고 일컬어지는 서사 양식 자체가 정형화된 패턴을 가진 문학 서사 구조를 가진 것이 아니며, 이러한 야담 서사가 가진 무정형성·혼종성·잡종성이 독자층의 저변 확대 및 대중적인 친밀도를 높이는 데 일조했다고 할 수 있다.

거듭 언급했듯이 최연택은 '자조론'을 수용한 지식인으로서, '자조론'의 가치를 실현한 서구와 일본의 凡人 및 위인의 이야기를 전파하는 지식생산자의 위치에 있었다. 1920년 『동아일보』『매일신보』의 「성공」과 「성공의 비결」 연재물에서 '자조론'의 가치에 입각한 성공주의를 주장한 이래, 1924년 『세계일류사상가논문집』에 수록한 「성공론」에서 이 같은 그의 주장을 더욱 명확히 했다. 성공주의를 주장한 일련의 글에서 서구와 일본 그리고 한국 위인들을 비교하는 논지 전개 방식을 주로 사용하였는데, 이것은 최연택이 서구와 일본 위인에 대한 이야기를 그만큼 많이 수집·유포하려 했던 증거이다.

1922년 발행된 『동서고금』은 신문 연재물을 통해 성공주의를 주창한 이후이며 1924년 「성공론」이 『세계일류사상가논문집』에 수록되기 이전이다. 『동서고금』에 서구와 일본의 凡人 및 위인들의 이야기를 다수 수록한 것은 '자조론'을 수용하여 성공주의를 전파시킨 최연택의 일련의 행위와 연속성을 가진다. 즉 '야담'의 영역을 빌려서 그가 전파하고 싶은 서구와 일본의 이야기를 편입시켰다고 볼 수 있다. 물론 이것은 이 시기 무정형성·혼종성·

못되었다고 보았다. 이강옥, 「서평: 한국재담자료 집대성의 의의와 과제: 정명기, 『한국재담자료집성』 1~3, 보고사, 2009」, 『민족문학사연구』 40, 민족문학사학회 민족문학사연구소, 2009, 434쪽. 재담·소화·패설 개념과 그 범주에 대한 논의는 다음을 참조. 이홍우, 위의 논문, 10~22쪽. 김준형, 「근대전환기 패설의 변환과 지향」, 『구비문학연구』 34, 한국구비문학회, 2012, 102~105쪽.

잡종성의 성격을 가진 야담이라는 서사 양식이 가진 포용성과 이것에 친밀
성을 가진 독자를 고려한 최연택의 의도와 전략일 것이다.

[표2] 『동서고금』의 서양과 일본의 일화

번호	제목(순서)	인물
1	遂爲石交(2)	조지 워싱턴(1732~1799)
2	性度溫和(4)	아이작 뉴턴(1642~1727)
3	賞其膽力(6)	일반인
4	侈爲人見(7)	소크라테스(BC 470~399)
5	多言是遇(9)	데말라타쓰
6	無欲爲優(11)	소크라테스
7	大富是誰(12)	크레안데스(BC 304/303~233/232)
8	鬼亦愛金(14)	영국의 톰슨
9	遊惰是病(16)	영국 목사 꺼네
10	知與不知(18)	소크라테스
11	最易最難(19)	다레스
12	何關人評(21)	플라톤(BC 427~347)
13	化爲良民(23)	어떤 남아
14	病床受驗(24)	하버드 불치병 학생
15	可謂勇兵(25)	스파르타인
16	無罪而死(26)	소크라테스
17	令人酸鼻(27)	아리스토텔레스
18	盲目大臣(29)	영국의 헨리폰떼트
19	帝前載帽(39)	영국의 문호 홀 케인(1853~1931)
20	不見復見(42)	미국의 대연설가 후이릿프스
21	第一權力(46)	테미스토클레스 아들
22	所愛各異(53)	로마의 그랙취 형제
23	母爲人後(58)	알렉산드 헤밀튼(Alexander hamilton, 1775~1804)
24	何其背馳(59)	미국 연설가무디
25	貪多無得(61)	어떤 걸인
26	命縷在粥(68)	알렉산드 대왕(356~323 A.D)

27	臨死如常(69)	알렉산드 대왕(356~323 A.D)
28	寧死不諂(70)	필루테무스(에피쿠르스 제자)
29	馬有鑑識(74)	알렉산드 대왕(356~323 A.D)
30	對敵過長(75)	웅변가 데마데스
31	所望非財(80)	알렉상드르 뒤마(1802~1870)
32	戒子早起(81)	어떤 아버지와 아들
33	絕對謝絕(86)	미국 力說家 잭 론도
34	髮黑鬚白(87)	영국의 한 의사와 관련된 일화
35	不息之功(88)	카네기
36	非薔薇香(30)	파사왕
37	戰無二敗(48)	라마카스 부하
38	更進一甫(73)	어떤 스파르타인
39	以一球廿(47)	일본 우에노국 무사
40	潛思著述(63)	일본 瀧澤馬琴(1767~1848)
41	瞻氣可愛(71)	일본 荒木又右衛門(1599~1638)
42	請看此猴(72)	일본 伊三郎

『동서고금』은 동서양 위인들의 일화를 구성할 목적으로 편찬·기획되었는데, 최연택이 1916~1917년간 경기도 포천에 낙향하여 주재한 담화회에서 나온 1000편의 이야기 가운데 100편을 선별하여 수록한 것이다.[21] 이 가운데 위의 [표2]는 서양 일화 38편과 일본의 일화 4편을 선별한 것이다. 또 여기에 동시대 이야기 7편을 합하면 총 49편이 전통적 이야기의 갈래와 유형과는 다른 단편서사이다. 이와 더불어 『동서고금』에는 전통 야담집의 주요 소재가 된 홍순언(洪純彦, 1530~1598), 서경덕(徐敬德, 1489~1546), 정광필(鄭光弼, 1462~1538) 등의 인물 혹은 이들과 관련된 사건을 원천으로 하거나 개작된 유형도 수록되었다. 즉 『동서고금』에는 전통적 이야기의 갈래와 유형으로 구성된 단편 서사와 더불어 근대 유입된 새로운 이야기들이 거의 같은

---

21 최연택, 「序」, 『동서고금』, 문창사, 1922.

비중으로 혼재되었다. 더하여 1904년 러일전쟁, 1919년 3.1운동과 같은 동
시대 사건을 배경으로 한 동시대 이야기가 수록되었다는 점도 빼놓을 수
없다.[22]

　특히 24번째 「病床受驗」과 29번째 「盲目大臣」은 최연택이 『동아일보』의
「성공(二)」과 『매일신보』에 연재한 「성공의 비결(4)」에 수록된 글의 일부분
이다.[23] 미국 하버드 대학에 재학한 불치병의 학생과 장님으로 영국 우체국
장이 된 위인들의 이야기를 수록한 것으로서, 이들이 신체적 역경을 극복하
고 불굴의 정신으로 勤勉力作하여 성공하였다는 내용을 담고 있다. 앞서 언
급했듯이, 「성공」과 「성공의 비결」은 최연택이 '자조론'의 가치에 입각하여
성공주의를 주장하는 대표적 글이다. 이러한 그의 '성공주의' 주장의 논지를
뒷받침해 주는 실례로 든 위인들의 일화가 『동서고금』에 재수록된 것이
다.[24] 즉 「병상수험」과 「맹목대신」과 같은 서구의 근대를 이룩한 정신인 근
면과 인내 그리고 끊임없는 노력과 같은 '자조론'의 가치를 담은 이야기가
담화회의 구술과 신문 연재물을 거쳐 『동서고금』에 편제되었다.

　이 같은 최연택의 서구 근대를 이룩한 정신에 대한 강조는 『동서고금』의
82번째 「花潭窮理」의 구성방식에서 잘 드러난다. 여기에서는 과거로부터 전
승된 서경덕의 窮理와 관련된 행위를 '자조론'의 가치를 실현한 서구 위인

22　32번째 「差別待遇」는 1919년 3.1운동 이후 경성의 전차 안에서 일어난 조선인 부인
　　과 일본인의 자리다툼에 관한 이야기이다. 또 55번째 「跳下卽死」는 1904년 러일전
　　쟁 때 이름 없는 일본군의 탐정행위와 그로 인한 죽음을 다룬 내용이다. 한편 31번
　　째 「耳明籠者」는 이름 없는 소년과 少年文士인 조선인 일반인에 관한 이야기로서,
　　少年文士 某氏가 인천으로 가는 기차 안에서 자신을 모르는 소년들이 자신을 아는
　　것처럼 험담하는 내용을 담은 동시대 이야기이다.

23　최연택, 「성공(二)」, 『동아일보』 1920년 5월 24일자; 「성공의 비결(4)」, 『매일신보』
　　1920년 6월 30일자.

24　「병상수험」과 「맹목대신」의 구술이 글로 채록된 과정을 정리하면 다음과 같다.
　　1916~1917년간 경기도 포천의 담화회에서 나눈 구술→ 1920년 『동아일보』의 「성공
　　(二)」과 『매일신보』의 「성공의 비결(4)」에 연재→ 1922년 『동서고금』에 재수록.

들의 그것과 비교하였다.

> 徐花潭이 兒時에 家貧하여 父母가 하여금 田間에 蔬를 採할 時에 鳥가 있어
> 飛하는데 … 昔에 英國의 '뉴톤'은 林檎이 落地함을 見하고 其里를 研究하여
> 畢竟地球의 引力을 發明하고 '와트'는 茶罐이 沸하여 罐盖가 動함을 見하고
> 蒸氣力을 使用케하여 今日에 汽車같은 것을 運轉하게 되니 人의 窮理란 實로
> 天의 造化도 奪할 수 있다하노다.

서경덕은 어렸을 때 부모님의 명을 받아 나물을 캐러갔다가 매번 빈 광주리로 집에 돌아왔는데, 종달새가 나는 모습을 관찰하다가 나물은 캐지 못하였다. 이것은 박세채(朴世采, 1631~1695)의 『南溪集』에 수록되어 세간에 널리 전승된 일화로서, 종달새의 행위에 대한 세심한 관찰을 통해 궁리를 터득한 서경덕의 학문적 방법과 그 태도를 칭송한 것이다. 서경덕과 관련된 다양한 일화는 야담집의 주요 소재가 되었으며, 「화담궁리」에 소개된 그의 어렸을 적 이야기 역시 마찬가지이다.

그럼에도 「화담궁리」 구성의 특징은 서경덕 일화 끝부분에 서경덕의 궁리를 아이작 뉴턴과 제임스 와트의 만유인력과 증기기관차의 발명과 비교하여 양자의 동질성을 말한 데 있다. 잘 알려져 있듯이, 뉴턴과 와트는 19세기 과학의 발명자로서 서구 근대를 이룩한 자조적 인물로서 평가받으며 와트는 『자조론』에 소개된 위인이다. 이것은 최연택이 서구 근대를 이룩한 이러한 위인들의 행위에 대한 강조를 통해 식민지 사회에 성공주의를 유포하는 입장에 있었다는 것을 증명해준다.

(2) 1930년대 후반 문창사의 경영 분리와
야담잡지 창간

1) 문창사의 출판·판매 서적과 『월간야담』의 광고

1920년대 문창사는 출판뿐만 아니라 도서판매 활동도 함께 하였는데, 출판물은 『동아일보』 『매일신보』 『조선중앙일보』와 같은 신문 지면을 통해 주로 광고되었다. 이 반면 잡지 광고는 문창사에서 출판된 『소년계』 『소녀계』 이외 거의 하지 않았던 듯하다. 한편 문창사가 판매를 위해 구비한 도서의 경우 그 종류를 상세히 알기는 어렵지만, 최연택 저작의 신소설을 비롯하여 『일타홍』과 같은 전대 야담류, 『희랍신화 북극여행』, 조중환(趙重桓, 1884~1947)의 『장한몽』, 이상협(李相協, 1893~1957)의 『눈물(상·하)』 등과 같은 신소설류를 주로 판매하였다.[25] 특히 『일타홍』과 같은 야담류 서적을 구비하여 문창사 출판물과 함께 재차 광고한 것은 야담에 대한 최연택의 관심이 반영된 것이라고 여겨진다.

1930년대 들어서 문창사의 출판활동은 1920년대 초 출판사 창건 즈음 의욕적인 출판에 비하여 확연히 위축된 모습을 보여준다. 1931년 만주사변 이후 '문창사'의 상호로 발행된 단행본은 1933년 발행된 『조선의 명승고적』 뿐이며, 1930년 '조선문화협회' 상호명으로 출판된 『문학강의록: 문장편』을 포함하면 2책이 발행되었다.[26] 『문학강의록』 내 서적 광고를 보면, 1930년

---

25 최연택, 『의인의 무덤』, 문창사, 1926, 35쪽; 『燕丹의 恨』, 문창사, 1926, 28쪽.
26 『문학강의록: 문장편』은 최연택의 동생인 최호동이 조선문화협회에서 발행한 것이다. 조선문화협회는 문예영화연구와 신극운동자 몇몇 사람으로 조직된 단체이며, 『문화운동』의 기관지를 발간하였다. 「『문화운동』」, 『매일신보』 1929년 10월 9일자; 「신간소개: 『문화운동』 4월호」, 『동아일보』 1930년 4월 16일자. 최호동이 『문예영화』 창간호의 발행인이며 영화소설 『거리의 天使』의 편자라는 사실로 미루어보아 조선문화협회는 최호동의 주도 아래 결성된 듯하다. 『문예영화』 창간호, 문예영화사, 1928,

대 들어서 출판보다는 판매에 치중한 듯하다. 또 판매 서적이 1920년대 문
창사에서 발행된 출판물 이외 모두 일본어 도서로 구비된 점이 특징적이다.

일본어 서적은 11종이 광고되었으며,[27] 이 가운데 백과사전류인 『(現代常
識)百科大辭典』[28]은 1929년 12월 5일 발행된 것으로서 1930년 2월 25일 발
행된 『문학강의록』과는 불과 3개월의 출판 시차밖에 나지 않는다. 특히 이
책은 총 12편인데 여기에는 1편 「現代新語辭典」, 5편 「最新小資本成功法」, 6
편 「現代靑年の針路」, 12편 「模範修養 立志成功傳」의 내용이 포함되었다. 이
같은 책을 판매도서로 갖춘 것은 1920년대 초 문창사 창건 시기 최연택의
신어사전 발행과 청년의 성공주의를 전파했던 그의 활동에서 충분히 짐작
될 수 있다.

이와 더불어 최연택의 지향성이 반영된 판매 서적으로 『(通俗)經濟學講話』
을 들 수 있다. 『(통속)경제학강화』의 광고에는 일상생활이 거의 경제생활
임으로 경제학을 읽지 않으면 '입신출세'하기 어렵다는 점이 강조되었다.[29]
특히 『珠算の獨まなび(주산 독학으로 배우기)』와 같은 서적은 '성공의 기
초'라는 선전 문구가 내걸어져 있는데,[30] 성공하기 위한 조건으로 '주산'과
같은 실용적 능력이 요구되는 시대임을 말해주는 판매도서라는 점에서 주
목된다.

이상의 일본어 서적 이외 1920년대 출판되었던 문창사 서적들인 『기인기
사록』 『세계일류사상가논문집』 『현대신어석의』 『은행요람』 『동서고금』 『빈
의 루』 『세계기문집』 『고학생』 등이 판매도서로 광고되었다.[31] 또 이것들과

---

27 최호동, 위의 책, 86~91쪽.
28 최호동, 위의 책, 87쪽. 광고된 책의 목차와 일치하는 정확한 책명은 『現代常識日用
　百科大辭典』이고 國民書院에서 1929년 발행되었다. 책 뒷면의 서지사항에서 편집
　겸 발행자는 '宮本彰三'으로 표기되었고 표지 앞면에 저자는 '國民敎育硏究會'라
　고 기재되어있다.
29 최호동, 위의 책, 90쪽.
30 최호동, 위의 책, 87쪽.

더불어 최호동이 편찬한 『(映畫小說)거리의 天使』가 광고되었는데,[32] 이 책
은 『문학강의록』의 도서 광고에서 처음 소개된 듯하다. 특히 『기인기사록』
의 경우 한쪽 면 전체를 할애하여 107편의 내용 목차가 상세히 소개되었
다.[33] 이 같은 대대적인 광고는 원래 『매일신보』 연재물로서 수요자를 예상
할 수 있는 데에다가,[34] 1920년대 중반 이후 야담운동의 고조 및 야담대회의
성황에 따른 야담물의 인기를 의식한 전략이었다고 여겨진다.

한편 1930년대 중반에 들어서 『기인기사록』을 비롯한 문창사 출판물의
주된 광고지는 야담 전문잡지 『월간야담』이었다. 몇 년 뒤 최연택이 이 잡
지와 같은 야담 전문잡지를 창간했다는 점에서, 그가 『월간야담』을 주시하
고 여기에 대대적으로 문창사 광고를 게재한 사실은 매우 주목된다. 앞서
언급했듯이 1920년대 문창사의 도서들은 대부분 신문에 광고되었으며 잡지
광고는 거의 찾아볼 수 없다. 그런데 1930년대 중반 『월간야담』에 『기인기
사록』 『조선의 명승고적』 및 판매도서로 구비한 『朝鮮五百年史』의 3책이
집중적으로 광고되었다.[35] 더욱 중요한 사실은 『월간야담』을 발행한 계유사

---

31 최호동, 위의 책, 81~85쪽.
32 최호동, 위의 책, 85쪽.
33 최호동, 위의 책, 81쪽.
34 "『기인기사록』: 此는 歷史的奇譚으로 曾히 每日申報紙上에 連載되여 好評을 博得
하든 良書" 『매일신보』 1923년 1월 20일자. 「신간서적: 기인기사록」, 『매일신보』
1922년 6월 14일자. "朝鮮四千年奇譚 標題 奇人奇事錄 再版! 再版!" 『동아일보』
1923년 8월 31일자.
35 문창사 출판물인 『기인기사록』과 『조선의 명승고적』에는 발행소로 문창사가 표기되
거나 '文昌社 藏版'이라고 광고되었다. 이 반면 『조선오백년사』는 '파는곳 문창사'
로 표기되어 있다. 즉 이 책은 문창사에서 위탁 판매하는 도서인데, 윤상현(尹商鉉)
이 편찬한 『조선오백년사』는 1928년 광동서국에서 처음 출판되었다. 『기인기사록』
『조선의 명승고적』 『조선오백년사』 전면 광고는 다음을 참조. 『월간야담』 3-6, 1936
의 뒷면 광고. 『월간야담』 3-7, 1936의 뒷면 광고. 『월간야담』 3-8, 1936의 『조선오
백년사』 앞면 광고. 특히 『기인기사록』은 『월간야담』 중간에 광고되기도 하였는데,
이것은 다음을 참조. 『월간야담』 3-7, 1936, 16쪽.

의 대리부를 통해 문창사 출판도서 및 판매도서를 위탁·판매하는 광고를 하였다는 점이다.[36]

[표3] 계유사 대리부 판매 문창사 서적 목록[37]   ○ 문창사 판매 서적

參考書類(저자·편자)	大衆小說類(저자·편자)
○ 朝鮮五百年史(尹商鉉)	貧의 淚
世界奇聞集	사랑의 동무(최연택)
奇人奇事錄 上·下(송순기)	罪惡의 씨(최연택)
銀行要覽(홍종욱·이택)	燕丹의 恨(최연택)
偉人의 聲(백대진·윤치호·최연택)	義人의 무덤(최연택)
東西古今野談(최연택)	단소(최연택)
朝鮮의 名勝古蹟(최연택)	苦學生(최연택)
世界一流思想家論文集(최연택)	
現代新語釋義(송순기·최연택?)	

『월간야담』의 문창사 서적 광고 및 위탁 판매는 문창사 경영인 최연택이 『월간야담』의 주된 광고주였다는 사실을 말해준다. 즉 최연택이『월간야담』의 구독자로서 이 잡지의 동향과 공지사항을 예의주시하였다는 사실을 알 수 있는데, 이것은 1920년대 초 출판사 창건 시기부터 지속된 그의 야담에 대한 관심의 표명일 것이다. 따라서 1938년『야담대회록』의 창간은『월간야담』의 구독자이자 광고주로서 야담 전문잡지가 식민지 사회에 불러일으킨 반향을 주시한 출판경영인 최연택의 오랜 기획의 산물이라고 할 수 있

36 계유사 대리부의 위탁 판매 도서 사업 경위는 다음을 참조. 『월간야담』 3-6, 1936, 154쪽.
37 『월간야담』 3-6, 1936. 『월간야담』 3-7, 1936. 뒷면의 계유사 대리부 위탁 판매 도서 목록 가운데 문창사 부분만 참고하여 작성하였다. 계유사 대리부에서 분류한 '참고 서류'와 '대중소설류'의 분류 체계를 그대로 사용하였고 저자와 편자는 찾아서 명기하였다.

다. 더욱이 1930년대 문창사의 출판 활동이 위축되던 시기 출판의 연속성이 기대되는 잡지로 기획되었다는 점에서 그 의미는 더욱 크다고 할 것이다.

2) 문창사의 경영 분리와 최연택의 『야담대회록』 창간

1936년 『월간야담』에 문창사의 출판물과 판매 도서가 광고된 것을 볼 때, 이 시기까지 최연택이 '문창사'의 상호로 출판사를 경영한 것은 분명하다. 그런데 이로부터 불과 몇 년 뒤인 1938년 최연택은 '三共社'라는 출판사에서 『야담대회록』 잡지를 발행하였다. 최연택은 어떻게 『야담대회록』을 삼공사에서 출판하였을까? 삼공사는 문창사와 어떤 관련이 있을까? 1920년대 초 최연택이 문창사를 창건한 이후 1930년대 후반 삼공사를 경영하게 된 경위는 어떻게 될까?

1920년대 문창사의 잡지 창간 형태를 참고하면,[38] 1930년대 후반 삼공사는 『야담대회록』 잡지의 창간과 더불어 창건한 잡지사일 가능성을 완전히 배제할 수는 없다. 하지만 이보다는 삼공사는 문창사가 두 개의 출판사로 분리되는 과정에서, 최연택이 문창사를 계승하여 운영한 출판사라고 판단된다. 앞서 언급했듯이, 1921년 창설된 문창사는 최연택과 그의 동생인 최영택 및 호동이 함께 경영하였다. 이후 1938년을 기점으로 최연택은 문창사를 계승한 삼공사를 경영하지만, 최영택은 동성당서점을 창설하여 출판 및 도서 판매업을 개시하였다.[39]

양자의 분리는 1938년 8월 29일 최연택이 삼공사에서 『야담대회록』을 발

---

38 문창사의 잡지 창간 형태는 이 책 3부 1장 참조.

39 최영택의 거주지와 동성당서점의 주소는 '경성부 아현정 203'이다. 최영택, 『世界偉人臨終錄』, 東盛堂書店, 1938의 서지사항. 최영택, 『꽃피는 나라』, 동성당서점, 1939의 서지사항. 『조선총독부관보』, 1938년 5월 5일자. 한편 동성당서점 신문 광고에서는 '경성부 본정 2정목 80'으로 소개되었다. 『국민신보』 1939년 8월 27일자. 이반면 최연택과 삼공사의 주소는 '경성부 아현정 91'이며, 『조선의 명승고적』에서 문창사의 주소는 '경성 서대문 아현리 91'로 삼공사의 주소와 일치한다.

행한 즈음, 최영택이 동성당서점에서 그의 저작 『世界偉人臨終錄』『꽃피는 나라』를 출판한 것에서 잘 드러난다. 즉 이들의 독립적인 출판사 운영은 삼공사(=문창사)와 동성당서점에서 출판·판매되는 서적 목록을 통해서 잘 알 수 있다. 1938년 9월부터 동성당서점은 최영택의 저작을 비롯하여 『不滅의 香氣』, 탐정소설 『국제살인사건』과 같은 새로운 장르의 서적들을 출판하였다.[40] 동성당서점은 발행한 출판물뿐만 아니라 판매도서 또한 삼공사 및 이것의 前身 문창사의 그것과는 구별된다.[41]

한편 삼공사 발행의 『야담대회록』에는 『(海東野談)奇人奇事(상·하)』『(小說)단소』『朝鮮史話集』『世界奇聞集』『鷺山時調集』의 서적이 광고되었는데,[42] 이 가운데 『(해동야담)기인기사(상·하)』『단소』『세계기문집』은 1920년대 문창사에서 발행된 출판물이다.[43] 이은상(李殷相, 1903~1982)의 『조선사화집』 『노산시조집』은 1931년과 1932년 東光社와 한성도서주식회사에서 각각 출

---

40 최영택, 위의 책, 1938의 뒷면 광고; 위의 책, 1939의 뒷면 광고.

41 동성당 서점의 출판·판매도서는 『국민신보』 1939년 8월 27일자 광고 참조. 여기에서는 이제 문창사 출판의 서적이 광고되지 않았다. 광고의 전면은 세로에 큰 글씨로 『세계임종록』이 기재되었고, 가로에는 '서적 주문은 東盛堂書店으로'의 문구 아래 서적명과 저자 그리고 가격이 표시되었다. 김동인·노춘성·박철혼·방인근·이광수·이기영·이무영·이태준·윤백남 등의 소설과 야담이 광고되었다. 이외에도 박준표의 『(현대청년)수양독본』, 김동성의 『영어독학』『신수 백과대사전』과 같은 수양서 및 백과사전류 어학서적 등이 광고되었다.

42 최연택, 위의 책, 1938의 뒷면 광고. 『야담대회록』의 면수는 본문만 총 94면이다. 이외 쪽수가 표기되지 않은 것으로 앞면의 수생제약주식회사 광고 2면, 목차 2면, '편집후기' 1면, 제일 뒷면의 문창사 발행 출판물과 판매 서적 광고 및 서지사항이 기재된 1면으로 구성되었다.

43 『(해동야담)기인기사(상·하)』는 『기인기사록(상·하)』라고 생각된다. 『기인기사록(하)』는 1937년 10월 5일 '치안'을 이유로 금서로 규정되어 시중에 유통되지 않았다고 알려져 있었다. 김근수 편, 『일제치하 언론 출판의 실태』, 영신아카데미 한국학연구소, 1974, 581쪽. 하지만 조선총독부의 금서 조치 이후인 1938년 『야담대회록』 광고에서 『(해동야담)기인기사(상·하)』로 하권이 여전히 유통되고 있음을 알 수 있다. 일본의 언론통제에 따른 서적 유통의 실제 형태는 추후 연구가 필요할 것이다.

판되었으므로 삼공사의 판매 서적에 해당된다. 특히『조선사화집』『노산시
조집』의 판매는 1930년대 역사소설의 인기와 시조부흥운동과 같은 식민지
사회의 동향이 반영된 판매 서적이라고 여겨진다.[44] 어쨌든 삼공사의『야담
대회록』에서는 1920년대 문창사에서 출판된 서적이 지속적으로 광고되는
것을 볼 수 있는데, 이것으로 삼공사가 문창사를 계승한 출판사라는 사실은
분명하다.

　삼공사와 동성당서점으로 분리되던 시점에 최연택 형제의 사회적 행보
또한 달라진다. 최연택은 1938년 창설된 금융신탁업종의 生業共助社에서 중
역 직책인 감사를 역임하였다.[45] 그런데 최영택은 1938년 3월 21일 정복윤
(鄭福潤)으로부터 신생제약회사인 守生製藥合資會社의 출자 지분을 모두 양
도받고 이 회사에 입사하였다. 이후 그는 1941년 경성부 黃金町 3丁目 76番
地에 중앙활판제작소를 신설하여 경영하기도 하였다.[46] 특히 최영택이 수생
제약합자주식회사에 입사할 때 정복영의 회사 지분을 양도받은 것으로 보
아서 그는 이 시기 이미 상당한 경제력을 갖추고 있었던 것으로 짐작된다.[47]

---

44 근대 야담과 역사소설의 경계를 명확히 구분하기는 어렵다. 20세기 이후 근대 야담
　은 역사소설의 과도기적 양식 혹은 역사소설에서 활용된 소재 모두가 야담의 저본
　이 된다고 간주되었다.『조선사화집』은『동아일보』'사상의 로만쓰'의 기획물로서
　여기에서 삼국시대편만 선택하여 단행본으로 출간한 것이며 3천 부를 돌파하는 엄
　청난 판매 부수를 기록했다. 고은지, 위의 논문, 116~117쪽.
45 1938년 9월 5일 금융신탁업종의 생업공조사가 경성부 죽첨정 3정목 55번지에 창설
　되었다. 中村資郎,『朝鮮銀行會社組合要錄』, 東亞經濟時報社, 1939(회사기업가연
　표, 국사편찬위원회 한국사데이터베이스). 1941년 조선총독부의 생업공조사 상업등
　기란에는 최연택의 창씨 개명한 이름인 山本演澤으로 기재되었다.『조선총독부관
　보』1941년 1월 8일자.
46 수생제약합자회사의 설립연도는 다음을 참조. 中村資郎, 위의 책, 1939. 수생제약합
　자회사는 신생 제약회사로서 빠른 시일 내에 급속히 성장하여, 1938년 즈음 식민지
　조선 내에서 상당한 유명세를 갖고 있었다.「半島 醫學界 大觀(2)」,『삼천리』10-8,
　1938. 한편 1941년 최영택이 설립한 중앙활판제작소는 그다음 해 폐업되었다,『조선
　총독부관보』1941년 7월 31일자; 1942년 4월 18일자.
47『조선총독부관보』1938년 5월 5일자.

그리고 이 회사의 급속한 성장으로 동성당서점 및 중앙활판제작소와 같은
출판사와 인쇄소를 설립할 경제적 기반을 보다 확충하였던 것으로 판단된
다.[48] 최영택 뿐만 아니라 수생제약합자회사에는 문창사를 함께 경영한 그
의 동생 최호동도 입사하여 활동하였지만, 최연택은 여기에 참여하지 않았
던 것으로 보인다.[49]

최연택이『야담대회록』을 창간한 때는 중일전쟁 직후이며, 1938년 4월 1
일 일본의 국가총동원령 발포 이후 식민지 조선이 전시 체제로 재편되던 시
기였다. 이에 따라 전시 체제를 효율적으로 통제하기 위한 출판시장에 대한
검열 및 선전이 이루어졌다.[50] 최연택은『야담대회록』의 편집후기에 "經營
難과 原稿難을 뚫고 이제 野談大會錄에 孤孤의 第一聲을 지르게 되었습니다"
고 언급하였는데, 여기에서 이 잡지 창건 이전 집필진 확충의 어려움을 비
롯하여 출판사 경영이 그리 순탄하지 않았다는 사실을 짐작할 수 있다.[51] 이
것은 1930년대 후반 중일 전쟁 이후 출판업종 특히 잡지 발행자 모두가 직
면하게 된 전시 체제 하 출판환경의 현실이었다.

1930년대 잡지 창간은 식민지 사회에 무수히 쏟아져 나온 잡지들과의 경
쟁과 더불어 조선총독부의 검열이라는 이중고에 놓여 있었으며, 1940년을
기점으로 잡지 출판은 1930년대 초와 비교하여 현저히 감소한다.[52] 문창사

---

48 수생제약주식회사는 1938년 현재 식민지 조선과 만주에 100여 곳의 판매처를 확보
　하였고, 1938년 7월 하순 新京에 지점을 설치할 계획을 하고 있어서 장래가 촉망되
　는 신생 제약회사로 주목받았다. 「半島 醫學界 大觀(2)」, 172쪽.
49 『매일신보』 1938년 7월 18일자. 『야담대회록』에 유일하게 게재된 광고가 수생제약
　회사의 위탁판매점 모집과 신약 광고인 것으로 보아, 1938년 이후 최씨 형제들이 상
　호 반목의 관계에 있었던 것은 아니었다고 판단된다. 최연택, 위의 책, 1938의 앞면
　광고.
50 이종연, 「중일전쟁 이후 일제의 출판·독서 통제」, 『한국문화연구』 8, 이화여자대학
　교 한국문화연구원, 2005. 한만수, 「1930년대 검열기준의 구성원리와 작동기제」, 『동
　악어문학』 47, 동악어문학회, 2009. 정근식, 「식민지 전시체제하에서의 검열과 선전,
　그리고 동원」, 『상허학보』 38, 상허학회, 2013.
51 최연택, 「편집후기」, 위의 책, 1938.

의 경우 1930년대 초 기획했던 『新朝鮮』과 같은 잡지가 창간호부터 조선총독부의 검열로 인해 발행되지도 못하였다.[53] 『신조선』 출판 기획의 실패 이후 1930년대 후반 식민지 사회의 여타 잡지들과의 경쟁과 식민지 권력이 자행한 검열의 이중고를 딛고 창간된 잡지가 『야담대회록』이었다. 앞서 살펴보았듯이 여기에 『월간야담』의 주요 독자이자 광고주로서 야담잡지의 동향을 주시한 발행자 최연택의 야담잡지 창간에 대한 의지가 투영된 것은 말할 나위 없을 것이다.

『야담대회록』 잡지는 현재 1집만 출판된 것이 확인된다.[54] 발행소는 삼공사였지만 총판매소는 永昌書館이었다. 창간호 이후 발행 여부는 명확하지 않은데, 이어서 다음 호수를 발행할 계획은 분명했다.

> 今輯에는 小說도 못 실었습니다만 來輯에는 小說은 물론 長篇戱曲하나 求해서 全載하든지 長篇小說을 다 실리든지 할 작정입니다 … 最後로 말씀드리고자 하는 것은 第二輯부터 彈力을 내이고 이를 갈고 주먹을 쥐어가면서 있는 힘을 다하겠습니다.[55]

---

52 유석환, 「1930년대 잡지시장의 변동과 잡지 『비판』의 대응: 경쟁하는 잡지들, 확산되는 문학」, 『사이』 6, 국제한국문학문화학회, 2009.

53 「出版警察槪況: 不許可 差押 및 削除 出版物 記事要旨 『新朝鮮』 創刊號」, 『朝鮮出版警察月報』 第20號, 발신일 1930년 4월 2일자(일제경성지방법법원 편철자료, 국사편찬위원회 한국사데이터베이스).

54 잡지명에 '야담대회'를 삽입한 것은 1920년대 말부터 1930년대 중반까지 식민지 조선에 전개된 야담과 관련된 일련의 동향을 반영한 것이라고 여겨진다. 이것은 출판 경영인으로서 최연택이 끊임없이 식민지 사회의 동향을 주시하고 이에 대응한 지적 출판물을 생산하려는 노력이 엿보이는 측면이다. 잘 알려져 있듯이 '야담대회'는 1928년 조선야담사 창건 1주년에 개최된 것을 시작으로 하여, 1930년대 각 지역에 성황리에 개최되었다. 이렇듯 1920년대 말 김진구를 중심으로 결성된 조선야담사의 야담운동을 효시로 하여 야담대회가 시작되었지만, 1930년대 들어서 윤백남의 이름을 내건 야담대회가 개최될 정도로 윤백남은 야담대회를 상징하는 인물로 부상되었다. 고은지, 위의 논문, 2008, 109~113쪽.

55 최연택, 「편집후기」, 위의 책, 1938.

최연택은 '來輯'과 '第二輯'을 언급하며 다음 호 발행에 소설·장편희곡·장편소설을 탑재할 기획을 말하였다. 그런데 실제 원고모집 공지에서는 '야담·史話·소설·實話·유모-아 小說·笑話의 창작물'을 대상으로 하였을 뿐,[56] '장편희곡'은 포함되지 않았다. 또 야담·사화·소설·실화의 원고지 매수를 400자 30매 이내로 규정한 것으로 보아, '장편소설' 또한 원고모집에는 공고되지 않은 사항이다. 따라서 2집에 예고된 장편희곡과 장편소설은 최연택이 그의 창작 작품을 게재할 예정이지 않았나 여겨진다.[57] 이것은 1920년대 최연택이 문창사에서 그의 저작물을 대부분 출판한 사실로 미루어 볼 때 충분히 예측된다.

한편 『야담대회록』 창간호에 집필진이 명확히 표기된 것은 몇 편뿐이며 이것도 그나마 문단에 잘 알려지지 않은 필명으로 되어있어 실제 저자를 확인하기 어렵다. 그렇지만 저자가 표기되어 있지 않은 대부분의 단편 서사는 최연택이 선별·편집하여 수록한 글이라고 보아도 무방할 듯하다. 예를 들면 저자가 표기되어 있지 않은 『야담대회록』에 수록된 「장님재상」이라는 단편 서사는 최연택이 『동서고금』 29번째에 소개한 「盲目大臣」의 내용이다.[58] 그런데 「장님재상」은 앞서 언급했듯이 『동서고금』에 수록되기 이전 1920년 『동아일보』와 『매일신보』의 「성공(二)」과 「성공의 비결(4)」에 먼저 게재되었다. 거듭 말하지만, 이 두 글은 최연택이 '자조론'의 가치를 담은 그의 성공주의를 주장하는 내용을 담고 있다.

『야담대회록』의 특징으로는 수록된 단편 서사에서 인용의 출처를 끝에 간략히 표기한 내용이 있다는 점을 들 수 있다. 예를 들어 「정정(正正)당당

(堂堂)히 싸호자」는 '羅馬史에서', 「부처좌길(佐吉)」은 '大和野談에서'라고 표기되었다.[59] 그런데 '羅馬史'와 '大和野談'은 정확한 참고문헌이 아니라 일본에서 나온 로마사와 관련된 책 및 야마토 시기 야담을 수록한 책을 널리 참고하였다는 정도인 듯하다. 이것은 「놀라운 성근(誠勤)이다」(成功美談에서), 「속일 수 없는 마음」(日本郵船會社略史에서), 「끈기의 결정」(成功美談集에서), 「설은(雪隱)의 유래(由來)」(印度童話에서), 「시골처녀의 신조」(佛國데일리報에서)와 같이 인용 출처를 명시한 글 역시 마찬가지라고 여겨진다.[60]

또 편집자 최연택의 일본 유학 경험과 출판사를 경영하는 동안 새롭게 출간된 일본 서적을 구입·판매하였다는 사실을 고려하면, '羅馬史' '佛國데일리報'는 일본어로 된 서적 혹은 일본어판 신문을 참고했을 것으로 짐작된다. 특히 앞서 언급한 「장님재상」의 단편 서사와 마찬가지로, 위인의 성공 스토리를 소개한 「놀라운 성근(誠勤)이다」 「끈기의 결정」과 같은 글을 일본의 성공미담집에서 인용한 점이 주목된다. 이것은 성공주의를 식민지 조선 사회에 유포했던 '자조론' 계열 지식인 최연택의 식민지 지성사적 위치를 확인할 수 있는 대목이다.

『야담대회록』 잡지의 전체 구성을 보면, 조선·신라·중국을 대상으로 한 傳說·史話·傳記류의 전통적 이야기 방식을 활용한 글이 여전히 다수 수록되었다. 그럼에도 『야담대회록』 잡지에 이 같은 전통적 이야기와 더불어 일본에서 유입된 성공미담 서적의 단편 서사를 부분적으로 수록한 것은 '야담'이라는 대중적 친밀성을 가진 단편 서사의 영역을 활용하여 새로운 이야기를 유포하려는 최연택의 의도가 반영된 것이라고 생각된다. 즉 야담이라는 서사 양식이 갖는 모호한 경계를 활용하여 그가 식민지 사회에 유포하고자 하는 성공주의와 같은 새로운 동향과 지식을 편제했다고 여겨지며, 이것이 어쩌면 근대 야담이 갖는 새로운 사회적 기능이지 않을까 추론해 본다.

---

59 최연택, 위의 책, 26~27쪽.
60 최연택, 위의 책, 30~32쪽.

3장 소년계사의 소년잡지 출판과 성공주의

연극인이자 아동문학가인 신고송(申鼓頌, 1907~?)은 1927년 10월에 「9월호 소년잡지 독후감」이란 글에서 당시 수많은 소년잡지들이 출간되는 상황에서 독자들은 잡지를 선택하여 읽는데 신중을 기해야 한다고 지적하였다.[1] 1920년대 소년운동이 고조되면서 많은 소년잡지들이 창간되자 출간인들에 따라 그 내용과 목적이 서로 다르게 나타날 수 있음을 염두에 둔 말이다. 요컨대 신고송의 지적은 소년잡지들이 우후죽순 출간되는 상황에서 추구하는 방향과 내용이 한결같지 않음과 동시에 부실한 잡지를 문제 삼은 것이다.

신고송이 소년 잡지 선택의 중요성을 역설한 1920년대에는 창간된 대부분의 잡지가 그러하듯이 소년잡지 또한 창간 이후 몇 호를 발행하지 못하고 폐간되는 것이 부지기수일 정도로 그 생명이 매우 짧았다. 더하여 결호 및 종간 호수도 명확하지 않다. 그 가운데 비록 짧은 기간 출간되었지만 『새벗』 『무궁화』『조선소년』『學窓』『소년 뉴-쓰』『소년계』『소녀계』 등과 같은 소년잡지들은 1920년대 연성흠(延星欽, 1902~1945), 홍순준(洪淳俊, 1904~1975)의 주요 아동문학 비평가들의 논평 대상이 될 정도로 중요성을 가지고 있다.[2]

---

1 "… 다수의 少年雜誌가 뒤를 이어 出刊되는 이때에 그 雜誌를 읽는 우리 또는 子弟들에게 읽히는 父兄들은 雜誌의 選擇에 많은 注意를 하지 않으면 안 될 것이다 … 自己의 이름을 내기 爲하여 위에 말한 意義에 未及하는데서 下等의 硏究없는 雜誌는 子弟에게 읽히지 않을 것이다. … 그러나 어쩌면 그다지도 그 內容이 貧弱하며 硏究가 없을까 …" 申孤松,「九月號 少年雜誌 讀後感」,『조선일보』1927년 10월 2일자.
2 果木洞人(연성흠),「10월의 소년잡지」,『조선일보』1927년 11월 4일자~11월 6일자. 宮井洞人(홍순준),「十一月 少年雜誌(1~4)」,『조선일보』1927년 11월 27일자~12월 2일자. 赤兒,「十一月號 少年雜誌 總坪(1~8)」,『중외일보』1927년 12월 3일자~12월 11일자.

그럼에도 소년운동사에서 그 출판의 의미가 논의된 것은 일부분에 지나지 않아 이에 상응하는 연구가 이루어진 것은 아니다. 대부분 비교적 장기간 발행되었고 어느 정도 호수가 확보된 『어린이』『별나라』『신소년』과 같은 몇몇 소년잡지에 연구가 집중되었다. 특히 이들 소년잡지들은 1920년대 소년운동의 성격을 천도교 계열 조선소년운동협회와 사회주의 계열의 오월회 등의 좌우 대립과 갈등으로 파악하는 구도 위에 논의되었다.[3]

소년잡지에 대한 이러한 일련의 연구 성과 덕분에 1920년대 소년잡지의 내용과 의미가 많이 밝혀졌다. 다만 선행연구들이 소년잡지의 출간의 성행과 그것을 주도한 지식인 계열에 주목하면서도 짧은 기간 발행되고 폐간된 잡지에 대한 논의는 부족하다. 특히 식민지 지식인 사회의 변화 양상 및 소년잡지 출간을 주도한 집단들의 성격 그리고 그 의미에 대해서는 충분한 논의가 이루어지지 못했다.

그리하여 3.1운동 이후 다양하게 분파된 우파 지식인의 계보 및 우파와 좌파의 경계를 넘나들었던 식민지 지식인 사회의 착종 현상과 1920년대 소년운동에서 좌·우파의 연대를 살펴보려는 시도는 매우 부족하였다. 이 장에서는 바로 이 같은 사실에 주목하여 1920년대 성공주의를 주장한 '자조론' 계열 지식인과 오월회 사회주의 계열 소년운동가들의 연대가 현현된 장으로서 '자조론' 계열 지식인들이 출판한 소년 잡지물을 검토하고, 이것이 소년운동사에서 갖는 역사적 의미를 드러내려고 한다.

---

3 민족주의 우파 천도교 계열의 방정환이 창간한 『어린이』와 이것의 이항 대립 축으로 사회주의 계열의 『별나라』 그리고 양자를 절충한 잡지의 성격으로 『신소년』 등이 주로 연구되었다. 소년잡지의 성격을 삼분법적 인식으로 나누어 볼 수 없다는 지적이 제기되었지만, 우파 민족주의 『어린이』와 좌파 사회주의의 『별나라』로 이항 대립적 구도로 보는 시각은 여전히 유효하다. 장만호, 「민족주의 아동잡지 『신소년』 연구: 동심주의와 계급주의의 경계를 넘어서」, 『한국학연구』 43, 고려대학교 한국학연구소, 2012. 원종찬, 「1920년대 『별나라』의 위상」, 『한국아동문학연구』 23, 한국아동문학학회, 2012.

1920년대 초 성공주의를 유포한 '자조론' 계열 기독교 지식인 최연택과 영택 형제는 그들의 동생 최호동(崔湖東)과 함께 1926년 소년계사를 창건하여 『소년계』『소녀계』 잡지를 출판하였다. 최연택 형제들은 소년물 발행을 통해 1920년대 소년운동에 동참하였는데, 이들이 발행한 『소년계』에는 오월회 사회주의자들이 주요 집필진으로 활동하였다. 이 같은 소년계사와 오월회의 관계는 성공주의를 주장한 자조론 계열 우파 지식인과 사회주의자들 양자의 상호 이해 정도를 알려주며, 기독교 소년운동과 무산소년운동의 화합을 의미한다는 점에서 중요하다.

그동안 소년계사와 이것을 운영한 최영택 형제의 소년물 출판 활동은 소년운동사에서 그 의미가 논의된 적이 없었다. 1920년대 후반 계급주의 아동문학에서 제기된 '소년운동방향전환론'의 前史로서 최영택의 「소년문예운동방지론」과 한정동의 동요 「소금쟁이」를 둘러싼 아동문학사의 최초 표절 논쟁에서 최호동의 주장이 논의되는 정도에 그쳤을 뿐이다.[4] 게다가 선행연구에서는 최영택과 호동의 이러한 활동이 소년계사의 소년운동과 밀접한 관련이 있다는 사실은 간과하였다.

그러므로 이 장에서는 성공주의를 주장한 최영택과 오월회의 사회주의 소년운동에 참여한 최호동의 아동문학 비평 및 소년문예 비판과 관련된 일련의 활동을 소년계사의 소년운동과 관련하여 새롭게 논의하려고 한다. 나아가 소년잡지의 독자 대상인 근대 주체로서 '소년'에 대한 좌·우파의 기대와 역할의 공유점을 드러낸 것으로서 소년계사의 소년잡지를 검토할 것이

---

4 임성규, 「아동문학 비평 논쟁의 초두(初頭), 그 도정(道程)과 의미: 「소금쟁이」 번역, 표절논쟁」, 『문학교육학』 24, 한국문학교육학회, 2007, 7쪽; 「1920년대 계급주의 아동문학 비평 연구: 소년문예운동 방향전환론의 전개와 비평사적 의미」, 『아동청소년문학연구』 3, 한국아동청소년문학학회, 2008, 139~145쪽. 류덕제, 「『별나라』와 계급주의 아동문학의 의미」, 『국어교육연구』 46, 국어교육학회, 2010, 313~319쪽; 「일제 강점기 계급주의 아동문학의 방향전환론과 작품적 대응양상 연구: 『별나라』와 『신소년』을 중심으로」, 『문학교육학』 43, 한국문학교육학회, 2014, 198쪽.

다.[5] 이렇듯 '자조론' 계열 지식인들이 주도한 소년계사의 소년물 출판 보급의 현상과 그 의미를 주목한 이 장의 논의를 통해 이들의 '성공주의'에 기반을 둔 '자조론'적 근대 기획 구도를 조망할 수 있을 것이다.

(1) 『소년계』 『소녀계』 잡지의 창간과 운영진

1926년 연말에 언론은 '『소년계』가 崔湖東의 단독 경영으로 발행된다'는 소식을 보도한다.[6] 『소년계』는 1926년 12월 1일 창건된 신생 잡지사인 소년계사에서 발행한 것이다.[7] 이 때 최호동은 겨우 약관의 문턱에서 문단에 갓 등단한 신진작가에 지나지 않았다.[8] 그럼에도 그가 이 잡지의 단독 경영인으로 언론에 알려진 것이다. 비록 주재자는 최호동으로 되어 있지만 『소년계』는 최호동의 두 형인 최연택과 영택이 함께 창간하고 운영한 것이다.

『소년계』를 출판한 소년계사의 모태인 문창사는 최호동의 두 형인 최연

---

5 '자조론' 계열 지식인들의 성공주의 유포 대상은 근대의 주체로 설정된 '청년(=소년)'이었다. 1920년대 청년운동의 하부 운동으로 소년운동이 전개되면서 그동안 미분화되었던 근대 주체 '청년'과 '소년'의 역할관계도 보다 분명해졌다. 소년잡지의 대상은 바로 '청년'의 예비군으로서 '제2국민'의 위치를 획득한 '소년'이었다. 경쟁적으로 창간된 각종 소년잡지들은 이 시기 식민지 지식인들의 '제2국민'으로서 '소년'에 대한 다양한 근대 기획 구도가 형상화된 것이었다.

6 「『少年界』 創刊準備」, 『중외일보』 1926년 11월 20일자. 「신간소개」, 『중외일보』 1927년 12월 7일자; 「신간소개」, 『동아일보』 1926년 12월 1일자.

7 『소년계』 2-5, 1927, 48쪽.

8 최호동의 생몰연대는 명확히 알 수 없다. 출생 시기는 최호동의 학교 친구 이명준의 나이를 기준으로 추론하면 1908년 즈음으로 여겨진다. 최호동은 1926년 신춘문예로 문단에 공식적으로 등단하며, 글을 투고한 것은 이보다 앞서 1923년경부터이다. 최호동, 「新春文藝: 糧食을 구하는 者」, 『매일신보』 1926년 1월 24일자. 『시대일보』 1926년 1월 5일자. 湖東生, 『매일신보』 1923년 12월 16일자. 「李明準君逝去」, 『소년계』 3-1, 1928, 16쪽.

택과 영택이 경영한 것이었다.[9] 여기에 최호동이 참여하여 삼형제가 소년계사 『소년계』의 발행인·편집인·집필진으로 활동하였다. 『소년계』 창간 당시 최호동이 주재자가 되어 도맡아 발행할 계획이었지만, 1927년 2월까지 문예시대사의 일 등 다른 일과 병행하면서 『소년계』 발행에 온전히 힘을 쏟지 못하였다. 더하여 1927년 3월에는 학업을 위해 『소년계』 주재의 임무를 완전히 그만두고 편집에 진력한다.[10]

이같이 『소년계』는 최호동이 단독으로 출판한 것이 아니라 최연택과 영택의 출판에 대한 경험과 기획을 기반으로 발행된 소년잡지였다. 이러한 사실은 『소년계』 자매지로 기획된 『소녀계』 발행에서도 잘 알 수 있다. 『소녀계』의 실무는 최영택이 맡았고,[11] 동일 주소에 거주한 최호동이 인쇄를 담당하면서 그의 형인 최영택을 조력하였던 것이다.[12]

그럼에도 『소년계』의 창간과 운영에 최호동이 깊이 관여한 것은 재론할 여지가 없다. 최영택이 "동생인 최호동이 경영하는 잡지인 『소년계』가 발행된 지 5개월에 지나지 않지만 자신이 여가가 있을 때 매일 수십 통씩 들어오는 독자의 글을 살펴본다"고 언급하였다.[13] 이는 최호동이 『소년계』 발행의 경영인임을 알려주며 동시에 최영택이 관여하고 있음을 말해준다.

이러한 사실을 통해 『소년계』 『소녀계』를 발행한 소년계사의 운영진은 최연택과 영택 그리고 동생인 최호동으로 구성되었음을 알 수 있다. 최호동은 『소년계』 발행에 깊이 관여하였고, 문창사 출판에 대한 경험을 가진 그

---

9 1926년 12월 1일 창건된 것으로 알려진 소년계사는 1921년 창건된 문창사에 始元이 있는 잡지사이다. 문창사의 창건과 운영은 2부 2장과 3부 1장 참조.

10 『소년계』 2-3, 1927, 31쪽.

11 서지사항을 보면, 『소녀계』의 발행인은 미국인 許吉來(클라라 하워드 Clara Howard, 1895~1995)이고 편집인은 최연택이다. 조선총독부 「今日의 出版許可」란에 '『少女界』 ○호 崔永澤'(『매일신보』 1927년 7월 2일자, 8월 7일자, 9월 4일자)으로 소개된 것으로 보아 최영택이 발행의 실무를 담당한 것으로 판단된다.

12 『소녀계』 2-2·3호 합본, 1928의 서지사항 참조.

13 최영택, 「소년문예운동방지론」, 『중외일보』 1927년 4월 21일자.

의 형인 최연택과 영택은『소년계』및 뒤이은『소녀계』발행을 실질적으로
주도하였을 것이다. 이 두 사람은 '자조론' 계열 기독교 지식인으로서 출판
을 통한 기독교 소년운동에 참여한 지도자들이었다. 최연택과 영택은 성결
교를 믿는 기독교 신자였으며, 성결교단의 문서선교 정책에 발맞추어 문창
사 주소에 주일학생사라는 잡지사를 창건하여『주일학생』과 같은 기독교
소년을 대상으로 하는 잡지를 출판하였던 것이다.[14]

그런데 그들의 동생 최호동이『소년계』창간 당시 사회주의 계열 소년운
동단체인 오월회의 주요 구성원으로 활동한 사실은 놀라운 일이다. 잘 알려
진 바와 같이 오월회는 1920년대 방정환 중심의 천도교 계열 조선소년운동
협회와 상호 대립적 관계에 있었던 사회주의 계열 소년단체이다. 최호동은
두 단체의 대립이 1927년 10월 조선소년연합회로 봉합되기 전까지 오월회
측 소년운동에 참여하였다. 1926년 어린이날 행사에 두 단체의 소년운동
주도권 다툼은 최고조로 이르러 두 단체가 별도로 어린이날 행사를 조직하
였다.

1927년 최호동은 오월회 측 어린이날 행사 준비위원 조직에서 서무부에
배정되었다. 이 때 정홍교, 박팔양(朴八陽, 1905~1988), 주요한(朱耀翰, 1900~
1979), 고장환(高長煥)등의 오월회 주요 구성원들도 교섭부 선전부에 배치되
어 함께 준비위원으로 활동하였다.[15] 최호동이 이들과 함께 어린이날 행사
준비위원으로 활동하였다는 사실은 그가 오월회의 주요 구성원이었음을 말
해준다. 최호동이 오월회에서 가진 위치 및 역할의 중요도는 그가 조선소년
운동협회와 오월회로 양분된 두 소년단체가 통합을 위한 절차를 진행하는

---

14 최영택, 「소년문예운동방지론(2)」,『중외일보』1927년 4월 19일자. 「『主日學生』創
　刊, 崔永澤 '카우만' 兩氏에 의해 來十日頃」,『조선일보』1925년 11월 1일자. 이웅
　호, 위의 책, 1992. 최영택은 기독교 색채가 짙은『별바다』및『꽃피는 나라』와 같은
　동화집을 꾸준히 발행하였다.『동아일보』1926년 9월 2일자.
15 「어린이날 委員 다음같이 결정」,『매일신보』1927년 4월 6일자.

과정에서 오월회 측 발기 준비위원으로 활동한 사실에서도 확인된다.[16]

　이렇듯 최호동은 소년계사의 『소년계』 발행과 오월회의 소년운동에 참여한 소년운동가로서 매우 중요하다. 그의 소년운동과 관련한 활동은 아동문학사 최초의 표절 논쟁에서도 잘 드러난다. 1920년대 소년운동의 발흥과 더불어 창간된 소년잡지와 신문의 문예란은 아동문학 작가들의 작품과 이러한 아동문학 작가를 꿈꾸는 소년들의 문예로 거의 구성되었다. 그런데 일본의 동요·동시·동화를 표절하여 자신의 작품인 것처럼 출품하거나 다른 소년잡지에 당선된 타인의 작품을 자신의 작품으로 소년잡지에 싣는 일이 비일비재하였다.[17]

　이에 대해 최호동은 1925년 『동아일보』 신춘문예 동요 부분 1등 당선작인 한정동(韓晶東, 1894~1976)의 「소금쟁이」가 일본의 작품을 번역한 것이라고 주장하였다.[18] 『동아일보』 지면에 불붙은 「소금쟁이」 논쟁은 1926년 11월 8일 신문의 편집자가 이 논쟁을 이제는 지면에 게재하지 않겠다고 공지하면서 끝났는데,[19] 이 시기 최호동은 한창 오월회 활동에 전력을 기울이며 『소년계』 창간을 앞두고 있었던 때이다. 이후 아동문학 표절과 관련된 두 번째 문단시비가 불거졌는데, 그것은 김려순(金麗順)[20]이 출판한 동화집 『새로 핀 무궁화』의 저작자와 관련된 논란이다.[21] 여기에 최호동이 참여하

16　「朝鮮少年聯合會 발기준비」, 『매일신보』 1927년 5월 10일자. 「소년연합회 창립준비 발기인 십 삼명 준비에 분망 중」, 『중외일보』 1927년 6월 4일자.

17　소년운동가로 저명한 방정환 또한 표절의 논란에서 자유로울 수 없었다. 방정환의 동요 「허잽이」가 『어린이』 잡지에 투고된 소년의 작품을 빼앗아 발표된 것이라는 논란에 직면하였다. 文秉讚, 「소금쟁이를 논함」, 『동아일보』 1926년 10월 27일자. 1920년대 문인들의 표절에 대한 비판은 다음을 참조. 이학인, 「春城 編, 『병든 청춘』에 대하여」, 『문예시대』 2, 1927, 96~197쪽; 「글 도적놈에게」, 『동아일보』 1926년 10월 26일자.

18　최호동, 「'소금쟁이'는 번역이다」, 『동아일보』 1926년 10월 24일자.

19　편집자, 「「소금쟁이」論戰을 보고」, 『동아일보』 1926년 11월 8일자.

20　이화여대에 재학하였으며 여류문인으로 활동하였다. 김려순에 대한 사항은 다음을 참조. 觀象者, 「사랑이 잡아간 女人郡: 김려순」, 『별건곤』 57, 1932.

여 김려순을 『새로 핀 무궁화』 동화집의 저작자라고 주장하였다.[22] 이때 최호동은 『소년계』를 발행하고 있었고, 『소녀계』 창간을 위해 준비하고 있었을 것이다.

아동문학 작품과 소년문예는 해당 소년잡지의 지향성을 표상하는 대표성을 가진 글이라 할 수 있는데, 이러한 표절은 일정한 지향성을 가진 소년잡지의 창간 정신과 목적을 크게 훼손시킨다. 따라서 소년잡지 발행 관계자들은 이러한 표절과 번역의 문제에 민감히 대응하지 않을 수 없었다.[23] 소년계사의 최호동은 두 번째 논쟁에서 김려순을 옹호하였는데, 이것은 김려순이 『소녀계』 발행 계획 단계에서부터 집필진으로 발표되었고 실제 집필진으로 활약한 여류 문인이었던 사실과도 관련이 있을 듯하다.[24] 이렇듯 최호동의 아동문학 비평은 소년계사의 소년물 출판과 밀접한 관련 아래 전개되었던 것이다.

(2) 소년운동 방향전환 제시와 소년계사의 휴간

『소년계』 창간 4개월 뒤인 1927년 4월 21일 최영택은 이 잡지에 투고된 소년들의 글을 직접 검토하면서 찾은 문제점을 기반으로 하여 「소년문예운

---

21 순수 한국 동화를 모은 김려순 저작집이라는 최호동·이학인의 주장과, 노자영이 서양의 동화를 번역한 데에다 김려순은 이름만 넣어 출판한 것이라는 염근수의 견해가 팽팽히 맞섰다.

22 최호동, 「簾根守兄에게」, 『동아일보』 1927년 3월 16일자.

23 방정환의 「허잽이」 표절에 대한 대응은 『어린이』 잡지에 미칠 영향을 염두에 둔 것이라고 여겨진다. 方正煥, 「허잽이」에 關하여 (上)(下)」, 『동아일보』 1926년 10월 5일자~10월 6일자.

24 『매일신보』 1927년 6월 4일자. 김려순은 『소녀계』 2권 2·3호 합본에 동화 하나와 「영웅모세(4)」 두 편의 글을 게재하였다. 「영웅모세」가 4회인 것으로 보아 이전에 3차례 더 연재되었음을 알 수 있다.

동방지론」을 신문지상에 발표한다.[25] 이것은 문단논쟁으로 번졌는데 먼저
최영택의 견해에 반박하는 유봉조(劉鳳朝)의 주장과 이에 대한 최영택의 재
반론, 그리고 민병휘(閔丙徽)의 최영택에 대한 비판으로 이어졌다.[26] 이러한
논쟁은 소년운동의 목적과 지향을 바꾸어야 한다는 '소년운동 방향전환론'
을 발화시킨 전초전이라 할 수 있다.[27] 이같이 '자조론' 계열 기독교 지식인
인 최영택이 「소년문예운동방지론」을 적었고 소년계사의 출판활동을 통해
소년운동을 전개한 사실은 이 시기 소년운동의 전개를 논의하는 데 매우 중
요하다.

　최영택이 「소년문예운동방지론」에서 제기한 내용은 3.1운동 이후 문화통
치 시기 '청년'의 식민지 사회로의 진출을 적극적으로 조장하던 '자조론' 계
열 지식인의 주장과 그 맥락을 함께 한다. 더욱 중요한 사실은 「소년문예운
동방지론」은 『소년계』 창간 이후 이 잡지에 투고된 소년문예에 대한 분석
을 통해 소년운동 전개에서 소년잡지의 목적과 역할에 대한 고민에서 비롯
된 것이라는 점이다.

　최영택이 이 글의 부제를 '特히 指導者에게 一考를 促함'이라고 한 것은
그 자신도 지도자의 위치에 있으므로 비슷한 처지에 있는 사람들에게 알리
고자 하는 목적이 더 컸던 것으로 보인다. 최영택은 성결교단의 『주일학생』
과 소년계사의 소년물 출판을 통해 소년운동 지도자로서 활동하였다. 따라
서 기고한 글은 이러한 그의 소년운동 지도자로서 경험을 바탕으로 동일선
상에 있는 소년운동 지도자들을 독자 대상으로 염두에 두고 기술된 것이다.

25 최영택, 「소년문예운동방지론」, 『중외일보』 1927년 4월 21일자.
26 최영택, 「소년문예운동방지론: 特히 指導者에게 一考를 促함(1)~(4)」, 『중외일보』
　1927년 4월 17일자~4월 23일자; 「내가 쓴 少年文藝運動防止論 (1)~(3)」, 『중외일보』
　1927년 6월 20일자~6월 22일자. 劉鳳朝, 「少年文藝運動防止論(1)~(4)」, 『중외일보』
　1927년 5월 29일자~6월 1일자. 閔丙徽, 「少年文藝運動防止論을 排擊(1)~(2)」, 『중
　외일보』 1927년 7월 1일자~7월 2일자.
27 계급주의 아동문학사 연구에서의 평가이며 이에 대한 논의는 주) 4를 참조.

여기에서 그가 말하는 소년운동 '지도자'는 3.1운동 이후 소년운동을 지도하는 '청년'을 지칭하였다. 청년과 소년은 소년운동을 지도하는 '청년'과 그 대상이 되는 '소년'으로 관계가 설정되어 있다. 이것은 그동안 근대 주체로서 혼용되어 사용되었던 '청년'과 '소년'이 1920년대 후반 '청년'과 '제2국민'으로서 위치를 갖게 된 '소년'으로 분화되는 역사적 상황이 반영된 것이다.

최영택의 주요 논지는 소년운동 지도자 '청년'이 문예에 힘써 文士로 나아가도록 소년을 인도할 것이 아니라, 실무적이고 노동하는 직업으로 진출하도록 지도해야 한다는 주장이다. 이것은 앞서 언급한 바와 같이 최영택이 '자조론' 계열 지식인으로 이들이 주장하는 성공주의와 그 맥락을 같이한다고 할 수 있을 것이다. 이러한 '자조론' 계열 지식인의 인식 구도의 저변에는 조선의 과거를 부정적으로 평가하는 역사 인식이 동반되었고 이것은 일본의 식민담론과 공명하였다.[28] 「소년문예운동방지론」에는 최영택의 이러한 인식이 그대로 반영되었다.[29]

최영택이 소년문예운동을 방지해야 하는 주요 논거로 든 것은 '文'을 숭상한 조선이 망한 과거 역사이다. 이것은 조선망국론의 식민담론 가운데 '문약망국론'을 일컫는 것이다. 여기에서 '문'은 유교와 치환되며, 한말 일본의 尙武情神과 대비되어 논의되었던 중국과 한국의 '문약'은 일본의 조선 식민통치 과정에서 '유교망국론'의 식민담론으로 견고해졌다.[30] 문약망국론은

---

28 최영택의 조선의 과거에 대한 부정적 역사인식과 태도는 이 책 3부 1장의 내용 참조.
29 "文藝로 해서 亡한다는 말이 나는 것이며 同時에 文藝로 해서 亡했다는 말이 나는 것이다. 과거 朝鮮이 亡해 내려오는 자취를 살펴보면 알 수 있는 것입니다. … 그래서 이 불 같이 이는 少年運動을 살펴보면 朝鮮을 어떻게 살리겠느냐는데 主力을 쓰는 것은 없고 아무러한 猛省없이 일어나는 것 같은 것이 事實이니 過去 朝鮮에 있어서 朝鮮을 더 速히 죽이든 그것이 오늘날 일어난 것이나 아닌가 합니다. … 그럼으로 나는 여기서 少年文藝運動을 防止해야 한다고 말하는 것입니다" 최영택, 「소년문예운동방지론」, 『중외일보』 1927년 4월 22일자.
30 김태식, 「동아시아 근대와 尙武情神: 韓·中·日, 특히 韓國을 중심으로」, 『한국고대

일본의 조선 식민지화를 제국주의의 침탈성이 아닌 조선 사회 내부의 문치주의 병폐로 그 원인을 전가한 것이다. 한말 '문약론'은 근대 국민국가 수립에서 '문'에 대비되는 상무정신을 구비해야 한다는 중국의 양계초와 이에 영향 받은 박은식 등의 민족주의 지식인의 계몽의 논리로 사용되었지만, 일본의 식민통치 하에서 '문약'은 '망국'의 식민담론으로 활용되었던 것이다.

이렇듯 최영택은 문예에 치중한 문치주의가 조선을 망하게 한 주요 요인이었고 이러한 망령이 현재 소년문예운동으로 재현되었다고 주장하였다. 이 기사에 대해 유봉조는 일본 제국주의 통치 하에 있는 식민지 상태의 조선의 현실을 깨우치는데 소년들에게 반드시 필요한 것이 문예라고 주장하며 최영택의 역사인식을 전면 반박한다.[31] 이러한 유봉조의 반박에 최영택은 다시 자신이 「소년문예운동방지론」을 쓴 이유는 "過去의 朝鮮을 한없이 불쌍하게 만든 文藝의 狂風이 가장 希望이 많은 弟二世國民의 少年運動에 머물러 있지 않은가 함에서 防止論을 쓴 것입니다"[32]고 하며 '문약망국론'을 부언 강조한다. 여기에서 1920년대 '소년'의 지위와 역할이 '청년'에서 분화되어 '제2세 국민'으로 명확히 규정된 것을 볼 수 있는데, 이것은 '소년'이 조선의 장래를 담당할 세대임을 말해주는 것으로 주목된다.

한편 「소년문예운동방지론」에서 첨예한 논란을 불러일으킨 것은 '소년'의 학교 교육에 관한 입장이다. 성공주의를 주장한 최영택의 입장에서 학교 교육은 개인이 제도를 통해 안정적인 입신출세를 할 수 있는 경로로 파악된다.[33] 이에 따라 '소년'들이 일본 제국주의의 규칙 하에 운영되는 학교 교육

사탐구』 9, 한국고대사탐구학회, 2011. 정일균, 「일제의 식민통치와 식민주의적 근대 지식의 형성: '다카하시 도루(高橋亨)의 조선학'의 사례를 중심으로」, 『사회와 역사』 91, 한국사회사학회, 2011.

31 劉鳳朝, 「少年文藝運動을 읽고」, 『중외일보』 1927년 6월 1일자.

32 崔永澤, 「내가 쓴 少年文藝運動防止論」, 『중외일보』 1927년 6월 20일자.

33 식민지 시대 학교 교육에 대한 관점은 두 가지 상반된 견해로 요약된다. 하나는 일본 제국주의가 조선인을 충량한 황국신민으로 만들고자 하는 의도로 파악하는 것이

에서 이탈되는 현상을 소년문예운동의 주요한 폐단으로 손꼽는다.[34] 반면 유봉조의 식민지 체제에 대한 인식은 최영택과 완전히 달랐는데,[35] 식민지의 학교 교육은 식민지 조선 '소년'을 충량한 황국신민으로 만들기 위한 것이라는 입장으로 제도 교육을 이탈한 소년문예운동이 반드시 필요하다고 보았다.[36] 중요한 사실은 최영택의 주장대로 소년이 학교 교육의 이수와 이로 말미암아 기대되는 직업을 획득하여 식민지 사회에 진출하는 것은 일본 제국의 안정적 식민지 통치에 기여하는 결과를 초래한다는 점이다.

최영택은 충실한 학교 교육의 이수와 더불어 '소년'들이 문예를 통한 문사가 아니라 상업과 농업과 같은 보다 다양한 직업을 획득할 수 있도록 소년운동이 지도되어야 한다고 거듭 강조한다. 즉 '소년'들이 실업학교와 공장 방면의 진출과 같은 실무적이고 노동을 필요로 하는 직업이 예상되는 학교로의 진학과 직업을 내팽개치고 소년운동으로 우회하지 않도록 지도하는 것이 소년운동 지도자의 책무임을 말한다.[37]

최영택은 소년운동은 반드시 필요하다는 입장에 있었지만, 이렇듯 문예 중심 소년운동의 방향은 지양되어야 한다고 주장하였다. 이러한 그의 소년운동의 방향은 동심주의를 목표로 한 방정환 중심의 천도교 계열 소년운동과 그 지향성이 다르다.[38] 최영택은 '청년' 지도자가 '소년'에게 문예를 조

고, 다른 하나는 학력제도를 통해 입신출세의 사다리가 고착화되었다는 것이다.

34 최영택, 「소년문예운동방지론」, 『중외일보』 1927년 4월 22일자; 「내가 쓴 少年文藝運動防止論」, 『중외일보』 1927년 6월 20일자.

35 유봉조가 부르주아와 민중의 관계를 인식한 것을 보면, 그는 프로문학 추종자라고 판단된다. 劉鳳朝, 「少年文藝運動을 읽고(2)」, 『중외일보』 1927년 6월 1일자.

36 劉鳳朝, 「少年文藝運動을 읽고(1)」, 『중외일보』 1927년 5월 31일자.

37 최영택, 「소년문예운동방지론」, 『중외일보』 1927년 4월 22일자.

38 "지금의 학교 그는 기성된 사회와의 일정한 약속하에서 그의 필요한 인물을 造出하는 수 밖에 더 이상도 계획도 없습니다. 그 때 그 사회 어느 구석에 필요한 어떤 인물(소위 입신출세자겠지요)의 주문을 받고 그대로 자꾸 판에 찍어 내놓은 교육이 아니고 무엇이겠습니까. … 『어린이』에는 수신 강화 같은 교훈담이나 수양목(특별한 경우에 어느 특수한 것이면 모르나)은 일체 넣지 말아야 할 것이라 합니다. 저희끼

장할 경우 식민지 일상을 살아가는 현실과 결코 떨어져서는 안 된다고 강
조한다.[39]

이렇듯 소년계사의 주요 운영진인 최영택은 문예의 역할에 대해 동심주
의를 목표로 한 천도교 계열의 소년운동 방향과 그 지향성을 달리하며, 문
예에 소년의 계급투쟁 의식이 담아야 한다는 사회주의 계열 그것과도 달랐
다. 이러한 소년운동에 대한 최영택의 고민은 소년계사의 창건 1년 남짓 뒤
의 휴간으로 반영된다.

1926년 12월 소년계사는 소년운동의 주체인 소년에게 적당한 읽을거리
를 주고자 하는 목적을 내걸고 『소년계』와 연이어 『소녀계』를 발행하였
다.[40] 하지만 이 두 잡지의 출판은 그리 순탄하지 못했다. 조선총독부의 소
년물 검열의 행정처분 대상으로 기사가 삭제되거나 원고를 압수당하는 일
이 빈번해졌던 것이다.[41] 이에 더하여 인쇄공의 파업으로 인해 출판이 지연
혹은 휴간되는 기술적 문제까지 겹쳤다.[42] 이러한 복합적 이유가 함께 작용
하여 『소년계』『소녀계』는 조선총독부가 치안방해를 이유로 기사를 삭제

리의 소식, 저희끼리의 작문, 담화, 또는 동화, 동요, 소년 소설 이뿐으로 훌륭합니다,
거기서 웃고 울고 뛰고 노래하고 그렇게만 커 가면 훌륭합니다." 방정환, 「少年의 指
導에 관하여: 잡지 『어린이』 창간에 제하여」, 『천도교회 일보』 1923년 3월 15일자.

39 "文藝를 助長한다 할지라도 그들에게 그대로 맡기는 것보다도 될 수 있는 대로는
農文藝 같은 方面으로 引導해서 그들이 붓을 들고 그리다가도 農具를 들고 快闊하
게 나설 만한 一定의 標準이 있어야 한다" 최영택, 「소년문예운동방지론」, 『중외일
보』 1927년 4월 23일자.

40 『소년계』 3-4, 1928의 소년계사 휴간 공지 참조.

41 현재 호수가 확인되는 『소년계』와 『소녀계』는 다음과 같다. 『소년계』 1-2(1927.1.1);
『소년계』 2-3(1927.3.1); 『소년계』 2-5(1927.5.1); 『소녀계』 2-3(1928.3.1); 『소년계』
3-1(1928.1.1); 『소년계』 3-4(1928.4.1). 1927년 3월호는 독자 투고 작문 기사가 삭제
되었으며, 4월호와 5월호는 연이어 모든 원고가 압수 조치되었다. 『소년계』 2-3,
1927, 40쪽. 『소년계』 2-5, 1927, 22쪽. 「少年界 原稿押收」, 『중외일보』 1927년 3월
17일자. 「少年界原稿押收」, 『중외일보』 1927년 4월 17일자.

42 「彰文社職工盟休」, 『매일신보』 1928년 2월 3일자. 「少年界遲延 少女界休刊」, 『조
선일보』 1928년 2월 8일자.

한 1928년 5월호부터 한동안 발행되지 않았다.[43] 이후『소년계』가 신문의 신간 광고에 다시 등장한 것은 1929년 6월호이다.[44] 이러한 사실로 미루어 볼 때『소년계』『소녀계』는 1928년 5월호부터 1929년 5월호까지 1년 남짓 휴간한 듯하다.

소년계사의 휴간은 이러한 조선총독부의 행정처분도 원인이 되었지만, 실제로 휴간이 시작되었던 1928년 5월호 이전 이미 1년간 휴간 계획을 하고 있었다. 이것은 1928년 4월호『소년계』'謹告'란을 통해 공지된다. 또 앞서 언급한 1928년 5월호 기사가 조선총독부의 불허가 처분을 받았다는 사실은 5월호까지 발행한 다음 6월호부터 1년간 휴간할 예정이었음을 알려준다. 하지만 1928년 5월호 기사가 불허가 처분된 이후 5월호는 발행되지 않았던 것 같으며,[45] 원래 예정한 6월호보다 앞당겨 휴간한 셈이 된다. 이같이『소년계』『소녀계』의 휴간은 소년계사 운영진이 사전에 이미 결정한 사항이었다.

소년계사 휴간 공지를 보면,『소년계』『소녀계』창간의 목적인 '소년'들에게 적절한 읽을거리를 제공하는 것이 아닌 출판을 통해 이익을 추구하려는 모리배와 사행심을 가진 출판인들이 급증한 현상을 말한다. 그 다음은 이 같은 출판인들이 발행한 소년물과 소년계사의『소년계』『소녀계』를 구별짓기하며, "玉石俱焚을 避코자" 1년간 휴간한 다음 "그들의 跳梁이 자취를 끊게 되거든" 다시 발행할 예정임을 밝힌다.[46]

사실 1년 휴간하는 기간『소년계』『소녀계』와 구별짓기 했던 여타 소년 잡지들의 발행의 난발과 이것을 주도한 출판인들의 성행이 잦아지게 될지는 알 수 없으며, 이것을 휴간의 이유로 내세운 것은 그리 설득력이 있어

---

43 「『少年界』5월호」,『不許可 出版物 竝 削除記事 槪要譯文』발행일 1928년 4월 12일자(일제경성지방법원편철자료, 국사편찬위원회 한국사데이터베이스).
44 「신간소개」,『중외일보』1929년 5월 21일자.「신간소개」,『동아일보』1929년 5월 24일자.
45 「신간소개」,『동아일보』1928년 4월 17일자.
46 『소년계』3-4, 1928의 소년계사 휴간 공지 참조.

보이지는 않는다. 그렇지만 여기에서 소년계사 운영진들이 소년운동의 고조와 더불어 출판인의 이익을 쫓아 발행된 여느 소년잡지들과『소년계』『소녀계』운영진의 차별성을 강조하는 것은 분명히 알 수 있다. 또 휴간의 이유를 이렇게 공지함으로써 소년계사의 소년물이 다른 소년잡지와 차별성을 갖는다는 점을 독자들에게 효과적으로 전달하려는 한 방법이었을 것으로 여겨진다. 결국 이것은 소년운동을 지도하는 지도자의 입장에서 문예 중심으로 전개된 소년운동의 방향에 대한 그동안의 고민이 반영된 것이며, 이 같은 고민의 흔적은『소년계』가 창간된 지 얼마 되지 않은 시점에 최영택의 글「소년문예운동방지론」에서부터 찾아진다고 할 수 있다.

(3) 우파와 좌파의 연대로서 소년계사와 성공주의

앞서 언급한 바와 같이 소년계사의『소년계』『소녀계』는 최연택과 영택, 그리고 그의 동생 호동이 출간한 소년잡지이다. 최연택과 영택은 이미 밝혀진 바와 같이 1920년대 일본에서 유입된『자조론』과『자조론』아류 서적의 번역을 통해 식민지 사회에 세속적 성공주의를 유통시킨 인물들이다. 이들은 출판경영인으로서 제국 일본의 입신출세주의 유통에서 소년잡지의 기능과 효과를 주시했고, 이것은『소년계』의 발행과 뒤이어 자매지『소녀계』창간으로 이어졌다. 소년계사의『소년계』『소녀계』는 일본의 소년소녀 잡지의 발행 형태와 내용을 답습하였는데, 잡지명이 킨코우토우쇼세기(金港堂書籍)의 그것과 동일한 사실은 제국 일본의 출판문화에 연동된 식민지 출판계의 상황을 잘 보여준다.[47]

---

47 1902년 창간된 킨코우토우쇼세기의『소년계』를 최연택이 접했다면 일본 유학 기간인 1913~1914년경일 것으로 추정된다. 한편 하쿠분칸에서는 출판된『소년세계』『소녀세계』는 1895년부터 1938년까지 출판되었는데, 식민지 조선에서 발행된『조선신

이 시기 소년계사의 『소년계』『소녀계』와 같은 소년잡지는 '소년'을 근대 주체로 기획한 것으로 메이지 일본에서 입신출세주의의 사회적 지향성이 투영된 출판물이다. 메이지 일본의 입신출세주의는 일본 사회 곳곳에 파급되었고 소설의 영역에서는 '立志小說'의 장르를 탄생시켰다.[48] 이러한 문화적 현상은 식민지 조선에도 파급되었고 소년잡지에까지 영향을 미쳤다. 그리하여 『소년계』에도 이러한 입지소설의 장르가 배치되었다. 이러한 사실은 『소년계』의 기사를 정리한 다음 [표4]에서 잘 드러난다.

[표4]에서 볼 수 있듯이 『소년계』에는 홍동영의 「아메리카 발견」과 「깊은 바다의 대탐험」은 탐험가 콜럼버스와 바다 속 미지의 생물에 관한 탐험에 관한 이야기들이 배치되었는데,[49] 이것은 소년들에게 미지의 세계에대한 탐험과 모험을 종용하는 일종의 입신모험담이라 할 수 있다. 특히 우태형의 「명예를 위하여」에 '입지소설'이라는 제명이 붙여진 것은 이러한 사실을 잘 말해준다. 이같이 『소년계』에 입지소설의 장르가 배치된 것은 소년 독자 및 투고자의 입신출세주의 지향성을 드러내 준다고 할 수 있을 것이다.[50]

문』에 광고될 정도로 잡지의 파급력이 높았으므로 최연택과 영택이 이것을 참고했을 가능성도 높다. 『朝鮮新聞』1926년 4월 23일자 광고 참조. 일본의 소년잡지『소년계』『소년세계』와 관련된 연구는 다음을 참조. 田中卓也, 「近代少年向け雜誌『少年界』における一考察: 讀者の分析を中心に」, 『關西敎育學會年報』34, 關西敎育學會, 2010; 「近代少年雜誌における少年讀者の共同體形成に關する一考察:『少年世界』『少年界』の讀者の比較を通して」, 『關西敎育學會年報』35, 關西敎育學會, 2011.

48 일본에서 '입지소설'이 탄생한 배경과 그 내용은 이 책 3부 2장을 참조.
49 홍동영은 『소년계』에 글을 투고할 즈음 기독교 청년을 대상으로 한 종로 엡윗청년회 주최 웅변대회에 참가하였다. 「基督敎靑年들의 懸賞雄辯大會」, 『매일신보』1927년 11월 22일자.
50 우태형은 1927년 현재 황해도 안악군 소재 '安岳公立普通學校6年生'임. 『매일신보』 1927년 3월 29일자. 1920년대 후반 『동아일보』『중외일보』와 같은 신문에 동화·동요 등을 투고하였는데, 이 시기 소년 문사 가운데 한 명이었던 것으로 판단된다.

[표4] 『소년계』 주요 집필진과 기사
(████: 입신과 모험을 통한 성공주의와 관련된 기사)

필자	기사 제목	장르	호	발행일
편집인	굿게스라	사설	1-2	1927년 1월 1일
편집국	우리는 비료가 됩시다	사설	2-3	1927년 3월 1일
편집국	메이데이	사설	2-5	1927년 5월 1일
편집부	태서위인전기 아이작 뉴톤	전기	2-5	1927년 5월 1일
고장환(*)	여름과 겨울	동요	1-2	1927년 1월 1일
고장환(*)	둘!	우화	2-3	1927년 3월 1일
고장환(*)	지혜자 조지	동화	3-1	1928년 1월 1일
주요한(*)	육군대신과 비	과학	1-2	1927년 1월 1일
丁洪敎(*)	어리석은 별주부	동화	1-2	1927년 1월 1일
丁洪敎(*필명: 一天)	(成功美談)新聞大王(2)	美話	2-3	1927년 3월 1일
五月會 丁洪敎(*)	어린이날을 맞으면서	논문	2-5	1927년 5월 1일
丁洪敎(*)	戊辰年을 마치며	논설	3-1	1928년 1월 1일
朴埈杓(*필명: 哲魂)	새로운 느낌		2-5	1927년 5월 1일
朴埈杓(*)	불란서의 봄	취미	2-5	1927년 5월 1일
朴埈杓(*)	수놓은 무지개	동화	2-5	1927년 5월 1일
朴八陽(*필명: 金麗水)	바람	동요	1-2	1927년 1월 1일
金永八(**)	그들의 힘을 바란다	논설	3-1	1928년 1월 1일
洪淳俊(**)	프랭크린先生의 小年逸話	일화	2-5	1927년 5월 1일
洪東榮	아메리카발견(2)	實談	3-1	1928년 1월 1일
洪東榮	깊은 바다의 대탐험	전기	3-4	1928년 4월 1일
禹泰亨	(입지소설)명예를 위하여	소설	3-4	1928년 4월 1일

[(*)는 오월회, (**)는 사회주의 계열 소년운동가로 표기함]

이렇듯 일본의 입신출세주의 출판문화의 영향을 받은 소년잡지 『소년계』 또한 '소년'을 근대 주체로서 상정하고 '소년'의 위치와 임무는 『소년계』 편집인의 목소리로 전달되었다. 편집인은 소년이 낡은 조선을 떨치고 스스로 서서 조선의 주인이 되어야 하며,[51] 조선의 주인이 될 그리고 조선을 신개척할 소년들의 자양분으로서 소년의 父가 그 역할을 다 할 것을 주장하였다.[52] 또 소년들의 귀감이 될 서구 근대과학을 표상하는 위인인 뉴턴의 전기도 게재하였다.[53]

한편 『소년계』 집필진 가운데 가장 많은 글을 투고한 사람들은 편집자인 최연택과 호동인데, 이들은 다양한 필명을 사용하여 동화·시·소설 등을 게재하였다. 그 뒤를 이어 오월회, 사회주의 계열 아동문학 및 소년운동가들이 있다. 특히 1927년 『소년계』 5월호에 「어린이날을 맞으면서」의 정홍교가 그의 이름 앞에 '오월회' 기관명을 명기한 것은 주목된다. 이 시기 오월회의 기관지 발행이 여의치 않자,[54] 『소년계』를 통해 오월회의 입장을 표명하려고 했던 것 같다. 또한 [표4]에 제시한 바와 같이 『소년계』의 집필진으로 주요환·고장환·박준표·박팔양과 같은 오월회 주요 회원들이 참여하였다. 이들 오월회 회원들이 소년잡지의 집필진으로 동참한 사례가 『소년계』 외에는 찾아볼 수 없다는 점에서 『소년계』는 오월회의 기관지 역할을 한 것으로 판단된다.

오월회 회원들과 『소년계』의 주요 운영진인 최연택 및 영택은 이렇다 할 접점은 없었지만, 최호동과의 관계로 『소년계』 잡지의 집필진으로 참여하게 된 것이다. 이들의 참여 배경은 박준표의 언급에 잘 드러난다. 오월회 회원인 박준표는 『소년계』 1927년 5월호부터 최호동의 부탁으로 『소년계』 동인으로 참여한다고 하였다.[55] 정홍교·고장환·박팔양은 박준표 보다 앞선 1월

---

51 편집인, 「굿게스라」, 『소년계』 1-2, 1927, 2~3쪽.
52 편집국, 「우리는 비료가 됩시다」, 『소년계』 2-3, 1927, 1~2쪽.
53 편집부, 「태서위인전기 아이작 뉴톤」, 『소년계』 2-5, 1927, 51~53쪽.
54 오월회는 소년운동 잡지로써 기관지 『五月』을 1926년 7월 1일자로 창간하려고 했지만 조선총독부의 원고 압수 조치 등을 겪으면서 기관지는 발행되지 못했다. 「少年運動雜誌」, 『동아일보』 1926년 5월 18일자. 「『五月』 原稿押收」, 『동아일보』 1926년 6월 19일자.
55 "여러분의 많은 歡迎을 받는 少年界 主幹 崔湖東先生에게 알지 못하는 저에게 重且大한 同人責任을 맡아달라는 부탁을 듣고 … 여러 가지 일로 奔忙한 中 더구나 貴여

호부터 등장하므로 오월회 회원들은 『소년계』 창간 초기부터 집필진으로
동참한 것으로 보인다.

이들 오월회 회원 모두 최호동을 매개로 『소년계』 동인으로 참여한 것으
로 추측되는데, 앞서 언급했듯이 정홍교·고장환·박팔양 등의 오월회 회원들
이 최호동과 함께 어린이날 준비위원으로 함께 활동한 사실에서 충분히 알
수 있다. 또한 카프계열 작가인 김영팔과 홍순준도 『소년계』 집필진으로 활
동하였는데 이들도 최호동이 매개가 되었다. 최호동이 『문예시대』 『문예영
화』 발행에 관여하였고, 김영팔·홍순준·박팔양은 『문예시대』 『문예영화』의
집필진으로 활동한 것이다.

한편 박준표가 1927년 『소년계』 5월호부터 동인으로 참여한 이때 소년계
사 또한 오월회의 소년운동을 적극적으로 지원하였다. 소년계사는 1927년
어린이날 준비를 위한 오월회 주체 어린이날 참가단체에 그 명단을 올리며,
최호동이 개인 명의로 2원을 기부한 것과 별도로 소년계사 단체명으로 7원
의 의연금을 조선운동협회가 아닌 오월회 측에만 기부한다.[56] 더하여 최호
동은 1927년 『소년계』 5월호에 5월 1일 어린이날을 기념하는 편집국 사설
「메이데이」라는 기사를 실으며 오월회의 어린이날 행사 유치에 적극적으로
참여하였다.[57] 이 같이 소년계사와 오월회의 지원과 연대에는 오월회 소년
운동에 참여하였던 최호동의 역할이 중요했다. 요컨대 최호동이 오월회 구
성원으로 활동한 것은 소년계사와 오월회가 소년운동에서 상호 연대할 수

운 少年계의 同人이란 責任을 이바지 못할까 두려웁습니다. 그러나 崔先生의 固執으
로 어찌할 수 없게 되었사오니 …" 박철혼, 「새로운 느낌」, 『소년계』 2-5, 1927.
56 「오월회 주체 어린이데이 참가단체」, 『동아일보』 1927년 4월 9일자. 「어린이날 준비」,
『중외일보』 1927년 4월 12일자. 「旗行列과 祝賀式은 兩方이 合同擧行? 야간집회
는 따로 할터이고 라디오 방송은 운동협회 측 臨迫한 '어린이날' 축하」, 『매일신보』
1927년 4월 29일자.
57 편집국, 「메이데이」, 『소년계』 2-5, 1927, 1~2쪽. 『소년계』 2권 5호의 XYZ, 「三日間
日記」의 내용을 토대로 하면 편집국의 저자는 최호동으로 판단된다.

는 있는 계기를 마련해 준 것이다.

그렇지만 최호동이 그의 형인 최연택·영택과 달리 사회주의를 수용하여 오월회의 소년운동에 참여하였다고 보기는 어려울 듯하다. 최호동의 사회주의 수용 可否를 직접적으로 알기는 쉽지 않지만, 그의 글은 프로문학의 지향성과는 동떨어져 있었다.[58] 최호동은 "문단은 어디까지든지 민중을 위해 생긴 것이 아니다"고 말하며, 민중과 분리된 독자적인 문단의 존재와 작가 의식을 강조하였다.[59]

이 같은 최호동의 문학적 경향으로 볼 때 그가 사회주의 영향 아래 오월회의 소년운동에 참여한 것은 아닌 듯하다. 그럼에도 그의 오월회 활동은 기존에 조선소년운동협회와 대립한 사회주의 소년단체로만 인식된 오월회가 실제로는 최호동과 같은 다양한 성향의 지식인 및 소년계사와 같은 단체들을 포용·연대하였음을 알려준다. 또 이러한 사실은 1920년대 소년운동의 이념적 대립을 다시 한번 고찰할 수 있는 중요한 시사점을 던져준다.

그러므로 『소년계』는 '자조론' 계열 기독교 소년운동가들과 사회주의 계열 소년운동가들 특히 오월회 회원들이 연대한 동인지적 성격의 소년잡지라고 할 수 있다. 양자의 연대에는 사회주의와 세속적 성공주의에 대한 상호 이해가 동반되었던 것으로 보인다. 사회주의 계열 소년운동가들도 '자조론' 계열 지식인들과 마찬가지로 개인의 노력과 근면을 통한 성공을 말한

---

58 한설야는 최호동의 소설 「기혼남자」에 대해 다음과 같이 혹평하였다. "崔湖東君의 「旣婚男子」를 보았는데 … 아무리 보아도 그것은 小說이라기가 어렵다. … 今日의 文藝는 너무도 부르주아 生活의 禮讚이다." 최호동, 「旣婚男子」, 『동아일보』 1925년 10월 25일자. 韓雪野, 「階級文學에 關하여」, 『동아일보』 1926년 10월 25일자.

59 최호동, 「民衆과 藝術: 文士諸氏에게」, 『동아일보』 1926년 10월 29일자, 최호동의 이 글에 대한 계급문학을 추종하는 작가들의 비판은 다음을 참조. 宋順鎰, 「民衆과 藝術을 읽고 崔湖東君에게」, 『동아일보』 1927년 1월 29일. 崔華秀, 「文壇病患者: 民衆과 藝術의 筆者에게」, 『동아일보』 1926년 11월 2일자. 鄭泰淵, 「朝鮮을 無視하는가(二)」, 『동아일보』 1926년 11월 11일자. 金相回, 「民衆과 멀어진 文壇(下)」, 『동아일보』 1927년 2월 3일자.

성공주의의 주요 내용에 대해 공감하고 있었던 것이다. 이것은 오월회 회원
인 정홍교가 신문왕 비스카운트 노스클리프(Viscount Northcliffe, 1865~1922)
가 부를 축적하게 된 성공스토리 「(成功美談)新聞大王(2)」를 소년계에 게재
한 사실과[60] 카프에 참여한 홍순준이 '자조론'적 가치를 실현한 인물로서 대
표성을 갖는 벤자민 프랭클린을 다룬 「프랭크린先生의 少年逸話」를 투고한
사실에서 잘 확인된다.

　또한 최연택과 영택도 노동의 가치를 무엇보다 중요하게 여기는 사회주
의에 대해 충분히 인지하고 있었다. 이들은 일찍부터 노동의 가치를 높게
평가하여 노동자에 대한 적절한 교육이 필요하다는 인식 아래 아현노동야
학회까지 창립하였다.[61] 그리하여 『소년계』는 사회주의 성향의 기사 게재로
조선총독부의 검열 조치 대상이 되었으며,[62] 『소녀계』 2권 2호 또한 무산소
년의 미담과 관련된 기사가 삭제되는 한편 2권 2호는 단독 호수로 끝내 출
판되지 못했다.[63] 결국 이 같은 기사를 애초 편집 과정에서 걸러내지 않은
소년계사 편집인의 결정은 이들이 사회주의 계열의 소년운동에 대해 공감
하고 있었음을 말해준다.

60　1927년 3월호 이전 2월호부터 총 2회에 걸쳐 연재한 것으로 판단된다.

61　최영택, 「社會主義의 解剖」, 『매일신보』 1921년 6월 29일자. 「阿峴勞動敎育會」, 『매
　　일신보』 1920년 11월 4일자. 최영택, 「勞動者의 價値: 東幕勞動夜學校를 視察하고」,
　　『매일신보』 1921년 5월 26일자.

62　「少年界 第2卷 9號」, 『不許可 出版物 竝 削除記事 槪要譯文』, 발신일 1927년 9월
　　7일(일제경성지방법원편철자료, 국사편찬위원회 한국사데이타베이스). 조선총독부
　　의 소년잡지 8종의 검열 행정 처분 대상에서 『소년계』가 5차례로 가장 높다. 문한
　　별, 「일제강점기 아동 출판물의 관리 체계와 검열 양상: 『불온소년소녀독물역문』과
　　『언문소년소녀독물의 내용과 분류』를 중심으로」, 『한국문학이론과 비평』 60, 한국
　　문학이론과 비평학회, 2013, 427쪽.

63　「『少女界』 第2卷 2號: 萬里 海外에서 활동한 白衣無産少年의 美談」, 『不許可 出
　　版物 竝 削除記事 槪要譯文』, 발신일 1928년 1월 20일(일제경성지방법원편철자료,
　　국사편찬위원회 한국사데이타베이스). 『소녀계』 2권 2호와 3호의 합본으로 출판되
　　었다.

요컨대 최호동과 함께 '자조론' 계열 지식인 최영택은 사회주의에 대한 이해가 있었으며,[64] 이러한 그의 이해에 힘입어 오월회 사회주의자들은 『소년계』 집필진으로 활동할 수 있었다. 무엇보다 『소년계』『소녀계』를 출판한 소년계사는 1920년대 성공주의를 유포한 최연택과 영택이 주축이 되어 운영한 출판사로서, 오월회 사회주의자들 또한 이들이 유포하는 성공주의에 공감대를 형성하고 있었기에 양자의 연대가 이루어질 수 있었다고 할 수 있다.

---

64 최영택은 노동의 가치를 중요시한다는 측면에서는 사회주의자들의 견해와 동질적이지만, 카프나 경향문학 작가들이 부르주아의 기만으로부터 민중의 의식을 일깨우는 것을 문학의 목적이라고 생각하는 것과는 차별성을 가졌다. 閔丙徽, 「少年文藝運動 防止論을 排擊(二)」, 『중외일보』 1927년 7월 2일자.

3부

'자조론'의 토착화와 자기계발서

1장 崔永澤의 『입신모험담』 번역

한말 한국사회에 유입된 '자조론'은 3.1운동 전후를 기점으로 하여 현재에 이르기까지 장기간에 걸쳐 성공주의를 표상하는 가치로서 한국 사회에 토착화되었다. 이 장에서는 '자조론'이 한국 사회에 토착화되는 과정을 메이지 후기 일본에서 생산된 『자조론』 아류 서적이 한국에 번역·유통된 사실을 통해 드러내려고 한다. 그리하여 최영택이 『매일신보』에 번역·연재한 『입신모험담』을 1920년대 식민지 조선사회에서 유통된 일본의 『자조론』 아류 서적으로서 주목한다.

그동안 『매일신보』에 연재된 『입신모험담』에 대해 관심을 가진 연구가 없었을 뿐만 아니라, 이것이 『자조론』 아류 서적으로 검토된 적도 없었다. 무엇보다 『입신모험담』을 번역·연재한 최영택은 그동안 시인과 기독교인으로서 활동이 언급되었을 뿐,[1] 1920년대 『입신모험담』과 같은 일본의 『자조론』 아류 서적의 번역을 통해 성공주의를 유포한 '자조론' 계열 지식인으로

---

1 국문학계와 교회사의 기존연구에서는 성결교단의 발전과 해산에 관여한 기독교 지식인 최영택과 『태서문예신보』의 '무명시인' 최영택이 동일 인물이라는 사실에 접근하지 못했다. 강남주, 「태서문예신보의 무명시인고」, 『韓國文學論叢』 2, 한국문학회, 1979, 41~43쪽. 김은철, 「「泰西文藝新報」의 歷史的 位相: 無名詩人의 作品을 中心으로」, 『韓民族語文學』 17, 한민족어문학회, 1990, 239~259쪽. 아현교회 70년사 편찬위원회, 앞의 책, 1984, 97쪽. 박문수, 『아현성결교회 100년사』, 서울아현교회, 2016, 129~137쪽. 이응호, 앞의 책, 548~566쪽; 「최영택(崔永澤)」, 『성결교회인물전』 5, 두루, 2001. 박명수, 「성결교회와 부흥운동」, 『신학과 선교』 27, 서울신학대학교 기독교신학연구소, 2002, 140~141쪽. 이종무, 「문서운동가 최영택 장로님」, 『목사가 감동한 그 때 그 장로』, 한국문서선교회, 2007. 정상운, 「한국성결교회의 초기 문서운동: 1945년 이전 잡지를 중심으로」, 『성결신학연구』 3, 성결대학교 성결신학연구소, 1998. 김승태, 「일제 말기 성결교회의 수난과 교단 해산」, 『한국기독교와 역사』 25, 한국기독교역사학회, 2006, 113~118쪽.

서 조명되지 못했다.

　최영택은 1910년대 말『태서문예신보』를 시작으로, 1920년대『매일신보』
『신천지』『수양』그리고『女子時論』을 중심으로 문필 활동을 하며 식민지
여성문제를 비롯한 사회문제에 대한 주제 의식 강한 글과 수필·번역·소설·
각본 등과 같은 문학작품을 대량 남겼다. 특히 최영택과 함께『신천지』동
인으로 활동했던 홍난파가『자조론』을 번역하는 등, 그와 동시기『매일신보』
『신천지』『수양』에서 함께 활동한 지식인들은『자조론』을 번역하거나 스마
일즈 '자조론'의 가치를 전파하는 데에 적극적이었다. 이렇듯 최영택의 일련
의 활동과 그의 인적 네트워크는 '자조론'을 수용한 일군의 지식인들과의
관계에서 생성되었음에도 이것을 주의 깊게 살펴본 연구는 없었다.

　따라서 이 장에서는 1920년대 초 최영택이『매일신보』에 번역·연재한 일
본의『자조론』아류 서적『입신모험담』의 분석을 통해, 식민지 조선사회에
'자조론'의 가치가 토착화되는 과정을 드러내려고 한다. 최영택은 성공주의
를 유포한 '자조론' 계열 지식인으로서 조명될 것인데, 그의 지적 행보를
1910년대 말 백대진과 함께 참여한『태서문예신보』의 활동부터 검토할 것
이다. 3.1운동 전후『태서문예신보』에서『매일신보』에 이르기까지 최영택의
행적과 활동을 살펴보는 작업을 통해, 1920년대 '자조론' 계열 지식인들의
형성과 근현대 한국 사회에 '자조론'의 가치가 파급되는 과정을 파악할 수
있을 것이다.

(1) 최영택의 3.1운동 전후 기자활동과 잡지사 경영

1)『태서문예신보』의 기자 활동

　최영택은 본관이 경주이며 1896년 출생하였으며, 성결교를 믿은 기독교
신자였다.[2] 현재 서울시 서대문구 아현동에 주로 거주한 것으로 파악되며,

이 지역에 설립된 아현태극학교에 재학하였다.[3] 아현태극학교 이후 상급학교로의 진학은 확인되지 않지만, 최영택은 식민지 시대 평균 교육 수준을 상위하는 교육을 받았을 것으로 짐작된다. 그의 父인 崔泰植의 학구열과 경제 수준 그리고 형인 최연택의 교육 수혜 정도, 일본 요코하마에서 창간된 『여자시론』 발행 실무진으로 활동, 국내 유통되지 않은 일본어 원서를 저본으로 『매일신보』에 일련의 번역을 연재한 점 등은 최영택의 교육 수준의 정도를 충분히 짐작하게 해 준다.[4]

1910년대 말 최영택은 『태서문예신보』를 통해 문단에 등단하면서 본격적인 사회활동을 시작한 듯하다. 이후 1920년대 초 『매일신보』와 『신천지』『수양』은 그의 주요 활동 무대가 되는데, 여기에 참여한 데에는 1910년대 『태서문예신보』에서 함께 활동한 백대진과의 관계가 주요했다고 여겨진다.[5] 백대

---

2 최영택이 1896년생인 것은 이웅호, 앞의 글, 1992, 563쪽 참조. 최영택은 아현성결교회의 부흥을 이끈 장로로 유명하며, 『활천』『주일학생』과 같은 기독교 잡지 발행을 주도한 문서선교 운동가였다. 또 현재 서울신학대학교의 전신인 경성신학교의 이사직 역임 및 식민지 말기 성결교단의 교회 해산과 해방 직후 교회 재건에 관여하였다. 『서울신학대학교 100년 역사화보집 1911~2011』, 서울신학대학교, 2012, 94쪽. 「國民的自覺으로: 聖潔敎會解散聲明書를 發表」, 『매일신보』 1944년 1월 5일자. 「聖潔敎會再建」, 『중앙신문』 1945년 11월 15일자.

3 김도연, 앞의 책, 171쪽.

4 최태식은 아현태극학교가 설립될 당시 의연금을 출자하는 한편 학부형으로서 친목회 활동 및 학업 우수자에게 상금을 부여하는 등 높은 학구열을 보여준다. 앞서 살펴보았듯이, 최영택의 형인 연택은 태극학교 졸업 이후 보성중학교를 거쳐 일본유학을 했다. 최영택은 父인 최태식과 재산분쟁 재판을 하였는데, 이로 보아 그의 집안은 상당한 재력을 소유했던 것 같다. 「阿峴私立太極學校義捐金及氏名阿峴契阿峴」, 『황성신문』 1908년 12월 8일자. 「阿峴私立太極學校義捐金額及氏名阿峴契阿峴」, 『대한매일신보』 1908년 12월 3일자. 「太極學期」, 『대한매일신보』 1908년 12월 8일자. 「父を相手に金の裁判」, 『朝鮮新聞』 1924년 10월 4일자.

5 1921년 2월경 백대진은 『매일신보』 기자로 재직하면서 『신천지』 창간을 준비하였다. 「『新天地』 新刊」, 『매일신보』 1921년 2월 23일. 이후 『매일신보』를 퇴직하고 『신천지』의 주간으로 활동하였는데, 『매일신보』에서 그와 친분을 가진 문인과 기자들을 『신천지』의 주요 집필진으로 구성하였다.

진이 『매일신보』 기자이며 『신천지』 창간인이었으므로 1910년대 말에서 1920년대 초로 이어지는 최영택의 활동에서 假橋 역할을 충분히 해줄 수 있었던 것이다.

한편 선행연구에서 최영택은 『태서문예신보』를 통해 등단한 '무명시인'으로만 간주되었는데,[6] 이 잡지의 寫生帖(스케치帖) 기자로 활약한 사실을 새롭게 발견하였다. 사생첩은 『태서문예신보』의 고정 기사란인데, 이것을 담당한 기자는 'H.M' 또는 'C생'의 필명으로 표기되었다. 그리고 이제까지 이 같은 필명으로 표기된 사생첩 담당기자는 이 잡지의 주간인 '장두철'이라고 간주되었다.[7] 하지만 장두철 뿐만 아니라 최영택도 『태서문예신보』의 사생첩 기자로 활약했다고 여겨진다. 『태서문예신보』 4·5·13·14·16호 가운데 13호의 'H.M' 필명은 해몽 장두철인 듯하지만, 14호와 16호의 'C생'은 '최영택'으로 판단된다.[8] 이것은 최영택이 『태서문예신보』 15호의 사생첩 기자였음을 밝힌 다음 글을 통해 알 수 있다.[9]

女史足下 不肖往來에 泰西文藝新報寫生文 記者의 任務를 帶하고 阿峴으로부터 鐘路까지 一直線으로 所感의 一切을 描寫하였든 事實이 있나이다. 即同志 15호 대정8년 1월 26일 발행 4면 소재 '스켓취帖'이 이것이외다.[10]

한편 『태서문예신보』 16호는 공지사항을 통해 장두철의 글이 게재되지 않는다고 밝혔다. 그러므로 16호 사생첩의 글을 담당한 기자는 장두철이 아닌 것은 분명하다. 이러한 사실은 16호 사생첩 기자의 필명 'C'생이 최영택

6 文德守, 『現代韓國詩論』, 二友出版社, 1974, 574~575쪽. 강남주, 위의 논문, 42쪽. 김은철, 위의 논문, 239~259쪽.

7 정주환, 「태서문예신보와 수필의 양상」, 『호남대학교 학술논문집』 16-1, 호남대학교, 1995, 5쪽.

8 『태서문예신보』 4호와 5호는 담당 기자 이름이 없다.

9 『태서문예신보』 15호는 현존하지 않으며, 16호까지 발행된 것으로 알려져 있다.

10 崔老耕, 「金미리사 女史에게(二)」, 『매일신보』 1921년 6월 16일자.

이라는 사실을 더욱 입증해준다. 16호의 예로 미루어보아 앞서 14호에서 사용된 사생첩 기자의 필명 'C'생 또한 최영택일 것이다. 나아가 최영택이 『여자시론』에서도 'C생'이라는 필명을 종종 사용한 점을 볼 때, 14호와 16호의 사생첩 기자 필명 'C생'은 최영택이라고 판단된다.[11]

이상에서 『태서문예신보』 사생첩의 고정란 기사 작성에는 장두철 이외 최영택도 참여하였음을 알 수 있다. 이것은 『태서문예신보』의 주요 집필진으로 알려진 장두철,[12] 이일(李一, 1891~?),[13] 김억(金億, 1895~?), 황석우(黃錫禹, 1895~1960), 백대진 등과 더불어 최영택이 이 잡지 발행에 중요한 역할을 담당하였다는 사실을 말해준다.

한편 『태서문예신보』는 종합문예지로서 잘 알려졌지만, 문예물로만 구성된 잡지가 아니었다.[14] 문예물이라고 볼 수 없는 글들이 지면에 상당수 할애되었는데, 발명가와 사업가의 성공담을 주제로 하거나 이와 관련된 글들이 고정적으로 게재되었다.

---

11 C생, 「結婚의 目的은 무엇이냐?」, 『여자시론』 창간호, 1920; 「卷頭辭」, 『여자시론』 3, 1920. 아마 16호의 'C생' 표기는 최영택이 동일 호수에 본명을 사용하여 기고한 글이 있었기 때문에 중복을 피하고자 필명을 사용했던 것 같다. 최영택, 「海夢生의 成功秘訣을 讀함」, 『태서문예신보』 16, 1919.

12 장두철의 이력은 다음을 참조. 「商業界의 巨星: 半島貿易公司」, 『동아일보』 1939년 11월 8일자.

13 조윤정, 「무명작가의 복원과 문인교사의 글쓰기: 이일(李一)의 생애와 문학」, 『한국현대문학연구』, 48, 한국현대문학회, 2016, 236~237쪽.

14 실제 이 잡지의 문예 작품수를 통계화한 연구에 따르면, 가곡·음악·미술과 관련된 글은 소개되지 않았고 시작품의 편수가 압도적으로 높았다. 특히 문예와 관계없는 비문예적인 기사들이 압도적으로 많았다. 김혜니, 「泰西文藝新報의 性格考」, 『이화어문논집』 5, 이화여자대학교 이화어문학회, 1982, 125쪽. 문덕수, 위의 책, 568쪽. 金容稷, 「泰西文藝新報研究: 그 詩作과 詩論을 中心으로」, 『國文學論叢』 1, 단국대 문리과대학 국어국문학연구부, 1967, 58쪽, 주)4. 김행숙, 「『泰西文藝新報』에 나타난 근대성의 두 가지 층위」, 『국어문학』 36, 국어문학회, 2001, 6쪽.

[표5] 『태서문예신보』 성공담 기사 및 문구

호수(연도.월.일)	기사	저자·역자
1호(1918.9.26)	세계적 대발명가 에디슨	
1호(1918.9.26)	세계에 제일 큰 실업가: 특별히 청년을 위하여	
2호(1918.10.13)	세계에 제일 큰 사업가	
2호(1918.10.13)	세계적 대발명가 에디슨	
2호(1918.10.13)	세계에 제일 큰 실업가: 미국의 강철대왕과 그의 기이한 기억력	
3호(1918.10.9)	노벨씨와 노벨상금	
3호(1918.10.9)	열심과 인내의 길은 성공의 궁전으로 들어가나니라 (태서격언집)	
5호(1918.11.2)	世界的 成功兒	
6호(1918.11.9)	世界的 成功兒	
6호(1918.11.9)	와싱톤의 의기(東西의 逸話)	
6호(1918.11.9)	나폴레온의 의기(東西의 逸話)	
7호(1918.11.16)	新鋼鐵王 슈왓뚜씨의 성공한 이유	
9호(1918.11.30)	세계적 成功談	
10호(1918.12.7)	인내는 성공의 모	一海生
10호(1918.12.7)	世界的 成功談	
11호(1918.12.18)	世界的 成功談	
12호(1918.12.25)	世界的 成功談	
13호(1918.1.1)	세계적 연설가	
14호(1919.1.13)	成功秘訣	海夢生
16호(1919.2.17)	海夢生의 成功秘訣을 讀함	崔永澤

위의 표에서 알 수 있듯이 『태서문예신보』 5·6·10·11호는 「세계적 성공아」,「세계적 성공담」의 고정란을 통해 성공한 위인들을 소개하였고, 1호와 2호는 발명가 에디슨을 연이어 게재하였다. 특히 14호와 16호에 각각 장두철의 「成功秘訣」과 이에 대한 소감의 글인 최영택의 「海夢生의 成功秘訣을 讀함」이 게재된 사실은 주목된다. 이것은 사생첩란을 담당한 이 잡지의 주

요 집필진이 성공주의 유포에 적극적이었다는 사실을 보여준다. 또 이러한 주요 집필진들의 성공담론 유포는 『태서문예신보』가 3.1운동 직전 육당 최남선의 『자조론』 번역과 같은 식민지 지성계의 변화를 반영한 잡지로서 성격을 가지고 있음을 말해준다.[15]

이러한 사실로 볼 때, 1920년대 초 최영택이 『매일신보』에 메이지 후기 성공주의 지향의 『입신모험담』을 번역·연재한 것은 1910년대 말 『태서문예신보』의 집필진으로 활동했을 때부터의 관심이 표명된 것이라고 할 수 있다. 앞서 언급한 것과 같이, 최영택과 백대진은 1910년대 말 『태서문예신보』에 이어 1920년대 초 『매일신보』를 비롯한 『신천지』 『수양』의 동인지 활동도 함께 하였다. 여기에 참여한 홍난파·최연택·백대진 등은 『자조론』을 번역하거나 조선의 성공 인물열전 서적을 새롭게 생산하며 식민지 사회에 성공주의를 유포하는데 적극적인 인물이었다. 최영택이 '자조론'의 가치를 담은 『입신모험담』을 번역한 데에는 이 같은 지식인들과의 교류와 영향이 중요했다고 생각된다.

2) 『여자시론』의 발행과 잡지사 경영

최영택은 1910년대 말 『태서문예신보』의 집필진으로 참여한 경험을 바탕으로, 1920년대 초 새로운 잡지를 창간하는데 동참하여 실무진으로 활약하였다. 이후 자신이 발행인이 되어 잡지사를 직접 경영하였다. 홍미로운 점은 그가 신생 출판사 문창사의 잡지경영인으로 활동한 시기에 『입신모험담』 서적을 번역하여 『매일신보』에 연재한 사실이다. 이는 최영택이 출판업이라는 모험을 통해 식민지 사회에서 문화 권력을 갖는 지식인으로서 위치를 확보하려는 입신성공을 기대했을 것이라는 점을 짐작할 수 있게 해준다.

---

15 1918년 4월 최남선의 『자조론』 번역본이 출간되었고, 『태서문예신보』 창간호는 9월에 발행되었다.

최영택이 창간에 관여한 첫 잡지는 3.1운동 이후 차미리사(1879~1955)[16]가 창립한 조선여자교육회의 기관지로 잘 알려진 『여자시론』이었다. 그동안 『여자시론』은 창간호만 그 실물이 확인되었는데, 이 잡지의 3호와 더불어 『婦人界』 2호가 발굴·소개되었다.[17] 그런데 이 잡지들의 편집과 발행에 관여한 실무자가 놀랍게도 앞서 언급한 『태서문예신보』의 시인·사생첩 기자로 활동한 최영택이었다.

처음부터 『여자시론』이 조선여자교육회의 기관지였던 것은 아니다. 일본 요코하마에서 유학하던 여자유학생이 주축이 되어 이양전(李良傳, 1900~1979)을 발행인으로 하여 창간되었고, 이후 조선교육회의 기관지가 되었다.[18] 중요한 사실은 최영택은 요코하마에서 『여자시론』이 창간된 때부터 조선여자교육회의 기관지로 바뀐 뒤에도 편집의 실무 및 집필자의 역할을 계속 담당하였다는 점이다.[19] 이것은 『여자시론』이 차미리사에게 인수되는 과정과 이후 운영에서도 잘 드러난다.

최영택과 차미리사는 조선여자교육회의 기관지로 『여자시론』을 인수하는 과정에서 공식적인 만남을 가졌고, 이후 이 잡지를 함께 경영하였다.[20] 1920년 4월 16일자 『매일신보』는 여자교육회가 며칠 전에 조직되었다는 보

---

16 '김미리사'가 자신을 '차미리사'로 명명한 것을 따라서, 이후 사료에서 '김미리사'로 표기된 것을 제외하고 '차미리사'로 통일한다.

17 이상경, 「1920년대 초의 여성 잡지의 맥락: 권말 영인자료의 소개」, 『근대서지』 2, 근대서지학회, 2010, 274~281쪽.

18 『여자시론』 창간호와 3호 앞표지의 주간 표기가 '李鍾肅女史'에서 '金美理士女史'로 바뀐 것에서 잘 알 수 있다.

19 최영택은 창간호에 卷頭辭인 「누님들아! 울지를 말어라」를 비롯하여, 「아심니가?」 「결혼의 목적은 무엇이냐」 「女傑의 生涯」를 수록하였다. 이후 3호에서도 「兩性問題」 「理想的 結婚」 「사라 빼날」 「本社 主體婦人討論會 스켓취」라는 글을 게재하였다. 최영택 본명 이외에도 C生·老耕生·아현동인·阿峴洞生의 다양한 필명을 사용할 정도로 상당량의 글을 『여자시론』에 기고하였다.

20 「女子講演會開催」, 『매일신보』 1920년 2월 14일자. 崔老耕(최영택), 「金미리사 女史에게(二)」, 『매일신보』 1921년 6월 16일자.

도와 함께 『여자시론』을 그 경영자의 호의로 그 회(조선여자교육회)의 기
관을 삼게 되어서'라는 기사를 싣는다.[21] 이것은 최영택이 차미리사가 이끄
는 조선여자교육회의 기관지가 되기 이전 『여자시론』을 경영했다는 사실을
말해준다. 차미리사가 『여자시론』을 인수한 이후에도 최영택은 편집의 실무
에 더하여 집필까지 하였다.[22] 하지만 『여자시론』은 계속 간행되지 못했고,
1921년 4월 필화사건으로 발매가 금지되어 실질적으로는 종간되었다.[23]

　이렇듯 『여자시론』이 종간된 다음, 1923년 2월 최영택은 또 다시 『부인
계』라는 여성전문잡지를 창간하였다. 『부인계』 창간에 대해 『매일신보』는
'조선의 가정 개량과 일반 부인의 지식향상을 도모하기 위하여 최영택(崔永
澤)씨의 경영으로 잡지 『부인계』를 발행하기로 하여 금십일일에 창간호를
발행하였다더라'고 보도하였다.[24] 여기에서 '최영택씨의 경영'이라고 언급된
부분이 주목되는데, 이것은 최영택의 형제들이 함께 운영한 출판사인 '문창
사'의 경영방식을 엿볼 수 있는 중요한 실마리를 제공해준다.

　『부인계』는 '婦人界社'에서 출판되었다. 그런데 『부인계』 2호를 통해 출
판과 관련된 서지사항을 살펴보면, '발행소'가 부인계사이며 '발매소'는 문
창사로 되어있다. 부인계사의 주소가 '경성 서대문외 아현리', 문창사의 주
소가 '경성 서대문외 아현리 90'으로 동일하다. 즉 발행소와 발매소가 각각
부인계사와 문창사로 표기되었지만, 부인계사의 번지 호수인 '90' 이외 세부
주소가 일치한다. 즉 부인계사가 곧 문창사이며, '문창사'의 상호명이 아닌

---

21 조선여자교육회의 창립 시기에 관한 1920년 2월과 4월 두 가지 설은 다음을 참조.
　한상권, 「일제강점기 차미리사의 민족교육운동」, 『한국독립운동사연구』 16, 독립기
　념관 한국독립운동연구소, 2001, 354쪽, 주) 52. 「새女子의 樂園 女子教育會, 며칠
　전에 이를 조직 잡지도 발행」, 『매일신보』 1920년 4월 16일자.
22 「『여자시론』 4호 광고」, 『동아일보』 1920년 6월 30일자. 「『여자시론』 5호 광고」, 『매
　일신보』 1920년 11월 6일자, 11월 11일자. 老耕 崔永澤, 「日記文」, 『매일신보』 1921
　년 1월 1일자.
23 「女子時論筆禍」, 『동아일보』 1921년 4월 26일자.
24 「雜誌 『婦人界』 發行 최영택씨의 경영」, 『매일신보』 1923년 2월 11일자.

'부인계사'라는 새로운 잡지사명이 사용되어 『부인계』 잡지가 창간되었다는 사실을 알려준다.

이 같은 『부인계』 잡지 발행 형태는 이후 최영택이 발행에 관여한 『소년계』 『소녀계』 『소년순보』 『주일학생』 잡지에서도 동일하게 발견되는 현상이다.[25] 결국 최영택이 창간한 잡지사는 문창사의 상호명을 사용하지 않았을 뿐 실제로는 문창사였다. 또 문창사의 출판은 크게 단행본과 잡지 발행으로 나눌 수 있는데, 여기에서 최영택은 주로 잡지의 창간과 발행을 담당하였던 것이다.

문창사는 3.1운동 이후 창설된 신생 출판사였다. 잘 알려있듯이, 3.1운동 이후 일본의 문화통치가 실시되면서 언론과 출판에 대한 자유가 허용되었고, 이에 따라 수많은 잡지사가 난립하였고 새로운 잡지가 창간되었다. 창간된 잡지는 몇 호만 발간되다가 종간되기 일쑤였고 잡지출판사 또한 종적도 알 수 없이 사라지는 경우가 허다하였다. 그럼에도 이와 같은 출판업에 대해 식민지 청년들은 매우 모험적이지만 큰 성공의 가능성이 있는 전도유망한 사업으로 인식하였다.[26]

최영택의 『여자시론』 경영 및 문창사에서 잡지의 창간과 발행은 3.1운동 이후 조성된 이 같은 출판업이라는 직종을 통한 모험적인 입신성공에 대한 기대가 반영된 것이었다. 이것은 최영택이 "文壇의 隆運이 日高月昇하리라

---

25 이 잡지들의 서지사항은 다음을 참조. 『소년계』 3-1, 1928. 『소녀계』 2-2·3, 1928. 「出版警察槪況: 不許可 差押 및 削除 出版物 記事要旨: 『少年旬報』第十一號」, 『朝鮮出版警察月報』 6(일제경성지방법원편철자료, 국사편찬위원회 한국사데이터베이스). 「新刊紹介: 少年旬報」, 『동아일보』 1929년 2월 6일자. 「今日의 出版許可: 主日學生 22, 23호 崔永澤」, 『매일신보』 1927년 7월 8일자. 「雜誌 『主日學生』 發行 최영택씨의 경영으로」, 『시대일보』 1925년 10월 30일자.

26 방효순, 위의 논문, 2000, 57~58쪽. 1920년대 출판업이 입신출세를 향한 모험적 직종에 속했다면, 상급학교의 진학과 오늘날 국가고시에 해당되는 시험에 대한 도전은 '안정적'인 입신출세의 사닥다리를 오르는 수순이었다. 정선이, 『경성제국대학 연구』, 문음사, 2002.

하는 消息에 無限高, 無限大한 느낌의 洗禮를 받은 者로라"고 출판업에 뛰어든 계기와 그 기대를 밝힌 것에서 잘 드러난다.[27]

최영택은 『여자시론』을 발행하던 시기 이미 잡지경영자로서 분명한 정체성을 갖고 있었으며, 기존 출판업계의 관행을 비난하며 그 차별성을 분명히 했다.[28] 따라서 최영택이 『여자시론』 이후 그의 형제들과 문창사를 창간하고 그 경영에 참여한 것은 식민지 사회에서 문화 권력을 획득하였던 기존 출판업계에 대한 도전으로 판단된다. 그러므로 최영택이 문창사의 잡지경영인으로 활동하던 시기 『매일신보』에 『입신모험담』을 번역·연재한 것은 식민지 사회에서 출판업을 통해 문화 권력을 획득하려던 그의 지향성과 관심의 산물이라고 할 수 있을 것이다.

(2) 『입신모험담』 번역과 성공주의 유포

1) 일본의 『자조론』 아류 서적과 『입신모험담』

최영택은 『여자시론』을 경영하던 중 1920년 6월 2일자 『매일신보』에 「'活動만 있어라' 特히 女子界의 반성을 促함」을 투고하였다. 이 글을 비롯하여 최영택은 「新女子에게 寄함」과 같은 일련의 기고문을 통해 신여성과 그들이 전개하는 여성운동의 방향성에 대해 비판적인 입장을 드러내었다. 최영택은 무엇보다 여성이 남성에게 의존하지 않는 '독립자존'의 생활을 할 것을 일관되게 주장한다. 이러한 논지를 전개하는 일련의 글에서 "天은 스스로 助하는 者를 助할 따름이로다"라고 스마일즈 『자조론』의 핵심 문구를

---

27 최영택, 「잡지 경영자에게 고함 1」, 『매일신보』 1921년 1월 25일자.
28 최영택, 「잡지 경영자에게 고함1~8」, 『매일신보』 1921년 1월 25일~1월 31일자; 「賣筆界의 霸王」, 『매일신보』 1921년 7월 29일자; 「날레의 명언」, 『매일신보』 1921년 7월 8일자; 「罵倒錄」, 『신천지』 3, 1920.

인용하였다.[29] 이러한 사실은 최영택이 '자조론'을 수용하고 이것의 가치를 식민지 사회에 전파하려고 한 모습을 보여준다. 그의 '자조론' 수용은 『태서문예신보』부터 『신천지』『수양』의 동인지 활동을 함께 한 백대진과 형인 최연택의 영향이 컸을 것으로 여겨진다.

앞서 살펴보았듯이, 최연택은 『자조론』을 번역하는 한편 '자조론'의 가치에 입각한 성공주의를 유포하였다. 또 백대진은 '한국적' 『자조론』 아류 서적인 『(현대상인)입지성공미담』을 생산하는 방식으로 식민지 사회에 성공주의를 전파하였다.[30] 이들과 혈연적·사회적으로 밀접한 관계에 있었던 최영택 또한 성공주의 유포에 적극적이었는데, 그것은 일본에서 생산된 『자조론』 아류 서적을 번역하는 것이었다. 1922년 최영택은 일본에서 생산된 『자조론』 아류 서적인 『위인수양록』(1901)과 『입신모험담』(1904)을 「수양록」[31]과 「입신모험담」, 「동서위인담」[32]의 표제로 『매일신보』에 번역·연재하였던 것이다. 번역 저본이 된 『위인수양록』과 『입신모험담』은 1900년 이후 러일전쟁 즈음 일본에서 성공붐이 최고조가 되었던 시기 번역·생산되었던 『자조론』 아류 서적이라는 점에서 중요하다.[33]

---

29 최영택, 「'活動만 있어라' 特히 女子界의 반성을 促함」, 『매일신보』 1920년 6월 2일자; 「新女子에게 寄함」, 『매일신보』 1921년 3월 7일자.

30 이에 관해서는 이 책 및 3부 3장을 참조.

31 「수양록」은 '抄譯'이라고 번역문임을 밝혔지만, 번역 저본은 명기하지 않았다. 번역 내용으로 추적한 원서와 번역 저본은 다음과 같다. George Lillie Craik, *The pursuit of knowledge under difficulties* (London: Bell and Daldy, 1847); 風間礼助, 『偉人修養錄』, 文武堂, 1901.

32 1922년 10월 26일부터 11월 19일까지 13차례에 걸쳐 『매일신보』에 「입신모험담」을 연재하였고, 이후 두 달 정도 지난 1923년 1월 30일부터 2월 17일까지 「동서위인담」을 연이어 연재하였다. 두 연재물의 제목은 다르지만, 이것은 『입신모험담』을 저본으로 발췌 번역한 것이었다. 森彦太郎(九州), 『立身冒險談』, 文學同志會, 1904. 일본국회도서관 소장 『立身冒險談』 1909년 5판 인쇄본도 참조.

33 「수양록」 「입신모험담」 「동서위인담」에서 '수양' '입신' '위인'이라는 표제는 이것이 개인의 인격수양과 그를 통한 입신출세를 지향하였던 『자조론』 아류 서적이라는 사

[표6] '立志(編)' 題名을 사용한 『자조론』 아류 서적 (1)[34]

서명 (*한국내 소장)	著者·譯者·編者	출판사	연도
小學立志編: 一名 勸學總談(上·下)	古賀脩二	有隣堂	1878
明治立志編: 一名 民間榮名傳(*)	津田權平	禹屋誠	1881
東洋立志編	松村操	巖々堂	1882
東洋立志編 付·偉業論	木戸照陽	明玉堂	1890
近世女子立志編	久保田梁山	甘井堂	1880
民權立志編	中山克己	山中市兵衛	1881
日本立志編: 一名 修身規範(*)	千河岸貫一	雙書房	1878
(少年必讀)日本立志編	西村富次郎	西村書店	1890
(偉業龜鑑)日本立志編	西村富次郎	弘文館	1894
(英才學術)日本立志編	杉浦熊吉	大版同盟館	1887
日本女子立志編	千河岸貫一	博文館	1902
漢土立志編	川崎與十	文求堂	1883
皇朝女子立志編	上野理一	吉岡寶文軒	1883
軍人立志編	三田一郎	奇正社	1885
軍人立志編	羽山尙德	森本書店	1898
歐米立志金言	脇山義保	采英書屋	1886
繪本訓蒙立志編	博心齊主人	帶川堂	1887
西國婦人立志編: 一名 婦人之活動	Theodore Stanton 左田賴之助	錦光館	1887

실을 말해준다. 근대 일본에서 '수양' 개념이 사용된 첫 용례는 『서국입지편』에서 스마일즈 『자조론』의 'mental culture'를 '수양'으로 번역한 것이었다. 王成, 「近代日本における<修養>概念の成立」, 『日本研究』 29, 國際日本文化研究センター, 2004, 122~123쪽. 입신출세주의와 '수양' 개념의 관련성은 다음을 참조. 瀬川大, 「研究動向: 「修養」研究の現在」, 『研究室概要』 31, 東京大學大學院教育學研究科基礎教育學研究室, 2005, 49~50쪽. 雨田英一, 「村上俊藏『成功』思想: 近代日本修養思想一形態」, 『教育學研究』 59-2, 日本教育學會, 1992.

34 이 표는 일본 국회도서관이 소장한 '입지(입지편)'를 표제로 한 『자조론』 아류 서적의 일부분이며, 다케우치 요우가 조사한 1878~1890년까지 『서국입지편』 類書 목록을 참고하여 재구성한 것이다.

立志龜鑑	伊達他人二郎 田村貞馬	國文社	1893
(立志龜鑑)雲間洒月	大久保常吉	金玉堂	1887
(立志龜鑑)活氣之焰	吉村弁次郎	吉岡書籍店	1891

　일본에서 『자조론』 아류 서적의 생산과 유통은 스마일즈 『자조론』의 첫 번역서인 나카무라의 『서국입지편』이 일본사회에 미친 입신출세주의의 열기가 메이지 후기·다이쇼 초기까지 사그라지지 않고 지속·변형되었음을 의미한다.[35] 『서국입지편』의 영향은 출판시장에서 더욱 가시적으로 드러났는데, 이것의 외형을 모방하여 '立志'를 표제에 넣은 『자조론』 아류 서적들이 속속 출간되었다. 『서국입지편』과 유사한 서적임을 드러내는 가장 효과적인 출판 전략으로써 '○○입지(편)' 혹은 '입지귀감○○'으로 '입지' '입지편' 혹은 '입지귀감'의 제명을 사용하거나, '군인입지편' '일본입지편' '동양입지편'과 같이 『서국입지편』과 동일한 패턴의 제목을 사용하였던 것이다.

　이 같은 1900년 이후 생산된 『자조론』 아류 서적의 유형을 두 가지로 구분해 보면, 첫째 스마일즈의 『자조론』과 유사한 서구의 성공주의 관련 서적을 번역한 것이다. 대표적으로 오리즌 스웨트 마든(Orison Swett Marden, 1848~1924)의 『立志論(Pushing to the front)』을 손꼽을 수 있다.[36] 둘째 인물 열전의 형식을 가진 스마일즈의 『자조론』을 차용하면서, 그 내용에서는 일본 위인 위주로 동양 위인을 삽입하여 세계 위인을 새롭게 구성한 서적들이 생산되었다. 최영택이 『매일신보』에 번역·연재한 『위인수양록』은 전자에,

---

35　竹內洋, 「立身出世主義の論理と機能: 明治後期·大正前期を中心に」, 『教育社會學研究』 31, 東洋館出版社, 1976.

36　Orison Swett Marden, *Pushing to the front* (New York: Thomas Y. Crowell Co., 1894); 竹內脩 譯述, 『立志論』, 內外出版協會, 1909. 『입지론』 이외 성공주의와 관련된 오리슨 스웨트 마든 저작이 시리즈로 번역되었으며, Crafts, Wilbur Fisk(內外出版協會 譯), 『眞正の成功者及其成功談』, 內外出版協會, 1906과 같은 저서도 번역되었다.

『입신모험담』은 후자에 해당된다고 할 것이다. 특히『입신모험담』과 같은
유형의『자조론』아류 서적은 메이지 후기 일본 제국주의의 국내·외 식민지
개척과 같은 시대 상황이 반영되었다는 점에서 더욱 중요한 의미가 있다.

[표7] 1900년 이후『자조론』아류 서적 (2)

출판사	서명(*한국내 소장)	著者·譯者·編者	연도
內外出版協會	貧之朋友	宮崎右夫	1900
內外出版協會	獨立子活法: 靑年學生	大迺德亮	1901
內外出版協會	日本自助論(*)	井口丑二	1908
內外出版協會	女子立志編	加藤眠柳	1903
實業之日本社	偉人修養の徑路	高順梅溪	1907
實業之日本社	新自助論	波多野鳥蜂	1909
實業之日本社	世界偉人傳	福田琴月	1909
實業之日本社	世界偉人の長期	榎木秋村	1913
實業之日本社	世界偉人伝	福田琴月	1909
富田文陽堂	實業立身傳	永田岳淵	1910
富田文陽堂	世界偉人譚	稻村露園	1911
富田文陽堂	(立志龜鑑)日本偉人譚	川口海三	1912
帝國史書硏究會	世界偉人立志錄	石川松溪	1917
失島誠進堂	東西偉人傳	西村眞次	1901
博文館	東西偉人言行錄(*)	于頭淸臣	1913
博文館	日本女子立志編	干河岸貫一	1902
成功雜誌社	世界大富豪立身傳	成功雜誌社	1905
成功龜鑑編纂所	成功龜鑑	龜谷伴吉	1907
第一出版協會	(少年修養叢書)少年成功立志美談	岡本瓊二	1929

스마일즈『자조론』의 내용을 새롭게 재편성한『자조론』아류 서적들은
'청년' '입지' '수양' '東西(=세계)' '위인' '입신' '성공'과 같은 입신출세의
대상·의미·방법·결과를 표제로 하여 출간되었다. 그리고 이 같은『자조론』

아류 서적에 등재된 일본의 위인은 서구의 위인과 어깨를 나란히 견주는 세계의 위인으로 상정되었다. 위의 표에서 알 수 있듯이, 內外出版協會·實業之日本社·成功雜誌社·博文館 등과 같은 출판사들이 문화 권력을 행사하는 대형출판사로 성장할 수 있었던 한 요인으로는 이러한『자조론』아류 서적 및 성공주의 지향의 잡지 및 수양총서의 기획과 출판이 성공한 데에서 찾을 수 있을 것이다.

한편『입신모험담』이 발행된 러일전쟁 시기 즈음『서국입지편』의 첫 세대 독자들이 정치·경제·학문의 영역에서 입신출세의 지향점에 도달한 '成功靑年'으로 등장하면서, 일본사회에서 '성공붐'은 최고조에 도달했다. 하지만 입신출세주의가 만연된 사회의 다른 한 면으로 입시와 취직에 실패한 '煩悶靑年'이 등장한 시기이기도 하였다.[37] 1900년 연간 일본사회의 이러한 사회 현상은 출판시장에 그대로 반영되었는데, 입신출세주의를 지향하는 청년들의 성공과 번민에 대한 글의 투고와 수기로 구성된『成功』(1902)이라는 잡지가 탄생되었던 것이다.

『성공』을 창간한 成功雜誌社는 이후『殖民世界』[38]와『探險世界』와 같은 잡지 및 입지소설류들을 발행하였는데, 이것은 '입지(=성공)'의 방향이 해외 '식민'으로 전환되어가던 추세를 보여준다는 점에서 중요하다. 『식민세계』

---

37 '성공청년'과 '번민청년'은 다음을 참조. 竹內洋, 위의 논문, 1976, 119~121쪽. Earl H. Kinmonth, pp. 153~240. 岡義武,「日露戰爭後における新しい世代の成長(上)明治38~大正3年」,『思想』512, 岩波書店, 1967. 門脇厚司,「日本的立身·出世の意味變遷―近代日本の情神形成硏究·覺書」,『敎育社會學硏究』24, 日本敎育社會學會, 1969. 天川潤次郎,「明治日本における「立身出世主義」思想の起源」,『經濟學論究』43, 關西學院大學經濟學硏究會, 1989.

38 메이지 시기에는 '植民'이 아닌 '殖民'이 보편적으로 사용되었다. 1911년 식민정책학자 니토베 이나조(新渡戶稻造, 1862~1933)가 '植民'이 더 적절하다고 주장한 이후 '植民'이 통상적으로 사용되었다. 따라서 잡지 제명이 '殖民世界'가 되었다. '植民'과 '殖民'의 사용 용례와 그 변천 과정은 다음을 참조. 渡部宗助,「「植民」と「殖民」」,『植民地言語敎育の虛實』, 皓星社, 2007, 216~230쪽.

와 『탐험세계』는 일본인의 해외진출 특히 식민지로 진출한 인물들의 이야기가 게재되었는데, 이것은 학력주의의 고착화로 입신출세의 방식이 제도화되어 안정적 단계로 접어든 일본 국내에서 이제 상층적 계층 이동을 기대하기 어려운 국면에 제시되었던 방책이었다.[39] 결국 모리 히코타로우(森彦太郎)[40]의 『입신모험담』은 이 같은 러일전쟁 즈음 일본의 입신출세주의 양상이 변화하던 시대적 추세와 사회적 고민에 부응하여 생산된 『자조론』 아류 서적이었던 것이다.[41]

2) 『매일신보』의 「입신모험담」과 「동서위인담」 연재

『입신모험담』에는 주로 전통국가에 닥친 국가적 위험을 방어하거나 미지의 지역 혹은 해외 진출에 성공한 동서양 인물들의 에피소드 42개가 소개되

---

39 和田敦彦, 『メディアの中の讀者: 讀書論の現在』, ひつじ書房, 2002, 127쪽, 142~166쪽.

40 모리 히코다로는 1900년 초 『입신모험담』을 비롯하여 『軍人と膽力』(1904) 『奇僧の片影』(1902)의 서적 등과 같은 서적을 '文學同志會'에서 출판하였다. '문학동지회'는 1894년경 오츠키 타카시(大月隆, 1868~?)가 설립한 출판사이다. 그런데 최근 오츠키의 저작에 대한 연구가 진행되었음에도 불구하고, 그와 문학동지회에 대해서 명확히 밝혀진 사실은 거의 없다. 小橋小玲治, 「淸子は蒙古王の家庭敎師となる: 大月隆『臥龍梅』(1906年)に見る女性家庭敎師表象の一側面」, 『待兼山待論叢』 47, 大阪大學大學院文學硏究科, 2013, 56쪽, 68쪽, 주2) 주3). 더군다나 문학동지회를 중심으로 출판 활동을 한 모리 히코다로와 그의 저서에 대해 언급한 연구는 전무하다. 그럼에도 『奇僧の片影』 책 뒷면의 문학동지회 오사카 지부 설립에 대한 광고에서 '새로운 文士를 세상에 소개하고 사상을 발표한다'는 문구를 통해 이 출판사의 성격을 추측해보면, 문학동지회는 새로운 문인들을 등용하여 그들의 서적을 출판했던 것 같다.

41 1900년 전후 특히 1904년 러일전쟁 시기 일본의 성공붐 고조와 국내·외 식민주의와 입신출세주의의 관계에 관한 연구는 다음을 참조. 함동주, 「러일전쟁기 일본의 조선 이주론과 입신출세주의」, 『역사학보』 221, 역사학회, 2014. 나카네 타카유키 지음(건국대학교 대학원 일본문화 언어학과 옮김), 『'조선'표상의 문화지: 근대 일본과 타자를 둘러싼 知의 식민지화』, 소명출판, 2011, 77~113쪽. 임성모, 「근대 일본의 국내식민과 해외이민」, 『동양사학연구』 103, 동양사학회, 2008, 191~205쪽.

었는데, 서양과 동양의 위인 사례가 각각 21개로 정확히 절반씩 선정되었다. 동양의 국가는 중국 2명, 조선 1명인 것에 비해 일본은 18명으로 압도적 숫자를 차지하며 해외 진출에 성공한 에도·메이지 시대 상인들의 비율이 높다.[42] 또한 '입신성공의 비결' 혹은 '입신성공'이라는 문구를 명확히 제시하여, 이 책이 입신성공을 지향하는 청년들을 대상으로 출간되었음을 분명히 했다.[43]

[표8] 『입신모험담』 국가와 인물 (▨ : 에도·메이지 시대 인물)

순서	국가	성명
1	미국	베네딕트 아널드(Benedict Arnold, 1741~1801)
2	일본	마츠마에 미츠히로(松前光廣, ?)
3	그리스	크레욘(?)
4	일본	하마다 야효에(濱田彌兵衛, ?)
5	이탈리아	크리스토퍼 콜럼버스(Cristopher Columbus, 1451~1506)
6	프랑스	라 살(Sieur de La Salle, 1643~1687)
7	일본	곤도우 주조우(近藤重藏, 1771~1829)
8	프랑스	잔다르크(Jeanne d'Arc, 1412~1431)
9	일본	야마다 나가마사(山田長政, 1590~1630)
10	영국	모리스 란자(?)
11	일본	다테 마사무네(伊達政宗, 1567~1636)
12	미국	코넬리우스 벤더빌트(Cornelius Vanderblit, 1794~1877)
13	일본	제니야 고헤(錢屋五兵衛, 1774~1852)

---

42 일본의 위인으로는 에도·메이지 시기 인물들이 주로 소개되었다. 내부 식민지로 규합된 에조지(蝦夷地) 즉 홋카이도 및 16세기 후반 이후 대만을 비롯한 베트남·태국과 같은 남방 지역으로 진출하여 일본인 거류지인 니혼마치(日本町)를 건설하거나 해운업을 통한 무역활동에서 致富를 이룬 상인들이 주로 소개되었다. 그 대표적 인물로는 하마다 야효에·곤도우 주조우·야마다 나가마사·차스케자에몬·니시가와 덴에몬·카도야 시치로우베에·제니야 고헤·타카다야 카헤·키노쿠니야 분자에몬을 들수 있다.

43 森彦太郎, 위의 책, 1904, 170쪽, 188쪽, 198쪽.

14	영국	로저 윌림엄스(Roger Williams, 1603~1683)
15	일본	후쿠시마 벤치요(福島辨千代, ?)
16	포르투칼	페르디난드 마젤란(Fedeinand Magellan, 1480?~1521)
17	미국	케이트 실리(Kate Shelly, 1863~1912)
18	조선	홍선대원군(李昰應, 1820~1898)
19	스코틀랜드	자크 마크도날(Etienne Jacques Joseph Alexandre MacDonald, 1765~1840)
20	일본	키노쿠니야 분자에몬(紀國屋文左衛門, 1669~1734)
21	프랑스	베르나르 팔리시(Bernard Paliss, 1510~1589)
22	영국	프랜시스 드레이크(Francis Drake, 1540~1596)
23	일본	타카다야 카헤(高田嘉兵衛, 1769~1827)
24	미국	율리시스 그랜트(Ulysses Simpson Grant, 1822~1885)
25	영국	세실 로즈(Cecil John Rhodes, 1853~1902)
26	일본	토리이 스네에몬(鳥井強右衛門, ?~1573)
27	영국	월터 롤리(Walter Raleigh, 1552~1618)
28	일본	후루가와 이치베(古川市兵衛, 1832~1903)
29	중국	등애(鄧艾, ?~264)
30	프랑스	미셸 네이(Michel Ney, 1769~1815)
31	스페인	프란시스코 피사로(Franciso pizarro, 1475?~1541)
32	미국	제니 케리(?)
33	일본	차스케자에몬(魚屋助左衛門, 1544?~?)
34	일본	마츠다라이 시게요시(松平重吉, 1498~1580)
35	일본	니시가와 덴에몬(西川傳右衛門, 1628~1709)
36	독일	로스차일드(Rothschild, 1808~1879)
37	일본	요네자와 도쿠베에(米澤德兵衛, ?)
38	일본	오오쿠라 키하치로우(大倉喜八郞, 1837~1928)
39	일본	하시모토 하치에몬(橋本八右衛門, 1881~1932)
40	미국	윌리엄 개리슨(William Lloyd Garrison, 1805~1879)
41	일본	카도야 시치로우베에(角屋七郞兵衛, 1610~1672)
42	중국	제갈량(諸葛亮, 181~234)

앞서 언급했듯이, 최영택은 『입신모험담』 이전 『매일신보』에 『위인수양록』을 「수양록」이라는 제명으로 먼저 번역·연재하였다. 「수양록」은 1922년 1월 25일부터 연재되었는데, 바로 직전 그의 형 최연택과 김철호의 공역으로 「프랭크린의 自敍傳」이 연재되었다. 즉 1920년대 초 『매일신보』는 『자조론』의 가치를 실현한 입지성공의 대표적 인물로 알려진 프랭크린의 자서전을 비롯하여 『수양록』 『입신모험담』과 같은 『자조론』 아류 서적류 번역 시리즈물을 기획·연재하였던 것이다.

이렇듯 1920년대 초 『자조론』 아류 서적류의 시리즈물이 『매일신보』 지면에 등장한 것은 조선총독부 기관지로서 이 신문이 갖는 매체적 성격과 무관하지 않다. 잘 알려져 있듯이, 일본 제국주의의 식민지 조선 지배 정책은 '同化'와 '차별' 어느 쪽으로도 일관성을 유지하지 못했다. 무단통치 시기 식민지 정책의 기조가 일본인과 조선인을 구별하여 통치하는 '차별'에 더 가깝다면, 3.1운동 이후는 '동화'가 보다 강조되었고 이에 따라 '내선일체'의 레토릭 및 '내선혼인'과 같은 동화 정책이 쏟아졌다.[44]

1920년대 초 일본의 이 같은 식민정책 파급에 『매일신보』는 일익을 담당하였는데, 이것은 하라 타카시(原敬, 1856~1921)가 '일선융화'의 보급에 『매일신보』의 기여도와 역할을 추켜세운 글에서 잘 드러난다.[45] 이 같은 점에서 미루어볼 때, 1920년대 초 『매일신보』 지면을 메운 『입신모험담』과 같은 『자조론』 아류 서적 번역 시리즈, 탐험소설의 번역[46]을 비롯한 일련의 대담

---

44 일본의 식민지 조선에 대한 同化 정책과 레토릭에 대한 연구는 다음을 참조. 박성진, 「『매일신보』의 일선동화론」, 『사회진화론과 식민지 사회사상』, 선인, 2003. Mark E. Caprio, *Japanese Assimilation Policies in Colonial Korea*, 1910-1945 (Seattle: University of Washington Press, 2009).

45 原敬, 「每日申報의 使命과 內鮮融和」, 『매일신보』 1921년 10월 30일자. 총독부 기관지로서 『매일신보』의 성격은 『시대일보』의 '일선융화'에 대한 비판에서 더욱 명확히 드러난다. 「帝國主義의 煩悶: 孤立한 日本의 地位(續)」, 『시대일보』 1924년 4월 11일자.

46 '探險奇談'이라는 표제 아래 「遙淸山」의 번역 소설이 연재되었는데, 이것은 아프리

[표9] 「입신모험담」「동서위인담」 vs 『입신모험담』 배열과 제목

날짜	제목	『입신모험담』 순서·제목
1922.10.26~27	株式界의 大王 로스차일드	㊱ 로스차일드 한 번에 오백만원을 움켜지다
1922.10.28	新聞王 베넷	없음
1922.10.29~31 1922.11.2	自由鄕을 建設하고자 奮鬪한 카리슨	㊵ 빈곤한 청년 개리슨 자유향을 건설하고자 세상과 싸우다
1922.11.5~6	천고불마의 용장 꾸란또	㉔ 그랜트 중상을 돌보지 않고 군대를 지휘하다
1922.11.12	風雲兒의 피사로	㉛ 피사로 180인을 인솔해서 페루를 점령하다
1922.11.13 1922.11.15	百戰百勝하는 네 將軍	㉚ 네이 장군 월터루에서 격전하다
1922.11.17 1922.11.19	無人의 境을 橫斷한 아놀드 將軍	① 아널드 無人의 境을 횡단하다
1923. 1.30 1923. 1.31	單身 敵陣에 入한 세시로스	㉕ 세실 로즈 단신으로 적진에 들어가다
1923. 2.2~3 1923. 2.6	英佛의 군함을 격파한 大院君	⑱ 대원군 미불의 군함을 격파하다
1923. 2.7 1923. 2.10~11	래리의 버지니아 발견	㉗ 월터 롤리의 버지니아 발견
1923. 2.15~16	세계를 일주한 프랜시스 드레이크	㉒ 프랜시스 드레이크 세계를 일주하다
1923. 2.17	蜀의 峻嶺을 陟한 鄧艾	㉙ 등애 촉의 험준한 고개를 넘다

(왼쪽 세로 셀: 입신모험담 / 동서위인담)

카라는 미지의 지역에 대한 '탐험'과 관련된 이야기로서 『입신모험담』의 주제가 소설화된 버전이다. 和劍生, 「遙靑山」, 『매일신보』 1923년 6월 17일자~12월 4일자. 和劍生, 「遙靑山: 요청산에 대하여」, 『매일신보』 1923년 6월 16일자. 「요청산」의 연재와 식민지 동화 정책의 연관성은 다음을 참조. 이희정, 「1920년대 식민지 동화정책과 『매일신보』 문학연구(1): 전반기 연재소설의 전개과정을 중심으로」, 『어문학』 112, 한국어문학회, 2011, 365~366쪽.

문[47]은 식민정책에 부합하여 기획·편집되었음을 알 수 있다. 특히 스마일즈 '자조론'적 가치를 강조하거나 육당의 '자조론'적 인식에 동조하는 글이 투고되었는데,[48] 이것은 조선총독부 식민정책의 공식적 전달 매체인 『매일신보』가 성공주의 전파에 적극적이었음을 말해준다.[49]

『매일신보』에 연재된 「입신모험담」과 「동서위인담」은 원전에 수록된 42명의 인물 가운데 11명이 추출되었고, 여기에 원전에 없는 '신문왕 베넷'[50] 항목이 하나 더 추가되어 총 12명이 연재되었다. '신문왕 베넷'은 자본 없이 신문사를 창간한 베넷이 신문왕의 칭호를 얻기까지 고군분투하는 과정이 기술되었으며, 베넷과 같이 천직을 찾았을 때 그 한 길로 향하여 오직 나아갈 것이 사업가의 당연한 직분임이 강조되었다. 이 같은 내용의 '신문왕 베넷'이 「입신모험담」 연재에 삽입된 것은 1920년대 초 출판업에 새롭게 뛰어들어 입신성공을 기대한 최영택의 관심에 부합했기 때문일 것이다.[51]

원전 『입신모험담』은 동서양의 위인들이 포함된 이른바 세계위인전의 형식을 갖추고 있는데, 「입신모험담」과 「동서위인담」에서는 서양 위인 위주

---

47 「日鮮融和를 論하여 結婚問題에 及함: 京畿道 參與官 金潤昌氏談」, 『매일신보』 1922년 1월 27일자.
48 一庭生, 「天外의 聲(七): 渴望하는 成功은 勤勉과 相乘할 뿐」, 『매일신보』 1923년 2월 6일자. 閔晟基, 「東으로 向하면서(二)」, 『매일신보』 1922년 1월 25일자.
49 최영택의 형 연택과 각별한 친분이 있었던 송순기가 1923년 4월 24일에서 1927년 5월 10일까지 『매일신보』의 발행인 겸 편집인을 역임하였다. 정진석, 『언론조선총독부』, 커뮤니케이션북스, 2005, 353쪽. 이 시기 송순기가 스마일즈 '자조론'의 가치를 강조한 글을 게재한 사실을 볼 때, 『매일신보』의 '자조론' 가치 파급에 대한 적극적 태도를 분명히 알 수 있다. 한편 1920년대 중반 이후인 1927년 1월 7일자 사설란에 「吾人은 自助者로 될지어다」라는 글이 게재된 것을 볼 때, 『매일신보』가 지속적으로 '자조론' 가치의 파급에 적극적이었다는 사실을 알 수 있다.
50 뉴욕 헤럴드 신문을 창시한 제임스 고든 베넷(James Gordon Bennett, 1795~1872)이다.
51 최영택은 신문 발행에 높은 관심이 있었고 실제로 『아세아신문』을 창간하려고 노력하였다. 『아세아신문』은 『조선주보』의 이름으로 발행되었다. 「朝鮮週報 發行, 오는 십일부터」, 『동아일보』 1928년 3월 5일자. 老耕 崔永澤, 「新聞에 對한 吾人의 管見(1)(2)」, 『매일신보』 1921년 5월 21일자~5월 22일자.

로 번역되었다. 원전에서 높은 비중을 차지한 일본 위인은 번역하지 않은
점이 특징적이다.[52] 특히 최영택은 원전에 유일하게 조선인 위인으로 선택
된 홍선대원군(李昰應, 1820~1898) 관련 내용인 「英佛의 군함을 격파한 大院
王」[53]을 번역하면서 그의 견해를 삽입하여 대원군에 대한 부정적 평가를 분
명히 제시했다. 최영택의 견해는 1904년 『입신모험담』 출판 이후 제국과 식
민지의 관계로 전환된 일본과 조선의 상황이 반영되는 한편, 원전 발행 시
점부터 번역의 시점까지 축적된 제국과 식민지에서 생산·공명되었던 홍선
대원군에 대한 평가가 집약된 것이었다.[54]

---

52 한말에서 식민지 시기까지 일본어본을 저본으로 번역된 위인전에서는 일본적 요소
가 삭제되거나 서양 위인이 주로 소개되었다. 이 같은 현상은 다음을 참조. 손성준,
「『吾偉人小歷史』와 1900년대 번역의 한국적 특수성」, 『대동문화연구』 84, 성균관
대학교 대동문화연구원, 2013. 김성연, 앞의 책, 79~89쪽.

53 '英佛'은 '米佛'의 번역 오류라고 판단된다.

54 조선이 일본의 식민지로 되면서 제국의 근대화·문명화 기준에 의하여 개화기 인물
들에 대한 담론이 새롭게 형성되었는데, 그 대표적 인물이 홍선대원군과 김옥균이었
다. 김옥균이 조선의 근대화·문명화를 이끈 위인으로 평가된 반면 홍선대원군은 이
것을 저해한 인물로서 간주되었다. 처음부터 홍선대원군이 근대화·문명화의 기준에
서 부정적으로 평가된 것은 아니었다. 홍선대원군에 대한 최초의 인물 전기는 1886
년 개화파 朴齊絅와 裴此山이 일본에서 발행한 『近世朝鮮政鑑』이다. 여기에서 개
화파들은 쇄국정책을 펼친 대원군과는 사상적으로 대치하였지만 그를 '人傑'이라고
칭하며 과단성 있는 훌륭한 정치가로 추앙하였다. 박제형 지음(이익성 옮김), 『근세
조선정감: 구한말 지식인이 본 조선의 정세와 그 뒷 이야기』, 탐구당, 2016. 이광린,
「『近世朝鮮政鑑』에 대한 몇 가지 문제」, 『한국개화사연구』, 일조각, 1974, 260쪽,
264쪽; 「開化黨의 大院君觀」, 『개화파와 개화사상연구』, 일조각, 1989, 68~78쪽. 김
의환, 「새로 발견된 『興宣大院君 略傳』」, 『사학연구』 39, 한국사학회, 1987. 하지만
이후 며느리 명성황후와의 권력다툼, 서양으로 대표되는 천주교 신앙에 대한 야만적
인 박해, 쇄국정책과 같은 세계정세에 무지한 안목을 가진 인물 등과 같은 홍선대원
군 담론이 축적되었다. 張道斌, 『大院君과 明成皇后』德興書林, 1927. 菊池謙讓,
『朝鮮最近外交史 大院君傳 附 王妃의 一生』, 日韓書房, 1910. 이태진, 「역사 소설
속의 명성황후 이미지」, 『한국사시민강좌』 41, 일조각, 2007. 하지연, 「韓末·日帝강
점기 菊池謙讓의 문화적 식민활동과 한국관」, 『동북아논총』 21, 동북아역사재단,
2008.

그러나 軍隊가 出할 때마다 連戰連勝하는 것이 幸일는지 不幸일는지 그것은 오늘날에 이르러서 容易히 판단할 수 있는 일이지만은 … 所謂丙寅洋擾라 것은 이것을 가리켜 말함이다. 이렇게 자꾸 勝戰만 하는 조선민족은 다 각기 自國의 國威를 저 洋夷라는 오랑캐에게 傳播한 바 되었다고 회회낙락하였으며 … 一時의 誤謬는 大局을 그르쳤다. 차라라 그가 없었던들 오히려 好鞭을 잡고 나아갔을 것이다. 朝鮮民衆아 가슴이 얼마나 쓰린가아 그렇지만 않았던들 얼마나 좋았을까 함은 當然한 後悔일지니 無用의 事이지마는 한審 울어나 볼까 대원왕 집정시대의 역사의 '페이지'를 뒤적거리며[최영택의 견해 삽입][55]

원전 『입신모험담』에서 조선의 인물로 유일하게 홍선대원군이 세계 위인으로 선택된 것은 과거 동아시아 국가와의 전쟁에서 승리를 획득하지 못했던 조선이 신미양요와 병인양요에서 미국과 프랑스라는 서양(=세계)에 대등하게 맞서 싸운 것을 높이 평가한 데에 있었다. 하지만 최영택은 "차라리 홍선대원군이 없었으면 미국과 프랑스와의 격전이 좋은 채찍이 되어 앞으로 나아갔을 것"이라고 말하며, 홍선대원군을 부정적으로 평가하였다.

이 책을 번역하는 시점의 최영택 입장에서 홍선대원군은 이제 본받을 만한 입신성공한 위인이 아니었다. 그럼에도 그는 홍선대원군 항목을 번역하고 그의 견해를 첨부함으로써, 역설적으로 조선의 근대화·문명화를 저해한 인물로서 홍선대원군의 과오를 부각시켜서 독자들에게 보다 설득력 있게 입신성공의 방향을 제시하였다. 결국 이것은 제국에서 생산된 근대화·문명화 담론에 공명한 식민지 지식인 최영택의 인식을 보여주는 것이다.[56]

---

55 老耕生, 「東西偉人譚(四): 英佛의 軍艦을 擊破한 大院王」, 『매일신보』 1923년 2월 6일자.

56 최영택은 '한말 거성'이라는 제목을 붙여서 김옥균 略傳을 기술하였는데, 이것을 통해 그가 홍선대원군에 대한 부정적 견해를 가졌음을 더욱 명확히 알 수 있다. 崔永澤, 「韓末巨星 金玉均先生略傳」, 『實生活』 1-3, 獎産社, 1931. 최영택의 홍선대원군과 김옥균에 대한 인식 및 위인의 성공에 대한 평가는 1920년대 초 '자조론' 수용을 통해 성공주의를 전파한 그의 형 최연택과 그 인식이 동일하다. 최연택의 김옥균

앞서 언급한 바와 같이 원전 『입신모험담』은 메이지 후기 일본에서 생산된 『자조론』 아류 서적으로서, 이 책의 기본 논지는 스마일즈 '자조론'의 가치를 담고 있다. 즉 태생적으로 貧賤한 환경의 인물도 근면과 인내, 험난한 고난을 두려워하지 않는 용기, 경제적 부를 축적할 기회의 포착 등으로 입신 성공할 수 있다는 성공학의 지침서인 것이다. 『매일신보』 1922년 11월 2일자에 번역·연재한 윌리엄 개리슨(William Lloyd Garrison, 1805~1879)의 일화 또한 '貧賤한 환경'에 굴하지 않고 입신성공한 위인으로, 이 같은 '자조론'적 가치를 실현한 대표적 인물로서 다음과 같이 소개되었다.

> 天下에 무수한 貧賤兒여. 그대들은 어찌해서 貧賤을 슬퍼하는가. 天下를 둘러보라. 어느 것이 그대에게 立身成功의 기틀이 되지 않으리오 … 오늘날 貧賤에서 哀泣하는 可憐한 兄弟에게 저 '가리손'과 같은 靑年을 紹介코자 하노라 … 天下에 貧賤을 恨하는 無數한 靑年이여 그대들은 그대의 環境을 슬퍼하지 말지어다. 그대들은 한 番 彼 '가리손'과 같은 偉人의 心境을 窮知할진대 不思義의 勇力이 出할지니라.[57]

위의 내용을 보면, 최영택이 원전이 담고 있는 '자조론'적 가치에 대한 강조와 그 논지는 매우 충실히 번역하였음을 알 수 있다. 더하여 원전에서 강조하는 '자조론'적 가치의 논지를 더욱 부언 강조하는 자신의 글을 삽입하기도 하였다. 그 이유는 번역·연재문의 독자 대상인 '조선청년'에게 예시로 든 위인들과 같은 정신과 자세를 구비하여 입신성공할 것을 종용하기 위함이었다.[58]

에 대한 평가는 이 책 2부 1장을 참조.

57　老耕生, 「立身冒險談(四) 自由鄕을 建設코자 奮鬪한 '카리손'」, 『매일신보』 1922년 10월 29일자. 「立身冒險談(七): 自由鄕을 建設코자 奮鬪한 '카리손'」, 『매일신보』 1922년 11월 2일자.

58　"우리는 卽 로스차일드의 眼光이 있어서야 하겠고 로스차일드와 같은 勇力이 있어야 될 것이라" 「立身冒險談(二): 株式界의 大王 로스차일드」, 『매일신보』 1922년

이렇듯 원전과 번역·연재문 모두 '자조론'적 가치의 실천과 그를 통한 입신성공을 강조한다는 점은 동일하다. 하지만 원전이 출간된 일본과 이것이 번역·유포된 1920년대 식민지 조선사회의 사회적 상황과 조건은 제국과 식민지의 관계로 달랐으며, 성공주의를 유포하는 주체의 인식과 의도에 따라 그것의 사회적 기능과 효과도 달랐다고 할 수 있다.

앞서 언급했듯이 러일전쟁 시기 출간된 원전『입신모험담』은 일본의 국내 입신출세가 순조롭지 않은 상황의 탈출구로서 '해외' 즉 '세계'를 대상으로 한 일본 청년의 입신성공에 대한 지침서였다. 따라서 이 책이 전파하는 성공주의는 이 시기 일본의 식민지 개척 즉 제국주의 확장에 기여하는 논리로써 작용되었다. 그런데『매일신보』의 번역·연재물로 기획된『입신모험담』에서 전파하는 성공주의는 '자조론'적 가치의 강조와 더불어 번역의 시점에서 제국이 생산한 지식 담론에 공명한 최영택의 인식이 반영된 것이었다. 요컨대 제국의 근대화·문명화 담론에 공명한 최영택의『입신모험담』번역과 이를 통한 성공주의 전파는 일본의 식민정책에 협력하는 효과를 주었다고 할 것이다.

10월 27일자. "吾人에도 늘 그러한 勇將이 出하여 同族依望에 副하고 死하여 萬年不折의 標本니 되라함이니 朝鮮將次 此와 同一한 男兒가 出치 않으려는지"「立身冒險談(十一): 百戰百勝하는 네將軍」,『매일신보』1922년 11월 15일자. "그가 米國獨立戰史에 一異彩를 放하게 된 것이 어찌 偶然한 바라 하리오. 偉大한 事業을 性得코자 하는 朝鮮青年은 모름지기 그와 같은 心境을 察照體驗할것이니라"「立身冒險談(十三) 無人의 境을 橫斷한 아놀드 將軍」,『매일신보』1922년 11월 19일자.

2장 崔瓚植의 『동서위인소년시대』 출판

1927년 12월 서점가에 배포된 『東西偉人少年時代』의 지면에 이순신(李舜臣, 1545~1598)과 토요토미 히데요시(豊臣秀吉, 1536~1598)가 同格의 偉人으로 나란히 배치되어 있다. 임진왜란의 민족적 영웅으로 각인된 이순신과 조선 침략의 원흉으로 지목되는 토요토미 히데요시를 동격으로 위인으로 추존한다는 것은 현재 한국사회에서는 상상하기 쉽지 않다. 이렇듯 오늘날 한일 각 국가에서만 민족적 영웅으로 추대될 수 있는 두 위인이 나란히 배치된 『동서위인소년시대』는 개화기와 식민지기 신소설 작가이자 언론인으로 잘 알려진 최찬식이 1927년 '소년'을 겨냥하여 출간한 세계위인전이다.

『동서위인소년시대』와 같이 한말 식민지 시기 생산된 위인전기 및 일본을 통해 중역된 서구 위인전기에 대한 기존 연구성과는 방대하며 최근 더욱 급격하게 증가하고 있다. 이와 관련된 방대한 연구성과를 제한된 지면에 모두 밝히기는 쉽지 않지만, 대부분의 연구는 위인전의 텍스트 분석에 초점을 두었다. 이 장에서는 이러한 기존 논의의 초점과는 달리 『동서위인소년시대』와 그 저본이 된 『偉人の少年時代』를 『자조론』 아류 서적이라는 유형화된 서적으로서 주목한다.

따라서 이 장은 『偉人の少年時代』를 저본으로 한 텍스트로서 『동서위인소년시대』의 출판 보급을 살펴보는 데에서 출발하지만, 단순히 위인전기 번역의 사례 한 가지를 추가하는 것이 아니다. 이것은 기존연구에서 간과되던 위인전 텍스트의 고유성이 아닌 『자조론』 아류 서적이라는 '유형화'된 형태의 중요성을 포착한 것이다. 1908년 출판된 『偉人の少年時代』는 앞서 살펴본 최영택이 번역한 『입신모험담』과 마찬가지로, 메이지 후기 일본 국내 성공주의 붐과 해외 식민주의 정책 아래 무수히 생산된 대동소이한 『자조론』 아류 서적에 해당한다.

중요한 사실은 최찬식은 『偉人の少年時代』를 단순히 번역한 '번역서'가 아닌 그 위인 구성을 새롭게 편제하여 '저서' 『동서위인소년시대』로 출판하였다는 점이다. 이 같은 이 책의 편제는 1910년 한일병합 이후 더욱 긴밀해진 제국 일본과 식민지 조선의 문화적 연동 및 1920년대 중반 이후 식민지 조선 사회에 전개된 소년운동의 방향성을 주시한 최찬식의 출판 의도 등이 복합적으로 반영된 것이다. 그러므로 『동서위인소년시대』는 텍스트 분석에 치중된 기존의 논의 구도를 넘어서, 일본의 『자조론』 아류 서적의 재맥락화에 대한 역사적 논의가 필요하다.

이러한 구도 아래 이 장에서는 일본의 『자조론』 아류 서적을 재맥락화한 『동서위인소년시대』를 식민지 조선에서 생산된 『자조론』 아류 서적으로 검토하고, 이것이 1920년대 중반 이후 식민지 조선 사회에서 생산·유통되는 역사적 의미를 살펴보려고 한다. 특히 『偉人の少年時代』에 실리지 않은 한국의 위인들을 일본 및 서구 위인들과 동격으로 배치한 『동서위인소년시대』의 편제를 저자 최찬식의 의도와 관련하여 살펴볼 것이다. 이것은 1920년대 식민지 조선의 상황에 조응하여 '자조론'이 토착화되는 과정을 아는데 유효할 것이라고 믿는다.

한편 이 장에서 '자조론'의 토착화와 관련하여 『동서위인소년시대』를 검토하는 작업은 편자 최찬식이 갖는 식민지 지성사적 위치를 새롭게 묻는다는 점에서도 그 의의가 크다고 여겨진다. 그동안 최찬식은 문학사에서 1910년대 『신문계』『반도시론』 발행과 관련된 친일 언론인 및 '친일문학' 논쟁과 관련한 문학가로서 주로 논의되었다.[1] 그렇지만 『동서위인소년시대』와

---

1 『추월색』『안의 성』『능라도』와 같은 최찬식의 소설 작품에 대한 논의는 일찍부터 시작되었고 그 성과 또한 풍부하다. 이 가운데 이 장의 논의에 도움이 되는 1910년대 친일문학의 효시로서 최찬식의 문학사적 위치 및 언론인으로서 활동을 조명한 연구를 적출하면 다음과 같다. 최원식, 「1910년대 친일문학과 근대성: 최찬식의 경

같은 『자조론』 아류 서적을 출간한 자조론 계열 지식인으로서 최찬식의 식
민지 지성사적 위치는 조명되지 못했다. 이 장의 논의를 통해 근현대 한국
사회에 지속된 '자조론' 계열 지식인의 계보에서 최찬식의 위치를 새롭게
찾을 수 있을 것이다.

(1) 최찬식의 '자조론' 수용과 성공주의 전파

최찬식은 이해조(李海朝, 1869~1927), 안국선(安國善, 1878~1926) 등과 함
께 신소설 작가 3인방으로, 1910년대 『신문계』 『반도시론』 발행과 관련된
친일 언론인으로서 잘 알려져 있다.[2] 이같이 최찬식을 따라다니는 수식어는
친일언론인 혹은 '친일문학'으로, 특히 1917년 『신문계』에 연재된 「(立志小
說)机上의 夢」은 한국 근대 문학사에서 최찬식을 친일문학의 효시로 위치시
킨 작품이라는 점에서 주목된다.[3]

우」, 『한국 계몽주의 문학사론』, 소명출판, 2002. 한기형, 『한국근대 소설사의 시각
』, 소명출판, 1999, 253~284쪽; 「1910년대 최찬식의 행적과 친일논리: 신자료 <궤상
의 몽>소개와 관련하여」, 『현대소설연구』 14, 한국현대소설학회, 2001. 우미영, 「'朝
鮮一周'의 정치성과 植民 情報員의 글쓰기:<半島詩論>의 朝鮮 視察 日記를 중심으
로」, 『語文研究』 43-4, 한국어문교육연구회, 2015. 한편 1920년대 최찬식의 위인전
기류 글쓰기를 포함하여 그의 문학작품을 종합적으로 검토한 최근의 연구는 다음을
참조. 김홍련, 「최찬식 문학연구」, 서울대학교 국어국문학 석사학위논문, 2019.

2 최찬식의 본관은 경주이고 1881년 경기도 光州에서 출생하였다. 아버지는 친일지식
인으로 평가되고 있는 최영년(崔永年, 1856~1935)이다. 최영년은 서리 출신이었는
데, 이것은 구자균이 최영년 사망 이후 '最後의 胥吏詩人'이라고 언급한 데에서 잘
알 수 있다. 具滋均, 『朝鮮平民文學史』, 文潮社, 1948, 126쪽. 최찬식은 父인 최영년
이 경기도 광주에 설립한 시흥학교에서 근대교육을 받았고 이후 서울로 올라와 한
성중학교를 다녔다. 이들 父子는 개화기와 식민지기 잡지와 언론지를 창간·운영하
여 근대 서구 문물 도입에 앞장서는 한편 漢詩詩社를 통해 전통을 고수하면서 식민
지기 지식인 집단의 한 축을 형성했지만, 이들의 지적 연망과 그 성격에 대한 논의
는 본격적으로 이루어지지 못했다.

사실 '친일문학'이란 1937년 중일전쟁 이후부터 일본이 본격적인 전쟁 국면에 들어가는 시기에 식민지 문학가와 문단 단체를 통제·감시하면서 여기에서 산출된 문학을 일컫는다. 더불어 일본 제국주의에 협력한 문학가가 생산한 문학을 말한다.[4] 이런 의미에서 식민지 말기 친일문학이 본격적으로 대두되기 이전 이것의 효시가 되는 위치에 상정된 것이 「궤상의 몽」이었다. 「궤상의 몽」은 주인공 김상현이 노력하여 성공한다는 개인의 입신양명이 줄거리이다. 따라서 1910년대 일본의 식민정책 의지를 소설의 형식으로 독자에게 주입하려는 최찬식의 '친일' 행위로 파악되었다.[5]

이렇듯 일본의 식민지 시기를 협력과 저항이라는 독립운동사적 관점에서 보면 최찬식은 친일 협력적 문인으로 간주된다. 하지만 3.1운동 이후 한국 지식인들의 조선 독립에 대한 사고와 노선의 분열이 본격화되기 이전인 1910년대 「궤상의 몽」을 통한 최찬식의 문학적 행위는 한일병합 이후 더욱 긴밀해진 제국 일본과 식민지 조선의 문화적 연동과 관련한 지성사적 논의가 더욱 필요하다고 여겨진다. 이런 점에서 「궤상의 몽」 제목 앞에 붙어있는 '입지소설'이라는 타이틀은 이것을 논의할 중요한 단서가 된다.

놀랍게도 '입지소설'은 스마일즈 『자조론』의 영향으로 메이지 후기 일본 사회 전반에 성공주의가 확산되면서 문학의 영역에서 이에 대한 반향으로 만들어진 장르였다.[6] 이러한 '입지소설'이 식민지 조선에 수용되어 「궤상의

---

3 한기형, 위의 논문, 2001.

4 친일문학의 정의와 논쟁은 다음을 참조. 임종국, 『친일문학론』, 평화출판사, 1966. 류보선, 「정전의 해체와 민족 로망스: 최근의 친일문학 논의에 대한 단상」, 『문학동네』 13-1, 문학동네, 2006. 김명인, 「친일문학재론: 두 개의 강박을 넘어서」, 『한국근대문학연구』 17, 한국근대문학회, 2008.

5 한기형, 위의 논문, 2001.

6 『서국입지편』의 입신출세주의는 메이지 일본 사회 곳곳에 토착적 뿌리를 내렸는데, 소설 장르에서는 '立志小說'의 탄생으로 이어졌다. 三川智央, 「明治初期の社會における「小說」の位相: 『西國立志編』の影響を中心として」, 金澤大學大學博士學位論文, 2011. 關肇, 「立志の変容: 國木田獨步「非凡なる凡人」をめぐって」, 『日本近代文學』

몽」으로 발현되었음에도, 이것이 갖는 사회적·역사적 의미에 대해서는 이제까지 이렇다 할 논의가 없었다.[7] 「궤상의 몽」은 1910년대 최찬식이 메이지 후기 일본에서 생산된 '입지소설'과 같은 문학의 양식으로 '자조론'을 수용하여 성공주의를 식민지 사회에 유포하였다는 중요한 사실을 알려준다.[8]

메이지 후기 일본에서 탄생한 입지소설은 성공하는 인물상을 적극적으로 그려내고 있는 小說群으로 정의된다.[9] 입지소설은 메이지 후기 입신출세주의가 만연된 사회 풍조로 인해 배태되었기 때문에 그 내용은 천편일률적으로 '자본이 없는 사람이 온갖 고난을 딛고 노력으로 사업을 성취한다'는 전형화된 패턴으로서 문학적 작품성은 현저히 떨어진다.[10] 요컨대 입지소설은 문학의 장르에 위치함에도 불구하고 이것은 메이지 후기 일본의 입신출세주의라는 사회적 현상을 표상하는 역사적 산물이라고 할 수 있다.

이 같은 입지소설은 메이지 후기 입신출세주의를 지향한 대표적 잡지인 『성공』의 지면에서 탄생하였다고 해도 과언이 아니다.[11] 1902년 창간된 『성

49, 日本近代文學會, 1993. 和田敦彦, 위의 책, 2002, 112~142쪽.

7 「궤상의 몽」은 1917년 『신문계』 5권 1호부터 5권 3호까지 총 3회 연재되었다. 1910 년대 '입지소설' 장르는 『신문계』에서 최찬식이 처음 소개한 듯하다.

8 1910년대 최찬식은 1900년대 후반 장응진·이광수·최남선과 같은 한국 지식인들이 근대지식을 수용하는 창구로서 문학에 대한 구상을 실천한 지식인이었다고 여겨진다. 근대지식으로서 문학에 대한 통언어적 실천을 시도한 장응진·이광수·최남선에 대한 고찰은 다음을 참조. 具壯律, 「근대지식의 수용과 문학의 위치: 1900년대 후반 일본유학생들의 문학관을 중심으로」, 『대동문화연구』 67, 성균관대학교 대동문화연구원, 2009.

9 和田敦彦, 위의 책, 125쪽.

10 입지소설의 문학성은 다음을 참조. 和田敦彦, 「<立志小說>と讀書モード: 辛苦と いう快樂」, 『日本文學』 48-2, 日本文學協會, 1999, 24~25쪽.

11 입지소설이 입지·성공·자조의 새로운 개념으로 무장한 『성공』이라는 미디어 매체와 분리될 수 없음을 지적한 연구는 다음을 참조. Timothy J. Van Compernolle, "A Utopia of Self-Help: Imagining Rural Japan in the Meiji-Era Novels of Ambition", *Harvard Journal of Asiatic Studies* 70-1 (Cambridge, Mass.: Harvard-Yenching Institute, 2010), p. 66.

공』은 메이지 후기 입신출세주의를 지향하는 수많은 출판물 가운데 실업지
일본사의 『實業之日本』과 함께 가장 높은 판매 부수를 올린 잡지로써 손꼽
한다.[12] 『성공』은 스마일즈 『자조론』의 내용에 영향을 받아 창간된 미국의
성공주의 표방 잡지 Sucess를 모방하여 창간된 것이다.[13] 『성공』의 창간자
무라카미 슌죠는 잡지의 부제를 '立志獨立進步之友'로 하고 그 발행 목적을
'자조적 인물양성'이라고 밝힐 정도로, 개인이 각고의 노력과 인내로 성공한
다는 '자조론' 가치의 전파를 이 잡지 구성의 핵심 내용으로 하였다.[14]

　1900년대 초 『성공』 잡지에 대한 높은 독자 선호도는 학력 사회에 편입
하여 사회 이동의 사닥다리를 올라가기 어려웠던 고학생과 지방 청년들의
성공에 대한 지향성을 반영한 기사 및 이에 조응한 독자 투고로 지면을 구
성한 전략이 유효했던 데 있었다. 입지소설은 이같이 메이지 후기 독자들의
성공주의에 대한 경향성을 정확히 파악한 잡지 『성공』의 성공 실화에 기반

---

12 『성공』과 『실업지일본』 잡지의 입신출세주의는 다음을 참조. Earl H. Kinmonth, pp.
　153~205. 馬靜, 「實業之日本社の硏究: 近代日本雜志史硏究の序章」, 東京外國語
　大學 博士學位論文, 2005.

13 1900년 초 일본에서 잡지 『성공』이 창간된 데에는 『입지론』의 저자 오리슨 스웨트
　마든의 영향이 컸다. 『입지론』은 『서국입지편』과 더불어 메이지 입신출세주의를 대
　표하는 서적으로 손꼽히는데, 『입지론』의 저자 마든이 1898년 창간한 잡지가 바로
　Sucess였다. 그리고 마딘의 Sucess 잡지를 읽고 감명을 받은 일본의 무라카미 슌죠가
　이것을 모방하여 동일 제명으로 1902년 『成功』을 창간하여 1916년까지 발행하였다.
　마든은 스마일즈 『자조론』의 열렬한 독자로서 이 책은 그의 인생의 전환점이 되었
　다고 한다. 성공잡지사의 『성공』은 일본국회도서관에 마이크로 필름으로 보관되어
　있으며 최근 복각판이 출판되었다. 『(復刻版)成功』, 不二出版, 2014~2017. Margaret
　Connolly, The Life Story of Orison Swett Marden (New York: Thomas Y. Crowell Co.,
　1925), p. 101; 粂井輝子, 「日米兩國の成功雜誌に關する一考察」, 『アメリカ硏究』
　21, アメリカ學會, 1987, 93쪽 재인용. 三上敦史, 「雜誌『成功』の書誌的分析: 職業
　情報を中心に」, 『愛知敎育大學硏究報告: 敎育科學編』, 愛知敎育大學, 2012. 傳
　澤玲, 「明治30年代における立身出世考:『成功』を中心に」, 『比較文學·文化論叢』 11,
　東京大學比較文學·文化硏究會, 1995.

14 村上俊藏, 「大旨」 『成功』 1-1, 1902.

하여 생성된 문학 장르였던 것이다.[15]

『성공』 잡지에 연재된 '입지소설'과 그것을 대표하는 작가로는 성공잡지사의 기자였던 호리우치 신센(堀內新泉, 1873~?)을 빼놓을 수 없다.[16] 호리우치는 『성공』 잡지에서 실제 인물들의 성공담과 인물담 그리고 처세법 등을 집필하였고, 이러한 실제 인물들의 입지전적 성공담을 '입지소설'이라는 타이틀을 붙여서 『성공』에 연재물로 게재하였다.[17] 또 연재물이 성공잡지사의 단행본으로 출간되면서 호리우치의 입지소설은 『성공』이라는 미디어 매체가 내세운 성공주의를 상호 보완해주는 역할을 하였다.[18]

한편 호리우치는 성공잡지사가 『성공』에 이어 1908년 5월 창간한 『식민세계』 잡지에서는 식민소설을 연재하였는데, 이것은 입지소설의 외피를 '식민'소설로 탈바꿈한 것이었다. 중요한 사실은 호리우치 입지소설의 '입지'가 식민소설의 '식민'으로 전환되는 이 지점은 일본 국내 성공주의가 해외 식민주의로 그 내연이 확장되는 상황을 반영하고 있다는 점이다. 즉 해외에서 일본인 이주자 개인의 성공은 일본 국가가 해당 지역을 식민화하는 과정과

---

15 和田敦彦, 위의 논문, 107쪽. 『자조론』의 영향을 받아 입신출세적 인간상을 문학적으로 처음 형상화한 소설은 기쿠테이 코우스이(菊亭香水, 1855~1942)의 『世路日記』라고 알려져 있다. 菊亭香水, 『世路日記』, 東京稗史社, 1884. 이 소설의 주인공 히사마츠 기쿠오는 하물며 그의 애인과 이별하는 와중에도 "너는 평소에 『자조론』을 자주 읽어보거라. 그 책 속에 나오는 서양철학의 금언을 마음속에 새기면 좋을거야"라고 『자조론』적 삶의 방식의 실천을 훈계한다. 마에다 아이 지음(유은경·이원희 옮김), 앞의 책, 137~139쪽.

16 호리우치 신센의 본명은 호리우치 후미마로(堀內文麿)이고 1873년 쿄토에서 출생하였다. 사망 연도는 확실하지 않은데 대략 1925년경으로 추정한다. 도쿄 제일고등학교에 입학하였으나 중도에 그만두고 토쿠토미 소호가 경영한 『국민신문』에 작가로 잠깐 활동하였다. 코다 로한(幸田露伴, 1867~1947)의 문하생이 되어 호리우치 신센이라는 필명으로 활동하였다. Timothy J. Van Compernolle, pp. 66~67.

17 和田敦彦, 위의 책, 127쪽.

18 호리우치는 '소년'을 대상으로 한 입신출세 관련 독본과 같은 서적을 하쿠분칸에서 출판하였다. 堀內新泉, 『商家少年讀本』, 博文館, 1910; 『貧兒立志讀本』, 博文館, 1910. 그렇지만 입지소설 단행본은 거의 성공잡지사에서 독식하다시피 출판하였다.

연동된 것으로서, 메이지 후기 일본의 성공주의란 다름 아닌 식민주의의 또다른 이름이라고 할 수 있다.[19]

최찬식은 「궤상의 몽」의 제목 앞에 굳이 '입지소설'이라는 장르명을 표기하여 자신이 일본의 '입지소설'이 지향하는 성공주의에 공명하고 있음을 분명히 하였다. 실제 「궤상의 몽」은 주인공 김상현이 만주에서 경제적 성공을 이루는 이야기를 줄거리로 한 것으로서 '자본이 없는 사람이 온갖 고난을 딛고 노력으로 사업을 성취한다'는 입지소설의 패턴을 충실히 따랐다. 더하여 주인공이 성공하는 대상 지역을 '만주'로 설정함으로써 해외 미개척지로의 진출을 말하는 식민소설의 형태 또한 반영되었다.[20]

이렇듯 「궤상의 몽」이 내세운 입지소설의 장르는 메이지 후기 일본의 입신출세주의를 표상하는 『성공』이라는 미디어 매체와 분리되어 생각할 수없다. 따라서 최찬식이 입지소설을 접한 경로는 『성공』에 연재된 다음 단행본으로 출간된 형태 혹은 『성공』 잡지의 구독을 통해서였을 것이라고 추론된다.[21] 그런데 최찬식이 1917년 「궤상의 몽」 발표 이전 이미 『신문계』에

---

19 『식민세계』는 일본인 이주자가 해외 지역을 개척하는 데 도움이 되는 기사로 구성되었다. 남미·북만주·대만 등과 같은 다양한 지역이 그 대상이 되었는데, 특히 『식민세계』가 발행된 때는 한국이 통감부의 비공식적 식민지 지배를 받는 시기로 한국과 관련된 기사가 상당히 수록된 점이 눈에 띈다. 대표적인 몇 가지를 들면 다음과 같다. 古在由直, 「韓國農業經營法」, 『殖民世界』 1-1, 1908; 加藤增雄, 「韓國民の性格」, 『殖民世界』 1-1, 1908; 「韓國に適する農産物」, 『殖民世界』 1-2, 1908.

20 만주는 한국독립운동사의 관점에서 독립운동가들의 애환이 깃든 장소로 기억되지만, 근대 문학에서는 농장을 개척하고 돈을 벌 수 있는 이상적 낙토로 주로 표상되었다. 1910년대 최찬식의 「궤상의 몽」은 이 같은 이상적 낙토로서 만주에 대한 표상의 출발 선상에 있는 소설이라고 할 수 있을 것이다.

21 『성공』은 1917년 「궤상의 몽」이 발표되기 직전인 1916년까지 발행되었다. 1917년 「궤상의 몽」이 발표된 연간까지 판을 거듭하여 단행본으로 출간된 호리우치의 입지소설의 대표적 실례를 들면 다음과 같다. 堀內新泉, 『(立志小說) 人の兄』, 成功雜誌社, 1906; 『(立志小說) 唯一氣』, 成功雜誌社, 1912; 『(立志小說) 故鄉』, 成功雜誌社, 1915.

'이 세상에 성공가는 누구뇨'라는 식민지 조선인 성공가 열전을 연재한 것
으로 보아서,[22] 『성공』의 '입지소설'에 앞서 이 잡지가 가진 지배적인 메시
지인 성공주의에 주목했음을 알 수 있다.[23] 즉 성공주의 유포를 위해 '이 세
상의 성공가가 누구뇨'와 같은 논픽션의 전달 메시지를 독자에게 보다 효과
적으로 전달하려는 방법의 모색이 입지소설의 장르인 「궤상의 몽」이었을
것이다.

한편 「궤상의 몽」이 수록된 『신문계』 5권 2호는 소설 특집호로 발행되었
는데, 冒頭에 「社會敎育과 小說」을 통해 편집진이 '소설'이 진정한 사회교육
의 방법이라고 분명히 제시하였다. 이것은 입지소설이라는 문학 장르가 가
진 사회교육의 효과를 최대한 활용하려고 했던 편집자의 기획 의도를 읽을
수 있는 대목이다. 「社會敎育과 小說」은 저자가 명시되어 있지 않지만, 『신
문계』 편집인으로서 최찬식의 역할을 볼 때 이것이 그의 기획 의도라고 보
아도 무방할 것이다.[24]

이상에서 알 수 있듯이, 1910년대 최찬식은 메이지 후기 스마일즈 '자조
론'을 추종한 『성공』과 같은 매체를 통해 '입지소설'을 수용하고 성공주의
를 식민지 사회에 유포했던 지식인으로서 중요하다. 여기에서 주목되는 사
실은 3.1운동 이후 『매일신보』 『신천지』를 중심으로 활동하며 성공주의를
유포한 '자조론' 계열 지식인들이 그 윤곽을 드러내는데, 1910년대 이미 최
찬식은 백대진과 함께 이러한 '자조론' 계열 지식인의 계보에 위치한 지식

22　'이 세상에 성공가가 누구뇨' 연재물 서지사항은 본문의 [표10] 참조.
23　『성공』은 '立志欄'의 코너를 두어 서구 위인과 더불어 일본 위인의 성공을 소개하였
　　는데, 식민지 조선의 성공가를 소개하고 이를 통해 성공주의를 유포하려는 최찬식의
　　기획 구도는 『성공』의 '입지란'에서 아이디어를 얻은 것이 아닐까 여겨진다.
24　海東樵人, 「余의 記者生活」, 『신문계』 3-1, 1915. "直新聞 雜志라 할 것은 智者의
　　強辯을 不待할지니 新聞 雜志에게 社會敎育에 對한 元老元勳의 聲望을 讓하여 遜
　　色을 現할지나 其實社會의 眞正한 敎育은 小說이 是이로다" 「社會敎育과 小說」,
　　『신문계』 5-2, 1917.

인으로 파악된다는 점이다.

　[표10]은 1910년대 최찬식과 백대진이 『신문계』 『반도시론』에 게재한 성공주의 관련 연재물인데, 이것의 기획 구도와 내용은 '자조론' 계열 지식인으로서 양자의 동질성을 잘 보여준다. 우선 눈에 띄는 것은 소설 특집호로 편성된 『신문계』 5권 2호에 최찬식의 「궤상의 몽」 2회와 함께 백대진의 입지소설 「三十滿圓」이 수록되었다는 점이다.[25] 최찬식은 입지소설의 장르를 통해 성공주의를 식민지 사회에 효과적으로 유포하려 했는데, 이러한 그의 기획을 함께 한 지식인이 『신문계』와 『반도시론』에 같이 참여하였던 백대진이었던 것이다.

　1910년대 최찬식과 백대진은 자조론의 가치를 표방한 입지소설의 장르를 수용하였을 뿐만 아니라 성공한 식민지 조선 상인들의 열전을 기획한 것 또한 일치하였다. [표10]을 보면 알 수 있듯이, 최찬식은 1915년 12월호부터 1916년 4월호까지 총 5회에 걸쳐 경성의 성공가를 소개하는 '이 세상에 성공가는 누구뇨' 연재물을 기획하였다.[26] 그런데 이 같은 식민지 조선의 성공

25　「삼십만원」의 내용 또한 「궤상의 몽」과 마찬가지로 입지소설의 전형화된 패턴을 그대로 보여준다. 주인공 일웅의 고용주는 무역상인데, 그가 만주에 지점을 내자 일웅은 그 기회를 놓치지 않고 만주 지점의 지점장이 된다. 각고의 노력과 성실 덕분에 마침내 고용주의 재산 30만 원까지 승계하는 경제적 성공을 이룬다. 즉 '만주'라는 대상과 여기에서 경제적 성공이라는 소설의 요지는 앞서 언급한 「궤상의 몽」의 내용과 동일한 성공 패턴을 보여준다.

26　최찬식은 경성을 시작으로 전조선의 성공가를 발굴할 작정이었지만 실제 조사하는 와중에서 거의 찾지 못했는데, 그 이유를 조선인의 硏究力·忍耐力·勇進力이 결핍한 데에서 찾았다. "大槪事業에 大小를 勿論하고 可히 成功家의 名稱을 得키는 至難하니 … 爲先 京城으로 始하여 成功家를 調査한 바이 有하나 其結果는 果然 失望에 歸하였다하여도 過言이 아니라 할지라 全朝鮮의 成功家는 幾人이나 有한지 姑히 不明하거니와 京城으로 言하면 少規範의 事務를 成就한 幾個人에 不過하니 此는 全혀 朝鮮人의 硏究力 忍耐力 勇進力이 缺乏하여 然한 바이나 大槪 成功의 名을 得키도 如此히 極難한 바이라 하노라"(一記者, 「이 世上에 成功家가 또 누구뇨: 染織工所 '金德昌'君」, 『신문계』 4-1, 1916, 74쪽). 최찬식은 첫 번째 이웅선의 사례에서 잘 알려진 필명 海東樵人을 사용했을 뿐 나머지 연재물에서는 모두 '一記

[표10] 『신문계』 『반도시론』에 수록된 최찬식과 백대진의 성공주의 관련 글

이름	잡지명	주제/장르	제목	권호	년도	비고
최찬식	신문계	이세상에 성공가가 누구뇨	和平堂藥房 李應善	3권 12호	1915	건투와 성공의 도 대상
			金德昌染織所 金德昌	4권 1호	1916	
			京華堂時計鋪 趙璇熙	4권 2호	1916	
			京城商會 金潤秀	4권 3호	1916	
			朴德裕洋靴店 朴德裕	4권 4호	1916	
		위인의 소년시대	偉人 구리유-계루의 少年時代	4권 1호	1916	실업지일본사 『偉人の少年時代』 번역 저본, 『동서위인소년시대』 수록
			뉴톤의 소년시대(역)	4권 2호	1916	
			기차 발명자 스티분손의 소년시대	4권 3호	1916	
			위인 넬손의 소년시대	4권 6호	1916	
		입지소설	机上의 夢(1)	5권 1호	1917	
			机上의 夢(2)	5권 2호	1917	
			机上의 夢(3)	5권 3호	1917	
백대진	신문계	위인전	獨學自修의 天文學者 허쉘記	3권 4호	1915	
			世界의 大砲王 크롯프	3권 6호	1915	
		입지소설	三十滿圓	5권 2호	1917	
	반도시론	健鬪와 成功의 道	종로 五福商店 金興植	2권 3호	1918	
			和平堂主人 李應善君	2권 4호	1918	이 세상에 성공가 누구뇨 대상
			公益社長 朴承稷君	2권 5호	1918	『(현대상인)입지성공미담』에 수록

者'로 자신을 표명하였다. 그런데 김덕창의 성공담을 말하기 앞서 "故로 朝鮮京城의 成功家로 前號에는 最先李應善君을 一論하고 今에는 金德昌君을 소개코자 하노니"라고 언급한 것으로 보아서 '일기자'가 앞서 게재한 이응선 사례의 저자 최찬식임을 알 수 있다.

가를 소개하는 최찬식의 기획 구도는 『반도시론』에서 백대진의 '健鬪와 成功의 道'로 반복 재현된다. 나아가 최찬식이 '이 세상에 성공가가 누구뇨'의 첫 성공 사례 대상으로 든 화평당 주인 이응선은 백대진의 '건투와 성공의 도'의 두 번째 성공 사례 대상이 되었다. 더하여 '이 세상에 성공가가 누구뇨'의 다섯 번째 대상인 박덕유 양화점은 백대진이 1929년 출간한 『입지성공미담』에 일곱 번째 사례로 소개되었다.[27]

『입지성공미담』은 스마일즈 『자조론』의 형식을 빌려서 식민지 조선에서 경제적으로 성공한 상인들의 열전으로 구성된 『자조론』 아류 서적이었다. 특히 이 책에 첫 사례로 수록된 현재 두산 그룹의 모태가 된 박승직의 성공 사례는 『반도시론』의 '건투와 성공의 도'에서 이미 소개된 것이었다.[28] 이것은 1910년대 『반도시론』에서 백대진의 '자조론'적 근대 기획이 『입지성공미담』에 계승되었음을 알려준다. 중요한 사실은 1910~1920년대 '자조론' 계열 지식인으로서 백대진의 이 같은 지적 행보를 함께 한 지식인이 바로 최찬식이라는 점이다.

[표10]을 보면 최찬식은 '이 세상에 성공가는 누구뇨'와 거의 동시에 『신문계』에 '위인의 소년시대' 주제 아래 스티븐슨·넬슨·뉴턴과 같이 스마일즈 『자조론』에 소개된 서구 위인 전기를 번역·연재하였다. 뒤에 후술하겠지만, '위인의 소년시대'는 일본의 『자조론』 아류 서적인 『偉人の少年時代』를 저본으로 번역한 연재물인데, 이것은 1927년 최찬식의 저서 『동서위인소년시대』에 편제된다. 앞서 언급한 백대진의 경우와 마찬가지로 1910년대 『신문계』에서 최찬식의 '자조론'적 근대 기획이 1920년대 『동서위인소년시대』에 반영되었던 것이다.

요컨대 최찬식은 3.1운동 이후 뚜렷이 부상한 자조론 계열 지식인들의 구심점이 된 백대진과 함께 이미 1910년대 성공주의를 유포한 지식인이었다.

---

27 白大鎭, 『(現代商人)立志成功美談』, 半島出版社, 1929.
28 『입지성공미담』에 소개된 박승직의 성공사례는 이 책 3부 3장 내용 참조.

특히 양자는 1910년대 일본 성공잡지사의『성공』미디어 매체가 지향한 성공주의를 표방한 '입지소설'을 수용하여 문학의 양식으로 '자조론'의 가치를 전파하였다. 나아가『신문계』의 '이 세상에 성공가는 누구뇨'와『반도시론』의 '분투와 건투의 도'와 같은 연재물을 통해 성공주의를 유포하였다. 중요한 사실은 1910년대 양자의 이 같은 성공주의 유포는 1920년대『입지성공미담』과『동서위인소년시대』와 같은『자조론』아류 서적 출판으로 이어졌다는 점이다.

(2)『偉人の少年時代』위인 재배치와 '자조론'의 토착화

1910년대 '자조론' 계열 지식인으로서 최찬식의 면모가 잘 드러난 기획물은 앞서 언급한『신문계』에 연재된 '이 세상에 성공가가 누구뇨'이다. 이 연재물의 두 번째 대상은 염직소를 경영한 김덕창인데, 여기에서 최찬식은 다양한 성공의 경로를 언급하며 김덕창의 성공을 기차 발명가 조지 스티븐슨의 그것과 동격으로 견주었다.[29] 스티븐슨의 성공은 심지어 단편소설「경성유람기」의 주인공의 입을 빌려 반복적으로 언급된다.[30] 최찬식이『신문계』

---

29 "성공이라 云하는 者는 其範圍의 限度가 無하니 一天下의 危亂을 平함도 成功이오 一身의 榮譽를 得함도 亦成功이다. 故로 其人의 目的한 바에 在하여 其事業을 成就함으로 可히 成功이라 할지오, 事의 大小로써 成功의 境域을 定하는 바는 不是라 하노니 今日의 文明利器되는 汽車를 發明한 '수지분손'도 一 成功家이라 할지오 朝鮮京城에 一間 小規模的 染織工所를 成就한 金德昌君도 第一成功家이라 빼지 아니 할 수 없도다". 一記者(최찬식),「이 世上에 成功家가 또 누구뇨: 染織工所 '金德昌'君」,『신문계』 4-1, 1916, 74쪽.
30 「경성유람기」의 저자는 '碧鍾居士'로 표기되었는데, 이것은 이제까지 알려지지 않은 최찬식의 필명으로 판단된다. 최찬식은『신문계』의 '위인의 소년시대' 연재물 4편 가운데「偉人 구리유계루의 少年時代」「뉴톤의 소년시대」를 기술할 당시 '海東樵人'의 필명을 사용하였다. 그런데 나머지 두 편인「기차 발명자 스티분손의 소년시대」「위인 넬손의 소년시대」는 '碧鍾居士'의 필명을 사용하였다. '碧鍾居士' 필

4권 1호에 김덕창의 성공담을 연재한 다음 4권 3호에 「기차 발명자 스티븐 손의 소년시대」를 연재한 것은 이 같은 스티븐슨의 성공에 대한 그의 관심을 단적으로 드러낸 것이라 할 수 있다.[31]

　주목되는 사실은 「기차 발명자 스티븐손의 소년시대」는 '위인의 소년시대' 주제로 연재된 총 4회 연재물에서 3회에 해당하며, 4편 모두 『동서위 인소년시대』에 수록되었다는 점이다.[32] 다시 말하면 27명의 위인이 수록된 『동서위인소년시대』에 스티븐슨을 포함한 4명 위인의 내용은 이미 '위인의 소년시대'에서 소개된 것이었다. 이것은 『동서위인소년시대』가 1927년 단행본으로 출간되었지만, 이 책의 구상이 1910년대 『신문계』의 '위인의 소년시대' 연재 시기부터 시작되었다는 사실을 알려준다. 아울러 앞서 언급한 김덕창 성공담에서 『동서위인소년시대』에 편제된 스티븐슨의 내용이 언급된 사실은 이 책이 1910년대 최찬식의 성공주의 유포에 대한 구도와 지향성을 계승한 것이라는 점을 시사해준다.

　한편 『동서위인소년시대』는 발행 당시 최찬식의 '저작'으로 표기되어 출판되었는데, 『偉人の少年時代』를 저본으로 번역된 부분이 있다. 이것의 단

　명으로 연재된 두 편을 포함하여 '위인의 소년시대' 연재물 내용 4편 모두가 『동서 위인소년시대』에 편제되었다. 따라서 '碧鍾居士'는 최찬식의 필명임을 알 수 있다.
31 최찬식은 「경성유람기」 첫 도입부터 기차를 이용하여 학생 魚成龍이 강원도 안변 집에서 경성의 학교까지 손쉽게 통학할 수 있음을 말하며 자연스럽게 스티븐슨의 발명가로서 성공을 말한다. 더하여 「경성유람기」에 등장하는 세 명의 주인공 가운데 金種聲의 입을 빌려서 학생 어성용에게 조지 스티븐슨(Gorge Stephenson, 1781~1848)의 발명가로서 이력을 장황이 말하며 장차 그와 같은 발명가가 되어 후세 사람에게 이러한 혜택을 끼쳐 줄 것을 주장한다. 碧鍾居士, 「경성유람기」, 『신문계』 5-2, 1917, 42쪽. 이에 더하여 식민지 조선의 장래를 짊어질 청년들이 이와 같은 스티븐슨과 같은 발명가가 되기를 스스로의 입으로 말하게 한다. "너가(어성용) 보통학교를 卒業한 後에 將次 무슨 事業을 하여 너의 一平生計劃을 定코자 하나냐. 저는 將來 東京가서 工業을 工夫하여 朝鮮工業界를 發達케 하고 또는 大發明家가 되어 文明利器를 많이 製造함이 所願이올시다" 碧鍾居士, 위의 글, 15~20쪽.
32 서지사항은 본문의 [표10]을 참조.

서는 최찬식이 『신문계』의 '위인의 소년시대' 연재 당시 「偉人 구리유-계루의 少年時代」와 「뉴톤의 소년시대」를 '번역'하였다고 언급한 데에서 찾아진다.[33] 두 글의 저본을 추적한 결과 이것은 후쿠다 긴게츠(福田琴月, 1875~1914)의 『偉人の少年時代』를 번역한 것이었다.[34]

[표11]에서 알 수 있듯이 후쿠다의 『偉人の少年時代』는 서구 위인 9명과 일본 위인 2명으로 구성하여 일본 위인을 세계위인으로서 돋보이게 구성하였다. 이 같은 위인 배치 구도는 1900년대 이후 서구 국가와 동등하다고 여기던 일본의 정치적 상상력이 팽배했던 시대적 배경이 투영된 것이라고 볼 수 있다. 이렇듯 일본 위인을 중심으로 동아시아 위인을 배치하여 이들을 서구 위인과 함께 구성한 세계위인전의 형태는 1900년 이후 일본 사회에서 생산된 『자조론』 아류 서적에서 그 기원을 찾을 수 있다. 이 시기 일본의 출판사들은 '소년'과 '청년'을 독자 대상으로 한 『자조론』 아류 서적 및 수양 총서 출판에 적극적이었는데, 후쿠다의 『偉人の少年時代』는 이러한 시대적 조류에 적극적으로 대응한 대표적 출판사인 실업지일본사에서 발행된 『자조론』 아류 서적이었던 것이다.[35]

---

33 최찬식은 「偉人 구리유-계루의 少年時代」와 「뉴톤의 소년시대」에서 저자 표기를 '海東樵人'의 필명으로 하고 그 옆에 '譯'이라고 표기하여 번역임을 밝혔지만, 번역 저본은 표기하지 않았다. 한편 『동서위인소년시대』 책 뒷면의 서지사항에 최찬식은 '著作者'로 표기되었다.

34 福田琴月, 『偉人の少年時代』, 實業之日本社, 1908.

35 실업지일본사는 '소년'과 '청년'을 독자 대상으로 겨냥한 『日本少年』『小女の友』와 같은 잡지 및 『(最近)成功十傑』『(成功秘訣)富豪の面影』『成功の順路』 등과 같은 성공주의 지향의 저서를 출판하였다. 특히 『自助の精神』『新自助論』과 같이 스마일즈 『자조론』을 노골적으로 홍보한 수양 총서들을 출판한 점이 주목된다. 蘆川忠雄, 『自助の精神』, 實業之日本社, 1909. 波多野烏峰, 『新自助論』, 實業之日本社, 1909. 桑谷定逸, 『(成功秘訣)富豪の面影』, 實業之日本社, 1902. 石井勇, 『最近成功十傑』, 實業之日本社, 1903. 波多野烏峰 譯編, 『成功の順路』, 實業之日本社, 1907. 실업지일본사와 그 출판물에 관한 연구는 馬靜, 위의 박사학위논문, 2005 참조.

[표11] 福田琴月의 『偉人の少年時代』 위인 구성[36](*『신문계』 수록)

순서	국가	이름[동서위인소년시대 순서]
1	일본	豊太閤(豊臣秀吉)[12]
2	미국	링컨[24]
3	미국	*뉴톤[14]
4	일본	德川家康[13]
5	프랑스	大那翁(나폴레옹)[19]
6	영국	*넬슨[18]
7	이태리	가리발디[21]
8	미국	프랭크린[16]
9	영국	그래드스톤(William Ewart Gladstone)[없음]
10	영국	*스티븐슨[20]
11	남아프리카 공화국	*규게루(paulus kruger)[23]

무엇보다 이 시기 『偉人の少年時代』와 같은 『자조론』 아류 서적에 수록된 서구 위인 및 토요토미 히데요시와 도쿠가와 이에야스(德川家康, 1542~1616)의 일본 위인들은 비범함을 타고 난 영웅적 면모보다, 노력과 수양을 통해 성공의 기회를 잡은 인간으로서 '평범성'이 강조되었다. 이 같은 내용을 담은 『자조론』 아류 서적들의 표제명은 '위인' '수양'의 단어 조합들로 주로 구성되었으며, 그 내용은 노력과 분투 그리고 수양을 통해 성공한 위인이 되는 과정을 서술한 것으로 대동소이하다.[37] 후쿠다의 『偉人の少年時

---

36 후쿠다는 위인을 배열한 순서의 기준에 대하여 별다른 언급을 하지 않았다. 하지만 1910년 후쿠다가 출판한 『世界偉人傳』에 수록된 첫 위인이 토요토미 히데요시인 것으로 보아서, 그가 토요토미를 세계위인으로서 위상을 가진 인물로서 중요하게 여겼음을 알 수 있다. 福田琴月, 『世界偉人傳』, 實業之日本社, 1910. 한편 『偉人の少年時代』와 『세계위인전』 두 저서에서 토요토미 히데요시·가리발디·프랭클린·크뤼거·그래드 스톤의 위인들은 중복적으로 기술되었는데, 이것은 후쿠다의 『세계위인전』 구상이 『偉人の少年時代』에서 발단되었음을 말해준다.

代』와 같은 표제 및 비슷한 위인 구성을 가진 책들을 어렵지 않게 찾을 수 있는데,[38] 이것은 『偉人の少年時代』가 유형화된 구성과 내용을 가진 『자조론』 아류 서적인 데에 그 이유가 있을 것이다.

[표12] 『동서위인소년시대』의 위인 명단[39]
(▲ 福田琴月 『偉人の少年時代』, * 『신문계』 수록)

순서	국가	성명과 호칭	제목
1	중국	項羽 장군	幼時부터 力拔山氣盖世 萬人을 敵할 學問이 所願
2	중국	張良 선생	從容簡精한 一個美男子 博浪椎聲이 天下를 驚動
3	중국	諸葛亮 丞相	梁甫吟으로 時局을 悲嘆 荊益地圖를 壁上에 掛置
4	한국	乙支文德 將軍	貧寒한 一民家에서 탄생 石多山石屈中에서 修養
5	한국	蓋蘇文 장군	富貴가 足한 名門에 出生 五刀를 佩하고 武藝練習
6	한국	金庾信 장군	龍華香徒의 一個花娘兒 三國統一이 少年의 大志
7	한국	元曉 祖師	佛地村栗樹下에서 誕生 教師도 없이 學問을 獨習
8	중국	裵度 相公	四方에 漂泊하는 困窮兒 寶帶를 얻어 本主에 返還
9	한국	崔孤雲 선생	12세에는 唐京에 留學 18세에는 金榜에 顯名

37 이 같은 내용을 담은 일본의 『자조론』 아류 서적 몇 가지를 대표적 실례로 들면 다음과 같다. 久城潮風, 『奮鬪的活修養先見의 明』, 岡本增進堂, 1916. 近藤羌村·物集梧水 編, 『修養逸話: 東西』, 精華堂, 1911. 足立栗園, 『修養文庫 第1編: 立志百話』, 積善館, 1911. 原坦嶺, 『偉人과 修養』, 芳文堂, 1917. 樋口紋太, 『世界의 偉人力의 修養』, 岡本增進堂, 1919.

38 文盛堂編輯所 編, 『偉人の少年時代』, 榊原文盛堂, 1910. 森脇紫逕, 『偉人の少年時代』, 武田交盛館, 1924. 특히 1910년 文盛堂編輯所에서 출판한 『偉人の少年時代』의 위인 구성을 보면 토요토미 히데요시·도쿠가와 이에야스의 일본 위인 및 뉴턴·프랭클린·워싱턴·넬슨·나폴레옹·링컨과 같은 서구 위인들을 배치한 것은 후쿠다의 그것과 동일하다.

39 위인의 이름은 원문의 표기대로 기재하였다. 23번째 크리유켈의 경우 1916년 1월호 『신문계』에 연재된 '구리유-계루의 소년시대'에서는 '구리유-계루'라고 표기되었다. 본문의 내용으로 이 인명을 추적하면 남아프리카 트랜스발 공화국의 대통령을 역임한 폴 크뤼거(paulus kruger, 1825~1904)를 지칭한 것이다.

10	한국	李忠武公 충무공	幼時로부터 戰鬪를 嗜好 莊嚴한 威信에 衆兒服從
11	한국	李恒福 相公	幼時로 부터 才氣가 卓越 奇絶한 諧謔는 人을 警倒
12	일본	▲ 豊臣秀吉 公	四方에 漂泊하는 猿面兒 戰爭戲를 嗜好함이 天性
13	일본	▲ 德川家康 公	敵國에 人質이 된 小公子 八宮鳥를 自由界에 放送
14	한국	林慶業 장군	兒劇中에 建設한 營寨를 官廳이 敢히 毁撤치 못해
15	영국	▲ *뉴톤 박사	最初에는 一個의 懶怠漢 同窓生의 蹴蹴에 大覺醒
16	미국	▲ 프랭클린 氏	最初에는 活版所의 小使 그 後에는 合衆國의 恩人
17	미국	워싱턴 대통령	櫻樹斫倒한 事實을 自白 荒野의 冒險測量을 成功
18	영국	▲ *넬슨 제독	幼時로부터 恐懼는 不知 氷世界에서 白熊과 猛戰
19	프랑스	▲ 나폴레옹 장군	戰爭의 台敎를 받은 勇兒 幼少로 부터 軍人이 所願
20	영국	▲ *스티븐스 씨	發明家 스티븐슨氏 石炭坑夫인 一個의 少年 幼時로부터 器械를 嗜好
21	이태리	▲ 가리발디 대장	螽螽(종사)를 泣 하는 一掬淚는 全國民을 愛恤하는 熱淚
22	독일	비스마르크 首相	大學生時代는 粗暴生活 史學과 法學을 專門研究
23	남아공	▲ *크리유켈 將軍	競爭中에 大獅子와 格鬪
24	미국	▲ 링컨 대통령	此後를 推하는 貧民의 子 飯보다 嗜好하는 讀書癖
25	중국	원세개 대통령	袁世凱大統領 讀書를 不好하는 放蕩兒 義俠에 從事하는 快男兒
26	미국	부커 T 워싱턴 흑인	부커 워싱톤 敎授(黑人) 小奴隸로부터 小勞動者 언제든지 向學心이 熱烈
27	러시아	레닌 氏	孤獨을 좋아하는 詩家로 學生時代부터 自由思想

위 [표12]에서 알 수 있듯이 최찬식은 『동서위인소년시대』에 『偉人の少年時代』에 수록된 위인 10명을 번역하는 한편 동서양의 세계위인 17명을 새롭게 배치하였는데, 여기에서 한국 위인의 비중을 가장 높이 책정하였다. 새롭게 편제한 17명의 세계위인은 한국 위인 8명, 중국 위인 5명, 미국을 비롯한 서구 위인이 4명으로 한국 위인의 비중이 가장 크다. 총 27명의 위인으

로 구성된『동서위인소년시대』에서 한국 위인 8명에 견줄만한 비중으로 책정된 국가는 없다. 다만 동서양의 위인으로 구분할 경우 미국을 비롯한 서구 위인이 모두 12명으로 한국 위인의 비중을 능가한다. 이 같은 한국 위인의 비중은 최찬식이『偉人の少年時代』에서 서구 위인과 동격의 위상으로 상정된 일본 위인의 배치를 이해하고, 이것을『동서위인소년시대』에 적용시킨 것이라고 볼 수 있다.

[표11]의『偉人の少年時代』위인 구성과 [표12]의『동서위인소년시대』의 그것을 비교해보면 알 수 있듯이, 최찬식은 총 11명으로 구성된『偉人の少年時代』에서 윌리엄 에드워드 그래드 스톤(William Ewart Gladstone, 1809~1898) 1명만 빼고 10명을 번역하여『동서위인소년시대』에 수록하였다.[40] 최찬식은『偉人の少年時代』를 번역하는 과정에서 별다른 강조나 삭제 없이 나름대로 원문을 충실히 번역하였으며, 한말 식민지기 통상적으로 볼 수 있는 번역자의 의견도 뚜렷이 제시하지 않았다. 다만 이 같은 최찬식의『偉人の少年時代』번역에서 특징은 일본 위인을 빼지 않고 그대로 번역하였다는 점이다.

앞서 살펴본 1920년대 초 최영택의『입신모험담』번역만 보더라도 일본의 위인들은 전혀 번역되지 않았다. 덧붙여 말하면, 최영택과 같은 시기 강하형이『偉人成功의 徑路』이라는 표제로 일본의『자조론』아류 서적인『精神修養奮鬪家立志訓』을 번역하였는데, 여기에서도 일본 위인은 번역되지 않았다.[41] 그런데 1927년『동서위인소년시대』에서 최찬식은『偉人の少年時代』

---

40 1910년대 최찬식은『신문계』의 '이 세상에 성공가는 누구뇨'의 박덕유의 성공담에서 "記者는 貧으로써 富를 至한 成功家를 紹介하여 讀者諸軍으로 하여금 模範을 作하고자 하노라"라고 언급하였다. 일기자, 「이 세상에 성공가가 누구뇨: 洋靴店主 朴德裕君」,『신문계』4-4, 1916, 35쪽. 이렇듯 최찬식은 貧者 가운데 자신의 노력과 인내를 통해 성공한 인물들을 사례를 통한 성공주의 유포에 적극적이었음을 알 수 있다. 따라서 영국 정치가 그래드스톤은 부유한 태생으로서 최찬식이 유포하려는 성공주의 사례에 적절히 부합하지 않았던 것 같다.

에 수록된 두 일본 위인 토요토미 히데요시와 도쿠가와 이에야스를 가감 없이 그대로 번역하여 수록하였던 것이다.

한층 흥미로운 사실은 최찬식이 새롭게 배치한 17명의 동서양 위인 가운데 이순신이 토요토미 히데요시와 나란히 세계위인으로 배치되었다는 점이다. 양자가 임진왜란에서 대적하는 적으로 만난 역사적 사실로 비추어 볼 때 이들을 동격의 위인으로 함께 추존하기는 어렵다. 그런데 최찬식은 『동서위인소년시대』에서 『偉人の少年時代』에 수록된 토요토미 히데요시를 번역·수록하는 한편, 새롭게 한국 위인 이순신을 삽입하여 양자를 동등한 세계위인으로 배치하였다.[42] 최찬식이 이순신과 토요토미 히데요시를 동격의 위인으로 추존하여 함께 배치하였던 의도와 그 기준은 무엇일까? 나아가 연개소문·을지문덕·김유신 등과 같은 한국 위인들은 어떤 기준에서 토요토미 히데요시와 같은 일본 위인 및 나폴레옹·넬슨·워싱턴 등과 같은 서구 위인과 함께 동격의 세계위인으로서 배치되었을까?

위의 [표12]를 보면, 『동서위인소년시대』에 수록된 27명의 위인 가운데

---

41 喜久田露水 編, 『精神修養奮鬪家立志訓』, 岡田文祥堂, 1914. 『精神修養奮鬪家立志訓』은 『偉人成功의 徑路』라는 표제로 발행되었는데, 『위인성공의 경로』는 번역서가 아닌 강하형의 저작으로 출판되었다. 姜夏馨, 『偉人成功의 徑路』, 太華書館, 1922. 강하형의 번역 사례에서 알 수 있듯이, 일본의 『자조론』 아류 서적이 식민지 조선사회에 번역·유통되는 상황을 파악하기는 쉽지 않다. 『동서위인소년시대』와 『위인의 수양경로』처럼 저본이 된 원본 텍스트가 있음에도 불구하고, 저작으로 발행되거나 원본을 밝히지 않아서 텍스트를 일일이 대조하여 원본을 추적하는데 많은 시간과 수고가 들기 때문이다.

42 『동서위인소년시대』에 편제된 위인 가운데 '이순신'에 관한 전기와 소설에 대한 연구는 최찬식이 1925년 박문서관에서 『李舜臣實記』를 발행하였다는 점에서 더욱 주목된다. 이와 관련한 연구는 다음을 참조. 김기승, 「역사학 측면에서의 이순신 연구 방향」, 『이순신연구논총』 2, 순천향대학교 이순신연구소, 2004. 장경남, 「이순신의 소설적 형상화에 대한 통시적 연구」, 『민족문학사연구』 35, 민족문학사학회, 2007. 김경남, 「근대 이후 이순신 인물 서사 변화과정의 의미 연구」, 『한민족어문학』 61, 한민족어문학회, 2012. 김성진, 「이순신 역사 소설에 투영된 작가와 시대의 욕망」, 『문학치료연구』 45, 한국문학치료학회, 2017.

남아프리카 공화국 폴 크뤼거와 미국의 부커 T. 워싱턴(Booker T. Washington, 1856~1916) 정도 그 인지도가 떨어질 뿐 한말 이래 잘 알려진 위인들이다. 일본 위인을 제외한 나머지『偉人の少年時代』에 수록된 서구 위인들 및 최찬식이 새롭게 배치한 동서양 위인들은 한말 이래 각종 傳의 양식 혹은 야담류의 주요 소재가 되었다.[43] 이에 따라 한말을 거치면서 이들의 비범함과 영웅적 면모는 대중들에게 이미 잘 알려져 있었다. 특히 한말은 국가의 존망이 위협을 받던 시기였으므로, 한국 위인을 비롯한 서구 위인들을 대상으로 한 전기류에는 위기에 빠진 국가를 구출하는 영웅적 면모와 비범한 인물로서의 특성이 주로 부각되었다. 이 반면, 최찬식은『동서위인소년시대』에서 성공한 세계위인들 서로 간의 '동등성'과 그들의 '평범성'을 드러내는 데 그 초점을 두었다.

우선『동서위인소년시대』에서 위인들 간의 '동등성'은 위인의 이름을 나열한 '목차'에서 그 배치 순서를 '年代順序'라고 밝힌 점에서 잘 드러난다. 이것은 이 책에 배치된 위인이 태어난 순서만 차이가 있을 뿐, 위인으로서

---

43 을지문덕·연개소문·김유신·원효·최치원·이항복·임경업은 전기·야담·설화라는 다양한 텍스트로 전승되어왔다. 이와 관련된 대표적 연구는 다음을 참조. 이승수, 「淵蓋蘇文 서사의 형성과 전승 경로: 연개소문의 형상과 관련하여」,『동아시아 문화연구』 47, 한양대학교 동아시아문화연구소, 2010. 이상원, 「泉蓋蘇文傳 연구」,『한국문학논총』 8·9, 한국문학회, 1986. 남은경, 「乙支文德의 문학적 전승」『동양고전연구』 24, 동양고전학회, 2006. 임상석, 「신채호의 영웅서사 역술과 대한제국기 언론매체의 국문 모색:『을지문덕』을 중심으로」,『우리어문연구』 60, 우리어문연구, 2018. 최재목·손지혜, 「일제강점기 원효 논의에 대한 예비적 고찰」,『일본문화연구』 34, 동아시아일본학회, 2010. 차충환, 「이항복 문헌설화와 구비설화 비교연구」,『한국민족문화연구』 54, 한민족문화학회, 2016. 김영희, 「고소설과 구전서사를 통해 살펴보는 '구전'과 '기록'의 교섭과 재분화: 임경업이야기를 중심으로」,『溫知論叢』 36, 온지학회, 2013. 유광수, 「<최고운전>의 설화적 전승과 '최치원설화'의 연원」,『한국문학연구』 39, 동국대학교 한국문학연구소, 2010. 한편『동서위인소년시대』에 수록된 프랭클린·워싱턴·링컨·뉴턴·넬슨 등과 같은 서구 위인전기의 발행 상황에 대한 개별 연구성과는 일일이 나열할 수 없을 정도로 많다. 이 가운데 서구 번역 위인전기에 대한 대표적 연구성과는 다음을 참조. 김성연, 앞의 책, 2013.

동등한 위상을 전제로 한다는 사실을 잘 보여준다.[44] 앞서 언급했듯이 최찬식은 1910년대 『신문계』에 '이 세상에 성공가가 누구뇨'의 연재물에서 김덕창의 성공과 스티븐스의 그것을 동일시하였는데,[45] 이것이 '스티븐슨의 소년시대'를 수록한 『동서위인소년시대』의 세계위인에도 적용되었음을 알 수있다. 즉 이 책에 수록된 세계위인들이 이룩한 다양한 성공의 형태를 등가적 성공으로 취급함으로써 그들을 동격의 세계위인으로서 나란히 배치하였던 것이다.

한편 앞서 언급했듯이 『동서위인소년시대』에는 저본이 된 『偉人の少年時代』에 실리지 않은 이순신과 같은 한국 위인들이 높은 비중으로 배치되었다. 그런데 『동서위인소년시대』에 이순신을 배치한 것은 '일본이라는 외부의 적으로부터 민족을 구출한 영웅'의 존재를 알리고 강조하기 위한 목적은 아니었고, 이 점에서 한말 이래 그러한 한국 위인이 유통된 이유와는 달랐다. 한말과 같이 한민족의 위인으로서 업적과 성공의 결과물을 드러내는 것이 목적이 아니었으므로, 임진왜란의 불구대천의 원수로 인식될 수 있는 이순신과 토요토미 또한 동격의 세계위인으로 나열될 수 있었다. 이들이 동격의 세계위인으로 배치되는 기준은 성공한 위인으로서 그들이 가졌던 소년시대의 '평범성'에 있었다. 최찬식은 '소년' 독자들이 성공한 위인들의 평범성에 주목하여 이들과 같이 수양과 노력을 통해 위인으로 성장할 수 있도록도움을 주는 지침서로서 이 책의 출판을 기획하였던 것이다.

東西偉人들의 人格과 事業은 決코 天質이 特殊함에 있지 않고 少年時代에 完全히 修養함에 있다. 그럼으로 世上人類의 가장 貴重한 것은 少年時代의 修養이다. 天品의 英偉한 者와 英偉한 者와 英偉치 못한 者라도 人格을 成就하려면 本書를 讀하라. 그럼으로 모든 少年의 將來를 爲하여 東西偉人의 幼時

---

44 崔瓚植, 「목차」, 『東西偉人少年時代』, 匯東書館, 1927.
45 一記者(최찬식), 「이 世上에 成功家가 또 누구뇨: 染織工所 '金德昌'君」, 『신문계』 4-1, 1916, 74쪽

부터 成功할 때까지 特異한 實事를 記錄하여 靑年諸軍의 眼前에 供하여 修養
上萬一의 助가 될까 하노라.[46]

위의 내용은 최찬식이『동서위인소년시대』의 '서'와 신문 광고를 통해 이
책의 출판 목적을 밝힌 것이다. 여기에서 이 책의 목적이 독자 대상으로 상
정된 '소년'에게 '소년시대'의 '수양' 여부에 따라 장래 여기에 소개된 세계
위인들과 같은 성공을 이룰 수 있음을 제시하는 데 있다는 사실을 알 수 있
다. 다시 말하면『동서위인소년시대』는 세계위인들이 소년시대부터 비범함
을 가진 것이 아니라, 이 책을 읽는 '소년' 독자와 마찬가지로 소년시대에는
평범하였으나 수양을 통해 위인이 될 수 있었음을 독자인 '소년'에게 전달
하는 데 목적이 있었던 것이다. 그러므로 민족적 기준에서는 양립될 수 없
는 이순신과 토요토미 히데요시 및 연개소문·을지문덕·김유신과 같은 한국
위인들이 나폴레옹·넬슨·워싱턴의 서구 위인들과 나란히 세계위인으로 배
치될 수 있었다. 즉 여기에 수록된 세계위인들은 소년시대 모두 평범하였으
며 후천적 노력과 수양으로 위인이 되었다는 공통점이 있는 것이다.

이상에서 알 수 있듯이 서구와 대등한 일본 및 소년시대 인격 수양과 노
력을 통해 성공한 偉人像을 제시한『偉人の少年時代』의 구도는 이것을 저본
으로 한『동서위인소년시대』에 반영되었다. 그럼에도 최찬식은『偉人の少
年時代』에 수록된 위인들을 번역하는 데 그치지 않고 여기에 한국 위인을
비롯한 동서양 위인들을 삽입하여『偉人の少年時代』의 위인 배치를 새롭게
재맥락화였다. 다시 말하면『동서위인소년시대』는 스마일즈『자조론』을 모
방한 일본의『偉人の少年時代』구도를 재모방한 것으로서, 최찬식이 새롭게
식민지 조선에서 재편성·생산한『자조론』아류 서적이라고 할 수 있다. 또
이것은 식민지 조선의 위인들을 서구의 위인 및 식민지 모국 일본의 위인과

46『매일신보』1927년 12월 19일자 광고.『동아일보』1927년 12월 14일자, 12월 24일
광고. 최찬식,「序」, 위의 책, 1927.

나란히 배치하여 세계위인으로서 동격화함으로써, 스마일즈 '자조론'이 식민지 사회에서 토착화되는 과정을 드러내는 것이기도 하다.

한편 『동서위인소년시대』의 저본이 된 『偉人の少年時代』의 저자 후쿠다는 '소년'을 겨냥한 출판물 발행에 힘 쏟은 소년문학가로서,[47] 그는 '제2국민'으로서 위치 상정된 '소년'을 비롯하여 그들을 가르치는 위치에 있는 父兄과 敎師를 이 책의 독자 대상에 포함하였다.[48] 이것은 1908년 출간된 『偉人の少年時代』가 장래 일본을 담당할 '소년'을 이끄는 소년의 수양 지침서로서 기획되고 유통되었음을 말해준다.

앞서 언급했듯이 이 같은 『偉人の少年時代』를 최찬식은 1910년대부터 주목하여 『신문계』에 '위인의 소년시대'로 번역·연재하였다. 하지만 1명을 뺀 이것의 완역이 시도된 것은 1927년 『동서위인소년시대』의 출판에 이르러서였다. 이것은 『偉人の少年時代』가 '소년'의 '수양'을 강조하는 소년수양서로서 기능하였던 메이지 일본과 같은 사회적 분위기와 조건이 1920년대 후반 식민지 조선 사회에서도 조성되었던 데에서 그 이유를 찾을 수 있을 것이다.

먼저 1920년대 중·후반 소년운동이 고조되면서 근대 주체로서 '청년'에서 분화된 '소년'의 위치와 역할이 분명해졌다. 1918년 최남선이 『자조론』

---

47 후쿠다 긴게츠는 1902년 킨코우토우쇼세기(金港堂書籍)에서 창간된 『소년계』와 자매지 『소녀계』 잡지가 창간될 당시부터 기자로 활동하며 가정소설·소년문학 작품을 많이 발표하였다. 또 『소년계』와 경쟁적 관계에 있었던 하쿠분칸(博文館)에서 출판된 소년잡지 『少年世界』에서도 활동하였다. 나아가 『소년세계』의 창시자이자 일본 근대 아동문학의 선구자인 이와야 사자나미(巖谷小波, 1870~1933)와 함께 『少年日本歷史』를 함께 저술하였다. 巖谷小波·福田琴月, 『少年日本歷史』 1~6, 博文館, 1910. 후쿠다와 함께 『소년일본역사』를 저술한 이와야 사자나미는 한국의 소년운동과 방정환에게 많은 영향을 끼친 것으로도 잘 알려져 있다. 한국과 일본에서 이와야의 저작과 활동에 대한 연구가 방대한 데 비하여, 후쿠다는 거의 알려진 바가 없다. 후쿠다의 소년잡지 활동과 소년 출판물은 『20世紀日本人名事典』과 일본국회도서관에 소장된 후쿠다의 저서를 참조.

48 福田琴月, 『偉人の少年時代』, 實業之日本社, 1908, 1~2쪽; 『世界偉人傳』, 實業之日本社, 1910에 게재된 『偉人の少年時代』 광고.

을 번역할 때만 하더라도 이 책의 독자로서 '청년'과 '소년'이 혼용되어 호칭되었지만, 1920년대 중반 이후 '소년'은 '청년'의 지도를 받아 식민지 조선의 장래를 담당할 '제2국민'으로 위치 부여되었다.[49] 나아가 연령적 개념이 적용되어 '청년'보다 나이가 적은 '소년'으로 구분되었던 것이다.[50]

이렇듯 '청년'에서 분화된 '소년'을 주체로 한 소년운동이 고조되던 시기에 『동서위인소년시대』가 출판되었다. 무엇보다 1927년 『동서위인소년시대』가 출간된 시기는 문예 중심의 소년운동에 대한 방향전환론이 한창 제기되고 있던 때였다. 1920년대 후반 소년운동은 식민지 조선의 장래를 책임질 '제2국민'으로 위치된 '소년'을 대상으로 하는 읽을거리를 출판하는 것과 당사자인 '소년'이 직접 문예 창작에 참여하는 소년문예운동으로 귀결되었다고 해도 과언이 아니다.[51] 천도교 계열의 『어린이』 잡지의 인기와 이에 대응한 사회주의 계열의 『별나라』 잡지 발행 및 수많은 신생 소년잡지의 탄생은 이러한 소년문예운동이 고조되어 가던 당시 시대적 분위기를 잘 말해준다. 그런데 1927년 문예를 중심으로 전개된 소년운동의 방향을 바꾸어야 한다는 문단 논쟁이 불붙기 시작했는데, 바로 이 시기 『동서위인소년시대』도 출판되었던 것이다.

주목되는 사실은 이 같은 소년운동의 방향성에 대한 논쟁의 발단이 '자조론' 계열 지식인 최영택의 글에서 비롯되었다는 점이다. 1927년 4월 최영택은 「소년문예운동방지론」을 『중외일보』에 기고하였다. 이것을 시작으로 장래 식민지 조선을 이끌 '제2국민'으로 정의된 '소년'의 역할 및 문예에 치중된 소년운동이 나아갈 방향을 두고 치열한 논박이 전개되었다. 최영택은 소

---

49 청년과 소년의 관계 및 제 2국민으로서 소년의 위치와 임무는 다음을 참조. 金泰午, 「少年運動의 指導情神(上)」, 『중외일보』 1928년 1월 13일자.

50 이 시기 소년의 연령에 대한 논의가 분분하였는데, 홍은성의 경우는 10세 이상 18세 내지 20세까지를 소년으로 간주하였다. 洪銀星, 「少年運動의 理論과 實際」, 『중외일보』 1928년 1월 17일자.

51 소년문예운동은 최명표, 『한국 근대 소년문예운동사』, 경진, 2012 참조.

년들이 학교 교육을 이탈하여 소년문예에 치중되는 현상을 비판하고 그들이 학교 교육을 충실히 이수할 것을 주장하였다.

최영택의 주장은 사회주의 계열 소년운동가들의 격렬한 비판을 받았다. 사회주의 계열은 일본의 식민지 체제를 공고히 해 줄 뿐인 학교의 제도적 교육의 이탈 및 이에 대한 대안으로서 소년문예운동을 적극적으로 동조하는 입장이었다. 특히 방정환과 같이 동심주의를 목표로 한 천도교 계열은 1920년대 초부터 식민지 학교 교육은 입신출세자를 양성하는 것으로『어린이』와 같은 잡지에는 수신강화·교훈담·수양목은 일절 넣지 말아야 한다고 주장하였다.[52]

이처럼 최찬식이『동서위인소년시대』를 출판하던 시기는 소년운동의 양대 산맥인 사회주의 계열과 천도교 계열이 경쟁적으로 그들의 소년운동의 목적에 조응한 소년 '문예물' 출판에 집중하였던 때였다. 최찬식이 '자조론'을 수용하여 성공주의를 주장한 '자조론' 계열 지식인이라는 점을 고려한다면, 이 시기 논박된 소년운동 방향론에서 최영택의 입장을 견지했을 것임을 충분히 짐작할 수 있다.

최영택은 1926년 12월 소년들에게 적절한 읽을거리를 제공하기 위해『소년계』를 창간하였고 이어 자매지『소녀계』까지 발행하였다. 하지만 1928년 5월 출판을 통해 이익을 추구하려는 모리배와 사행심을 가진 출판인의 소년 출판물과 그가 경영하던 소년계사의 그것과의 차별성을 강조하며 소년잡지의 휴간을 단행할 정도였다.[53] 이런 측면에서 볼 때 '자조론' 계열 지식인 최찬식 또한 1920년대 중반 이후 문예에 치중된 소년운동의 조류를 주시하면서 이들과는 차별적인 '소년' 대상의 읽을거리로서『동서위인소년시대』를 기획·출간하였을 것을 알 수 있다.

앞서 언급했듯이 최찬식은 '소년'이 '수양'이라는 노력을 통해 위인이 될

---

52 이에 관한 논쟁은 이 책 2부 3장 내용 참조.
53 이 책 2부 3장 내용 참조.

수 있음을『동서위인소년시대』의 출간 목적으로 제시하였는데, 이것은 계급
투쟁의 주체이자 일본 제국주의 체제를 전복시킬 주체로서 사회주의 계열
의 '소년'에 대한 위치 설정 및 동심주의를 목표로 한 천도교 계열의 소년운
동과는 그 방향을 달리한 것이었다. 즉 식민지 상황에서 '소년'이 소년시대
에 착실한 '수양'을 통해 위인이 된다는 것은 식민지 체제에 적합한 위인이
된다는 것을 의미한다고 할 수 있다.

　요컨대 1927년 출간된『동서위인소년시대』는 1920년대 중반 이후 소년운
동의 흐름을 주시한 최찬식이 일본의 식민주의에 공명하며, 일본의『자조론』
아류 서적『偉人の少年時代』를 재모방하여 출간한 한국적『자조론』아류
서적으로서 스마일즈 '자조론'이 토착화되는 징후를 보여준다고 할 것이다.

3장 白大鎭의 『(현대상인)입지성공미담』 출판

1910년대에서 1920년대 초 문학가이자 언론인으로 알려진 백대진이 1929년에 『입지성공미담』을 출판하였다. 이 책은 앞서 살펴본 최영택의 『입신모험담』과 최찬식의 『동서위인소년시대』와 같이 스마일즈 『자조론』의 성공한 인물 열전의 형식을 본뜬 위인전이라는 점에서는 동질성을 갖는다. 그런데 이 책은 여기에서 한 걸음 나아가 그 내용을 식민지 조선의 상인들로만 새롭게 구성한 이른바 '한국적' 『자조론』 아류 서적이라고 할 수 있다. 이러한 『입지성공미담』의 편제와 구성은 한말 일본을 통해 유입된 '자조론'의 토착화된 정도를 보여준다는 점에서 매우 중요하다.

『입지성공미담』을 출간한 백대진은 1910년대와 1920년대 초 『태서문예신보』 『신문계』 『반도시론』 『매일신보』 『신천지』 등의 집필진·기자·발행인으로 서구의 새로운 문예물을 소개·번역하였으며 아울러 시와 소설·비평 등 다양한 문학작품을 생산하였다. 이러한 그의 이력으로 기존연구에서는 1920년대 초 『신천지』 필화사건 이전까지 그가 활동하던 신문과 잡지를 중심으로 한 언론활동과 문학가로서 그의 문학작품 분석에 집중되었다.[1] 그렇지만 서구 자본주의 정신을 표상하는 '자조론'을 식민지 조선에 응용하여 유통시키며 성공주의를 전파한 '자조론' 계열 지식인으로 백대진이 조명되

---

1 이 연구는 백대진에 대한 기존의 문학적 논의에 힘입은 바 크다. 주승택, 『한문학과 근대문학』, 태학사, 2009, 447~534쪽. 김복순, 『1910년대 한국문학과 근대성』, 소명출판, 1999, 181~273쪽. 문혜윤, 「백대진 단편소설 연구」, 『한국문학이론과 비평』 23, 한국문학이론과 비평학회, 2004. 1910년대 『신문계』와 『반도시론』의 언론인으로서 백대진의 활동은 다음을 참조. 한기형, 앞의 책, 253~286쪽. 우미영, 앞의 논문, 2015. 3.1운동 이후 문화통치 시기 조선총독부의 첫 언론탄압이었던 『신천지』 필화사건과 관련하여 언론인 백대진에 대한 연구는 장신, 앞의 논문, 2004를 참조.

지는 못했다. 그리하여『입지성공미담』이 '한국적'『자조론』 아류 서적이라
는 시각에서 논의되지 못했다.

한편 그동안『자조론』에 대한 연구는 일본의 번역 저본을 통해 한국 사
회에 중역되는 과정을 살펴보는 데에 집중되었다. 이에 따라 일본에서 스마
일즈『자조론』이 토착화된 결과물인『자조론』 아류 서적이 생산되고, 또 식
민지 조선에서도 일본의『자조론』 아류 서적의 유형과 같은 '한국적'『자조
론』 아류 서적이 생산되어 '자조론'의 토착화가 시도되었지만, 이와 같은 중
요한 사실은 이제까지 전혀 논의되지 못했다. 근현대 한국 사회에 '자조론'
이라는 서구 근대 사상이 토착화되는 과정을 조감하려면『자조론』 번역과
더불어 제국 일본과 식민지 조선에서 각각 생산된『자조론』 아류 서적의 생
산과 유통에 대한 논의가 더욱 필요하다.

이를 위하여 이 장에서는 1910년대『신문계』『반도시론』부터 1920년대
초『신천지』 동인에 이르기까지 '자조론' 계열 지식인으로서 백대진의 활동
에 주목한다. 또『입지성공미담』의 출간 배경을 그동안 알려지지 않은『신
천지』 필화사건 이후 백대진이 행한 일련의 출판 활동의 일환으로 파악한
다. 나아가 이러한 그의 출판 활동을 1920년대 식민지 조선 농촌의 빈곤과
피폐를 농가부업을 통해 富力의 증진을 꾀한 일본의 식민정책과 관련하여
살펴볼 것이다. 무엇보다 백대진이 '자조론' 계열 지식인의 계보에 위치함을
알려주는 출간물인『입지성공미담』의 구성과 내용 검토에 초점을 맞추어,
이 책이 유포하려는 경제적 입신성공의 경로와 '자조론'의 토착화에 대해
논의하려고 한다.

(1) 백대진과 '자조론' 수용의 지적여정

백대진의 본적은 京畿道 京城府 彌雲洞 154이며 1892년 2월 5일 출생한

것으로 알려져 있다. 백대진은 梅東상업학교, 관립한성고등학교, 한성사범학교를 졸업한 이후 인천공립보통학교 교원으로 재직하다가 『신문계』 『반도시론』의 기자로 재직하며 본격적으로 문인활동을 시작하였다.[2]

백대진이 1910년대 『신문계』 『반도시론』의 기자로 활동할 당시 이미 스마일즈 '자조론'을 수용하여 성공주의를 주장하고,[3] 여기에 한 걸음 더 나아가 식민지 조선에 이것을 응용하여 경제적 입신성공을 주장한 사실은 주목된다. 1910년대 이래 '자조론' 계열 지식인으로서 백대진의 지적 여정은 1929년 『입지성공미담』의 출판으로 이어졌던 것이다.

백대진은 『입지성공미담』을 출판하기 전인 1918년 3월호부터 3회에 걸쳐 『반도시론』에 '건투와 성공의 도'라는 주제 아래 부를 축적한 상인들의 성공담을 연재하였다. 이 가운데 5월호에 연재된 상인 박승직의 성공담을 『입지성공미담』의 서두에 재편하여 수록하기도 하였다. 이는 백대진이 경제적 부를 이룩하여 성공한 인물들에 대해 지속적으로 관심을 두고 있었음을 반영한다고 할 수 있을 것이다. 또한 백대진은 박승직의 성공담과 관련한 내용을 서술한 글 말미에 별도로 '소감'을 밝히고 있다.[4]

> 氏[박승직]의 健鬪와 奮勵는 二十有餘滿圓의 巨富를 이루게 하였도다. … '天

---

2 김복순, 위의 책, 1999, 183쪽. 김복순이 지적했듯이, 백대진이 조선시대 중인들의 집단 세거지인 필운동 출신이라는 점과 뛰어난 어학 실력 그리고 기자로서의 진로 선택 등을 종합해볼 때 그는 중인 출신으로 상당히 출세지향적 인물이었던 것 같다.

3 웰리엄 허셜(Frederick William Herschel, 1738~1822)의 성공과 독일 크루프사의 크루프 집안의 근면과 노력을 통한 성공을 다룬 『신문계』의 다음 두 글은 '자조론'의 영향을 받아 성공주의를 주장하기 위해 기고한 글로 여겨진다. 백대진, 「獨學自修의 天文學者 허쎌記」, 『신문계』 3-4, 1915; 「世界의 大砲王 크룻프」, 『신문계』 3-6, 1915.

4 一記者(백대진), 「健鬪와 成功의 道(3): 公益社社長 朴承稷君」, 『반도시론』 2-5, 1918, 58쪽. 『반도시론』 2권 5호 목차에는 「成功家朴承稷君」으로 되어있다. '健鬪와 成功의 道'라는 주제 아래 『반도시론』 2권 3호에서는 「종로 五福商店의 金興植」을 게재하였고 2권 4호에서는 「和平堂主人 李應善君」이 소개되었다. 연재물인 이 글의 저자가 '일기자'로 표기되었지만, 2권 3호 글 끝부분에 '백대진'임을 밝혔다.

不能窮力穡之家'란 古人의 말이 어찌 헛된 말일가보냐. 世에 大事業을 成하
는 者에게는 一貫의 意志와 또는 堅忍不拔의 氣槪와 勤勉이 있어야하는 바이
라 人의 敢히 忍치 못할 바와 人의 敢히 인내내지 못할 바에 能히 忍하여 行
하고 犚한 結果 今日의 成功과 安樂이 있게 됨이 아닌가? 들어라 보아라 沈
滯無爲에 陷한 바 우리 靑年아 前人의 밟은 길을 너희도 밟아라 또한 成功者
의 苦難을 너희도 맛보고자하라 苦는 반드시 樂의 種이 되나니라.[5]

　위의 내용에서 알 수 있듯이, 백대진은 박승직의 투철한 의지·인내·근면
등이 부를 이루는 성공의 요건이라 하며 식민지 조선 청년들이 이러한 박승
직의 행위를 본받기를 주장한다. 특히 『자조론』의 핵심 문구인 "하늘은 스
스로 돕는 자를 돕는다"를 '天不能窮力穡之家'의 한문 문구로 표기하여 박승
직의 경제적 성공을 압축적으로 표현한 것은 매우 흥미롭다. 이것은 『입지
성공미담』에서도 상투적인 문구로 사용되었는데, '자조론' 계열 지식인으로
서 백대진의 모습을 보여준다고 할 수 있을 것이다. 이렇듯 백대진은 '자조
론'의 바탕 위에 1910년대 말부터 부의 축적이 식민지 조선에서 최우선으로
되어야 함을 거듭 주장하였다.[6]

　잘 알려져 있듯이 3.1운동 직전은 식민지 조선 내 민족해방의 문제가 무
엇보다 고양되었던 시기였다. 이러한 사회적 분위기에 역행하여 백대진은
개인의 성취를 강조하는 성공주의를 유포하였다. 여기에 더하여 '자조론'의
가치를 경제적 성공주의로 환원시켜, 식민지 조선의 우선적 과제가 富力의
증진에 있다고 주장하였던 것이다.

　1910년대 말 백대진의 '자조론' 수용 자세는 단지 그에게만 한정된 것은
아니었다. 그가 1918년 『반도시론』의 '건투와 성공의 도'에서 경제적 성공
주의를 유포한 시점에 '경제적' 측면이 강조된 최남선의 『자조론』 번역서도

---

5 一記者(백대진), 「健鬪와 成功의 道(3): 公益社社長 朴承稷君」, 『반도시론』 2-5, 1918.
6 백대진, 「처지와 생활론」, 『반도시론』 1-4, 1917; 「조선인아 爲先富者되여라」, 『반도
　시론』 2-9, 1918.

출간되었던 것이다.[7] 3.1운동 직전 백대진과 최남선의 『자조론』 응용과 번역과정에서 찾아지는 이 같은 선택과 집중의 동질성은 이들 지식인이 식민지 조선의 경제 분야에 '자조론'의 가치가 필요함을 상호 교감하고 있었음을 알려준다.[8]

그렇지만 최남선이 『자조론』 번역을 통해 한말 민족주의 이데올로기로 활용되었던 '자조론'을 개인 윤리 덕목으로 전환시키는 데 중점을 두고자 할 때, 백대진은 이것을 경제적 입신성공의 경로로서 합리화했다. 말하자면 식민지 조선의 상인에 주목하여 이들의 치부를 '자조론'의 가치를 실현한 대상으로 삼았던 것이다. 따라서 1929년 『입지성공미담』의 출간은 1910년대 이래 경제적 입신성공의 경로를 유포하려 했던 백대진의 '자조론'적 근대 기획의 산물이라고 할 수 있을 것이다.

1910년대 백대진의 '자조론' 인식을 함께 한 대표적 지식인으로 최남선뿐만 아니라 최찬식도 있었다. 앞서 살펴보았듯이, 최찬식은 1910년대 백대진과 『신문계』 『반도시론』의 주요 운영진으로 활동하였고 1920년대 후반에 『동서위인소년시대』라는 『자조론』 아류 서적을 출판하였다. 이것은 백대진이 『반도시론』에 박승직의 경제적 입신 성공담을 『입지성공미담』에 재편성하여 수록한 것과 동일한 편제였다.

이러한 사실은 1910년대 말 최남선과 최찬식이 백대진의 '자조론'적 근대 기획 구도를 함께 한 지식인이었음을 말해준다고 할 수 있을 것이다. 3.1운동 이후 이 같은 백대진의 '자조론'적 근대 기획 구도에 뜻을 같이 한 지식인들은 그가 창간한 『신천지』 동인들이었다. 이미 밝혀진 바와 같이 최연택·최영택·홍난파 등도 『자조론』 및 『자조론』 아류 서적을 번역 혹은 소개하는 작업을 통해 1920년대 식민지 사회에 성공주의 유포를 주도하였던 것

---

7 류시현, 앞의 책, 94~106쪽.
8 최남선의 학문과 저술에 대한 백대진의 이해와 지지는 다음을 참조. 백대진, 「崔南善
君을 論하고 同時에 朝鮮의 著述界를 一瞥함」, 『반도시론』 1-2, 1917.

이다.

성공주의를 유포한 『신천지』 동인들은 흥미롭게도 1920년대 초 『매일신보』에서 주로 활동한 문인들이었다. 앞서 언급했듯이 이들이 『신천지』 동인으로 합류한 것은 백대진과의 긴밀한 관계가 주요했다.[9] 최영택은 『매일신보』 이전 3.1운동 직전 『태서문예신보』에서 백대진과 함께 활동한 경험이 있었다. 또 백대진은 최연택과 『偉人의 聲』을 함께 편찬하면서, 윤치호에게 이 책의 교열을 맡기는 등 '자조론' 계열 지식인들 사이의 연망을 돈독히 했다.[10]

한편 3.1운동 이후 백대진이 창간한 『신천지』 잡지는 한말 애국주의를 고취하기 위해 소개된 스마일즈의 『자조론』과 『품성론』을 입신출세주의와 관련하여 분명히 제시한 최초의 잡지였다. 이를 반영하듯 1921년에 발행된 『신천지』 1권 3호에는 스마일즈 '자조론'과 관련된 글이 집중적으로 게재되었다. 먼저 「권두어」는 스마일즈의 영문으로 시작했고, 다음으로 『신천지』 사장이었던 오상은(吳尙殷)이 「生의 奮鬪者가 되어라」는 글을 게재하였다. 여기에서 '자조론'의 가치가 삶의 분투에서 무엇보다 필요함을 제시한다.[11] 백대진도 이 『신천지』 1권 3호에 스마일즈 『품성론』의 일부분인 「근로론」을 번역하여 게재하면서 스마일즈의 대표적 저작으로 『자조론』과 『품성론』을 언급하고 그를 입신출세한 사람의 전기와 역사를 쓰는 작가라고 분명히 밝혔다.[12]

---

9 金漢圭·宋淳夔·洪蘭坡·李珏璟은 『매일신보』 기자였고, 최연택·최영택(金天牛)·金彰桓(金心猷)·吳三柱(吳介石)·崔毅昌은 『매일신보』를 주 무대로 활동하였다.

10 『위인의 성』은 백대진이 편찬하고 윤치호가 교열하여 신성사에서 출판될 예정이었다. 그런데 예정대로 출판되지 못하고 1922년 최연택이 경영한 문창사에서 발행되었고, 공편자로 최연택이 합류되었다. 한편 『偉人의 性癖』은 『偉人의 聲』과 함께 인쇄 중이라고 공지된 위인전기였으나 실제 발행 여부는 확인되지 않는다. 「『偉人의 聲』『偉人의 性癖』 광고」, 『신천지』 1-2, 1921.

11 吳尙殷, 「生의 奮鬪者가 되어라」, 『신천지』 1-3, 1921, 2~4쪽.

12 "스마일스氏紹介: 사무엘 스마일즈(Samuel Smiles)氏는 … 1886년 職을 辭한 後 自

앞서 언급한 바와 같이 백대진은 1910년대 '자조론'을 이미 경제적 입신성공주의로 활용·유포하였다. 하지만 민족문제가 무엇보다 급선무였던 1910년대 무단통치 시기 개인의 성취와 관련된 입신출세 담론으로 '자조론'을 공론화하기란 쉽지 않았다. 그리하여 그는 3.1운동 이후 일본의 식민통치 체제의 전환에 조응하여 개인의 성취를 강조하는 입신출세주의를 스마일즈에 대한 소개와 「근로론」 번역을 통해 공론화하였던 것이다. 요컨대 『신천지』 1권 3호에 실린 백대진의 언급은 한말 언론과 1918년 육당의 『자조론』 번역과 달리 메이지 일본에서 유통된 '자조론'의 사회적 의미를 공론화했다는 점에서 중요한 의미가 있다.

(2) 『(현대상인)입지성공미담』의 출간과 그 과정

백대진은 1910년대 말 『반도시론』에서 『입지성공미담』에 수록된 박승직의 성공담을 소개하며 '자조론'의 가치에 기반을 둔 경제적 입신성공을 유포하였다. 1910년대 그의 이러한 '자조론'적 근대 기획 구도는 3.1운동 이후 『신천지』에서 스마일즈와 그의 저작 「근로론」 번역을 통해 입신출세주의를 공론화하는 것으로 이어졌다. 주목되는 사실은 1922년 『신천지』 필화사건 이후 '자조론' 계열 지식인으로서 백대진의 행보는 출판 활동으로 지속되었고, 이것을 단적으로 드러낸 것이 1929년에 출간한 『입지성공미담』이었다. 이러한 백대진의 출판 활동과 관련하여 그가 발행한 잡지와 단행본을 살펴보면 다음과 같다.

由로 立身出世한 모든 사람의 傳記와 또는 歷史를 쓰는 作家가 되어 … 그가 著作한 여러 冊子中 가장 人口에 오르는 作品은 自助論(Self-help)과 品性論(Character)이 이것이라. …" 백대진, 「스마일스氏의 勤勞論」, 『신천지』 1-3, 1921.

[표13] 1922년 『신천지』 필화사건 이후 백대진이 발행한 잡지와 단행본

목적 및 종류		제명	출판사	연도	비고
잡지		新世紀(産業研究)		1924	『산업연구』로 『신세기』 제명 변경
실용	편저	메도루法誤解	博文書館	1927	
	단행본	新時代處世讀本	半島出版社	1929	
致富	잡지	副業世界	副業世界社	1924	
	단행본	最新養豚全書	匯東書館·副業世界社	1925	
	역서	最新養鷄法	匯東書館·副業世界社	1925	
	편저	(有利코安全한) 家庭副業十編	東洋書院	1926	편저자명 부업세계사
	단행본	(現代商人)立志成功美談	半島出版社	1929	
위인전기류	편저	偉人의 聲	文昌社	1922	崔演澤共編·尹致昊 校閱/新聲社에서 출판예정
	편저	偉人의 性癖	新聲社	?	『신천지』1-2호, 1921년 8월 광고, 출판불분명
	편저	世界偉人傳	新明書林,京城書館 東洋大學堂/永昌書館	1923	영창서관1937년 5판 인쇄, 1923년 발행본 편저자 표기 없음
	잡지	現代商人	現代商人社	1927	
	단행본	印度聖雄 간디傳	新舊書林	1930	
	단행본	(東西)偉男子女丈夫百話	新舊書林	1930	

1922년 11월 『신천지』 필화사건으로 감옥에 투옥된 백대진은 1923년 8월 출옥하였다.[13] 그런데 『신천지』 필화사건은 출판인으로서 백대진이 새롭게 활동하는데 그리 큰 타격을 준 것 같지 않다. 그는 『신세기』라는 잡지 발행을 시작으로 곧 사회활동에 복귀하였던 것이다. 1924년 5월 『신세기』는 경비와 내부 정리 문제로 정간한 상태에서 잡지명을 『산업연구』로 개정하였는데, 이것은 백대진이 출옥한 직후 바로 출판 활동을 시작한 사실을 잘 드러내준다.[14]

---

13 「白大鎭氏出獄」, 『동아일보』 1923년 8월 2일자.

[표13]에서 볼 수 있듯이 백대진은『산업연구』에 이어 1924년 11월에는 부업세계사에서『부업세계』잡지를 창간하였다. 잘 알려진 바와 같이 조선 총독부는 피폐한 농촌을 진흥시킬 목적으로 1923년 조선부업공진회를 개최할 정도로 부업 장려에 적극적이었다.[15] 이러한 시대적 상황에 맞추어『부업세계』의 창간 목적은 부업의 보급을 도모하여 농촌의 피폐를 구하려는 것이었으며, 그 내용은 식민지 조선인들이 살길을 찾게 될 만한 방책으로 구성되었다.[16]『부업세계』의 이러한 목적은『시대일보』에 게재된 이 잡지의 광고에서도 잘 드러난다. 1925년 6월호『부업세계』의 광고는 豚疫 곧 豚敗血症에 有利한 除虫菊의 재배, 朝鮮과 養蠶 등 농촌진흥의 先驅雜誌라고 소개하였다.[17] 이는 잡지명 그대로 양돈과 양잠과 같은 농가 부업을 통해 농촌의 부를 증진시키기 위한 목적에서 발행된 것임을 충분히 알 수 있다. 따라서 백대진이『부업세계』를 창간한 것은 1920년대 초 농가 부업을 장려한 조선 총독부의 농업정책을 의식한 출판이었다고 할 수 있다.

『부업세계』뿐만 아니라 1920년대 초 조선총독부의 농가 부업 정책에 발맞추어 양돈·양계·양잠과 같은 농가 부업의 경영에 도움을 주는 서적들이 1920년대 중후반 식민지 조선사회에 지속적으로 출간되었다.[18] 이러한 상황에서 백대진은『부업세계』잡지에 이어 농가 부업을 통해 농촌경제를 완화하여 농촌을 진흥한다는 목적을 내걸고,[19]『최신양돈전서』『최신양계법』『(有利코安全한)家庭副業十編』과 같은 서적을 연이어 출간하였다. 이러한 그

---

14 「新世紀改題:『産業研究로 發行』」,『시대일보』1924년 5월 9일자.

15 「畜産奬勵必要(續): 西村殖産局長演示」,『동아일보』1922년 10월 26일자. 정소영,「1923년 朝鮮副業共進會의 개최와 영향」,『숭실사학』38, 숭실사학회, 2017.

16 「副業世界創刊」,『매일신보』1924년 11월 3일자.

17 『시대일보』1925년 6월 21일자 광고.

18 실례를 들면 다음과 같다. 朝鮮副業奬勵會,『朝鮮副業全書』, 조선부업장려회, 1925. 金載衡,『朝鮮副業寶鑑』, 東亞産業社, 1927.

19 伊藤雉吉 講述·大谷一彌 編(白大鎮 譯),『最新養鷄法』, 회동서관·부업세계사, 1925, 1쪽.

3부 '자조론'의 토착화와 자기계발서 227

의 행보는 조선총독부의 농업정책에 상응하여 농가 부업과 관련된 서적을 발 빠르게 발행하였던 출판인의 선봉에 있었던 사실을 보여준다.

이러한 출판인으로서의 백대진의 행보는 1927년에 간행된 『米突法誤解』 발행에서도 잘 드러난다. 1927년 11월 9일자 『동아일보』 광고에 이 책은 '米突法의 起源으로부터 그 實際應用까지 詳論한 小冊子로 該法 實施된 今日 반드시 읽어야 할 참고서'라고 조선총독부의 미터법 시행에 발맞추어 출판된 서적임을 밝히고 있다.[20] 잘 알려져 있듯이 민간에서는 尺과 貫과 같은 도량형을 사용하는 관행이 지속되었기에 식민당국이 공포한 미터법은 잘 보급되지 않았다.[21] 따라서 『미돌법오해』는 민간에 뿌리 깊은 관행을 철폐하고 조선총독부의 새로운 도량형 시행이 원활히 운영될 수 있도록 도움을 주는 서적이었다.

특히 백대진의 『최신양계법』 번역은 그가 조선총독부의 부업장려 정책에 어느 정도 적극적으로 호응했는지를 잘 보여준다. 이 책은 황해도청의 農務課 技手인 오오카니 카즈야(大谷一彌, 1896~?)가 일본 본국 농림성 축산 시험장 技手 伊藤雉吉를 초청하여 강연한 양계강습회의 내용을 담은 서적이다. 오오카니는 양계강습회에서 강연된 내용을 『養鷄講義錄』으로 발행한 것으로, 백대진이 이것의 판권을 얻어 번역한 것이었다.[22] 양계법의 번역서와 함께 백대진이 부업에 관한 서적으로 별도의 단행본으로 출판한 항목은 양돈이다. 대한제국과 통감부 시기부터 양잠이 일찍이 장려되어 양잠서는 이미 수차례 집중적으로 발행된 것을 염두에 두고 양계와 양돈에 관한 책을 출판하였다고 여겨진다.[23]

---

20 『동아일보』 1927년 11월 9일자.

21 이종봉, 「日帝 强占期 度量衡制의 운용 양상」, 『한국민족문화』 57, 부산대학교 한국민족문화연구소, 2015, 22쪽.

22 大谷一彌의 출생 연도와 관료 이력은 국사편찬위원회 한국근현대인물자료 데이터베이스 참조. 이 책과 함께 다른 번역서도 참고하여 보강한 것으로 일종의 편역서이다. 伊藤雉吉 講述·大谷一彌 編(白大鎭 譯), 위의 책, 1쪽.

백대진이 출간한 양돈에 관한 내용을 담은『최신양돈전서』는 '양돈하여 성공할 수 있는 비결이자 致富의 보고'라는 점을 중점적으로 광고하였다.[24] 부업을 통해 궁극적으로 이루고자 하는 목표가 '부의 축적'임을 말해주는 사실이 주목된다. 이같이 부업세계사의 출판물은 부업과 관련된 잡지·단행본 및 경제적으로 성공한 상인들에 관한 서적 등으로 치부와 관련된 것이었다.[25] 이러한 부업 시리즈 서적에 이어 출간된『입지성공미담』또한 치부를 목표로 하는 독자들이 대상이었다. 따라서『현대상인』잡지 창간 및『입지성공미담』발행은 이러한 부업세계사의 출판 지향성과 연속성을 갖는다고 할 수 있을 것이다.[26] 더하여『입지성공미담』에서 강조한 치부책에 대처할 처세법을 알려주는『新時代 處世讀本』이 반도출판사에서 1929년 함께 출판되었다는 점도 빼놓을 수 없다.

『신시대처세독본』은 백대진이 평소 위인전을 열심히 읽고 느낀 점을 저

---

23 양계서로『養鷄法撮要』가 1898년 처음 발행된 적이 있지만, 대한제국이 양잠업의 진흥에 주력했으므로 양잠서가 집중적으로 발행되었다. 이영학,「개항 이후 서양 농학의 수용과 전개」,『역사문화연구』61, 한국외국어대학교 역사문화연구소, 2017, 173~179쪽. 한편 1925년 10월 16일자『동아일보』의 회동서관 출판 광고를 보면, 백대진의『최신양돈전서』『최신양계법』와 더불어『蔬菜栽培全書』『養蠶實驗說』이 함께 발행된 것을 알 수 있다. 그런데『蔬菜栽培全書』『養蠶實驗說』이 처음 출판된 것은 한말이었다. 아마 조선총독부의 부업 장려 정책에 따라 회동서관에서 다시 이 책을 출판하였던 것 같다. 한말 이 책들이 출판된 사실은 다음 광고를 참조.「『養蠶實驗說』광고」,『황성신문』1909년 7월 9일자.「張志淵 著,『蔬菜栽培全書』광고」,『황성신문』1910년 2월 3일자.

24 "本書[최신양돈전서]는 副業世界社主幹白大鎭先生이 本書를 爲하여 三年이란 긴 歲月을 虛費하고 만든 苦心의 結晶이외다. … 本書는 養豚成功의 祕訣이요 致富의 寶筌이오니 試讀하시옵소서" 伊藤雜吉 講述·大谷一彌 編(백대진 역), 위의 책, 1925의 뒷면 광고.

25 성공한 조선인 상점에 대한 백과사전적인 정보를 담은 서적이 출판된 것이 주목된다. 장재흡, 앞의 책, 1927.

26 『매일신보』1927년 7월 16일자.「『현대상인』창간호 광고」,『동아일보』1927년 8월 23일자.

술한 것이라고 방태영(方台榮, 1885~?)은 서문에서 말하였다.[27] 1929년 반도
출판사에서 『입지성공미담』과 함께 출간한 『신시대 처세독본』이 현시대에
대처하는 처세법을 알려주는 이론서에 가깝다면, 『입지성공미담』은 이 책에
서 기술된 처세법을 통달한 인물의 실제를 기술한 것이다. 따라서 이 두 책
은 이론과 실제를 상호 보완하는 서적으로 기획·출판되었다고 할 수 있다.[28]

백대진의 위인전기류에 대한 오래된 관심과 출판기획은 1920년대 초반 『신
천지』 동인 시절까지 거슬러 올라가며, 이러한 위인전기류의 번역과 출판은
1930년대까지 지속되었다. 1920년대 초에는 『偉人의 聲』 『偉人의 性癖』의
출판을 기획하는 한편 『세계위인전』을 편찬하였다.[29] 나아가 1929년 『입지
성공미담』 출판에 연이어 1930년에는 『(東西)偉男子女丈夫百話』과 함께 『印
度聖雄 간디傳』도 함께 발행하였다([표13] 참조). 『입지성공미담』을 저술할
즈음 백대진은 단순히 서구의 위인전을 번역하고 소개하는 단계를 넘어서
이러한 위인의 존재를 조선에서 찾아 세계위인들과 동격의 반열로 배치하
려고 한다. 그리고 이러한 그의 문제의식은 『위남자여장부백화』의 편제와
구성에 반영되었다.[30]

이처럼 서구의 위인들과 자국의 위인들을 동격의 세계위인으로 구성하는

---

27 方台榮, 「序文」, 『新時代處世讀本』, 半島出版社, 1929.

28 『신시대처세독본』에 열거된 노력, 근면과 인내, 성공의 기회포착과 같은 성공비결의
   요건들은 『입지성공미담』에서 상인들의 성공담에 구체적으로 포함되었다. 『입지성
   공미담』 서론의 제1절 '일에 趣味를 가질 것'에 대표적 실례로 든 미국의 백화점 왕
   존 워너 메이커(John Wanamaker, 1838~1927)는 『신시대처세독본』에 그의 처세훈이
   소개되어있다. 백대진, 「와나메커氏의 處世訓」, 위의 책, 1929, 114~123쪽.

29 『세계위인전』은 1923년 초판이 출판되었다. 『동아일보』 1923년 2월 19일자. 이 책은
   인기리에 판매되어 1937년 5판까지 인쇄되었다. 陳綠星, 『사랑의 편지투』, 永昌書
   館, 1937의 『세계위인전』 광고.

30 『(동서)위남자여장부백화』와 기존 위인전과의 차별성을 다음과 같이 밝혔다. "本書
   는 此에 흔히 있는 偉人傳記에 比하여 其趣가 不同함을 이에 言明하고자 한다. 그는
   다름이 아니다. 본서는 우리 朝鮮의 偉人이며 英傑의 生活을 本位로써 編하기 때문
   이며 …" 백대진, 「卷頭에 一言」, 『(東西)偉男子女丈夫百話』, 新舊書林, 1930, 1쪽.

방식은 일본의『자조론』아류 서적의 대표적 유형이다.[31] 백대진은『위남자여장부백화』에서 세계 위인의 반열에 한국의 위인을 나란히 배열함으로써 한국적『자조론』아류 서적의 편찬을 기획하였던 것이다. 이런 점에서 1929년 백대진의『입지성공미담』과 뒤이은『위남자여장부백화』는 한국적『자조론』아류 서적으로 공통점을 가진다고 할 것이다.

(3)『(현대상인)입지성공미담』 편제와
'자조론'의 토착화

『입지성공미담』의 주요 특징은 1929년 현재 생존한 식민지 조선상인 10명의 실제 성공담을 기술한 점이다.[32] 무엇보다 성공담을 전개하는 과정에서 "하늘은 스스로 돕는 자를 돕는다"라는 상투 문구가 변형되어 삽입되어 있다는 점을 손꼽을 수 있다. 이것은 새무엘 스마일즈의『자조론』을 대표하는 핵심 문구로서, 이 책을 관통하는 핵심 논리가 스마일즈의 '자조론'임을

---

31 한국의 위인전기물 탄생에『자조론』이 미친 영향은 다음을 참조. 김성연, 앞의 책, 30~32쪽.

32 『입지성공미담』은 '緖論: 致富成功의 祕訣'과 '本論: 立志成功美談' 2부로 나누어져 있다. 부를 축적하여 경제적 성공을 이룬 식민지 조선의 상인 10명의 구체적 일화는 본론에 게재되었다. 이 책의 체제와 구성은 다음과 같다.

[표14]『입지성공미담』의 체제와 구성

체제	제목
서론	치부성공의 비결
1	일에 취미를 가질 것
2	근면노력의 필요
3	근로는 행복의 母
4	저축은 致富의 기초
5	치부시험의 급제자
본론	입지성공미담
[표15]의 상인들 성공담 10개	

알려준다. 그렇지만 스마일즈 『자조론』을 구성하는 위인들이 군인·발명가·정치가·탐험가로 다양한 반면, 『입지성공미담』은 식민지 조선에서 경제적으로 성공한 상인만을 그 대상으로 한다. 즉 이 책은 스마일즈 『자조론』의 인물 배치와 구성을 1920년대 말 식민지 조선의 상황에 응용하여 재배치한 '한국적' 『자조론』 아류 서적으로서 중요한 의미가 있다.

[표15] 『입지성공미담』에 소개된 경제적 성공자 (*): 신문·잡지 수록 내용

종목	순서	상점명	지역	상점주 (나이:1929년현재)	출신/경력	특징·기회	상투 문구
안경 시계 귀금 속	3	明眼堂	종로	長熙元 (38)	개성/砂糖·石油行商·군밤장사·演興社新派劇場食客	太平通夜示人造鍍金半指 일본인에게 장사문의/시정오년기념조선물산넘공진회光化門通·太平通夜市노점	天은 力穡家를 窮께 못하는 것이외다
	4	普信堂時計鋪	종로	玄錫柱 (43)	경성/宮內府屬吏	일본인에게 시계수선업학습 *朝鮮副業共進會	天은 自助者를 助하는것이외다
서점	6	博文書館	종로	盧益亨 (46)	경성/육의전 黃布廛店兒·客主居間·南大門내 雜貨商	*통신판매	天은 力穡家를 窮께 못하며 天은 自助者를 助하는것이외다
	8	德興書林	종로	金東縉 (43)	수원/미곡상書記·義進館서기·新興書匯점원·경성서적조합회조합장	조선물산공진회行商	赤手空拳 勤實正直
洋靴	2	世昌洋靴店	종로	梁世鎭 (33)	漢城製靴所職工見習·永泰昌職工	척식박람회·대정박람회·조선물산공진회(1915년)/ *조선부업공진회(1923년)	天은 力穡家를 窮께 못하며 天은 自助者를 助하는것이외다 / 自手
	7	朴德裕洋靴店	종로	朴德裕 (59)	곡물상使喚·경부선철도부설보호巡檢·金某양화점 古靴修善業 견습	*대정박람회·척식박람회·조선물산공진회상패수령 *통신판매	自力 *赤手空拳

포목	1	박승직 상점	종로	朴承稷 (64)	경기도廣州/煥布行商·京城廣藏주식회사취제역·곡물신탁주식회사감사역·만주공익사감사역·경성공익사취제역사장·경성포목상조합장·경성중앙번영회이사장·경성상공연합회부회장	부인 朴家粉 *갑오경장 이후 백목전 전매권상실 포목주단 매매	天은 力穡하는 사람을 窮하게 안한다/ 赤手空拳
한방약	5	金昌商會	종로	金吉銖 (?)	경성/朴宜卿·李盛哉·金觀燮乾材藥局 雇傭살이	韓方貼藥 지방통신 판매개시	天은 自助者를 助합니다. 天은 力穡家를 窮케 못합니다
紙文房具	10	北內商店	本町	崔相珠 (30)	北內商店점원·廣江商會(담배)고용살이·朝日商會職工監督·江原道金鑛監督兼通譯	일본인 경영 北內商店점원에서 점주로	天은 自助者를 助하는 것이와다
잡화	9		천안	金元慶 (51)	개성/보따리장사	십만장자	節用節儉

위의 [표15]에서 알 수 있듯이 『입지성공미담』에는 10명의 상인이 소개되는데, 천안에서 행상으로 성공한 김원경 이외 지역적으로 경성 지역을 중심으로 활동했던 상인에 집중되었다. 경성 가운데에서도 일본인 상권이 발달했던 本町(현재 서울 충무로 일대)의 최상주 1인 이외 모두 조선시대 시전이 있었던 전통적인 상업지 종로 상점주들을 대상으로 한 것이다.[33] 박승직·노익형·김동진·현석주가 1920년대 후반 종로 상인들의 연합단체인 중앙번영회를 운영하는 임원이므로, 『입지성공미담』에 수록된 상인들이 1920년대 후반 종로 조선인 상권의 핵심인물들이었음은 분명하다.[34]

---

33 조선인 상권과 일본인 상권이 각각 형성된 종로와 본정은 전우용, 「鐘路와 本町: 식민도시 京城의 두 얼굴」, 『역사와 현실』 40, 한국역사연구회, 2001 참조.

34 『매일신보』 1927년 6월 1일자. 『매일신보』 1928년 5월 1일자. 한편 1938년 경성상공협회 회장에 박승직, 그리고 노익형·장회원·현석주가 이사직을 역임하는 것으로 보

이처럼 종로의 상인들이 주 대상이지만 전래의 商家 출신이 아닌 당대 자신의 상업기반으로 부를 축적한 상인을 대상으로 하였다는 점이 주목된다. 그리하여 1920년대 종로 상인으로 경제적 부를 축적한 인물로는 육의전의 縇廛을 대대로 계승한 大昌織物株式會社의 백윤수(白潤洙, 1855~1921) 집안과 白木廛을 경영한 壽南商會의 김태희(1887~1947) 집안은 유명하였지만 『입지성공미담』의 수록 대상이 될 수 없었다.[35] 더하여 영등포에서 경성방직주식회사를 경영한 신흥부르주아지 김성수(金性洙, 1891~1955) 또한 마찬가지였다.

따라서 이 책의 제목이나 내용에는 '赤手空拳'의 맨주먹으로 성공하였다는 표현이 빠지지 않고 들어갔다. 즉 이 책의 대상은 한미하고 빈천한 출신임에도 불구하고 끊임없는 노력과 인내로 성공을 이룬다는 '자조론'의 가치를 표상할 수 있는 인물이다. 그러므로 시전상인으로서 가업을 계승하거나 토지자본을 기반으로 하여 부르주아지로 성장한 지주층으로서 부를 축적한 인물들은 이러한 대상에 포함되지 않았던 것이다.[36]

한편 이 책의 첫 성공 사례 상인으로 등장하는 인물은 박승직이다. 현재 두산그룹의 모태가 된 박승직상점의 상점주인 박승직은 당대 상업 기반을

아서, 중일전쟁 이후까지 『입지성공미담』에 수록된 이들이 종로 상권의 중심에 있었던 상인이었음을 알 수 있다. 「商工聯合大運動會 今年에 열지 말지 京城商工協會 總會」, 『매일신보』 1938년 2월 23일자.

35 趙璣濬, 『韓國企業家史』, 博英社, 1973, 186~190쪽. 김동운, 『박승직 상점, 1882~1951년』, 혜안, 2001.

36 백윤수·김태희·김성수가 근대 부르주아지로 성장하는 과정은 다음을 참조. 홍성찬, 「서울 상인과 한국 부르주아지의 기원: 김씨가의 사례를 중심으로」, 『한국경제학보』 21-2, 연세대학교 경제학연구소, 2014; 「일제하 서울 종로상인의 자산운용: 1910·20년대 수남상회의 자료를 중심으로」, 『동방학지』 170, 연세대학교 국학연구원, 2015. 배석만, 「1920~30년대 白潤洙 집안의 大昌織物株式會社 설립과 경영: 일제시기 전통상인의 산업자본 전환과정 분석」, 『한국사학보』 64, 고려사학회, 2016. Carter J Eckert 著(주익종 옮김), 『제국의 후예: 고창 김씨가와 한국자본주의의 식민지 기원, 1876~1945』, 푸른역사, 2008.

구축한 상인으로서 잘 알려져 있다.[37] 이렇듯 박승직을 비롯하여『입지성공미담』에 수록된 상인들은 당대 상업기반을 구축하여 자력으로 부를 쌓았음이 무엇보다 강조되었다.

박덕유는 [표15] 경력의 내용과 같이 온갖 허드렛일을 한 다음 40세 자력으로 헌신 수선업을 기점으로 거대한 부를 쌓았다고 말해진다. 그런데 박덕유가 헌신 수선업을 시작한 시기는 1910년 합일병합 즈음으로 박덕유 양화점은 식민통치라는 새로운 체제 아래 성장의 가도를 달린 상점이라고 할 수 있다.[38] 잘 알려져 있듯이 1910년대 조선총독부는 회사령의 반포로 조선인 상업을 통제하는 한편 산업을 진흥한다는 명목 아래 각종 박람회와 물산공진회를 개최하였다. 실제 박덕유 양화점은 1910년대 이러한 일본의 식민지 지배정책에 호응하여 이것을 통해 성장할 수 있었음에도 불구하고,『입지성공미담』에서는 이러한 기회를 포착한 박덕유의 '자력'적 측면이 더욱 강조되었던 것이다.

『입지성공미담』에서 알려주지 않는 1910~1920년대 조선총독부의 정책과 박덕유의 경제적 성공과의 이 같은 상관성은 1910년대부터 시작된 박덕유 양화점의 광고에서 그 단서가 찾아진다.[39] 1923년 10월 26일자『매일신보』의 박덕유 양화점 광고를 보면, 가장 윗단에 별도로 '大正博覽會·拓殖博覽會·朝鮮物産共進會 賞牌受領'이라는 표시가 있고, 거기에서 비롯된 화살표와 구두를 신은 신사의 손가락이 '박덕유양화점'을 가리킨다. 이 광고의 독특성은 1912년 대정박람회, 1914년 명치기념척식박람회, 1915년 조선물산공진회에서 받은 상패를 전면적으로 내세운 것인데, 이것을 거의 20여 년 동안 지

---

37 조기준, 위의 책, 196쪽.

38 1910년대 박덕유는 양화점뿐만 아니라 柳明根과 함께 피혁회사인 共濟社를 1914년 창립하였다. 장재흡, 위의 책, 67쪽.

39 「新聞과 商人의 關係: 可驚할 廣告의 效力 洋靴店主 朴德裕君談」,『매일신보』 1916년 3월 5일자.

속적으로 사용하였다.[40] 박덕유 양화점은 일본 제국주의의 산업진흥 명분
아래 추진된 일련의 박람회와 공진회에 적극적으로 참여하였던 것이다. 이
것은 1910년대 박덕유 양화점 창건 초창기 때부터 일관된 방침이었는데,
1914년 1월호 『신문계』에서 '洋靴界博覽會賞牌受領'으로 광고된 것에서 잘
알 수 있다.[41]

　박덕유가 양화업에서 경제적 성공을 이룬 경위를 추적하면, 조선총독부
기관지인 『매일신보』의 광고를 통해 경성 이외 지역으로 양화의 판매 활로
를 넓히는 동시에 우편 통신판매로서 판매처를 유지한 것이 주요했음을 알
수 있다.[42] 따라서 『입지성공미담』에서 언급되지 않은 시대적·사회적 배경
과 관련하여 더욱 직접적인 박덕유의 성공 요인을 분석해 보면 다음 두 가
지로 요약된다. 첫째 1910년대 『매일신보』와 같은 신문 및 잡지 광고와 우
편 통신판매라는 근대 새로운 상업 환경에 신속히 대처한 점, 둘째 일본의
식민지 조선 지배정책에 적극적으로 대응하여 부를 축적할 기회로 삼은 것
이다.

　특히 세창양화점의 양세진과 보신당 시계포의 현석주 및 명안당의 장희
원은 1923년 부업공진회에 참여하여 상품판매 활로의 확보에 적극적이었지
만,[43] 이러한 사실은 『입지성공미담』에서 기술되지 않고 빠졌다. 이것은 1910
년대 박람회와 공진회를 통해 획득할 수 있었던 치부의 극적 기회가 1923년
부업공진회에서는 크게 작용되지 않았던 사실을 말해준다. 『입지성공미담』

---

40 「박덕유양화점 광고」, 『반도시론』 1-7, 1917. 『매일신보』 1923년 10월 16일자 광고.
　　「나는 어떻게 성공하였나(七)」, 『매일신보』 1936년 5월 30일자.
41 「박덕유양화점광고」, 『신문계』 2-1, 1914.
42 「나는 어떻게 성공하였나(七): 朴德裕氏」, 『매일신보』 1936년 5월 30일자.
43 "副業共進會 구경 準備에 먼저 世昌靴를 맞출 것입니다" 『매일신보』 1923년 10월
　　20일자 세창양화점 광고. "副業共進會開催中은 五圓以上購買하시는 人士에게 純
　　銀製紀念品을 進呈한다" 『매일신보』 1923년 10월 4일자 보신당 시계포 광고. "副
　　業共進會의 奉仕的廉賣" 『매일신보』 1923년 10월 9일자 명안당 광고.

에서 1910년대 박람회와 공진회 참여를 기술한 이유는 여기에서 행상을 하거나 뛰어난 기술로 인해 쌓은 부를 기반으로 하여 상설 점포를 개설한 상점주가 될 수 있었던 치부의 기회를 말하기 위함이었다.

따라서 『입지성공미담』에서는 상점주들이 치부할 수 있는 극적 기회가 된 경우 우편 통신판매나 조선총독부 개최 박람회와 공진회 참여 여부는 그들의 경력으로 언급되었다. 그리하여 金昌商會의 김길구가 막대한 수익을 올린 기회로써 한방첩약의 우편 통신판매가 말해졌다.[44] 명안당 장희원과 덕흥서림 김동진의 1915년 조선물산공진회 참여는 그들이 노점과 행상으로서 부의 기반을 마련한 기회가 된 것으로 서술되었다.[45] 또 세창양화점의 양세진의 뛰어난 기술을 강조하기 위해, 그가 영태창양화점의 직공으로 근무할 당시 1914년 척식박람회와 1915년 조선물산공진회에 참여한 사실이 언급되었다.[46] 이러한 사실들은 상인들이 성공하기 위한 기회 혹은 경력으로 언급되었지만, 『입지성공미담』에 수록된 상인들 대부분이 조선총독부의 식민정책에 적극적으로 조응하여 그 결과 성장할 수 있었음을 말해주는 것이다.

한편 『입지성공미담』에 수록된 상점주들은 앞서 언급한 박덕유 성공의 직접적 요인에서 볼 수 있듯이 『매일신보』 광고에 적극적이었다. 『매일신보』 광고는 지역의 구매자를 확보하는 데 효과적이었기 때문에, 세창양화점의 경우 지방부를 특설했다는 사실을 광고를 통하여 거듭 알렸다.[47] 또 명안당·

---

44 백대진, 위의 책, 1929, 39쪽. 박문서관의 노익형 또한 통신판매를 통해 막대한 수익을 얻을 수 있었던 것을 그의 성공비결로 손꼽는다. 『매일신보』 1936년 5월 14일자.

45 백대진, 위의 책, 39~58쪽.

46 "永泰昌洋靴店이 拓殖博覽會 大正博覽會 또는 朝鮮施政午年記念共進會等에서 賞牌 혹은 賞狀을 받게 되었음도 또한 梁君[양세진]의 技術이 優良함에 생긴 賜物이었습니다" 백대진, 위의 책, 16쪽.

47 "지방의 注文者는 매일신보의 광고를 見하고 注文하노라. 現今에도 貴社의 每月十回의 廣告를 賴托하여 斯하고 …"「可驚할 廣告의 效力: 洋靴店主 朴德裕君談」, 『매일신보』 1916년 3월 5일자.「世昌洋靴店地方部特設 광고」, 『매일신보』 1921년 6월 30일자, 7월 17일자

보신당 시계포·박문서관·덕흥서림·세창양화점·박승직 상점 또한 『매일신보』에 지속적으로 광고를 게재하였는데, 연말 세일과 같이 계절의 변화에 맞추어 수요자의 구매 욕구를 자극하는 내용으로 광고문을 바꾸기도 하였다.[48] 나아가 한방첩약을 판매했던 금창상회와 문구점인 북내상점 또한 『동아일보』『중외일보』『조선신문』 및 『월간야담』과 같은 신문과 대중적 잡지를 통해 자사의 약품과 판매품을 홍보하였다.[49] 흥미로운 사실은 경성이 아닌 천안 김원경의 경우는 상점 광고를 찾을 수 없었는데, 이것은 광고와 같은 근대 새로운 변화에 경성의 상점들이 보다 신속히 대응한 것이 아닌가 여겨진다.

최상주는 『입지성공미담』에 수록된 상인들 가운데 유일하게 일본인 상권 지역인 본정에서 북내상점을 경영하였다. 최상주의 성공담은 원래 일본인이 경영하던 북내상점의 점원으로 입사하여 분투 노력한 결과 상점주로 대성한 인물로 요약된다. 일본인 상권 지역에서 일본인 상점주에게 상점을 인수받은 최상주의 성공 스토리에는 식민지 지배로 발생하는 일본과 조선의 민족 모순은 삭제되었다. 일본의 식민지 조선 지배는 개인의 성공에는 하등의 장애가 되는 것이 아니며 개인의 노력과 불굴의 의지를 시험할 수 있는 장으로 설정된 것이다.[50]

---

48 "此品으로 此 價格은 絶對的 特價 今春에 旣히 賣高 五六百個를 突破한 端西에 最高級品렌로구號" 『매일신보』 1923년 9월 18일자 명안당 광고. "歲暮特別大賣出" 『매일신보』 1923년 12월 26일자 보신당 시계포 광고. "20세기 文明月桂冠은 疾足者 先占이오 活動舞臺에 自信行動은 世昌洋靴" 『매일신보』 1923년 11월 21일자 세창양화점 광고. "여름 더운 때에 땀띠 업 세는 박가분" 『매일신보』 1924년 5월 21일자 박가분 광고.

49 『동아일보』 1921년 12월 23일자, 12월 25일자, 12월 26일자, 12월 27일자 금창상회 광고. 『동아일보』 1922년 4월 6일자, 4월 11일자, 4월 12일자, 4월 15일자 금창상회 광고. 『중외일보』 1926년 11월 29일자 금창상회 광고. 『조선신문』 1924년 5월 21일자 북내상점 광고. 『월간야담』 5-7, 1938의 북내상점 광고. 북내상점의 광고는 『월간야담』에 거의 매호 집중적으로 게재되었다.

50 일본인 상권 지역 본정의 성장에 대비된 종로의 쇠락과 종로 상인의 몰락은 다음을

이렇듯 『입지성공미담』에서는 사회적·환경적 조건에 상관없이 개인의 노력과 굳은 의지 그리고 부를 획득할 기회의 포착이 무엇보다 성공의 비결로 강조되었다. 이것은 이 책이 1920년대 입신성공의 경로 가운데 상업을 통해 부를 축적하는 경제적 성공주의를 유포하려는 데에 초점을 두었기 때문이다.

이러한 경제적 성공주의를 유포하려는 백대진의 서술전략과 의도는 현석주의 시계업 종사에 대한 평가에서 단적으로 드러난다. 백대진은 통감부 시기 궁내부 관료로서 경력을 가진 현석주가 관료직에 안주하지 않고 시계업에 종사하여 입신성공을 이룬 그의 시대를 꿰뚫어 본 안목을 무엇보다 높이 평가하였다.[51]

백대진이 현석주의 시계업을 통한 경제적 성공을 높이 평가한 것에서 알 수 있듯이, 관료적 입신성공은 『입지성공미담』이 유포하고자 하는 성공의 방향이 아니었다. 잘 알려져 있듯이, 1920년대 관료적 입신성공은 시험을 통해 고정적 봉급을 받는 관료로서 진출하는 안정적 입신성공의 경로였다. 관료로 입문하는 시험은 판임관의 상층 관료직을 선발하는 고등문관시험과 하급관료 등용문인 보통문관시험이 있다. 이 가운데 중학교 이상의 이력을 가진 자만이 응시자격이 주어진 고등문관시험이 학력주의와 특별한 상관성을 가졌다면,[52] 보통문관시험은 중학교로 진학하지 못하고 보통학교 정도

참조. 전우용, 위의 논문, 163~193쪽;「근대 종로의 商街와 商人」, 『종로: 시간, 장소, 사람 20세기 서울변천사 연구』 2, 서울시립대학교 부설 서울학연구소, 2002.

51 "오직 宮內府 屬吏를 달게 여기고 安坐하였을 것 같으면 그는 今日의 성공이 없었 겠으며 … 이 時計業이 將來有望할 줄 알고 晝晝夜夜로 모든 計畫과 모든 目的을 가슴에 품음에 依하여 推察하건데 그는 남에 뛰어나는 達觀고 時代眼이 있는 사람 이었습니다. 이 達觀力과 時代眼이 그로 하여금 오늘날 立身成功의 基礎를 鞏固히 만들게 하였습니다" 백대진, 위의 책, 32쪽.

52 고등문관시험과 학력주의의 관계에 관한 연구는 다음을 참조. 이충우, 『경성제국대학』, 다락원, 1980. 정선이, 위의 책, 2002. 장신,「일제하 조선인 고등관료의 형성과 정체성: 고등문관시험 행정과 합격자를 중심으로」,『역사와 현실』 63, 한국역사연구회, 2007. 안용식·송혜경·정현백,「일제하 조선인 문관고등시험 합격자 분석」,『현대사회와 행정』 17-3, 한국국정관리학회, 2007.

학력의 소유자가 관료로서 입신출세를 꿈꿀 수 있는 경로였다.[53]

> 天下의 靑年諸君. 天은 自助하는 者를 助한다. 徒히 其 不遇를 歎치 말라. 諸
> 君의 進할 唯一의 路가 有하다. 그는 實로 官界也 小學校卒業의 學力으로 容
> 易히 就職할 수 있음은 오직 普通文官의 職이 있을 뿐이다. … 我官界는 今
> 般의 老朽淘汰에 伴하여 多數의 新人을 採用하고 있는지라 赤手空拳으로 大
> 히 飛躍하려고 하는 靑年은 宜히 此好機를 逸치 말고 速速 官界에 入할 志를
> 固하여 …[54]

흥미롭게도 1920년대 초 보통문관시험 대상자를 겨냥한 위의 광고에서
『입지성공미담』에서 사용된 상투 문구인 "하늘은 스스로 돕는 자를 돕는
다"는 『자조론』의 핵심 문구를 발견할 수 있다. 더불어 이러한 '자조론'을
실천할 대상인 '赤手空拳'의 '청년'이 동일하게 언급되고 있음을 알 수 있다.
이렇듯 1920년대 '자조론'은 관료적 입신성공과 경제적 입신성공의 구분할
것이 없이 양자 모두에 활용되었던 것이다.

그럼에도 1920년대 식민지 조선인들의 일상에 더욱 근접한 것은 관료적
입신성공의 경로였다. 1920년대 이후 조선인 관료직 입문자가 증가한 요인
으로는 근대 학교 교육이 정착됨과 함께 졸업생과 그들의 학부모가 선호한
진로가 관료직이었던 데에 있었다.[55] 1894년 갑오경장으로 조선의 관료등용

---

53 보통문관시험과 입신출세 붐에 관한 연구는 다음을 참조. 장신, 「1919~43년 조선총독
부의 관리임용과 보통문관시험」, 『역사문제연구』 8, 역사문제연구소, 2002; 「1920·30
년대 조선총독부의 인사정책 연구: 보통문관시험 합격자의 임용과 승진을 중심으로」,
『동방학지』 120, 연세대학교 국학연구원, 2003.

54 「'日本大學法制學會 普通文官養成講義錄' 광고」, 『매일신보』 1923년 11월 8일자.
『조선신문』 1924년 9월 10일자 광고. 한편 1910년대 광고 내용은 다음을 참조. "普
通文官으로 立身의 基礎를 作코자하는 人은/一日이라도 速히 就職하여 훌륭히 獨
立코자 하는 人은/少額의 會費로 有用의 學課를 修了코자 하는 人은/下級에서 一
躍하여 高級의 官吏가 되고자 하는 人은" 『매일신보』 1916년 3월 16일자 광고.

55 구래의 대한제국 관원들로 대부분 충원했던 1910년대와는 달리 1920년대 이후 조선

문이었던 과거제가 사라진 지가 20여 년이 훌쩍 지났음에도 불구하고, 1920년대 식민지 조선에서 과거 급제자에게 부여된 지위와 권위를 선호한 조선의 전통이 여전히 작동되고 있었다.[56] 관료적 입신성공이 관료로서 전통적 권위를 가질 뿐만 아니라 당시로서는 여타 다른 직업에 비하여 많은 부를 쌓을 수 있는 일거양득의 입신성공의 경로였던 데에 그 이유를 찾을 수 있을 것이다.[57]

반면 백대진이 『입신성공미담』을 통해 유포하려는 경제적 입신성공은 투자에 대한 모험과 기회의 적절성이 요구되는 위험성을 동반한 입신성공의 경로였다.[58] 1920년대 학력주의와 연동되고 전통의 遺制로 인해 인기 높았던 안정적인 관료적 입신성공의 경로는 경제적 입신성공의 경로를 유포하는데 중요한 경합 대상이었던 것이다. 『입지성공미담』에서 백대진은 식민지 조선인들의 관료적 입신성공의 경로에 대한 높은 선호도를 의식하며, 경제

총독부의 조선인 관리 채용에 따라 새롭게 등용된 조선인 관료의 비중이 점차 늘어났다. 박은경, 『일제하 조선인 관료연구』, 학민사, 1999, 146~147쪽. 淺井良純, 「日帝侵略初期における朝鮮人官吏の形成について」, 『朝鮮學報』 155, 天理大學 朝鮮學會, 1995.

56 "有産階級의 父兄이나 無産階級의 父兄이나 普通學校만 僅僅卒業시키면 이에 滿足한줄 알고 말하기를 普通學校라도 卒業하였으니 門戶나 받들고 治家하는 것이 上策이라 하여 强壓的嚴命하며 或 어떠한 父兄은 徹底한 勇敢으로 高等普通學校를 卒業하게 하여 普通文官試驗에 合格이나 되면 以前時代에 及第나 進士나 한듯이 欣喜하며 一般父兄의 最高希望은 判任官一窠偷得에 止하고 만다." 釜山鎭 願學生, 「子弟를 養育하는 父兄에게」, 『동아일보』 1920년 9월 13일자.

57 관리로서 출세할 경우 돈·명예·권력을 가질 수 있었던 사실은 다음을 참조. 전병무, 「사법 관료의 식민지적 기원: 일제하 문관고등시험 사법과 합격자 분석」, 『내일을 여는 역사』 36, 내일을 여는 역사, 2009, 58쪽.

58 『입지성공미담』의 경제적 입신성공에 대한 지향성은 다음 광고를 참조. "致富成功을 願하는 者 먼저 本書를 읽으라!!/ 성공! 성공!! 成功의 鍵은 누구에게/本書는 現代商人의 實際를 仔詳平易하게 記述한 事實美談! 大膽히 致富成功에 秘訣를 公開한 朝鮮初有에 成功寶鑑이외다/現代의 不幸을 悲觀치말고 本書를 一讀하여 百萬長者가 되라 … 致富成功祕訣公開" 金永鎭, 『世界之偉人』, 半島出版社, 1929의 『(현대상인)입지성공미담』 광고.

적 입신성공자의 사회적 위치를 과거 급제자의 권위를 덧씌워서 '치부시험의 급제자'라고 명명하였다.[59] 주목되는 사실은 조선의 사회 위계질서에서 말단에 위치한 경제적 입신성공자인 상인들의 사회적 위치를 치부시험이라는 科擧의 전통을 활용하여 역설적으로 전통을 전복시켰다는 점이다.

한편 1920년대 백대진의 이러한 성공담 플롯은 1930년대 초『매일신보』의 성공가 연재물에 재현되었다.[60] 1930년대 들어서 박승직을 비롯하여『입지성공미담』에 수록된 상인들인 노익형(盧益亨, 1884~1941)·박덕유·김동진·최상주의 치부한 성공담이 신문과 잡지를 통해 더욱 확산되었던 것이다.[61] 이것은 식민지 조선에서 개인의 노력으로 성공할 수 있다는 '자조론'이 토착화되고 있다는 의미이며, 이러한 '자조론'의 토착화에『입지성공미담』이 중요한 역할을 했음을 말해준다.

요컨대『입지성공미담』은 상업행위를 통해 치부한 상인들의 경제적 성공

---

59 『입지성공미담』에서 5절로 구성된 '서론'의 마지막 절 제목이 '치부시험의 급제자'이다.

60 「광명은 암흑에서 이들이 성공하기까지(二): 布木行商으로서 類例 못 볼 大成-검소와 근로로써 사물에 접하면 이르지 못할 바 없다는 박승직씨」,『매일신보』1931년 2월 18일자.

61 1930년대 들어서『신흥조선』『삼천리』『조광』등에서는 노익형의 성공담을 앞다투어 게재하였는데, 이것의 내용은『입지성공미담』의 그것과 거의 동일하다. 기자, 「京城 盧益亨氏의 奮鬪生活略史」,『新興朝鮮』창간호, 조선물산장려회, 1933. 기자, 「赤手空拳으로 成功한 商界人物: 書籍界 霸者 盧益亨」,『삼천리』7-8, 삼천리사, 1935. A記者, 「博文書館의 業績: 出版業으로 大成한 諸家의 抱負」,『朝光』4-11, 조선일보사출판부. 1938. 한편 노익형과 박덕유의 성공담은 1930년대 중반『매일신보』의 '나는 어떻게 성공하였나' 연재물을 통해 더욱 확산되었다. 「나는 어떻게 성공하였나(一): 백원도 못 되는 적은 자본으로·통신판매가 성공의 비결」,『매일신보』1936년 5월 14일자. 「나는 어떻게 성공하였나(七): 사소한 점에까지 착안하여 치밀한 궁리를·본지 광고의 위력·일개직공에서 몸을 일으킨 朴德裕氏」,『매일신보』1936년 5월 30일자. 또 덕흥서림의 김동진과 북내상점의 최상주의 성공담 또한『실생활』과『조광』에 소개되었다. C記者, 「德興書林의 現形: 出版業으로 大成한 諸家의 抱負」,『朝光』4-12, 조선일보사출판부, 1938. 一記者, 「서울 南村의 巨商: 崔相珠씨의 半生記」,『實生活』3-10, 奬産社, 1932.

주의를 유포하기 위해 기획된 것이다. 무엇보다 이 책은 1920년대 과거시험 급제자에 대한 전통의 遺制가 작용되어 선호된 관료적 입신성공과는 차별화된 근대 자본주의적 성공의 경로를 제시했다는 점에서 중요하다. 그동안 한국사회가 근대 자본주의 사회로 진입한 시점에 대한 논의는 내재적 발전론과 식민지 근대화론의 거대담론으로 풍부히 제시되었지만, 이윤을 추구하는 자본주의 정신의 파급과 이것이 사람들의 일상윤리로 착상되는 과정을 섬세히 살펴본 지성사적 접근은 아직 미흡하다. 이런 점에서 『입지성공미담』의 분석과 이 책의 파급효과를 검토한 이 장의 논의는 과거 성리학적 지배질서에서 천시되었던 상거래를 통한 부의 축적이 지향해야 할 사회적 가치로 전복되는 과정을 가시적으로 보여준다는 점에서 그 의의가 적지 않을 것이다.

4부

'자조론'과 국가주의

1장 1930년대 조선총독부의 농촌진흥운동과 '자조론'

'自力更生'은 1930년대 조선총독부의 관제운동이었던 농촌진흥운동의 슬로건이다.[1] 농촌진흥운동은 '농촌진흥 자력갱생운동'으로 일컬을 정도로, '자력갱생'의 슬로건 아래 농민 개개인의 정신적 분발과 자각을 요구하였다. 식민지 국가는 농민의 빈곤과 농촌경제 파탄의 원인이 농민 개개인의 나태와 무지에서 비롯되었다고 보고, 농민들이 근면과 부단한 노력으로 '자력갱생'해야 한다고 독려하였다.

이 같은 1930년대 조선총독부의 관제 이데올로기 '자력갱생'에 대한 기존의 견해는 농촌진흥운동의 성격을 파악하려는 논의 과정에서 간략히 언급되는 정도에 그쳤다.[2] 게다가 농촌진흥운동에 대한 연구는 주로 1930년대

---

1 '자력갱생'이 농촌진흥운동의 슬로건으로 공식적으로 사용된 기간은 중일전쟁이 발발한 1937년까지이며, 이후 농촌진흥운동의 슬로건은 '생업보국'으로 바뀌었다. 그럼에도 1941년 전시체제기에 접어들기 이전까지 1930년대 전반에 걸쳐 식민지 국가는 관제 매스미디어 『매일신보』를 통해 '자력갱생'에 대한 공공적 기억을 지속적으로 환기시켰으며, 특히 '생업보국'으로 그 슬로건이 바뀐 1940년대에도 '자력갱생'에 대한 기억을 환기시키는 기사를 기획할 정도였다. 게다가 '자력갱생' 슬로건을 그대로 잡지명으로 사용한 『自力更生彙報』를 창간하여 농촌진흥운동의 홍보와 사례를 소개하였다. 조선총독부는 『매일신보』를 비롯하여 『자력갱생휘보』을 통하여 운동의 방향이 物質的 打算보다는 '자력갱생'의 정신적 분발을 기조에 두고 있다는 점을 강조하였다. 『자력갱생휘보』 창간호, 1933, 2쪽. 『매일신보』 1933년 4월 6일자. 『자력갱생휘보』는 농촌진흥운동이 종식될 때까지 1호부터 88호(1933~1941)까지 발행되었고, 1937년 이후 '생업보국'으로 농촌진흥운동의 슬로건이 바뀐 뒤에도 잡지명은 그대로 유지되었다. 『자력갱생휘보』의 출간 과정과 소장기관 및 이것이 복각되기까지 상세한 경위는 이타가키 류타(板垣龍太)의 해제를 참조. 板垣龍太, 「解説」, 『(復刻板)自力更生彙報』 6, ゆまに書房, 2006, 327~344쪽.
2 자력갱생에 대한 견해는 다음 두 가지로 요약된다. 첫째 '자력갱생'은 파시즘 체제 유지를 위해 농민에게 일방적으로 주입한 강압적 이데올로기로 간주되었다. 보다 구

식민지 사회의 성격을 입증하려는 데 초점이 있었기 때문에, 이제까지 '자력갱생'이라는 관제 이데올로기의 지적 연원에 관심을 가진 연구는 없었다. 이에 따라 이 장에서는 기존의 논의와 그 방향을 달리하여 1930년대 식민지 지배 이데올로기 '자력갱생'의 지성사적 궤적을 추적하려고 한다. 그리하여 1930년대 '자력갱생론'이 메이지 일본과 1920년대 식민지 조선사회에서 유통되었던 '자조론'의 사회적 의미를 활용한 것임을 밝힐 것이다.

구체적으로 말하면, 식민지 국가가 관제 매스미디어를 통해 배포한 '자력

체적으로 말하면 '자력갱생'은 조선총독부의 허구적·기만적 이데올로기로서, 농촌의 구조적 문제를 농민들 개개인에게 轉嫁하여 外向化된 그들의 정치적 불만을 私事化한 私事化 이데올로기라는 것이다. '자력갱생'에 대한 이 같은 견해는 농촌진흥운동의 성격을 일본 제국주의의 파쇼적 동화정책으로 간주하거나 식민지 사회체제를 유지하기 위한 사회정책적 농정으로 파악한 데에서 비롯되었다. 지수걸, 「1930~35년간의 조선농촌진흥운동: 식민지 '체제유지정책'으로서의 機能에 관하여」, 『한국사연구』 46, 한국사연구회, 1984, 141~149쪽. 宮田節子, 「朝鮮における農村振興運動: 1930年代日本ファシズムの朝鮮における展開」, 『季刊 現代史』 2, 現代史の會, 1973. 富田晶子, 「準戰時下の朝鮮農村振興運動」, 『歷史評論』 377, 歷史科學協議會, 1981.

둘째 1930년대를 식민지 조합주의로 보는 입장에서는 '자력갱생'을 비롯한 농촌진흥운동의 이념적 기반이 식민지 국가의 일방적이고 강압적인 이데올로기라고는 보기 어렵다고 파악하였다. 그리하여 농촌진흥운동의 이념적 기반이 오히려 1920년대 식민지 조선인 지식인이 주장했던 농촌개혁론과 유사성이 있음이 지적되었다. 신기욱·한도현, 「식민지 조합주의: 1932~1940년의 농촌진흥운동」, 『한국의 식민지 근대성: 내재적 발전론과 식민지 근대화론을 넘어서』, 삼인, 2006. 신기욱은 1930년대 우가키 가즈시게(宇垣一成, 1868~1956) 총독으로 대표되는 식민정책 입안자들은 明治改革主義에 입각해 있었는데, 이것은 1920년대 조선인 지식인이 주장한 제도적·정신적 농촌개혁론과 선택적 친화력(elective affinity)이 있었다고 주장한다. 1920년대 정신적 개혁론을 주장했던 조선인 지식인 대부분이 일본에서 유학한 경험이 있었기 때문에, 조선인 지식인의 주장은 1930년대 식민지 농정과 선택적 친화력을 가질 수 있었으며, 식민정책자 또한 조선인 지식인의 개혁론을 식민지 농정에 일정 수준 반영하였다는 것이다. 신기욱, 「1930년대 농촌진흥운동과 농촌사회변화」, 『일제 파시즘 지배정책과 민중생활』, 혜안, 2004, 348~361쪽. 한편 마쯔모토 타케노리는 1920년대 조선인 실력양성주의 운동가들 또한 이 같은 이데올로기를 강조하였고, 농민들은 일상에서 이것을 共鳴하려는 의지를 가졌다고 보았다. 松本武祝, 『植民地權力と朝鮮農民』, 社會評論社, 1998, 20~27쪽, 173~176쪽.

갱생' 이데올로기 선전용 사례를 검토하여, 이것이 메이지 일본사회와 1920
년대 식민지 조선사회에서 유통되었던 '입신성공'으로서 '자조' 개념을 차용
한 정형화된 '성공' 내러티브에 기반을 두고 있음을 드러낼 것이다. 이러한
작업을 통해 1930년대 '자력갱생' 관제 이데올로기가 '자조론'에 그 사상적
기반을 두고 있는 점과 더불어, 이것이 식민지 조선사회에서 통치이데올로
기로 활용된 경위를 파악할 수 있을 것이다.

(1) 식민지 국가의 관제운동과 '자력갱생'

'자력갱생'의 연원은 두 갈래로 접근할 수 있는데, '자력갱생'이라는 어휘
의 유래에 대한 접근이고, 식민지 국가의 통치이데올로기로서 '자력갱생'의
유래를 살펴보는 것이다. 우선 '자력갱생' 어휘의 연원부터 살펴보면, 1930
년대 초 농촌진흥운동이 전개될 무렵 실린『동아일보』기사 내용에서 '자력
갱생'의 의미는 '자조론'에 기반을 두고 있다는 사실을 알 수 있다.

> '自力更生'이니 '自力解決'이니 하는 文字가 流行한다. … '天은 自助하는 者
> 를 助한다'는 格言은 修身學者 스마일스君의 有名한 標語다. … 今日의 道德
> 家는 說敎하기를 貧困은 懶怠의 結果요 貧賤은 오직 無才能한 者의 當然히
> 받을 待遇라고 한다. 造物主는 個人을 平等하게 지어냈으니 어떤 個人이든지
> '自力'으로 不斷히 努力하면 能히 '成功'의 生涯를 누릴 수가 있다고 한다.[3]

위에서 수신학자라고 일컫는 새무엘 스마일즈는 『자조론』의 저자이다.
"天은 自助하는 者를 助한다"는 이 책의 주제를 한 문장으로 요약한 것이며,
여기에서 핵심 주제어를 하나 들라면 그것은 바로 '자조'이다. 위의 내용 가

---

3 「사설- '自力'이란 무엇이냐」, 『동아일보』 1932년 10월 7일자.

운데 "어떤 개인이든지 자력으로 부단히 노력하면 능히 성공의 생애를 누릴 수 있다고 한다"는 문구를 통해 '자력(=자력갱생)'이 『자조론』의 핵심어 '자조'와 동일 의미라는 점을 알 수 있다. 즉 '자조론'에 그 사상적 기반을 두고 있는 '자력갱생'이 1930년대 농촌진흥운동의 슬로건으로 사용되었던 것이다.

한편 '자력갱생'이 1930년대 식민지 조선에서 처음 통치 이데올로기로 사용된 것은 아니었다. '자력갱생'은 식민지 조선에 앞서 일본의 '국민정신작흥운동'에서 먼저 통치 이데올로기로 사용되었다. 일본의 '국민정신작흥운동'은 1923년 11월 10일 '국민정신작흥에 관한 조서'의 반포로 시작되었으며, 관동 대지진 직후 조속한 사회재건의 필요성이 요구되던 비상시국에 실시된 관제운동이었다. 그로부터 10년 가까이 뒤인 1932년 조선총독 우가키 가즈시게는 일본의 '국민정신작흥운동' 기념일인 11월 10일에 식민지 조선에서도 일본과 같은 '국민정신작흥운동'을 개시하였다.[4]

잘 알려져 있듯이, 1920년대 말에서 1930년대 초 식민지 조선을 둘러싼 국내외적 상황은 상당히 좋지 않았다. 1920년대 말 세계적인 대공황과 1931년 만주사변의 발발, 일본의 국제연맹 탈퇴 등과 맞물려 식민지 조선의 상황은 악화의 일로를 걷게 되었던 것이다. 우가키는 당시 조선의 상황이 관동 대지진 직후 일본의 비상시국과 같다고 판단하고 이에 대한 성명서와 '민심작흥시설요항'을 반포하였다.[5]

---

4 '국민정신작흥운동'은 '정신적 측면'을 강조한 조선총독부 관제운동의 효시가 된다는 점에서 매우 중요하다. 또 10년 가까운 시차를 두고 일본과 식민지 조선에서 함께 실시되었다는 점이 상당히 흥미롭다. 이러한 중요성에 비하여 '국민정신작흥운동'에 대한 심도 있는 논의는 거의 이루어지지 못했다. 1935~1937년 동안 전개된 '心田開發政策'의 선구적인 형태로 '국민정신작흥운동'을 파악한 연구와 일본의 '국민정신작흥운동'에 대한 사례연구로는 다음을 참조. 韓亘熙, 「1935~37년 일제의 '心田開發' 정책과 성격」, 서울대 대학원 국사학과 석사학위논문, 1995, 6~29쪽. 川瀬貴也, 「植民地朝鮮における「心田開發運動」政策」, 『韓國朝鮮の文化と社會』 1, 風響社, 2002. 松本裕司, 「「國民精神作興ニ關スル詔書」の實踐化: 大分縣公立小學校を事例として」, 『九州敎育學會硏究槪要』 33, 九州敎育學會, 2005.

이에 따라 조선총독부는 정부에서 발간되는 각종 공공잡지에 1923년 일본의 '국민정신작흥에 관한 조서' 원문과, 1932년 조선의 '국민정신작흥운동'에 대한 우가키의 성명서 및 '民心作興施設'에 관한 글을 게재하였다. 그리고 이러한 1923년의 원문을 게재한 잡지 가운데에는 서두에 따로 권두언을 붙여서 그것을 게재하는 목적을 명시하기도 했다. 그 주요 내용은 1923년 11월 10일 일본에서 반포된 '국민정신작흥에 관한 조서'는 경계를 늦추지 않고 태만함을 경계하는 '자력갱생'의 길을 제시한 것으로서, 1932년 현재 조선은 그 기념일인 11월 10일을 기점으로 관민이 분발하여 '자력갱생'을 맹세해서 시국에 적절히 대처해야 한다는 것이다.[6] 요컨대 '자력갱생'은 1923년 일본의 국민정신작흥운동에서 사용된 통치 이데올로기로써 이것을 모델로 한 식민지 조선의 그것에서도 동일하게 사용되었다.

식민지 조선에서 국민정신작흥운동은 조선총독부가 야심 차게 전개한 관제운동으로서 농촌진흥운동과 거의 같은 시기에 통일적으로 실시되었으며, 두 운동 모두 개인의 정신적 분발과 각성을 통한 '자력갱생'을 지향하였다.[7] 잘 알려져 있듯이 농촌진흥운동은 조선총독 우가키로 대표되는 조선총독부가 1932년 말 피폐된 조선농촌을 살리기 위한 자구책으로 강구한 농촌개발정책이다. 농촌진흥운동은 1932년 9월 30일 '조선총독부 농촌진흥위원회 규

---

5 우가키 총독의 성명서와 정무총감의 국민정신작흥운동 訓示 및 국민정신작흥운동과 관련된 사항은 다음을 참조. 『朝鮮地方行政』 11-12, 1932, 4~6쪽. 「民心作興運動に關する施設」, 『朝鮮』 210, 1932. 兪萬兼, 「昭和七年中新に實施したる社會事業を顧みて」, 『朝鮮社會事業』 11-1, 1933, 23쪽. 「朝鮮の社會事業(八)」, 『朝鮮社會事業』 12-6, 1934.

6 「起てよ民衆」, 『朝鮮社會事業』 11-2, 1933.

7 「農山漁村振興運動の全貌」, 『朝鮮』 224, 1934. 宇垣一成 演說, 『朝鮮の將來』, 조선총독부, 1934, 22쪽. 「民心作興と農村振興案」, 『朝鮮及滿洲』 300, 1932. 今井田淸德, 「民心作興に關する詔書渙發十周年に際して」, 『朝鮮』 223, 1933, 27쪽. 「三千里에 振動한 自力更生의 號令」, 『在滿朝鮮人通信』 14, 1936. 『조선일보』 1935년 6월 11일자. 한편 국민정신작흥운동의 '자력갱생'이 '자조'를 말한다는 사실은 '自助者는 天助'를 서두에 기재한 다음 기사를 참조. 「自助者는天助 汗愛會生에 證驗 精神作興週刊座談會臨席後 金參與官感想談」, 『매일신보』 1934년 11월 18일자.

정'과 뒤이은 10월 8일 정무총감 통첩 '농산어촌의 진흥에 관한 건'이 공포
됨으로서 본격적으로 시작되었다.[8] 이렇게 시작된 농촌진흥운동은 피폐된
조선 농촌을 구제하는 방법으로서 무엇보다 농민 개개인의 정신적 분발과
각성을 바탕으로 한 '자력갱생'의 정신을 촉구하였다.[9]

　비슷한 시기 전개된 일본의 농산어촌경제갱생운동에서도 '隣保共助'와 더
불어 '자력갱생'이 강조되었다. 농산경제갱생위원회의 주요 구성원으로서
農林官僚이며 農學者인 이시구로 타다아쯔(石黑忠篤, 1884~1960)와 나스 시
로시(那須皓, 1888~1984)는 농촌갱생에 대한 농민 자신의 자조적 노력을 강
조하고, 농민이 국가의 정책을 수동적으로 받아들이는 '타력주의'를 배척하
였다.[10] 특히 나스 시로시는 자력갱생안에 대하여 "하늘은 스스로 돕는 자를
돕는다고 하지만, 스스로 돕는 노력을 그다지 하지 않는 자에 대해서는 국
가라고 하더라도 어찌할 수가 없다"라고 언급하고 있는데,[11] 운동의 기본방

8　농촌진흥운동의 입안과정은 鄭文種, 「1930年代 朝鮮에서의 農業政策에 관한 硏究:
　農家經濟安定化政策을 中心으로」, 서울대학교 대학원 경제학과 박사학위논문, 1993,
　48~54쪽 참조.

9　우가키는 조선의 주요 도시를 순회하며 연설을 통해 '자력갱생'의 정신을 강조하였
　다. 『매일신보』 1933년 4월 6일자, 4월 8일자, 4월 9일자. 『自力更生彙報』 創刊號,
　1933, 2쪽.

10　船戶修一, 「農山漁村經濟更生運動의 一試論: 「自力更生」의 歷史社會學的考察」, 『上
　智史學』 42, 上智大學史學會, 1997, 110~111쪽. 후나토 슈이치는 농민을 '국민화'
　하는 관점에서 일본의 농산어촌갱생운동을 파악하였으며, 운동의 기본방침으로서
　'자력갱생'이 입안되는 과정을 검토하였다. 일본의 농산어촌경제갱생운동은 南相虎,
　「昭和戰前의 農村更生運動: 農林官僚의 정책의도를 중심으로」, 『日本歷史硏究』
　6, 일본사학회, 1997를 참조. 조선의 농촌진흥운동과 일본의 그것과의 유사점과 차
　이점은 정문종, 위의 논문, 39~45쪽 참조.

11　敎育資料編纂會, 『農村精神講話』, 第一出版協會, 1934, 96쪽. 농산어촌갱생운동이
　시작되었던 무렵 '자력갱생'의 이러한 논조는 近藤佶, 『自力更生의 偉人』, 朝日書
　房, 1932, 143쪽 참조. 한편 나스 시로시의 農政學은 1930년대 농업경제학자 이훈구
　의 농업론에 영향을 미쳤다고 알려져 있다. 신기욱, 위의 책, 2004, 360~361쪽. 방기
　중, 「일제하 李勳求의 農業論과 經濟自立思想」, 『역사문제연구』 1, 역사문제연구
　소, 1996, 123~125쪽.

침으로서 '자력갱생'이 스마일즈의 '자조론'에 기반을 두고 있다는 점이 여기에서도 확인된다.

이상의 내용을 정리해보면, '자조론'이 일본을 통해 한말에 유입되었듯이, 통치 이데올로기로서 '자력갱생' 또한 식민지 모국 일본을 통하여 식민지 조선으로 유입된 것이었다. '자력갱생'은 1920년대와 1930년대 각각 일본과 식민지 조선에서 국민정신작흥운동의 통치이데올로기로 사용되었다. 1930년대 식민지 조선의 농촌진흥운동은 국민정신작흥운동과 거의 동시에 실시된 관제운동이었으며, 두 운동 모두에서 '자력갱생'이 강조되었다. 요컨대 농촌진흥운동의 이념적 표상으로서 '자력갱생' 문구는 일본과 식민지 조선의 주요한 관제운동의 지향점으로서 상당히 폭넓게 사용되었음을 알 수 있다.

이같이 '자력갱생'은 일본에서 통치이데올로기로서 한차례 검증된 다음 식민지 조선으로 유입되었다. 그렇다면 식민지 조선에 유입된 '자력갱생'은 처음부터 국민정신작흥운동이나 농촌진흥운동과 같은 관제운동의 이데올로기로 사용되었을까? 이것을 알아보기 위해 농촌진흥운동의 슬로건이 되기 이전 '자력갱생(=자력=자조)'이 식민지 사회에서 어떻게 회자되고 있었는가를 살펴보면, 우선 '자력'이라는 용어는 관제언론인 『매일신보』에 '他力'과 대비되어 사용되었다.[12] 이처럼 '타력'과 대비되어 개인의 힘 즉 '자력'이 강조된 것은 1930년대 초 농촌진흥운동에서 '자력갱생'을 '他力更生'과 대비하여 선전한 패턴과 동일하다.[13] 즉 농촌진흥운동 이전부터 관제언론에서는

---

12 「自力과 他力」, 『매일신보』 1921년 4월 19일자. '자기의 힘' 즉 '개인의 힘'을 뜻하는 '자력'을 언급한 사설로는 다음을 참조. 「自力을 自度」, 『매일신보』 1912년 4월 19일자. 「學校來訪(二) 自力으로 開業醫가 되기를 希望함」, 『매일신보』 1917년 2월 8일자. 한편 蘇峰生, 「自力의 防禦乎 他力의 防禦乎」, 『매일신보』 1918년 3월 16일자에서 '자력'은 지나(중국)가 독립을 유지하는 방식과 관련되어 논의되었다. 이 사설의 집필자 蘇峰生은 『國民之友』를 통해 메이지 일본사회에 '청년' 담론을 유행시킨 언론인 도쿠토미 소호라고 판단된다. 그는 한일합방 직후인 1910년 10월부터 1918년 6월까지 『매일신보』의 감독으로 활동하였다.

13 '自力更生'과 '他力更生'은 농촌을 진흥시키는 두 가지 방법인데, 정부 기타의 원조

'타력'과 대비되는 개념으로서 '자력'을 사용해왔던 것이다.

　그럼에도 '자력'은 『매일신보』와 같은 관제언론 측에서 일방적으로 사용한 展示 행정용 용어는 아닌 듯하다. 1910년대 후반 이광수는 동경 유학생 모임의 잡지인 『학지광』에 개인의 인생관과 관련한 한편의 글을 기고하였다. 여기에서 그는 이제까지 조선 인생철학의 근본이 『주역』에 의거한 숙명론이라고 비판하면서, '자력'으로 미래를 개척할 것을 주장하였다. 동일 지면에 서춘(徐椿, 1894~1944) 또한 「운명론」이라는 글에서 '자력'의 중요성을 언급하였다.[14] 또 1920년대 중반 『동아일보』 사설을 보면, '自力에의 자각이 개인이나 민족단체 갱생의 유일한 길'이라고 주장한다. 여기에서도 '자력'은 '타력'에 의뢰하는 것과 대비되어 사용되었으며,[15] '자력'의 담당자로서 '개인' 및 '개인 人格力'의 중요성이 강조되었다.[16] 비슷한 시기 『시대일보』의 사설에서도 가족이나 黨의 한 사람만을 의지하여 생계를 유지하는 조선의 관례를 비판하고, '자력'의 담당자로서 개인을 강조하며 개개인이 '自助力'을 가질 것을 촉구하였다.[17]

　이상에서 알 수 있듯이, 농촌진흥운동 이전 '자력'은 식민지 국가의 관제언론 뿐만 아니라 조선인 언론에서도 사용하였던 용어였다. 더하여 농촌진

에 의한 '他力救濟'가 있다면 농가의 자주자립 열의에 의한 '自力更生'이 있다는 것이다. 渡邊豊日子, 「農村振興運動と卒業生指導」, 『自力更生彙報』 5, 1933, 7쪽. 농촌진흥운동이 시작된 이후 『농민』에 수록된 김병순의 글을 보면 '자력'과 '타력'의 대비가 곧 '자력갱생'과 '타력갱생'의 대비라는 점을 잘 알 수 있다. 金炳淳, 「農村更生은 自力乎아 他力乎아」, 『農民』 4-1, 1933.

14　李光洙, 「宿命論的 人生觀에서 自力的인 人生觀에」, 『學之光』 17, 1919. 徐椿, 「運命論」, 『學之光』 17, 1919. 두 사람이 '자력'을 강조한 이 시점은 최남선이 『자조론』 (1918)을 출간한지 얼마 되지 않은 때이며, 공교롭게도 이 시기 '자력(=자조)'을 강조한 서춘·이광수·최남선은 3.1운동 이후 친일로 변절했다고 비판받는 인물들이다.

15　「自力에의 自覺(一) 懺悔와 更生」, 『동아일보』 1926년 10월 26일자. 「自力에의 自覺(三) 團結의 力」, 『동아일보』 1926년 10월 28일자.

16　「自力에의 自覺(二) 個人의 力」, 『동아일보』 1926년 10월 27일자.

17　「우리의 緊急한 救濟案: 自力으로 自食하라」, 『시대일보』 1925년 6월 20일자.

홍운동 직전인 1920년대 후반에는 '自力'이란 명칭을 그대로 사용한 『自力』 이라는 잡지까지 출간되었다. 『자력』은 백산상회의 창립자이며 한국의 독립 운동가로 널리 알려진 백산 안희제(安熙濟, 1885~1943)가 20년대 후반 설립한 自力社에서 출간한 잡지였다.[18] 한 사회의 희망과 이상을 잡지명을 통해 유추해 볼 수 있다고 할 때,[19] '자력'이란 표지명은 당시 자력사의 대표로 있던 안희제로 대변되는 조선인 지식인이 가졌던 식민지 사회에 대한 염원과 이상을 나타내는 지표라고도 볼 수 있다. 이 점을 염두에 두고 『자력』 표지명의 의미를 추적해보면, 우선 잡지의 출간 자체부터 그다지 순탄하지 않았음을 알 수 있다. 1928년 2월 처음 발간된 『자력』 창간호는 조선총독부의 불허가 출판물 검열로 인하여 세간에 출간조차 되지 못하였으며 그다음 2호 역시 마찬가지였다. 『자력』이 시중에 출간된 것은 3호(1928년 7월호)부

---

18 『자력』은 협동조합운동사의 기관지 역할을 수행하였다. 강대민, 「白山 安熙濟의 大同靑年團運動」, 『慶星大學校論文集(人文·社會編)』 18-2, 경성대학교, 1997, 74쪽, 주)17. 『자력』을 발간한 자력사를 종로에 있는 협동조합운동사가 있는 곳으로 이전한다는 기사로 보아서(『중외일보』 1928년 8월 11일자), 자력사와 협동조합운동사는 관련이 있으며 강대민이 언급한 것처럼 『자력』은 협동조합운동사의 기관지 역할을 담당했다고 여겨진다. 김현숙의 연구에 따르면, 자력사는 안희제가 창립하였고 당시 그는 협동조합운동에 관여하였다. 김현숙, 「일제하 민간 협동조합 운동에 관한 연구」, 『사회와 역사』 9, 한국사회사학회, 1987, 238쪽. 그러므로 자력사의 편집진들은 협동조합운동에 참여한 사람들이었던 것으로 여겨지며, 이들은 사회주의자들로서 당시 신간회 활동을 병행한 것으로 보인다. 협동조합운동사 출판부 임원인 이시목(李時穆)은 자력사 편집인을 역임했으며, 신간회경성지회 간사를 역임했다. 「신간회 경성지회 간사회에 관한 건」, 『思想問題에 關한 調査書類 5』, 京種警高秘 제13850호, 발신일 1928년 10월 24일(일제경성지방법원편철자료, 국사편찬위원회 한국사데이터베이스). 또한 신간회 부산지회 임원을 역임한 이강희(李康熙, 1898~1943)는 'ㄱ당 사건'으로 검거되었는데, 그가 체포된 장소는 바로 '自力雜誌社'였다. 『동아일보』 1928년 6월 21일자. 요컨대 『자력』을 출간했던 '자력잡지사'는 협동조합운동사와 밀접한 관련이 있으며, 여기에 참여한 인물들은 신간회 활동을 병행한 사회주의자들이 포함되었을 것으로 짐작된다.
19 마이클 로빈슨은 1920년대 '改造' '解放'과 같은 잡지명은 당시 사회의 희망과 염원을 담았다고 본다. M. 로빈슨(김민환 譯), 앞의 책, 171쪽.

터이며, 5호는 문제가 된 기사를 삭제한 뒤 겨우 출간할 수 있었다.[20]

이렇듯 순탄하지 않았던 『자력』의 출간은 창간사에서 밝히고 있는 잡지의 지향성과 밀접한 관련이 있어 보인다. 『자력』 창간사 요약문을 보면 잡지명 '자력'과 동일하게 창간사의 주요 핵심어 또한 '자력'이라는 점을 알 수 있다.[21] 조선총독부는 制限外 기사가 다수 있다는 이유로 창간호의 출판을 허가하지 않았으며, 창간사는 삭제 기사와 더불어 삭제 대상 첫 목록이었다. '자력'을 강조한 창간사는 은유적이면서 동시에 詩的인 표현으로 가득 차 있어서 그 의미를 정확히 파악하기 힘들다. 그럼에도 『자력』으로 대표되는 식민지 조선인 지식인이 '자력' 개념을 사용하는 것에 대해 적어도 부정적이지 않았다는 점은 알 수 있다. 또 여기에서 사용된 '자력' 개념은 식민권력에 대항하는 '조선의 자력'을 말하는 것으로서, 조선을 식민통치하는 일본의 부당함을 은유적으로 지적하고 있음을 짐작할 수 있다.

---

20 현재 공공도서관에서 확인되는 『自力』 잡지는 3호뿐이다(국립중앙도서관 소장). 『자력』 3호에는 신간회에 참여하였던 벽초 홍명희(洪命熹, 1888~1968)와 이시목의 글을 비롯하여, 문학가 김진섭(金晉燮, 1903~?)과 정인섭(鄭寅燮, 1905~1983) 그리고 역사학자 이선근(李瑄根, 1905~1983)의 글과 번역소설이 실려 있다. 7·8호의 경우 합본사진을 김형두, 「독립투사 안희제: 국내외에 걸친 구국항쟁」, 『나라사랑』, 정음사, 1975, 105쪽에서 확인할 수 있다. 『自力』 창간호와 2호가 시중에 출간되지 못했다는 사실과 삭제된 기사 내용 요약은 다음을 참조. 「『自力』創刊號」, 『不許可出版物 竝 削除記事槪要譯文』 발행일 1928년 2월 10일자; 「『自力』 2」, 『不許可出版物 竝 削除記事槪要譯文』 발행일 1928년 4월 2일자(일제경성지방법원편철자료, 국사편찬위원회 한국사데이터베이스). 『중외일보』 1928년 5월 8일자. 『자력』 5호의 삭제된 기사 목록과 내용은 다음을 참조. 「出版警察槪況: 押收 削除 및 不許可出版物 記事要旨」 『自力』 5」, 『朝鮮出版警察月報』 2, 발행일 1928년 10월 23일(일제경성지방법원편철자료, 국사편찬위원회 한국사 데이터베이스). 『자력』 잡지에 대한 연구는 다음을 참조. 이순욱, 「백산 안희제의 매체 투쟁과 『자력(自力)』」, 『역사와 경계』 99, 부산경남사학회, 2016.

21 僕ハ自力ダ飢エタ癆セタ所ヘ手足ヲ縛ラレ鞭ニ打タレナガラ死ニ切レナカッタ朝鮮ノ自力デアル僕ノ 足下ニハ唯生死アルノミダ 復ト僕ヲ威脅スル何物モナカラウ云々. 「『自力』創刊號」, 『不許可出版物 竝 削除記事槪要譯文』 발행일 1928년 2월 10일(일제경성지방법원편철자료, 국사편찬위원회 한국사데이터베이스).

그런데 이와 같이 조선총독부가 『자력』의 출간을 불허하던 시기인 1928년 11월 전라북도의 旱害救濟案은 '자조(=자력)' 개념에 입각하여 초안되었다. 피해민의 자립자조를 목표로 하여 지주와 상호협조를 꾀하고 가급적 직접 구제를 회피한다는 것이다.[22] 여기서 직접 구제는 구체적으로 조선총독부로부터 금전적 원조를 받는다는 의미로 사용되었는데, 이것은 1930년 8월 강원도의 水害救濟案에서 동일하게 확인된다. 강원도의 수해구제안 또한 관에서 수재민에게 금품을 직접 주어서 구제하는 방법보다는 수재민 '자력'으로 생활에 복구한다는 방침을 세웠다.[23]

1920년대 말과 1930년대 초는 가뭄이나 홍수와 같은 자연재해의 규모를 사전에 예측하기 힘들었고, 이에 따라 그 피해에 드는 복구 경비를 미리 명확히 해두기는 상당히 힘들었을 것이다. 따라서 복구에 드는 경비는 자연재해가 발생한 뒤 지방 행정관이 조선총독부와 접촉하여 그 결정 여하에 따라 國庫의 보조를 받았던 것으로 보인다.[24] 그러므로 '자력' 구제라는 방식은 조선총독부와 지방행정 兩者 모두에게 예기치 못한 자연재해에 들 경비의 부담을 덜면서 재난 복구의 책임을 지역민에게 전가할 수 있는 방책이었다고 여겨진다. 또 1930년 11월 충청남도 대전에서는 古矯郡守가 '自助會'를 결성하여 생활개선 도모에 '자조(=자력)' 정신을 강조하였음을 볼 수 있다.[25] 이처럼 농촌진흥운동 이전 지방 행정에서는 '자력(=자조)' 개념이 활용되고 있었던 것이다.

요컨대 농촌진흥운동 이전 '자력(=자력갱생=자조)'은 식민권력부터 식민지 조선인 지식인에 이르기까지 두루 사용하였던 용어였다. '자력갱생'은 식

---

22 「被害民의 自立自助를 要望, 直接救濟는 可及的 回避, 全北 旱害救濟策」, 『중외일보』 1928년 11월 2일자.
23 「直接救濟보다도 自力培養이 急務」, 『매일신보』 1930년 8월 28일자.
24 『중외일보』 1928년 11월 2일자.
25 「自治精神을 涵養코자 自助會를 設置 生活改善을 目標로」, 『매일신보』 1930년 11월 22일자.

민지 국가 일본의 경험을 토대로 하여 1930년대 조선총독부의 통치이데올로기로 선택되었지만, 처음부터 통치이데올로기로서 유입된 것은 아니었다. 따라서 식민지 국가와 식민지 사회와의 관계에서 볼 때, '자력갱생'은 식민지 국가가 식민지 사회에 일방적으로 강요한 통치이데올로기라고 보기 어렵다. 오히려 식민지 사회에서 이미 유통되고 있었던 개념이었고, 또 농촌진흥운동 이전부터 식민행정에서도 사용하고 있었기 때문에, 1930년대 식민지 국가의 입장에서는 '자력갱생'을 농촌진흥운동의 슬로건으로서 전격 선택하는 것이 어렵지 않았을 것이라고 판단된다.

(2) '성공' 내러티브로서 '자력갱생'론

1) '입신성공'으로서 '자조'

앞서 살펴보았듯이 '자력'은 '자조론'의 주제어 '자조'와 동의어인데, '자조'는 1920년대 식민지 사회에서 개인의 '성공'이라는 사회적 의미로 통용되었다. 그런데 '자조론'이 처음 소개된 한말 시기 '자조'는 대한제국의 '자강'을 말하는 의미로 사용되었을 뿐, 메이지 일본사회와 같이 '개인'의 '성공'을 지향하는 '입신출세주의'적 개념으로는 거의 통용되지 못했다. 한국에서 '자조' 개념이 메이지 일본사회와 같이 '입신출세주의'를 지향하는 사회화된 언어로 공공적으로 통용된 것은 이로부터 십수 년이 지난 1920년대에 접어들면서부터였다.

3.1운동 이후 문화통치의 교묘한 덫은 식민지 조선인으로 하여금 '민족국가'에 대한 절실한 필요성을 어느 정도 상쇄시키는 동시에, '개인'의 사회진출과 성취에 대한 기대와 희망을 품게 하였다. '개인'의 '사회진출'에 대한 관심이 높아지면서 이에 대한 각종 지침서가 봇물 터지듯 쏟아져 나오기 시작했다. 지침서들이 겨냥한 잠정적인 독자는 '靑年'이었으며, 사회진출에

'성공'하려는 '청년'이 마땅히 가져야 할 정신자세로 '立志'가 강조되었다.[26]

이에 따라 개인의 성공적인 사회진출에 대한 지침서의 표제는 '청년' '입지' '수양' '성공'과 같은 단어들의 조합으로 구성되었으며, 이러한 서적들은 통칭 '청년수양서'라고 일컬어졌다.[27] 1923년 홍난파가 '청년'과 '입지'를 전면적으로 표제에 내세운 *Self-Help*의 번역서인 『青年立志編: 一名 自助論』을 출간한 것은 이 같은 시대적 분위기를 대변해준다고 할 것이다. 이제 식민지 조선사회에서도 『자조론』이 메이지 일본사회에서 『서국입지편』이 읽혀진 방식대로 '개인'의 '성공'을 말하는 입신성공의 지침서로서 새롭게 주목되었다.

> 青年立志編 原名 自助論
> 英國의 碩學 스마일스 先生의 五 大名著 中의 一인 『自助論』의 譯本으로써, 全篇百餘章의 大小文字는 金言名句 아님이 없으며 특히 '天은 自助하는 人을 助한다'라는 精神下에서, 微賤과 困窮에서 身을 起하여 後日에 驚天動地의 大偉功을 建한 前世名家偉人의 成功談을 簡曲한 筆致로 說諭하였으니 世에 處한 者 志를 立하야 大事를 成코져할진대 本書를 依치 아니할 수 없도다. 本書는 萬人必讀의 座右名이 되는 同時에 立身成功의 鍵이 되도다.[28]

위의 『청년입지편』의 광고에서 짐작할 수 있듯이, 개인의 '입신성공'을

---

26 이기훈은 1920년대 책 읽기 경향을 종류별로 나누어 분석하였는데, 청년류로 분류한 책들 가운데 다수가 '立志'를 목적으로 했음을 밝혔다. 李基勳, 「독서의 근대, 근대의 독서: 1920년대의 책읽기」, 『역사문제연구』 17, 역사문제연구소, 2001, 29~30쪽.
27 1920년대는 '청년수양서'의 범람기라고 말할 수 있다. 각종 청년수양서가 연일 신문 및 잡지를 통하여 광고되었다. 1920년대 초 『동아일보』에 빈번히 광고되었던 대표적 청년수양서로는 『青年讀本』, 『偉人成功의 經路』, 『(普通學校卒業)成功立身法』 등이 있다. 1920년대 독서 경향은 다음을 참조. 천정환, 「1920~30년대의 책 읽기와 문화의 변화」, 『근대를 다시 읽는다』 2, 역사비평사, 2006.
28 『매일신보』 1923년 3월 1일자, 3월 3일자, 3월 8일자. 『동아일보』 1923년 3월 10일자, 3월 17일자, 3월 29일자. 한편 실제 출간된 『청년입지편』 겉표지에는 '原名 自助論'이 아니라 '一名 自助論'으로 되어있다.

강조했던 1920년대 식민지 조선사회는 개인의 '자조'를 독려하고 '자조'한
개인이 성취할 수 있는 상향적 '사회이동' 경로가 질서 잡혀가던 메이지 초
기 사회구조와 매우 흡사했다.[29] 식민지 조선에는 일본의 외지 식민지 가운
데 최초의 제국대학인 경성제국대학(1924)이 신설되었고, 여기에서 교육받
은 소수의 조선인은 대다수 식민지 국가의 관료가 되었다.[30] 또한 1910년대
5%를 넘지 못했던 보통학교 취학률은 1930년대 비약적으로 상승하였으며,
이러한 취학 욕구는 중등교육으로까지 고양되어 입학경쟁이 격화되었다.
1930년대 비약적인 취학률과 입시경쟁은 식민지 국가가 조선인을 충량한
황국신민으로 만들고자 취학을 독려했다는 설명만으로는 이해하기 힘들다.
식민지 시대 보통학교는 의무교육이 아니라 학비를 개인이 부담해야 했음
에도 불구하고, 1930년대 대부분 조선인은 자녀를 보통학교에 취학시키려고
했기 때문이다.[31] 1920년대 초 이미 『보통학교졸업 입신성공법』과 같은 청

---

29 1920년대 초 '청년과 성공'이라는 제목의 『동아일보』 사설에서 말하는 성공의 두 가
　지 의미는 인격적 성공과 사회적 성공이다. 『동아일보』 1922년 4월 7일자. 집필자는
　인격적 성공 이후 사회적 성공을 달성할 것을 주장하고 있는데, 이것을 볼 때 1920
　년대 초 청년수양서의 유행과 그 역할을 짐작할 수 있다. 1910년대와 달리 3.1운동
　이후 1920년대는 청년의 식민지 사회 진출을 공공연히 말할 수 있는 분위기가 형성
　되었던 것이다.
30 식민지 시대 高等官吏職으로는 군수·경찰서장·세무서장·판검사 등이 있다. 식민지
　정부의 고급관료가 되기 위해서는 기본적으로 고등문관시험에 합격해야 했는데, 경
　성제국대학 졸업생은 무시험으로 행정 관료가 되기도 하였다. 따라서 경성제대 법학
　과는 군수 자리는 절반쯤 따 놓은 것이라는 속언들이 있었다. 1942년까지 관공서로
　진출한 경성제대 졸업생 108명 가운데 72%가 일제하 고등 관료로 진출하였다. 정선
　이, 위의 책, 162쪽. 한편 어려운 가정환경에 굴하지 않고 스스로 학비를 벌어 공부
　에 매진하는 '고학생'이 출현한 것도 이 시기부터이며, 이러한 고학생은 '自助'의 승
　리자로 칭송되었다. 『동아일보』 1926년 1월 31일자.
31 오성철, 『식민지 초등교육의 형성』, 교육과학사, 2000, 202쪽. 1930년대 식민지 조선
　인은 자신이 이수한 교육과정이 장래 식민지 사회에서 어떤 사회적 위상과 역할을
　가질 것인지에 대한 상관관계를 명확히 인지하고 있었다. 경제학자로 유명한 고승제
　(高承濟, 1916~1995)와 조기준(趙璣濬, 1917~2001)은 1931년 함흥에 있는 공립농업
　학교에 입학하여 함께 공부하였다. 두 사람 모두 회고록에서 함흥공립농업학교에 재

년수양서의 광고에서 '개인의 행복'을 운운하는 것을 보면,[32] 이제 식민지 조선에서도 앞서 언급한 메이지 일본사회와 같이 '학교교육-국가관료-높은 사회적 위치(입신출세)'라는 상향적 '사회이동' 경로가 사회제도로서 정착되어가고 있었던 것이다.

그럼에도 1920년대 식민지 조선사회는 메이지 일본사회와 상황이 달랐다. 경성제국대학은 조선인을 위해, 그리고 그들을 식민지 국가의 관료로 충원하기 위한 목적으로 애초부터 건립되지 않았다. 경성제대의 조선인 비율은 언제나 전체 정원의 3분의 1 정도였는데, 이러한 결과는 입학기회의 불공정성 때문이라는 비판이 식민지기 내내 제기되었다. 식민지 국가가 일본인에 비해 조선인에게 상대적으로 불리한 입학시험 과목을 책정했고, 관립고등교육기관에 조선인이 교육받을 수 있는 적정한 비율을 미리 內定한 결과라는 것이다.[33] 또한 일본은 학교교육을 통해 민족의식이 고양된 조선인이 민족운동을 일으킬지도 모른다는 불안감에 기본적으로 조선인의 교육기회를 적극적으로 확대하려고 하지 않았다.[34]

이와 같은 상황을 고려해 본다면, 1920~1930년대 식민지 사회에서 '학교

학했음을 밝히고 있는데(조기준, 『나의 人生學問의 歷程』, 일신사, 1998), 특히 고승제는 함흥 공립농업학교 입학에 대해 다음과 같이 말하였다. "1931년 봄에 함흥에 있는 공립농업학교에 입학하였다. 1910년에 설립된 이 학교는 농업지도자를 양성하는 교육기관이었기 때문에 1930년대의 세계공황이 아무리 거센 파도처럼 밀리어 오더라도 관리하는 월급쟁이가 될 수가 있었기 때문에 입학하는 일이 매우 어려웠다."(고승제, 『經濟學者의 回顧』, 經研社, 1979, 15쪽). 또 재학시절 학교의 상급생들이 광주학생사건과 같은 민족주의 사건에는 관심이 없었다고 하며, 공산주의 서적을 읽는 것에 대해 다음과 같이 표현하였다. "공립농업학교는 뚜렷이 조선총독부의 지방관리 양성소임을 알고 그 때문에 이 학교를 찾아 왔을 뿐만 아니라 1년 후나 2년 후이면 지방관리가 되는 꿈에 부풀어 있으면서 공산주의의 이념을 찾는 일을 모순된 것으로 생각하였다." 고승제, 위의 책, 21쪽.
32 『동아일보』 1922년 5월 17일자, 6월 1일자, 6월 3일자.
33 정선이, 위의 책, 86~88쪽.
34 오성철, 위의 책, 208~209쪽.

교육'을 통한 상향적 '사회이동' 즉 '입신출세'는 식민지 국가에 의해 독려
되기 보다는 조선인의 '능동성'에 기인한 측면이 크다고 볼 수 있다. 이처럼
식민지 국가는 학교교육을 통한 입신출세에 대해서는 부정적이었다. 하지만
'자조'를 통한 조선인들의 식민지 사회로의 진출 즉 '입신출세' 자체는 적극
적으로 독려했는데 다음 하딩(Warren Gamaliel Harding, 1865~1923)의 사례
에서 『매일신보』로 대표되는 식민지 국가의 입장이 추측된다.

> 自古及今에 前人이 일찍 創設치 못하고 前人이 일찍 成遂치 못한 大事業의
> 主人公이 된 者가 반드시 幸運下에서 萬全한 敎育을 受한 바의 學博士가 아
> 님을 吾人은 聲言하여 不己하는 바이라. 무릇 吾人의 立身出世의 途는 其範
> 圍가 자못 廣大하여 行하는 者에게 반드시 成功이 來하며 … 此로 因하여 古
> 人으로 言을 有하여 가로되 '立志學成'이라 하였으며 또는 '天은 自助者를 助
> 한다' 하였도다. 此에 對한 目前의 證據를 引用하여 我朝鮮의 靑年諸君에게
> 寄하고저 하노라. 今日 米國大統領으로 當選의 榮冠을 寓한 하딩氏로 言할진
> 데 氏는 寒門의 出生으로 일찍 人과 如히 受한 바의 學校敎育이라 受한 者이
> 아니었으나 若干의 自修로 因하여 小地方新聞의 雜報記者가 되었도다. … 此
> 에 依하여 觀하건대 吾人의 成功이란 決코 부유함에 限하여 在하지 아니하
> 며 又는 定規의 學校敎育을 受한 者에게만 限하여 在하지 아니함을 知하겠나
> 니 …[35]

'하딩을 學하라'는 제목의 위의 사설은 미국 대통령으로 당선된 하딩을
사례로 하여 정규학교 교육만이 '입신출세'의 길이 아님을 주장한다. 1920
년대 문화통치 하에서 식민지 국가는 채찍 대신 당근을 주는 융화정책을 도

---

35 「自助의 偉力」, 『매일신보』 1920년 11월 7일자. 하딩은 미국의 제29대 대통령으로
1921년 취임하여 1923년까지 재위하였다. 하딩이 공화당의 대통령 후보로 선출되기
까지 그의 약력을 소개하는 당시 신문과 잡지의 기사들은 본문에 제시한 『매일신보』
내용과 거의 같다. 그 주요 내용은 미천한 신분 출신인 하딩이 각고의 노력 끝에 현
재의 영광된 위치에까지 이르게 되었다는 것이다. 「新聞社 使喚으로 大統領이 되
기까지」, 『개벽』 6, 개벽사, 1920. 『동아일보』 1920년 6월 16일자, 7월 9일자.

모했기 때문에 조선인의 식민지 사회진출을 부추기는 입장이었다.

　그런데 일본으로서는 학교교육을 통한 조선인의 입신출세 방식은 딜레마였다. 앞서 언급했듯이 학교교육을 받은 조선인이 일본의 충직한 황국신민이 될 수도 있었지만, 동시에 학교교육을 통해 민족주의 의식을 고취할 수있는 위험이 언제나 도사리고 있었다. 식민지 국가로서는 학교교육을 통한장래의 우려를 불식시키면서, 민족문제를 도외시한 식민지 조선인 '개인'의 잠재적 욕망을 부추기고 '합리화'시킬 수 있는 적절한 개념이 필요했다. 이러한 식민지 국가의 딜레마를 탈피할 수 있는 개념이 바로 '자조'였던 것이다.

　하딩의 사례에서 제시했듯이, 다양한 '자조의 방식'을 강조함으로서 조선인의 '능동성'으로 야기된 학교교육을 통한 사회진출 방식을 배제하여도'자조' 개념은 여전히 유효성을 가질 수 있었기 때문이다. 즉 '개인'의 자유의지를 강조하는 '자조' 개념은 식민지 사회에서 '성공'하지 못한 조선인 개개인의 문제는 '개인'에게 그 책임이 있으며 식민지 국가에 있지 않게 된다.

　앞서 살펴보았듯이, 1920년대 말 식민지 국가와 조선인 지식인은 상이한서로의 입장에 따라 '자력(=자조)'에 대한 해석을 달리했다. 그리고『자력』으로 대표되는 식민지 조선인 지식인의 '자력'에 대한 해석은 식민통치에대치된 반면, '자조'를 상향적 '사회이동' 경로로 체득한 조선인 지식인의해석은 일본의 식민통치에 이미 순응한 자세라고 볼 수 있다. 또 정규적인학교교육으로 상향적 '사회이동'을 성취하려는 조선인의 '자조' 방식은 식민지 국가가 원하는 그것과도 달랐다. 이에 따라 이러한 '자조'의 해석과 방식의 차이는 상대편을 탄압 또는 비난하는 이유가 되었다. 하지만 어느 쪽도식민지 사회에서 '자조' 개념이 이미 획득했던 '개인'의 '성공'이라는 사회적 긍정성은 부정하지 않았고 오히려 더욱 적극적으로 활용하려고 했다. 따라서 식민권력부터 이에 저항한 식민지 조선인 지식인에 이르기까지 서로 상충되는 입장임에도 불구하고 각각 '자조' 개념을 사용할 수 있었던 것이다. 결국 '자조'는 그것을 향유했던 식민지 조선인 지식인과 식민지 국가 뿐만 아니라, 상향적 사회이동에 대한 잠재적 '욕망'을 갖고 있었던 식민지 조선인에게 폭넓은 공감대를 이끌 수 있는 '긍정적' 개념으로 사용될 수 있었던 것이다. 다시 말하면, '개인'의 '성공'이라는 사회적 의미를 가진 '자조'는 1920년대 식민지 사회의 상충하는 이해관계로부터 공공적인 인가를 획득하였던 개념이라고 볼 수 있을 것이다.

2) '성공' 내러티브의 官制化

1920년대 식민지 사회에서 '자력(=자조)'은 '개인'의 '성공'이라는 사회적 의미로 유통되면서, 식민권력에서 식민지 조선인 지식인에 이르기까지 다양한 층위에서 자유롭게 사용되던 개념이었다. 그런데 1930년대 초 조선총독부의 관제운동인 농촌진흥운동이 시작되면서 1920년대 식민지 사회에서 유통되던 '자력(=자조)'은 '자력갱생'이라는 식민지 국가의 지배이데올로기로 거듭나게 되었다. 즉 개인의 성공이라는 사회적 의미를 가진 '자력(=자조)' 개념을 식민지 국가가 전유하게 된 것이다. 이렇듯 '자력(=자조)'이 농촌진흥운동의 슬로건 '자력갱생'으로 관제화되는 데에는 조선 농촌진흥운동의 입안자였던 야마자키 노부기치(山崎延吉, 1873~1954)가 실제적 역할을 담당했을 것이라고 여겨진다.

> 자력갱생은 자기의 힘으로 자기를 갱생하는 것이다. … 그러므로 자력갱생의 진짜 의미는 한마디로 바꾸어 말하면 自己人格의 향상이며 國民人格의 진보이다. … 자력갱생의 제일 첫 번째 뜻은 인격의 향상이며 자력갱생의 진짜 뜻은 인격의 향상을 현실로 하는 것이라고 단언할 수 있다. … 인격은 수양으로 향상하고 부단한 노력으로 인격의 힘을 배양할 수 있다. … 지금 내외를 막론하고 자력갱생을 부르짖는데 대다수 枝葉末節에 흐르는 감이 있다. 그러므로 '자력갱생의 진체(眞諦)'라고 제목을 정하여 인격향상의 필요를 설명하고 그 수양법을 제시한 것은 우리 이천만 동포의 자력갱생을 현실에서

중험하지 않으면 안 된다.[36]

야마자키는 농촌진흥운동에 사상적 토대를 제공한 인물로서 잘 알려져 있는데, 위의 내용은 그가 '자력갱생'의 의미를 밝혀놓은 글이다. 그는 여기에서 '자력갱생'을 자기 인격의 향상이라고 규정하였다.[37] '자조'의 가치를 역설한 『자조론』이 1920년대 식민지 사회에서 '청년수양서'로서 읽혔던 것을 상기해 볼 때, '자력갱생'을 '인격'의 부단한 '수양'과 결부시킨 야마자키의 논의는 그다지 생소하지 않다. 또 야마자키가 일본 청년운동의 전국적 조직체인 中央報德會의 商議員으로 활약했다는 사실로 비추어 볼 때, 야마자키의 논의는 결국 '청년의 수양' 문제와 밀접한 관련이 있음을 알 수 있다.

일본의 청년단체는 1915년 '청년단체 지도 발달에 관한 건'의 내무성·문부성 훈령에 따라 국민교육 중심의 수양 기관으로 자리매김하였다. 그리고 중앙보덕회는 1906년 러일 전쟁 뒤 전후의 民心을 作興함과 더불어 청년의 '수양주의' 촉진을 목적으로 설립된 것인데, 1915년 훈령 이후 일본 청년단체의 관제화와 더불어 기관지 『帝國靑年』(1916)을 발행하여 청년단 활동의 통합을 도모하였다.[38] 따라서 조선총독부의 식민지 農政家 야마자키의 이러한 일본 청년운동에서의 경험은 조선 농촌진흥운동에서 '자력갱생'의 '수양주의'와 이것의 대상 '청년'의 사회적 위상과 역할을 관제화하여, '자력갱생

---

36 山崎我農生, 「自力更生의 眞締」, 『自力更生彙報』 3, 1933, 1쪽.
37 야마자키는 八尋生男·山口盛과 더불어 농촌진흥운동의 주요 입안자이다. 정문종, 위의 논문, 50쪽. 야마자키가 입안한 농촌지도정신과 그것에 관한 실제적 지도 요항이 총독부의 실행안으로서 발표되었다. 『동아일보』 1932년 10월 23일자. 야마자키는 조선의 각 지역 강연회와 강습회를 통하여 농촌진흥운동의 홍보에 앞장섰다. 강연회 연설문과 농촌갱생에 관한 저작은 山崎延吉, 『山崎延吉全集』 1-7, 山崎延吉全集刊行會, 1935~36 참조. 야마자키는 농민이 수양할 농민 도덕 23개 조항을 말하였는데, 여기에 '自助의 行爲-自助心'이 포함되었다. 『山崎延吉全集』 3, 181쪽.
38 김종식, 『근대 일본청년상의 구축』, 선인, 2007, 138~146쪽. 야마구치 마사오 지음(오정환 옮김), 『패자의 정신사』, 한길사, 2005, 452~472쪽.

하는 청년'상을 창출하는 것으로 이어졌다고 짐작된다.

야마자키와 같은 일본의 식민지 농정가가 기획한 '자력갱생한 청년'상은 농촌진흥운동 시기 조선총독부가 발행한 각종 언론지의 앞머리 기사에 '자력갱생' 및 '自助者는 天助'와 같은 상투어구를 함께 구체적 사례로서 등장하였다. 특히 조선총독부는 '자력갱생'의 충실한 실천자이며 동시에 그것을 전달하는 대리인으로서 일반 농민의 본보기가 되는 농민으로서 '중견인물'을 설정하였다.[39] 하지만 '중견인물'이 '자력갱생'이라는 정신적 갱생을 실제 어느 정도로 실천했고 내면화했는지 알기는 상당히 힘들며, 이들을 매개로 한 '자력갱생' 이데올로기 전파가 일반 농민들에게 실제 어떤 효과를 주었는지도 명확히 알 수 없다.[40] 다시 말하면 조선총독부는 농촌진흥운동에서 '자력갱생'으로 대표되는 정신적 갱생의 성과를 극찬했지만, 조선총독부의 주장을 액면 그대로 받아들이기는 매우 힘들다.[41] 그러므로 여기에서는 조선총독부의 관제언론에 보도되었던 '자력갱생' 사례의 실제 여부를 확인하여 농촌진흥운동의 효과를 논의하기보다는 그것의 '선전논리'에 깔린 식

---

39 마을 내 어떤 인물들이 중견인물이 되었는가에 대해서, 지수걸은 마을의 지주로서 소위 有志층으로 보는 반면, 박섭은 1920~1930년대 농업상품 경제화에 잘 적응할 수 있었던 농민들이 마을 내에서 정치적 지위를 높여갔고 중심인물이 되었다고 주장한다. 마쯔모토의 주장에 따르면, 지수걸이 말한 지주 유지층이 중견인물에 상당히 포함되었던 것은 그들이 지주 유지층이었기 때문이 아니라, '근면'과 '검약'에 의한 경제적 성향을 신봉했던 인물로서 자격이 되었기 때문에 선정되었다고 한다. 중견인물과 그 양성은 다음을 참조. 박섭, 위의 책, 181~216쪽. 지수걸, 위의 논문, 136~138쪽. 松本武祝, 위의 책, 185~194쪽. 富田晶子, 위의 논문, 1981. 정문종, 위의 논문, 74~80쪽. 松本順子, 「朝鮮における「皇國臣民」化政策の展開:「皇國」青年の養成を中心に」, 『史觀』 86·87, 早稲田大學史學會, 1973. 青野正明, 「朝鮮農村の中堅人物: 京畿道麗州の場合」, 『朝鮮學報』 141, 朝鮮學會, 1991. 김민철, 『기로에 선 촌락: 식민권력과 농촌사회』, 혜안, 2012, 148~224쪽.

40 조선총독부의 자력갱생 성과에 대한 평가와 대비되는 언론의 비판은 다음을 참조. 「旅館一室에 버려진 저들의 自力更生論」, 『조선일보』 1935년 1월 18일자. 『조선중앙일보』 1935년 11월 24일자.

41 신기욱, 위의 책, 2006, 152~157쪽.

민지 통치전략을 살펴보는데 주안점을 두었다. 우선 운동이 시작된 직후 평안도 농촌갱생을 소개하는 다음 『매일신보』 기사를 살펴보자.

> 天助自助이다! 吾等은 벌써 **만코 豫算적은 當局의 힘에 뿐 依賴할 것이 아니다. 朝鮮은 外科的의 자그마한 治療에 依할 것이 아니라 難破船의 사람이 가까스로 孤島를 發見하여 거기에서 創世의 사람처럼 自力으로써 生의 길을 打開하여 生의 一路를 踏破하여 나갈 것 뿐이다. … 自力更生의 지난 十日에 平北各郡道邑에서 國旗가 以來 三日間-이나 **하여 이의 獎勵와 紀念의 뜻이 發表가였으며 忠厚한 우리 땅의 農民들은 다시금 自力을 期하고 更生의 길을 멀리 大望한 絶叫한 바 있었나니 이의 決意는 결코 우연한 바가 아닌 것이다.[42]

위의 기사 내용의 제목은 스마일즈의 『자조론』에 나오는 유명한 문구인 '自助者는 天助'로 시작된다. 여기에서 '자력갱생'이 '자조론'에 그 사상적 기반이 있다는 사실을 다시 한번 확인할 수 있다. 위의 기사 내용의 요지는 당국의 힘에만 의지하지 말고 조선 스스로가 농촌갱생을 위해 꾸준히 노력해야 한다는 것이다. 여기에서 '자조'는 조선인 스스로의 부단한 노력을 의미하며, '天助'는 官(=조선총독부)의 원조를 상징한다고 볼 수 있다.[43] 조선총독부는 '자력갱생' 이데올로기 선전에서 이 문구를 즐겨 사용하였으며, 자력갱생을 홍보하기 위한 사례에서 전형적으로 사용한 레토릭 또한 '自助者는 天助'였다.[44]

---

42 「自助者는 天助라는 標語下에 猛運動 創世的 氣分으로 難關을 踏破: 平北道의 農村更生」, 『매일신보』 1932년 11월 17일자.
43 동일 지면에 '民心作興自力更生, 官民協力으로써 頹廢氣風을 一掃, 自力更生의 旗幟下에 各地一齊히 蹶起'라는 제목 아래 조선 각 지역의 사례를 소개하였다. 이같은 사실로 볼 때, '天助'란 官의 원조를 말한다고 판단된다.
44 농촌진흥운동 이전 '자력'과 '자조'의 용어를 관제언론뿐만 아니라 조선인 지식인과 언론에서 사용했듯이, '自助者는 天助' 또한 조선인 언론에서도 사용했던 문구이다. 「自助者天助」, 『중외일보』 1930년 8월 7일자.

1940년 1월 『매일신보』는 갱생농가의 모범 사례를 소개한 '우리들은 이렇게 自手成家'의 기사 시리즈를 기획한다.[45] 1940년 1월 4일자 『매일신보』에는 청주군의 조한식이 모범적인 '자력갱생'의 사례로서 소개되는데, 주요 내용은 조한식의 정성스러운 노력으로 인해 잠송제조 성과가 좋았다는 점을 말하는 것이다. 그리고 그 성공 스토리의 주요 논지는 빈곤한 가정에서 태어난 조한식이 스스로 노력(=自力)한 결과 '天助'가 있었다는 것이다.[46] 즉 이 사례 또한 '自助者는 天助'의 레토릭을 사용하였다.

1940년 1월 『매일신보』에 소개된 대부분의 '자력갱생' 사례는 앞서 언급한 조한식의 경우와 거의 대동소이하다. 1940년 1월 6일자에 수록된 춘천 김장회의 사례에서도 조선총독부의 자력갱생 선전의 전형적인 레토릭이 사용되었다.[47] 김장례의 사례에서는 무엇보다 김장회와 가족들의 '근로'를 강조하였다. 끼니도 제대로 챙겨 먹지 못할 정도로 빈한한 김장회의 가족이 경작 및 부업에 근면히 노력한 결과 굶지 않게 되었고, 이것을 계기로 1932년 자작농 설정을 받게 되었다는 것이다.

이같이 김장회가 '자수성가'한 사례를 일반화하면, 빈한한 가정의 주인공이 열심히 노력하여 사회에서 인정받고, 농촌진흥운동을 계기로 인생의 새로운 전환기를 맞이하여 현재는 '중견인물'로서 눈부신 활약을 하게 되었다는 것이다. 김장회의 사례는 '자조론'의 '근로' 가치를 전면에 내세워, 사회적 지위도 없고 빈한한 가정의 청년이 '自力'한 결과 농촌진흥운동에서 官의 원조 즉 '天助'(=자작농 설정)가 있었다는 플롯으로 전개되었다. 대부분의 '자력갱생' 실례는 이러한 이야기 구조로 전개되었다.[48] 더하여 '자력하는

---

45 1940년은 이미 농촌진흥운동의 슬로건이 '생업보국'으로 바뀐 뒤이며, 국민총력으로 농촌진흥운동 자체가 소멸할 시점이다. 그런데 『매일신보』는 이러한 기사를 기획하여 '자력갱생'에 대한 기억을 공식적으로 환기하였다.

46 『매일신보』 1940년 1월 4일자.

47 「唯一한 彈丸은 '勤勞': 感激할 長期抗爭 自力更生의 龜鑑 春川 金章會氏」, 『매일신보』 1940년 1월 6일자.

청년'의 이미지를 돋보이기 위한 修辭를 사용하였는데, 다음 청주의 유태선 사례가 그러하다.

> 柳太善氏는 아직 32세의 청년이다. 明治41年[1908]에 보은군 산외면 백서리 에서 출생하였는데 그 때부터 가정은 매우 곤하였으며 또한 빈곤한 가정을 가진 자의자포의 설음으로 그 아버지되시는 분은 다른 사람과 같이 방탕하 여서 술이나 마시고 도박을 일삼았다한다. … 그 아버지는 술마시고 노름하 기만 일삼아 집안 살림살이는 말할 것이 없게 되어 … 그를 구제해 줄 사람 은 없었음으로 결심을 굳게 가진 젊은 柳太善氏는 낮에는 품팔이도 하고 산 에 가서 나무도 베어 삼 십리나 되는 청주시장에 와서 팔아서 근근히 糊口를 하였으니 … 밤에는 피로한 몸을 쉬지 않고 가마니를 짜기 시작하였음은 말 은 쉬우나 실행하기는 사실 어려운 바인데 그는 이것을 실행하였으며 昭和 八年[1932] 이후는 자기영농 품팔이 나무장사 가마니 짜기를 게을리하지 아 니하는 한편으로 …[49]

---

48 자력갱생의 실례는 다음을 참조. 「養蠶 養豚에 勤勉, 午年間血汗結晶, 長城 農家 崔奇男氏의 苦心」, 『매일신보』 1940년 1월 1일자. 「禁酒實行 消費節約, **勤勉한 結果, 雇用生活에서 成家하기까지, 晋陽 高在日氏」, 『매일신보』 1940년 1월 4일 자. 「副業은 興家의 本, 새끼와 가마니로 十年을 勤勞, 赤貧을 一擲한 沃溝 李白 圭氏」, 『매일신보』 1940년 1월 6일자. 「逆境은 新生을 創造, 일터를 좇는 光明, 意 志로 成功한 鏡城 權英君氏」, 『매일신보』 1940년 1월 6일자. 「振興組合의 功德, 勤勞와 實行보다 더한 것이 없다, 自力更生의 標本 靈光 金有聲氏」, 『매일신보』 1940년 1월 8일자. 「晝夜로 堆肥製造, 養豚, 副業에 勤勉, 大德 安八萬氏」, 『매일 신보』 1940년 1월 11일자. 『매일신보』의 이 같은 개개 농가의 성공사례 소개와 비 슷하게 『자력갱생휘보』에서도 '朝鮮의 精農家'라고 해서 그 사례가 소개되었다. 여 기에서도 또한 이러한 '근로'의 강조는 빠지지 않고 등장하였다. 「朝鮮における精 農家紹介: 忠淸北道 沃天郡 伊院面 乾楝里 金樂先」, 『自力更生彙報』 3, 1933. 또 한 '하늘은 스스로 돕는 자를 돕는다'는 문구를 제시하면서, 근로로서 성공한 청년 의 사례를 소개하였다. 前田道寬, 「自力更生의 活模範靑年精農家金宣基君을 紹介 す」, 『自力更生彙報』 15, 1934.

49 「誠勤이 唯一한 武器, 自助者는 天助!, 낮엔 나무장사 밤엔 가마니로, 淸州 柳太善」, 『매일신보』 1940년 1월 9일자.

위 내용의 기사 제목을 보면, '自助者는 天助' 문구가 표시되어 있어서 유태선의 '근로'와 이로 인한 그의 '성공'에 관한 이야기임을 쉽게 짐작할 수 있다. 그런데 앞서 언급한 김장회가 자수성가한 사례와의 차이점은 유태선의 '근로'가 그의 아버지의 '나태'와 비교되어 강조되었다는 점이다. 유태선 아버지의 음주와 도박은 "그 아버지 되시는 분은 다른 사람들과 같이"라는 표현에서 볼 수 있듯이, 단순히 그의 아버지를 지칭한 것이 아니라 당시 일반적인 조선 농민의 모습을 상징한 것임을 짐작할 수 있다. '자력갱생'을 선전하는 사례의 대부분은 유태선의 이야기와 같이 '自助者는 天助'의 플롯으로 글을 전개하면서, 여기에 주위 인물의 '나태'와 대비하여 '청년'의 '근로'를 두드러지게 하는 레토릭을 사용하여 '자력'으로서 '성공'에 이르는 청년의 모습을 기술하였다.

이상에서 『매일신보』에 소개된 몇 가지를 사례를 통하여 조선총독부의 '자력갱생' 선전을 살펴보았다. 선전방식의 특징을 말하면, 첫째 빈한한 가정의 청년이 열심히 '노력'한 결과 농촌진흥운동을 계기로 성공을 이룬다. 둘째 청년의 '근면'과 이것으로 인한 '성공'은 주변 인물의 '나태'와 대비되어 더욱 두드러진다. 셋째 앞서 언급한 특징은 『자조론』에서 '자조'하여 성공한 인물의 실례를 드는 방식과 같다. 따라서 『자조론』에 기반을 둔 '自助者는 天助'의 문구를 그대로 인용하거나 이러한 논조로 기술하였다.

그런데 이와 같은 자력갱생의 실례에서 드러나는 특징을 보면, 개인이 극복할 수 없는 환경은 존재하지 않는 것처럼 보인다. 여기에 소개된 개인은 어떠한 환경 속에서도 성공하기 때문에, 성공하지 못하면 개인의 탓이지 그 개인을 둘러싼 환경의 탓으로 돌릴 수 없도록 상상되게끔 기술되어 있다. 바꾸어 말하면 '자력갱생'을 선전하는 실례에서는 당시 조선농촌이 처한 구조적 문제는 전혀 부각되지 않는다. 이에 따라 대부분 사례는 개인을 둘러싼 구조적인 문제를 개인이 성공하는 경로에 놓인 역경 정도로 취급한다.

요컨대 앞서 살펴본 자력갱생의 사례들은 어려운 환경의 주인공이 근면과 노력을 통하여 역경을 딛고 성공을 이룬다는 인물열전으로 구성된『자조론』의 상투어법을 그대로 본뜬 것이라고 볼 수 있다. 이런 측면에서 자력갱생 선전 사례는 사실(fact)을 그대로 기술하고자 노력하는 인류학의 민족지학적 기술과는 거리가 멀다. '성공'이라는 결말에 맞게 사실(fact)을 드라마틱하게 적절히 재배치하여 구성한 글에 가깝다고 할 수 있다. 따라서 제각기 다른 인물 이야기이지만, '자력하는 청년'='성공한 청년'이라는 도식으로 모두 같은 이야기 구조로 되어있다.

이상의 내용을 요약하면, '자력갱생'이 관제 이데올로기로 되는 데에는 식민지 농정가 야마자키의 일본 청년운동에서의 경험이 작용된 측면을 무시할 수 없다. 하지만 이보다는 1930년대 식민지 국가가 1920년대 식민지 사회에서 유통되었던 '자조'의 사회적 의미였던 '개인의 성공(=청년의 성공)'이라는 효용성을 식민지 국가가 충분히 수용한 것이 보다 주요했다고 여겨진다. 농촌진흥운동 이전부터 식민지 조선인 지식인을 비롯하여 식민권력에 이르기까지 '자조'는 유용하게 사용되었으며, 식민지 사회 내부에서 그것의 '긍정성'을 인가받은 개념이었다. 따라서 이미 식민지 내부에서 긍정적인 평가를 받고 있었던 '자조'를 통치이데올로기로 선택했을 경우 그것에 대해 식민지 사회도 부정할 수 있는 여지는 거의 없었다고 할 수 있다. 이것은 조선총독부의 '자력갱생'론을 비판하는 다음『동아일보』필자의 딜레마에서 잘 드러난다.

> 今日에 '自力更生'이란 말은 어떻게 생겨난 것이냐. 이것은 昨春以來로 澎湃하여 온 農村救濟의 大衆的 要求에 對한 執權者側의 대답으로서 나온 것이다. … 他力에 對한 自力! 他力에의 依賴보다도 自力에의 信念! 얼마나 快하고 壯하고 生命있는 標語이냐? 그러나 自力更生도 밑천이 있어야한다. 方便이 있어야 한다. 果然 現下의 農村實情이 自力으로 更生할 수 있는가? 萬一 自力으로 更生할 힘과 方便과 機會가 없는 者에게 덮어놓고 自力更生을 부르짖는다고 하면 이는 一時的 **劑는 될지언정 所期의 實效는 거의 無望일 것

이다. … 그러나 다시 視覺을 돌이켜 今日의 社會의 諸對立을 詳細히 觀察한다고 하면 悲境에 呻吟하는 모든 群이 更生할 道理는 結局 '自力' 밖에 없는 것도 事實이다. 天은 自助하는 民衆만을 도울 것이다. 社會의 어떠한 集團임을 勿論하고 먼저 '自力'으로 團合하고 스스로의 强力의인 힘을 發揮하여 '自力'으로 그 運命을 開拓하기 前에는 그들은 '更生'할 道理가 없는 것이다. 外交家이든 民衆의 指導者이든 오직 他力에 依賴하여 '自家의 일을 圖하려는 者는 남의 嘲笑을 招來할 뿐일 것이다. 民衆은 全혀 色다른 意味로서 '自力更生'의 眞理를 體得해야 할 것이다.[50]

위의 내용을 보면 1931년 봄 이래 농촌구제에 대한 여론이 들끓었고, '자력갱생'론은 이에 대한 조선총독부의 농촌구제책으로 제시되었음을 알 수 있다. 사설의 필자는 조선총독부의 '자력갱생'론에 대하여 당시 농촌 실정을 고려하지 않은 임시방편이라고 비판한다. 하지만 조선총독부의 '정책'으로서 '자력갱생'론을 비판한 것일 뿐, '자력갱생' 그 자체는 높이 평가함을 알 수 있다. 다시 말하면 1930년대 초 농촌진흥운동이 전개될 무렵 '자력갱생(=자조)' 개념 그 자체는 식민지 사회에서 그 효용성이 절대 부정되지 않았던 것이다. 조선총독부가 '자력갱생'을 관제표어로 선택한 이유는 바로 이러한 측면에 기인했을 것이라고 여겨진다. 얼핏 보면 '자력갱생'은 총독부에 의해 일방적으로 창안된 관제 이데올로기로 생각되기 쉽지만, 1920년대 '자조'의 사회적 의미였던 '개인'의 '성공'이라는 사회적 욕망을 동질적 기반으로 했다는 점을 알 수 있다. 이런 측면에서 1930년대 조선총독부의 강제성이 顯現된 것으로 보이는 '자력갱생'론은 식민지 국가와 식민지 사회 사이 상호작용을 기반으로 하여 시행된 식민지 통치전략으로 볼 수 있을 것이다.

---

50 『동아일보』 1932년 10월 7일자.

2장 1960·70년대 남북한의 근대화 운동과 '자조론'

'근면 자조 협동', 이것은 1970년대 새마을 운동의 기본 정신을 나타내는 표어로서 유명하다. 이 가운데 '자조'는 새마을 정신을 가장 잘 나타내는 단어이다.[1] 잘 알려져 있듯이 새마을 운동은 급속한 도시화 산업화를 이룩한 도시보다는 상대적으로 열악한 농촌에 대한 국가 주도의 농촌개발정책이었다. 다른 한편으로는 1950년대 후반 자력갱생론을 천명하면서 천리마 운동을 성공적으로 이끈 북한을 겨냥한 것이었다.[2]

새마을 운동과 천리마 운동은 남북한의 두 지도자 박정희와 김일성의 국가발전 경쟁 구도에서 전개되었다. 두 관제운동의 목표인 민족 '자립'은 일본의 식민지에서 해방된 두 지도자가 가진 공통된 인식이었다.[3] 새마을 운동의 '자조'와 천리마운동의 '자력갱생'은 민족 '자립'이라는 두 지도자의 지도 이념이 투영된 관제 이데올로기라는 점에서 매우 주목된다.

---

1 '근면 자조 협동'의 새마을 정신은 박정희가 1971년 9월 29일 벼 베기 대회에서 처음 규정하였으며, '자조'는 박정희의 지도 이념과 행동철학이었다. 내무부, 『새마을 운동: 시작에서 오늘까지』, 1976, 6쪽. 정진기 편저, 『박정희대통령의 지도이념과 행동철학』, 매일경제신문사출판부, 1977, 49~52쪽.

2 새마을 운동과 천리마 운동의 유사점과 차이점은 다음을 참조. 韓昇助, 「3대 혁명운동과 새마을 운동: 그의 발생과정과 전망」, 『북한학보』 2, 북한학회, 1978. 오유석, 「남북한의 국가 주도 발전 전략과 대중 동원: 새마을 운동과 천리마 운동 비교」, 『동향과 전망』 64, 박영률출판사, 2005. 우상렬, 「조선의 '천리마운동'과 한국의 '새마을 운동' 비교연구시론: 중국의 '대약진운동'을 곁들여」, 『통일인문학논총』 55, 건국대학교 통일인문학연구단, 2013.

3 남북한 두 지도자는 '자립'을 동질적으로 말하였는데, 남북한의 정치체제 따라 박정희는 '자주'로 김일성은 '주체'로 각각 달리 칭하였고 이것은 새마을 운동과 천리마 운동을 통해 실천되었다. 김형아 지음(신명주 옮김), 『박정희의 양날의 선택: 유신과 중화학공업』, 일조각, 2005, 249쪽.

새마을 운동이 본격적으로 전개되면서 '자조'는 한국적 전통정신으로 부각되었다. 그리고 천리마 운동의 전개와 함께 '자력갱생'은 김일성의 주체사상을 구현한 항일 빨치산 활동에서 이어진 혁명의 전통정신으로 강조되었다. 이렇듯 남북한이 주장하는 '자조'와 '자력갱생'의 구체적 내용은 다르다. 그렇지만 전통에 대한 강조와 민족주의 정서에 호소하는 방식이 공통으로 사용되었다.

이처럼 해방 이후 남북한에서 식민지 시대 민족주의 담론이 재현된 것은 박정희와 김일성의 식민지 경험이 주요했기 때문이다.[4] 사회주의 체제를 표방하는 북한에서조차 민족주의 담론, 그것도 식민지 시대 민족주의 담론이 동원되었다.[5] 더욱 중요한 사실은 남북한 두 지도자가 주도한 관제운동에 선동되었던 민족주의 담론이 조선인을 효과적으로 지배하기 위한 식민주의

---

4 식민지 시대 박정희와 김일성이 걸었던 행로는 뚜렷이 구별되며, 이들 사이에서 공통점을 찾기는 쉽지 않다. 그럼에도 두 지도자가 식민지 시대를 경험했다는 사실 자체가 가장 큰 공유점이라고 할 수 있다. 해방 이후 두 지도자를 수반으로 한 남북한 국가는 공통적으로 한말과 식민지 시기 신채호와 이광수의 민족 담론을 사용하였다. 신채호와 이광수는 식민지 시기 그들의 행적에 대해 상반된 평가를 받고 있는 인물들이지만, 이광수의 민족 담론과 신채호의 그것은 동일하다. 박정희와 김일성이 사용하였던 '자주'와 '주체'는 동질적인 용어이며, 이것은 식민지 시대 민족주의 담론을 두 지도자가 공통으로 사용했다는 것을 입증한다. 신기욱 지음(이진준 옮김), 『한국 민족주의의 계보와 정치』, 창비, 2009, 172쪽, 375쪽 주) 4. 신채호의 사대주의 비판과 민족 '주체성'에 대한 논의, 그리고 북한에서 사용하는 '주체'와의 동질성은 다음 논저를 참조. Michael Robinson, "National Identity and the Thought of Sin Cin'aeho Sadaejuui and Chuch'e in History and Politics", *Journal of Korean Studies* 5 (Seattle: Society of Korean Studies, 1984), p. 123. 앙드레 슈미드 지음(정여울 옮김), 『제국 그 사이의 한국: 1895~1919』, 휴머니스트, 2007.

5 찰스 암스트롱은 주체사상 또는 김일성주의를 민족주의의 일종으로 보았다. 이에 따라 북한은 형식에서는 스탈린주의였지만 내용상으로 명백히 민족주의였다고 말한다. 찰스 암스트롱 지음(김연철·이정우 옮김), 『북조선 탄생』, 서해문집, 2006, 347~386쪽. 주체사상과 민족주의의 연관성, 북한체제와 민족주의에 관한 연구는 다음을 참조. 이종석, 『새로 쓴 현대북한의 이해』, 역사비평사, 2000, 187~209쪽. 서동만저작간행위원회 엮음, 『북조선연구』, 창비, 2010, 220~245쪽.

담론과 유사하다는 점이다. 이것은 해방 이후 탄생한 남북한의 두 신생국가
가 공공적으로 식민지 시대와의 단절성을 강조한 사실과는 상반된다.

그동안 남북한 국가가 식민지 시대와 연속성을 가졌다는 사실은 다각도
로 지적되었다. 특히 1930년대 이후 긴 시간 동안 형성된 농촌과 농민의 정
치 사회적 조건 및 박정희의 농촌진흥운동의 경험에서 새마을 운동의 기원
과 그 성공 요인을 찾는 시도는 일찍부터 있었다.[6] 이후 박정희 정권의 '자
조'하는 농민 만들기에 대한 관심이 높아지면서 새마을 정신 '자조'가 집중
적으로 조명되기 시작하였다.[7] 이 과정에서 1930년대와 1970년대 두 관제운
동의 이데올로기 '자력갱생'과 '자조'의 유사성 또한 지적되었다.[8]

한편 북한은 남한에 비해 식민지 시대와의 단절성이 더욱 강조되어, 북한
사회를 건설하는데 인접 사회주의 국가인 소련과 중국의 영향이 주요했던
것으로 이해되어왔다. 이 장에서 주목하는 천리마 운동과 자력갱생론 또한
중국 모택동주의의 영향으로 보았다.[9] 이와 달리 북한이 사회주의 국가를

---

6 최길성, 「새마을운동과 농촌진흥운동」, 『竹堂李炫熙敎授 華甲紀念韓國史學論叢』, 동
  방도서, 1997. 박섭·이행, 「근현대 한국의 국가와 농민: 새마을 운동의 정치사회적
  조건」, 『한국정치학회보』 31-3, 한국정치학회, 1997.
7 김보현, 「박정희 시대 지배체제의 통치전략과 기술: 1970년대 농촌새마을운동을 중
  심으로」, 『사회와 역사』 90, 한국사회사학회, 2011. 최진아, 「새마을운동에 나타난
  自助에 대한 연구: 새마을지도자의 수기를 中心으로」, 서울대학교 외교학과 석사학
  위논문, 2003, 38~39쪽.
8 농촌진흥운동의 '자력갱생'은 농촌피폐의 원인을 '농민 개개인에게 전가'하는 私事
  化 이데올로기로서 연구되었는데, 새마을 운동에 관한 연구에서는 이와 같은 방식
  을 사사화 전략으로 규정하였다. 김영미, 『그들의 새마을 운동』, 푸른역사, 2009,
  59~63쪽, 230~239쪽. 박민수, 「새마을운동과 농촌일상의 정치학: 안성군 미양면 갈
  ○리 사례를 중심으로」, 고려대학교 사회학과 석사학위논문, 2010. 이용기, 「유신이
  념의 실천도장: 1970년대 새마을운동」, 『내일을 여는 역사』 48, 내일을 여는 역사,
  2012. 지수걸, 위의 논문, 141~149쪽.
9 류길재, 「천리마운동과 사회주의 경제건설: 스타하노프운동 및 대약진운동과의 비교
  를 중심으로」, 『북한 사회주의건설의 정치경제』, 경남대학교 극동문제연구소, 1993.
  최영, 「모택동사상과 주체사상의 비교연구」, 『北韓』 44, 북한연구소, 1975. 李崗石,

건설하는 과정에서 외연적으로 소련과 중국의 영향이 컸던 것은 사실이지만, 그 표층 아래에는 식민지 시대의 경험이 반영되었다는 견해도 있다.[10]

이상과 같은 기존연구는 농촌진흥운동과 새마을 운동의 집행방법 및 내용의 유사성, 그리고 식민지 시대 제도적 인적 경험이 사회 표층 아래 이면적으로 활용된 것을 통해 식민지 시대와 해방 이후 남북한 사회의 연속성을 이해하는 데 도움을 준다. 이 장에서는 이 같은 기존 논의에 힘입어, '자조론'의 유통과 專有라는 식민지 지성사적 측면에서 식민지 국가와 해방 이후 남북한 국가의 연속성을 살펴보려고 한다.

(1) 1930년대 관제 이데올로기로서 '자조'

1) 구조적 빈곤과 '자력갱생론'

1929년 세계대공황, 1931년 만주사변의 발발과 일본의 국제연맹 탈퇴 등으로 1930년대 초 식민지 조선을 둘러싼 정치적 경제적 대외적 상황이 극한으로 치닫고 있는 것과 맞물려 식민지 조선농촌은 피폐의 일로를 걷고 있었다. 조선인 지식인을 비롯하여 조선총독부 또한 농민이 식민지 조선의 8할을 차지하며 농촌경제가 파탄되었다는 인식은 충분히 공감하고 있는 사항이었다. 이에 따라 식민지 언론에서는 연일 이와 같은 농촌문제의 심각성과

「金日成 '主體思想'의 根源: 毛澤東思想과의 比較研究」, 『北韓』 117, 북한연구소, 1981. 이종석, 『새로 쓴 현대북한의 이해』, 역사비평사, 2004, 171~184쪽. 기존연구에서 북한 자력갱생론에 대한 주된 관심은 민족국가로서 '자립'을 목적으로 한 북한이 세계 다른 국가를 대하는 정치경제 노선에 관한 것이었다. 임용경, 「북한의 자력갱생원칙연구」, 『北韓』 126, 북한연구소, 1982. 고유한, 「50년대식 발전전략으로 난관 돌파 시도: 김정일정권의 자력갱생식 강성대국건설노선의 의미」, 『통일한국』 179, 평화문제연구소, 1998. 이정철, 「북한의 개방 인식 변화와 신(新)자력갱생론의 등장」, 『현대북한연구』 9-1, 북한대학원대학교, 2006.

10 찰스 암스토롱 지음(김연철·이정우 옮김), 위의 책, 301~304쪽, 350~351쪽.

피폐된 농촌을 구제하기 위한 방책을 집중적으로 보도하였다. 하지만 농촌 피폐의 현실을 바라보는 원인에 대해서는 입장에 따라 그 강조점이 달랐다.

> 그러면 朝鮮農村이 오늘날 更生을 부르짖지 아니치 못하게 된 疲弊原因은 어디 있는가? 이에 對하여 民間論客과 政府當局者 사이에는 懸殊한 差異가 있다. 論客들은 朝鮮農民의 窮乏을 大體로 資本主義自體의 病廢에 求하려 하여 外的環境에 더 置重하고 爲政當局者는 朝鮮人이 李朝末葉에 여러 가지로 虐政을 받고 그 眞趣氣狀이 消磨되고 怠慢가 第二天性처럼 된 데다가 그들의 無智가 더욱 敗者로 서게 하는 것이라 하여 朝鮮사람의 內的缺陷에 더 置重하게 된다.[11]

농촌 피폐의 원인에 대해 민간논객의 경우 농민을 둘러싸고 있는 외적 환경 즉 자본주의 자체의 병폐로 인해 조선농촌이 피폐해졌다고 하는 반면, 정부당국자는 '나태'와 '무지'와 같은 조선농민 자체의 내부 결함에서 그 원인을 찾고 있다. 여기에서 정부당국자란 조선총독부를 말하며 민간논객은 조선인 지식인을 지칭함을 짐작할 수 있다. 그렇다면 조선인 지식인이 생각하는 농촌 피폐의 원인은 무엇일까?

> 吾人의 見地로 論之하면 現下商工業偏重의 資本主義 社會에서는 政治上 經濟上 農業이 頻히 不利한 處地에 놓였음이 根本原因이겠으나 次點을 論하려면 甚히 理論的이어서 朝鮮의 實情에 關한 實際的 實行的인 具體的 方案이라는 本論策 募集趣意에 乖離될 杞憂가 있으므로 좀 더 具體的 原因을 들면, 一 農業收支의 不相償 二 小作制의 缺陷 三 負擔의 過重 四 負債의 過多 五 農民의 無自覺 等이니 …[12]

위의 내용은 『동아일보』의 '농촌구제책' 현상 모집에서 당선작으로 선정

---

11 柳光烈, 「農村巡禮所感(2)」, 『매일신보』 1935년 1월 10일자.
12 金成七, 「農村救濟策(一)」, 『동아일보』 1932년 9월 28일자.

된 김성칠(金聖七, 1913~1951) 글의 일부분이다. 식민지 시기와 해방공간의 대표적 지식인이었던 김성칠은 상공업 편중의 자본주의 사회에서 정치 경제적으로 농업이 불리한 위치에 놓여있는 것이 농촌 피폐의 근본 원인이라고 주장하였다.[13] 하지만 이와 같은 원인 지적은 너무 이론적임으로 구체적으로 그 원인을 5가지로 들고 있다. 그런데 너무 이론적이라고 더는 언급하지 않은 농촌 피폐의 근본 원인은 앞서 살펴본 농민을 둘러싼 외적 환경 즉 자본주의 자체의 병폐를 말한다고 생각된다.

이같이 농촌 피폐의 원인을 자본주의 자체의 병폐에서 찾는 시각은 기독교 지식인 조민형(趙敏衡)의 글에서도 확인된다. 그는 1920년대 말 식민지 조선농촌이 자본주의 상품화폐 경제에 이미 깊숙이 관여되어있다고 보았다. 도시 뿐만 아니라 농촌에도 상품화폐 경제가 진전되어 농촌 생활이 향상되었고 이에 더하여 인구는 점점 증가하였다. 하지만 향상된 생활을 유지하는 데 필요한 현금의 부족, 바꾸어 말하면 수입은 적고 지출은 많아 농가경제의 수지가 맞지 않는다고 한다.[14] 결국 이러한 농가 경제 수지의 불균형이 결국 농가의 부채로 이어졌다고 볼 수 있다.

> 왜 朝鮮農家가 負債하였는가 大戰及世界的 景氣로 因하여 農産物價가 高騰하였을 當時 土地의 投機的 賣買를 한 後 物價의 低落으로 이것이 負債가 되고만 것이다. … 또한 今日의 報道에 依하건대 總督府는 直接救濟案을 避하여 負擔輕減으로 그 根本策을 삼는다고 한다. 이 얼마나 寒心事이랴 … 爲政者여 速히 根本策을 樹立하여서 現下 切迫한 農村의 急을 救함에 當하라[15]

---

13 『동아일보』는 1932년 9월 28일부터 10월 초에 걸쳐 김성칠의 글을 게재하였다. 김성칠은 『동아일보』의 당선을 계기로 일본으로 유학하게 되었고 이후 경성제대를 졸업하고 사학과 교수가 되었다. 김성칠에 관한 사항은 다음을 참조. 김성칠, 『역사 앞에서: 한 사학자의 6.25일기』, 창작과 비평사, 1993.

14 趙敏衡, 『朝鮮農村救濟策』, 神學世界社, 1929, 1~2쪽.

15 金佑枰, 「朝鮮農村救濟策은?」, 『동아일보』 1932년 6월 18일자.

위의 기사는 『동아일보』 기자 김우평(金佑枰, 1898~1967)이 농가 부채의 원인을 설명하고 이에 대한 직접구제를 회피한 조선총독부의 정책을 비판하고 근본적인 대책을 마련할 것을 촉구하는 내용이다.[16] 미국에서 경제학을 전공한 김우평은 경제전문가라고 할 수 있는데, 그가 농가 부채의 원인을 1차 세계대전과 이로 인한 조선농촌의 경기 호황으로 소급하여 말한 점이 주목된다. 이것은 1920년대 말 1930년대 초 조선농촌의 피폐는 일시적으로 발생한 현상이 아니라, 1차 세계대전 이후 세계 경제와 연동되어 나타난 구조적 현상이라는 중요한 사실을 말해준다. 요컨대 조선농촌의 피폐는 세계 자본주의 체제에 편입되어 식민지 모국 일본의 경제구조에 영향을 받는 '구조적'인 측면이 더욱 근본적인 문제인 것이다.

좀 더 구체적으로 1930년대 조선농촌 피폐의 원인을 알아보면, 세계공황과 맞물려 쌀을 비롯한 농산물 가격의 하락에서 비롯된 것이 주요했다. 1920년대 산미증식계획으로 식민지 조선에서 쌀 생산량은 증가하였고 일본시장으로 쌀 공급 또한 매우 증가하였다. 그런데 공급의 증가에 비해 수요는 많이 증가하지 않았으며, 공급량이 소비량을 초과하는 상황이 계속되고 재고가 증가했다. 그리하여 일본의 미가가 빠른 속도로 하락하였고, 일본 미곡시장의 가격변동에 종속된 식민지 조선에서도 쌀값이 하락하였다. 조선의 무역 구조는 농산물을 수출하고 공산물을 수입하는 것인데, 공산물 가격의 하락 폭을 초과하는 농산물 가격의 하락은 농가 경제에 즉각적으로 커다란 타격을 주었던 것이다.[17]

---

16 김우평은 식민지 시기 드물게 미국에서 경제학을 전공한 경제학자였다. 1925년 미국 오하이오주립대학 경제과를 졸업하였고, 이후 1926년 콜롬비아대학 대학원 경제학과를 졸업했다. 식민지 시기 『동아일보』에서 언론인으로 활동하는 한편 해방 이후 관료·정치인으로 활동하였다. 김우평의 경력과 농촌문제에 대한 인식은 다음을 참조. 최재성, 「1930년대 초 김우평의 금융조합 인식」, 『한국민족운동사연구』 88, 한국민족운동사연구회, 2016.

17 박섭, 『한국근대의 농업변동: 농민경영의 성장과 농업구조의 변동』, 일조각, 1997,

이렇듯 1930년대 조선농촌이 피폐한 근본적 원인은 세계 자본주의 체제와 식민지 모국 일본의 경제에 종속된 구조적 측면에서 기인한 부분이 더욱 컸다. 하지만 조선총독부는 이보다는 조선 중엽 이후 착취와 誅求로 고통받은 농민들의 의욕 상실 및 無知와 같은 조선농민 자체의 결함에 농촌 피폐의 원인이 있다고 주장하였다.[18] 그리하여 조선농민의 정신적 각성을 촉구하는 자력갱생론이 주장되었던 것이다. 이와 같은 자력갱생론은 식민지 조선의 '구조적 빈곤' 문제를 은폐할 수 있는 논리를 기본적으로 내포하였다. 왜냐하면 자력갱생론이 빈곤의 책임을 국가와 사회가 아닌 개인에게 전가하는 '자조' 개념을 관제화한 것이기 때문이다.

2) '자조'에서 '자력갱생'론으로

'자조'는 영국 빅토리아 시대 신흥 부르주아지의 자본주의 정신을 표현하는 노동 및 생활 윤리였다. 신흥 부르주아지는 청교도로서 개인주의와 근면 절약 등을 골자로 하는 '자조' 개념을 세속화하였다. 즉 부르주아지들은 자신들의 노동 및 생활의 원칙인 '자조' 윤리를 노동자와 빈민에게도 강제하였던 것이다. 부르주아지는 빈곤을 나태와 태만한 개인적 악덕에 기인한 것으로 개인의 책임이라고 간주하였다. 청교도주의의 신흥 부르주아지가 가진 이와 같은 개인주의적 빈곤관은 노동자 계급을 둘러싼 생활불안을 자기 책임(='자조')으로 대처해야 할 문제로 보았다. 이에 따라 자신의 노력 곧 '자조'를 게을리 한 빈곤자들을 사회적으로 구제하기 위해 비용을 투입하는 것은 자본주의적 생산의 空費일 뿐만 아니라, 자기 책임의 포기를 조장하는 반사회적 행위로 취급되었다.[19]

97~102쪽

18 宇垣一成, 『朝鮮を語る』, 實業之日本社, 1935; 永島廣紀 編集, 『朝鮮を語る(宇垣一成), 南總督の朝鮮統治(南次郎)』, ゆまに書房, 2010, 18~22쪽.

19 자기 책임의 원칙으로서 '자조' 개념과 이것에 입각한 신흥 부르주아지의 빈곤관과

인류 역사상 빈곤은 언제나 존재해왔지만, 근대 자본주의 사회 체제가 도
래하기 이전에는 '구조적 빈곤'이 아닌 '자발적 빈곤'의 형태가 존재했다.
따라서 빈민과 빈곤에 대한 사회적 이미지 및 그것에 대한 태도도 근대의
그것과는 확연히 달랐다. 근대 이전에는 기독교 교회가 빈곤에 대해 높은
종교적 가치를 부여함에 따라, 빈민들은 사회 내에서 그 나름의 지위를 가
질 수 있었고 부자들은 자선을 통해 구원을 확보하고 더 나아가 자신의 부
를 과시할 수 있었다. 그런데 자본주의 체제에서는 나태하고 게으르지 않음
에도 불구하고 구조적 빈곤에 빠진 개인이 발생하였다.[20] 이것은 이전까지
의 사회에서는 볼 수 없었던 자본주의 사회가 산출한 새로운 현상이었다.
즉 신흥 부르주아지의 자본주의 정신을 표상하는 '자조' 개념은 구조적 빈
곤에 대해 국가가 공공부조의 책임을 회피할 수 있는 빈곤의 이데올로기로
써 활용될 수 있었던 것이다.

1930년대 조선총독부의 자력갱생론은 이와 같은 '자조' 개념이 일본을 거
쳐 한국으로 유통되면서 만들어진 결과물이었다. 앞서 살펴보았듯이 메이지
시기 스마일즈의 『자조론』이 번역되면서 '자조' 개념이 일본사회에 소개되
었고, 이것은 한말 일본의 중역을 통해 한국사회로 유입되었다. 그리고 한말
부터 1920년대까지 한국의 지식인들은 변화하는 한국의 정치·사회적 조건
에 따라 '자조'의 새로운 사회적 의미를 창출하였다. 1930년대 조선총독부

윤리를 검토한 연구는 다음을 참조. 相澤與一, 『社會保障の基本問題: 「自助」と社
會保障』, 未來社, 1991. 쿠도오 쯔네오(工藤恒夫) 지음(전호성 옮김), 『왜 사회보장
인가?: 자본주의 사회보장의 일반이론』, 치우, 2011, 33~53쪽. R.H 토니 저(김종철
역), 『종교와 자본주의의 발흥』, 한길사, 1983. 이영석, 『영국 제국의 초상』, 푸른역
사, 2009. 리처드 D. 앨틱 지음(이미애 옮김), 『빅토리아 시대의 사람들과 사상』, 아
카넷, 2011. 이상일, 「1870년 이후의 빈곤과 자본주의: 영국에서 대불황 전후(前後)
빈곤 담론의 형성과 변화의 역사」, 『담론201』 14-4, 한국사회역사학회, 2011.
20 근대 자본주의 사회 이전과 이후 자발적 빈곤과 구조적 빈곤은 다음을 참조. 허구생,
『빈곤의 역사, 복지의 역사』, 한울 아카데미, 2002. 브로니슬라프 게레멕 지음(이성
재 옮김), 『빈곤의 역사』, 길, 2010.

의 자력갱생론은 '자조' 개념을 활용하는 주체가 조선인 지식인에서 식민지 권력으로 바뀌었다는 점에서 중요한 의미를 갖는다. 조선총독부는 1920년대까지 식민지 사회에 통용되었던 개인의 성공으로서 '자조' 개념을 관제화하여 빈곤의 이데올로기로서 활용하였던 것이다.

빈곤의 이데올로기로서 1930년대 조선총독부의 자력갱생론은 식민지 조선사회에서 자조하지 않은 개인의 나태와 게으름이 빈곤의 원인으로 공공화된다는 것을 의미하였다. 더욱 중요한 사실은 '자조' 개념이 관제화된 자력갱생론에서는 조선총독부의 원조가 개인이 빈곤을 탈피할 기회 즉 성공의 계기로 작동된다는 점이다. 따라서 자력갱생한 농민의 실례를 든 조선총독부의 선전을 보면, 나태한 습성을 가진 조선농민과 농촌이 농촌진흥 자력갱생운동 결과 근면하게 변화되었다거나, 주변의 나태하고 게으른 인물과 비교되어 가난하고 어려운 환경의 농민이 근면과 부단한 노력으로 역경을 물리치는 성공 스토리를 갖는다. 이에 따라 자력갱생론은 他自力竝行 更生運動, 官力更生 또는 관력만능주의라고 비판되었다.[21]

"하늘은 스스로 돕는 자를 돕는다" 혹은 '自助者天助'를 골자로 하는 자력갱생 성공 스토리에서 '돕는다'와 '천조'의 주체는 조선총독부로 고정되어 있다. 농민 스스로의 힘으로 갱생하는 것을 의미하는 자력갱생론은 실제로 조선총독부의 통제와 지도가 무엇보다 중요하게 작용되었던 것이다. 즉 조선총독부는 '자조' 개념을 전유함으로서 '식민지 조선인이 스스로의 힘으로 다시 살아나는 것'을 통제할 수 있었다. 이렇듯 자기 책임을 강조하는 '자조' 개념을 관제화한 자력갱생론은 조선총독부가 농민 개개인의 빈곤 문제에 적극적으로 개입하여 공공부조를 창출하지 않아도 될 논리적 기반을 제공해준다. 따라서 농촌 피폐의 구제 대상은 애초부터 식민지 조선농민 전체가 아니라 '자조하는' 농민에 국한되며, 이에 대하여 조선총독부의 도움 즉

---

21 유광렬, 「농촌순례소감(1)」, 『매일신보』 1935년 1월 9일자. 『동아일보』 1934년 7월 6일자. 『日帝下東亞日報押收社說集 新東亞』, 동아일보사, 1974.

'天助'는 부가적으로 뒤따르는 것이다.

(2) 남북한의 관제운동과 '자조'

1) 새마을 운동과 '자조'

1970년대 초 박정희 정권은 농촌근대화의 일환으로 새마을 운동을 대대적으로 전개하였으며, 여기에서는 무엇보다 농민들의 '정신적' 개혁을 강조하였다.[22] 이 정신적 측면의 강조는 '근면 자조 협동'의 새마을 정신으로 표출되었으며, '자조'는 이것을 대표하는 단어라고 할 수 있다.

> 정부는 1970년 가을 약 300포대의 시멘트를 각 마을에 지원하면서 주민들이 힘을 모아 낡은 마을을 새마을로 바꾸는 自助事業을 전개했는데, 이것을 이른바 새마을 사업이라고 불렀다. 정부는 시멘트를 지원함에 있어서도 "하늘은 스스로 돕는 자를 돕는다"는 원리에 따라 새마을 사업을 잘 하는 마을부터 우선적으로 지원함으로써 농민들의 자립정신을 일깨우게 하였다.[23]

새마을 운동의 시작을 언급한 위의 글에서 두 가지 특징을 찾을 수 있는데, 첫째 "하늘은 스스로 돕는 자를 돕는다"는 스마일즈『자조론』의 주제어 '자조'가 새마을 운동의 기본원리로 작동된다는 점 둘째 마을과 농민이 자조·자립하는 데에는 실제로 정부의 기획과 통제가 작동된다는 점이다. 먼저 새마을 운동을 추진하는 최고 수뇌였던 박정희가 자조 정신에 대하여 언급한 내용을 보면 다음과 같다.

---

22 박정희, 「새마을 소득 증대 촉진대회(1972년 5월 18일)」, 『한국국민에게 고함』, 동서문화사, 2006, 244쪽; 『민족중흥의 길』, 광명, 1978, 84~122쪽.

23 박진환, 「새마을 운동; 한국근대화의 원동력」, 『박정희시대: 그것은 우리에게 무엇이었는가』, 조선일보사, 1994, 201쪽.

전국의 농촌 지도자, 그리고 농민 여러분! … 금년만은 보다 더 열심히 부지런하게 일하고 농사를 잘 지어 잘 살아보겠다 하는 우리들의 자조적인 정신을 다짐하는 데에 커다란 의의가 있다고 생각합니다. … 금년에도 풍년이 들어서 잘 살게 해 달라는 하느님에 대한 기도라든지 소망만 가지고 농사가 잘 되는 것은 아닙니다. 그와 함께 농민 스스로가 부지런하고 열심히 일해서 우리의 운명을 우리 스스로의 노력으로 개척해 보겠다는 강인한 자조 정신과 자립 정신을 굳건히 가져야 합니다. "하늘은 스스로 돕는 자를 돕는다"는 말이 있습니다. 스스로 잘 살아 보겠다고 노력하고, 부지런하게 일하는 농민은 하늘도 도와 주는 법입니다. 그러나 자조 정신이 강하지 못한 농민은 하늘도 도울 수 없고 정부도 도울 수 없고 이웃도 도울 수가 없는 것입니다. 나는 "하늘은 스스로 돕는 자를 돕는다"는 말이 결코 하나의 미신도 아니고 어떤 종교적인 설교도 아니고 만고불변의 진리라고 생각합니다.[24]

박정희가 권농일을 맞아 농민들에게 자조 정신을 갖도록 독려하는 연설문에서 우선 눈에 띄는 문구는 스마일즈의 유명한 격언 "하늘은 스스로 돕는 자를 돕는다"이다. 1930년대 조선총독부가 자력갱생한 농민의 성공사례를 소개하는 글에서 즐겨 사용한 문구가 여기에서 찾아진다. 즉 박정희는 1930년대 조선총독부가 농민에게 자력갱생을 독려하였듯이, 농민에게 자조 정신을 강조하였던 것이다. 이러한 박정희의 자조 정신에 대한 강조는 5.16 직후인 1960년대 초부터 시작되었다.[25]

셋째로 우리는 자조, 자립의 정신을 확립해야 하겠습니다. 과거 우리 민족은 너무나도 의타적이고 사대주의적이었으며 우리의 운명을 우리 스스로의 힘

---

24 박정희, 「하늘은 스스로 돕는 자를 돕는다」, 『새마을 운동: 朴正熙大統領演說文選集』, 大統領秘書室, 1978, 42~43쪽.

25 박진환, 『박정희 대통령의 한국경제 근대화와 새마을운동』, (사)박정희대통령기념사업회, 2005, 97~102쪽; 「새마을 事業의 點火過程」, 『새마을運動의 理念과 實際』, 서울대학교 새마을운동종합연구소, 1981, 148쪽. 정진기 편저, 위의 책, 147~148쪽. 박정희, 위의 책, 2006, 76~79쪽, 88~100쪽, 162~165쪽.

으로 개척하고 극복해 나가겠다는 자조적인 정신이 너무나도 결핍했다고 탄
하지 않을 수 없다. … 우리도 우리의 자립 정신과 자조의 노력으로써 우리
의 후진성을 하루 속히 타파하고 번영과 행복을 누릴 수 있는 복지사회를
건설하겠다는 강렬한 의식이 무엇보다도 필요한 것입니다.[26]

위의 내용은 1962년 1월 1일 박정희의 「국민에게 보내는 연두사」 연설문
의 일부분이다. 여기에서 박정희가 1960년대 초부터 자조 정신을 강조한다
는 사실과, 이때까지만 하더라도 한민족에게 결여된 정신으로서 그 중요성
이 언급되고 있음을 알 수 있다. 이에 더하여 박정희가 자조 정신을 강조하
는 방식은 식민지 시대 신채호의 그것과 같다는 사실을 알 수 있으며, 의타
심과 사대주의와 대비하여 자조·자립·자주 정신의 중요성을 말하였다. 그리
고 이 같은 1960년대 초 박정희의 자립·자조 정신에 대한 강조는 자조근로
사업으로 구체적으로 표출되었다.

자조근로사업은 1962년 미국이 한국 남부에 엄청난 피해를 주었던 사라
호 태풍 피해 복구사업을 원조하면서 시작되었으며, 이것은 1964년부터 영
세민 구호라는 범국가적인 사업으로 확장되었다.[27] 이렇듯 미국의 원조 곡
물을 이재민에게 공급하는 데에서 비롯된 자조근로사업은 박정희 정권의
영세민 구호정책이 되었다. 국가정책으로써 자조근로사업의 가장 큰 특징은
노동능력이 있는 영세민이 노동에 대한 대가로 원조를 받음으로써 영세민
스스로가 그들을 구호하게끔 한 것이다. 이와 같은 자조근로사업의 문제점
은 노동능력이 없는 영세민의 경우 이 사업의 구호 대상이 되지 못한다는
점이다.[28] 즉 자조근로사업은 그 명칭에서 읽을 수 있듯이, 자기 책임을 강
조하는 '자조' 개념을 확대 해석한 것이다. 또 이와 같은 방식은 앞서 언급

---

26 박정희, 위의 책, 2006, 36~37쪽.
27 정희섭, 「자조근로사업」, 『지방행정』 17-171, 대한지방행정공제회, 1968, 57쪽.
28 문홍규, 「자조근로사업과 구호」, 『지방행정』 17-174, 대한지방행정공제회, 1968, 163~
164쪽.

한 빅토리아 시기 신흥 부르주아지의 '자조'의 원칙을 적용한 것이다.

한편 정부 측에서는 자조근로사업이 지방민들의 숙원사업으로서 전국적으로 보급화된 사업이라고 주장하였지만,[29] 사실상 그다지 성과를 거둔 사업이 아니었던 것 같다. 그리고 자조근로사업을 비롯하여 5.16 직후 추진된 국민재건운동과 제2경제운동과 같은 일련의 관제운동은 모두 실패했다. 박정희는 운동의 실패에 대해 "60년대 초 만하더라도 우리 農民들은 政府가 主導하는 協同의 自助事業에 反應할 자세가 되어 있지 못하였으며 全國에 걸쳐 어떠한 實質的인 自助事業을 支援하기에는 政府의 財源이 너무 制限되어 있었다"고 회고하였다.[30] 그럼에도 여기에서 분명히 드러나는 점은 1960년대 초부터 박정희가 지속적으로 자조 정신을 강조했다는 사실이다.[31]

> 그러나 반면에 이러한 자조 정신이 강하지 못한 농민이 우리나라에는 또 상당히 많이 있습니다. 농사가 안 되어도 자기가 얼마만큼 자조적인 노력을 했느냐 하는 것은 생각지 않고 하늘만 쳐다보고 한탄을 한다든가, 정부가 왜 도와주지 않느냐 하고 정부를 원망한다든지, … 부지런하지 않은 사람은 나라도 도울 수가 없다고 하겠습니다. 부지런한 농민은 정부도 도울 수 있고 이웃도 도와 줄 수 있지만, 부지런하지 못하고 스스로를 돕겠다는 자조 정신이 강하지 못한 농민은 아무도 도울 수가 없고 또 아무도 도와줄 수가 없습니다. … 작년 여름 홍수에 허물어진 제방을 금년 봄 또는 작년 가을 농한기에 왜 그 부락에 있는 농민들 스스로의 힘으로 고치지 않았습니까? 이것도 모두 정부에서 예산을 주어야 하는 겁니까? 그런 것이 바로 우리 국민들의 자조 정신이 박약하다는 이야기입니다. 물론, 농민들의 힘으로 할 수 없는 일이 있습니다. 그것은 응당 정부가 도와 주어야 합니다. 그러나 자기 스스로가 할 수 있는 일도 하지 않고 모든 것을 정부가 도와 달라 하는 생각은

---

29 정회섭, 위의 글, 56쪽. 문홍규, 위의 글, 162쪽.

30 박진환, 「새마을 事業의 點火過程」, 위의 책, 1981, 149쪽.

31 국민재건운동·제2경제운동의 이념이 새마을운동과 유사하며, 박정희가 5.16 직후부터 새마을운동의 씨앗을 가졌다는 견해는 다음을 참조. 한승조, 「새마을운동의 정치철학」, 『새마을運動의 理念과 實際』, 서울대학교 새마을운동종합연구소, 1981, 110~112쪽.

버려야 합니다.[32]

위의 내용을 보면 알 수 있듯이, 박정희는 자조 정신에 의거하여 국가와 농민의 관계를 설정한다. 여기에서 농민은 국가의 무상적인 도움을 기본적으로 기대해서는 안 되며, 국가는 자조하는 농민에 한하여 도움을 준다. 다시 말하면 국가가 자조하는 농민을 판단하여 이러한 농민만을 원조하겠다는 것이다. 이와 같은 정부의 원조 방식은 새마을 운동이 진행되면서 더욱 구체화되었다. 우선 전국마을을 기초마을·자조마을·자립마을로 등급을 설정하였다. 그리고 정부에서 설정한 기준을 충족하면 각각 기초마을에서 자조마을로, 다시 자조마을에서 자립마을로 승급시켰다. 즉 마을이 얻은 등급에 따라 정부는 우선적 지원을 하는 방침을 세운 것이다.[33] 이와 같은 정부의 방침은 '하늘은 스스로 돕는 자를 돕는다'는 '자조'의 원칙에서, '돕는다'의 주체가 정부로 고정된다는 것을 의미한다. 따라서 새마을 운동의 성공사례는 정부의 개입과 통제가 농민과 마을이 빈곤을 탈피하여 성공의 계기로 작동되는 1930년대 조선총독부의 자력갱생론과 같은 패턴의 성공 내러티브를 가짐을 알 수 있다.

1960년대 초 국민재건운동·제2경제운동·자조근로사업의 추진에서 볼 수 있듯이, 1970년대 새마을 정신 '자조'는 새마을 운동의 시작과 더불어 갑자기 창안된 것이 아니었다. 이것은 박정희가 그의 몸에 오랫동안 배어있던 생활윤리를 새마을 정신으로 규정한 것이라고 볼 수 있다. 새마을 운동은 문경공립보통학교 교사로서 농촌진흥운동에 직접 참여한 박정희의 경험이 주요했다.[34] 박정희가 식민지 조선인으로서 또 교사라는 직업의 일상을 통

---

32 박정희, 위의 책, 1978. 43~46쪽.
33 박정희, 위의 책, 2006, 273~274쪽. "새마을事業은 優秀마을 優先支援原則에 立脚하여 어디까지나 自助意慾이 旺盛한 마을에 대하여 重點的으로 支援되어 왔다"는 내무부의 새마을 운동에 관한 언급을 볼 때, '자조 정신'의 유무를 정부가 판단하여 지원을 결정하였음을 알 수 있다. 내무부, 위의 책, 1976, 48쪽.

해 몸에 아로새긴 정신이 농촌진흥운동의 슬로건 '자력갱생'이었던 것이다. 이것은 해방 이후 박정희가 '자력갱생'을 새마을 정신 '자조'와 동일하게 인식한 것에서 분명히 알 수 있다.[35] 즉 5.16 직후 일련의 관제운동과 새마을 운동에서 박정희의 '자조' 정신에 대한 강조는 그의 식민지 경험에서 나온 일상의 산물인 것이다.

그런데 이러한 역사성을 가진 새마을 정신 '자조'는 새마을 운동의 본격적 전개와 더불어 갑자기 '한국적 전통'으로서 대대적으로 선전되기 시작하였다. 내무부는 새마을 운동을 "근면 자조 협동의 새마을 정신을 바탕으로 우리 민족 고유의 획기적인 근대화운동이다"고 정의하였다. 그리고 새마을 정신을 한민족이 오래전부터 갖고 있던 고유한 가치관과 전통이라고 하였다.[36] 이후 새마을 정신은 "외국에서 빌려 온 것이 아니라 우리나라 농민들이 지니고 있던 農心이다"[37]고 하며 한국적 고유성이 더욱 부각되었다.

하지만 이 같은 새마을 정신의 언급은 1960년대 초 박정희가 한민족에게 '자조' 정신이 결여되었다고 말한 것과는 상반된다. 다시 말하면 1970년대 초 새마을 운동의 본격적 전개와 더불어 새마을 정신 '자조'는 한민족의 고유한 전통 내지 생활철학으로서 새롭게 조명되었던 것이다. 1970년대 박정희 정권에서 한민족의 고유한 전통 내지 생활철학과 같은 이른바 '한국적인 것'에 대한 강조는 비단 새마을 정신 '자조'에만 국한된 것이 아니었다. 한국의 정신문화가 강조되며 민족얼·민족혼 등과 같은 '한국적인 것'의 전통

---

34 최길성, 위의 논문, 1997.
35 정진기 편저, 위의 책, 39쪽. 박진환, 「새마을정신과 우리의 자세」, 『지방행정』 23-254, 대한지방행정공제회, 1974, 62~63쪽. 박정희뿐만 아니라 식민지 시대 청년기를 보낸 1970년대 한국의 관료 및 지식인들은 새마을 정신 '자조'를 '자력갱생'과 동일하게 인식하였는데, 이에 대한 실례로 안병욱의 언급은 다음을 참조. 안병욱, 「민족부흥의 철학: 자력갱생과 무실역행」, 『東亞政經』, 東亞政經社, 1972, 87쪽; 「민족의 좌우명: 자력갱생과 무실역행과 專心歸正의 원리」, 『조선일보』 1972년 5월 16일자.
36 내무부, 위의 책, 1976, 18~21쪽.
37 박진환, 위의 책, 1994, 238쪽; 위의 책, 2005, 208쪽; 위의 논문, 1974, 63쪽.

이 대다수 창안되었다.[38] 새마을 정신 '자조' 또한 이와 같은 시대 상황 아래 창안된 전통이었던 것이다.

이렇듯 새마을 운동이 전개되는 과정에서 새마을 정신 '자조'는 한국적 전통으로서 규정되었으며, 이후 새마을 운동에 참여하였던 실무진의 회고에 기반을 둔 연구에서 이와 같은 부분은 더욱 강조되었다. 그 대표적 인물로서 1970년부터 1979년까지 대통령 경제담당 특별보좌관을 담당하며 새마을 운동의 실무를 담당한 박진환을 들 수 있다. 그런데 흥미롭게도 박진환이 한국적 전통으로서 '자조' 정신에 대해 언급한 글은 역설적으로 '자조'가 한국의 고유 사상 내지 전통사상과는 애초부터 거리가 멀다는 사실을 알려준다. 그는 새마을 정신과 영국 대처 수상의 통치 이념을 비교하면서 새마을 정신이 우연히도 빅토리아 시대 통치 이념을 부활시킨 대처의 그것과 유사하다고 언급하였다. 그럼에도 한국의 새마을 정신은 복지를 제한한 영국의 그것과는 달리 빈곤을 타파하여 복지국가로 나아가기 위한 정신자세라는 점에서 차이점이 있다고 하였다.[39] 하지만 이와 같은 박진환의 언급은 새마을 정신 '자조'가 한국적 전통이 아니라 빅토리아 시대 가치라는 점을 일깨워주며, 박정희 정권의 관료로서 복지국가에 대한 이념적 부분을 충분히 인지하지 못했다는 점을 말해준다.

복지국가는 빈곤의 문제를 개인에게 책임을 맡기기보다는 국가와 사회가 공공부조로서 책임을 지는 것이다. 다시 말하면 복지국가의 탄생은 빈곤에

---

38 김원, 「'한국적인 것'의 전유를 둘러싼 경쟁: 민족중흥, 내재적 발전론 그리고 대중문화의 흔적」, 『사회와 역사』 93, 한국사회사학회, 2012. 새마을 운동과 새마을 정신에 대한 초창기 대부분의 연구는 '한국적인 것'의 범주에서 이루어졌다. 이에 대한 대표적 연구는 다음을 참조. 조경래, 「새마을 정신과 민족적 과업: 온 국민의 자세확립을 위하여」, 『새마을 연구』 1, 상명대학교 새마을연구소, 1978. 閔東根, 「새마을정신과 전통적 개혁사상」, 『새마음논총』 4, 충남대학교 부설 새마을연구소, 1983. 徐首生, 「민족정기와 새마을정신」, 『새마을 연구논총』 10, 경북대학교 새마을연구소, 1989.
39 박진환, 위의 책, 1994, 91쪽; 위의 책, 2005, 246쪽.

대해 개인의 책임을 원칙으로 하는 '자조' 개념을 축소 해석하는 과정과 일치한다. 따라서 1980년대 영국의 대처 정권은 자기 책임을 강조하는 '자조' 개념을 확대 해석함으로써 복지국가를 지향하기 이전 자본주의 본연의 자세로 돌아가는 것을 꾀하였던 것이다.[40] 그런데 박정희 정권은 '자조' 정신을 농민에게 강요하면서 복지국가를 목표로 하였다.[41] 결국 박정희 정권이 복지국가를 목표로 '자조' 정신을 농민에게 강요하였다는 것은 서구 복지국가 탄생의 '이념적' 부분이 충분히 고려되지 않았다는 점을 말해준다.

2) 천리마 운동과 '자력갱생'

천리마 운동은 1956년 12월 당중앙위원회 전원회의에서 김일성이 '최대한의 증산과 절약'이라는 구호를 제시한 다음, 직접 강선제강소로 내려가 노동자들에게 "천리마를 탄 기세로 달리자"고 하고 강재 생산성을 높이도록 독려한 것으로 시작되었다. 천리마 운동은 중화학공업 발전에 비중을 둔 김일성이 그의 노선에 반대하던 세력들을 축출한 다음 자신의 노선을 관철시켰다는 점에서 그 의미가 남다르다.

잘 알려져 있듯이, 천리마 운동은 노동 강도를 높여서 생산성을 높이는 사회주의 경쟁운동이며, 앞서 살펴본 새마을 운동과 마찬가지로 생산력 증대에서 무엇보다 정신적 요인을 강조하였다.[42] '자력갱생'은 천리마 운동에서 이러한 정신적 동기부여의 원칙으로 작용되었다. 다시 말하면 천리마 운동은 정신적 동기에 의해 비약적으로 생산력을 증대시킬 수 있다는 믿음으

---

40 相澤與一, 위의 책, 27~29쪽.
41 박정희, 위의 책, 1978, 41~47쪽. 정진기 편저, 위의 책, 49~52쪽.
42 김일성동지로작해설편집부 편, 『조선로동당의 정책 해설: 우리 당의 천리마운동』, 사회과학출판사, 1975, 18~20쪽. 로동신문사 편, 『위대한 수령 김일성동지께서 창시하신 천리마운동, 천리마작업반운동』, 로동자신문사, 1973, 1~10쪽. 김일성, 『김일성 저작선집』 5, 조선로동당출판사, 1972, 25~41쪽; 『김일성저작집』 15, 조선로동당출판사, 1981, 193~204쪽.

로 추진되었으며, 소련으로부터 경제원조가 끊기면서 자체의 힘으로 사회주
의를 건설한다는 '자력갱생' 원칙과 결합되어 전개되었던 것이다.[43]

천리마 운동이 시작되기 직전인 1956년은 김일성에게 국내외적으로 가장
큰 위기가 되었던 해였다. 외부적으로는 소련의 북한에 대한 원조가 이전과
달리 인색해졌고, 내부적으로는 김일성의 정치 노선에 반대하는 세력들이
그를 권좌에서 축출하려는 8월 종파사건이 있었다.[44] 즉 천리마 운동은 김
일성이 그에 반대하는 세력을 축출하고 노동당을 장악하면서 시작된 것으
로서, 이 시기부터 김일성에 대한 개인숭배 강화와 주체사상도 본격화되었
다. 이렇게 시작된 천리마 운동은 김일성의 지도이념인 주체사상이 실현된
대중운동으로 규정된다.[45] 1950년대 후반부터 현재에 이르기까지 주체사상
은 인민의 '자주성'을 가장 정확히 반영한 북한의 유일한 지도 사상으로 간
주된다. 그리고 이러한 주체사상을 구현한 혁명방식이 '자력갱생'이다.[46]

한편 천리마 운동에서 김일성의 지도이념인 주체사상은 자주적 입장과
창조적 입장 두 가지로 구성되어 있다. 자주적 입장도 두 가지 측면이 있다.
그 가운데 하나가 자기 힘을 믿고 '자력갱생'의 혁명정신을 발휘하여 자기
의 문제는 자신이 책임지고 풀어나가는 입장이다. 즉 '자력갱생'의 혁명정신
은 주체사상의 두 입장 가운데 '자주적' 입장과 관련이 있는 것이다.[47]

---

43 서동만저작집간행위원회 엮음, 『북조선연구』, 창비, 2010, 64쪽.
44 조선로동당 중앙위원회 당력사연구소, 『위대한 수령 김일성동지전기』 2, 조선로동당
   출판사, 2008, 556~563쪽. 이종석, 『조선로동당연구: 지도사상과 구조변화를 중심으
   로』, 역사비평사, 1995, 261~284쪽. 서동만, 『북조선사회주의체제 성립사 1945~1961』,
   선인, 2005, 529~589쪽.
45 김일성동지로작해설편집부 편, 위의 책, 1975, 10~17쪽. 로동신문사 편, 위의 책, 1973,
   24~25쪽.
46 김명실, 「자력갱생은 주체사상을 구현한 혁명방식」, 『김일성종합대학학보(철학·경제
   학)』 57-1, 김일성종합대학출판사, 2011, 35~37쪽.
47 자주적 입장과 창조적 입장은 주체사상의 두 측면을 이루고 있다. … 자주적 입장은
   두 가지 측면을 가지고 있다. 하나는 남에 대한 의존심을 버리고 자기 머리로 사고
   하며 모든 문제를 자신의 판단과 신념에 기초하여 풀어나가는 입장이다. 다른 하나

그런데 '자주적' 입장이 강조되는 '자력갱생'의 혁명정신을 앞서 박정희가 강조한 '자조' 정신과 관련하여 보면 중요한 사실이 하나 찾아진다. 박정희가 말한 '자조' 정신이 '자주'로 표현되었던 것처럼, 김일성이 말한 '자력갱생' 또한 주체사상의 '자주'적 입장을 구성하는 내용이라는 점이다. 이렇듯 박정희와 김일성이 주장한 '자조'와 '자력갱생'은 '자주'라는 내용을 담고 있다는 점에서 같으며, 그것을 강조하는 방식에서도 남북한은 반식민주의 저항 담론을 동일하게 활용하였다.

> 마지막으로 강조할 것은 자력갱생하는 정신을 발휘해야 하겠다는 것입니다. 자력갱생이란 자기의 힘으로 일떠서자는 말인데 이 정신이 무엇보다도 우리들에게 필요합니다. … 누구에게나 다른 나라에 의존하려는 사상이 없어야 합니다. 의존심을 가지고서는 아무 일도 할 수 없습니다. 의존심이 있으며 자기 나라의 원천들을 동원하기 위하여 잘 노력도 하지 않을 것이고 나라의 발전을 크게 지연시킬 수 있습니다. 또한 이로부터 자기를 낮추보고 남을 높이 보는 사대주의가 발생할 수도 있고 여러 가지 폐단들이 나올 수 있습니다. 자력갱생, 이것은 공산주의적 혁명기풍과 혁명정신의 중요한 특징의 하나입니다.[48]

김일성은 의존심과 사대주의와 대비하여 자력갱생의 혁명정신의 필요성을 촉구하였다. 이와 같은 김일성의 언급은 박정희가 자조 정신을 강조하던 방식과 매우 흡사하다. 또한 김일성은 자력갱생을 통한 빈곤의 탈피와 자립경제의 구축을 말하였는데,[49] 박정희 또한 '자조' 정신의 함양을 통한 빈곤의 탈피를 말하였다. 이에 더하여 김일성이 근로자의 복리 증진을 노동당의

는 자기 힘을 믿고 자력갱생의 혁명정신을 발휘하여 자기의 문제는 자신이 책임지고 풀어나가는 입장이다. 로동신문사 편, 위의 책, 1973, 34~35쪽.
48 김일성, 위의 책, 1981, 424쪽.
49 김일성, 『천리마운동과 사회주의건설의 대고조에 대하여』, 조선로동당출판사, 1970, 314쪽.

최고원칙으로 하였듯이,[50] 박정희는 복지국가를 목표로 하였다. 이같이 동일한 민족주의 수사를 사용한 새마을 운동의 '자조'와 천리마 운동의 '자력갱생'은 타인(외부)의 도움이 아닌 자기의 힘을 강조한다는 점에서 그 의미도 같다.

이처럼 새마을 정신 '자조'와 북한의 '자력갱생'이 동질적 의미를 갖는 것은 스마일즈의 '자조론'을 활용한 데에서 그 이유가 찾아진다. 그런데 자본주의 정신을 대변하는 '자조론'이 어떻게 북한과 같은 공산주의 국가에서 '자력갱생론'으로 전환·활용될 수 있었을까? 먼저 김일성이 천리마 운동과 관련하여 '자력갱생'을 언급한 내용에서 그 추적의 단서를 찾아보려고 한다.

> 다음으로 중요한 것은 자력갱생의 혁명정신을 더욱 발휘하는 것입니다. 자력갱생의 정신이란 자기의 힘으로 혁명을 하자는 정신입니다. … 우리에게 자력갱생의 혁명정신이 있었기 때문에 천리마를 탈 수 있었습니다. … 우리는 자체의 힘으로 천리마를 탔으며 계속 천리마의 고삐를 늦추지 않고 앞으로 내달리고 있습니다.[51]

김일성은 자력갱생의 '혁명정신'이 있었기 때문에 천리마 운동을 할 수 있었다고 말한다. 이렇듯 자력갱생은 '혁명정신'으로 일컬어지는데, 여기에서 혁명정신이란 구체적으로 항일빨치산의 혁명전통을 말한다. 앞서 언급했듯이 천리마 운동은 김일성이 국내외적 난관을 타파함과 동시에 시작된 사회주의 경쟁운동인데, 이것은 김일성을 중심으로 북한의 정치체제가 재편되고 있는 상황이 반영된 것이다. 따라서 이 시기는 정치적인 변동과 더불어 역사에 대한 이해방식 및 서술방식에서도 종전과는 다른 큰 변화가 있었다. 8월 종파사건 이후 一元的 지도체제가 성립되는 과정에서 김일성을 중심으로 한 항일 빨치산의 활동만이 북한의 '전통'으로 선택되었다.[52] 즉 '자력갱

---

50 김일성, 위의 책, 1970, 311쪽.
51 김일성, 『김일성저작선집』 3, 조선로동당출판사, 1968, 434쪽.

생'은 1930년대 만주에서 항일빨치산 활동을 했던 김일성을 중심으로 한 만주파들의 '혁명정신'으로 공식화되었다.

그런데 항일빨치산의 혁명정신이라는 '자력갱생'은 중국 화북지역에서 항일무장투쟁을 했던 조선의용군의 구호이기도 하였다. 조선의용군은 화북지역에서 가난과 굶주림을 벗어나 자활을 도모하는 과정에서 '자력갱생하여 豐衣足食하자'는 슬로건 아래 대대적으로 생산 운동을 전개하였다. 따라서 무정의 의용군 독립동맹 보고서에는 "민족독립을 실현하기 위해서 자력갱생의 혁명전통을 수립해야 한다"는 내용이 기재되어 있다.[53] 이와 같은 조선의용군의 자력갱생론은 국민당과 일제의 핍박과 고난을 이겨내는 연안 시절 중국 공산당의 영향을 받은 것이다. 그리고 김일성을 중심으로 한 항일빨치산 또한 중국 공산당 휘하에서 활동했기 때문에 이들의 자력갱생론에 영향을 받았다.

이렇듯 1930년대 중국 화북과 만주지역에서 조선인 공산주의자들의 자력갱생 슬로건은 중국공산당을 이끌었던 모택동(毛澤東, 1893~1976)이 일본제국주의에 항거하기 위한 방침으로 시작되었다.[54] 즉 모택동의 자력갱생론은 아시아의 민족해방운동과 공산주의 운동이 결합하는 과정에서 나온 산물이었다. 그리고 북한과 중국이 일본 제국주의 지배의 식민지와 반식민지 상태에서 해방됨과 동시에 사회주의 길을 걷게 되면서 자력갱생론은 점차 이론화·보편화되었다. 다시 말하면 식민지 조선의 해방, 중국 내전에서 공산당의 승리, 중국과 북한 양국의 자립적 민족경제의 건설, 한국전쟁 이후

---

52 서동만, 위의 책, 780~781쪽, 813쪽. 서동만저작간행위원회 엮음, 위의 책, 72쪽. 강진웅, 「북한의 항일무장투쟁 전통과 민족만들기: 민족주의와 권력, 담론, 주체」, 『한국사회학』 46-1, 한국사회학회, 2012.

53 염인호, 『조선의용대 조선의용군』, 경인문화사, 2009, 217쪽, 221쪽.

54 上妻隆榮, 「中國の'自力更生'について(1)」, 『東亞經濟研究』 41-1, 山口大學東亞經濟研究所, 1967, 2~9쪽. 毛澤東 著(竹內實 譯), 「自力更生, 刻苦奮鬪」, 『毛澤東語錄』, 平凡社, 1995, 188~194쪽. 서진영, 『중국혁명사』, 한울아카데미, 1992, 290~292쪽.

북한의 전후 경제복구와 같은 일련의 과정을 거치면서 자력갱생론은 이론
적으로 더욱 명확하게 되고 보편화되었던 것이다.

> 미국대통령 트루먼은 일본에 주둔하고 있는 미공군과 해군을 출동시킬 데
> 대한 특별성명을 발표하였습니다. … 앞으로 미제국주의자들이 우리나라에
> 많은 침략무력을 투입할 것이 예견됩니다. 그러면 전쟁의 승리를 보장하기
> 위하여 각 정당들은 무엇을 하여야 하겠습니까? … 셋째로 생산을 계속 늘
> 려야 하겠습니다. … 농민들은 국가에만 의존하지 말고 호상협조와 자력갱
> 生의 방법으로 축력과 노력 문제를 해결하여야 하며 우물을 파서 관개용수
> 를 해결함으로써 가뭄을 이겨내야 합니다. 그리하여 금년도 알곡생산계획을
> 완수 및 초과 완수하여야 하겠습니다.[55]

한국전쟁 발발 직후인 1950년대 초반 김일성은 위와 같이 '자력갱생'을
언급하였다. 이를 통해 1930년대 항일무장투쟁의 자력갱생론에서 1950년대
후반 천리마 운동의 자력갱생론으로 이론화 보편화되는 과정을 추론해볼
수 있다. 김일성은 개신교의 민주당과 천도교 청우당의 도위원회 위원장이
모인 연석회의에서 "농민들이 국가에만 의존하지 말고 호상협조와 자력갱
생의 방법으로 축력과 노력 문제를 해결할 것"이라고 하며 '자력갱생'의 중
요성을 말하였다. 여기에서 '자력갱생'은 국가에 대한 의존이 아닌 농민 스
스로의 노력을 요구하는 정신으로서 사용되고 있다. 이후 1950년대 후반 천
리마 운동에서 '자력갱생'은 만주 빨치산의 혁명정신으로 이론화되었으며,
점차 북한의 정치 경제 사회의 기본 원칙과 노선으로 보편화되었던 것이다.

이상에서 중국 화북과 만주 지역에서 항일무장독립투쟁을 하였던 북한
건국세력들이 모택동의 자력갱생 방침에 받은 영향과, 이것이 1950년대 후
반 자력갱생론으로 이론화 보편화되는 과정을 살펴보았다. 그런데 북한의
자력갱생론은 1930년대 일본 제국주의에 항거하는 저항 담론으로써 그 기

---

55 김일성, 『김일성저작집』 6, 조선로동당출판사, 1980, 20~24쪽.

원을 찾을 수 있지만, 동시대 일본 제국주의의 식민지 지배 담론이기도 했다는 점이 주목된다. 즉 '자력갱생'은 1930년대 일본 제국주의의 식민지 지배 담론이자 민족해방운동의 저항 담론으로써 상반되게 활용되었던 것이다. 어떻게 자력갱생은 일본의 식민지 지배 담론임과 동시에 또 일본 제국주의에 저항하는 저항 담론으로써 상반되게 활용된 것일까? 이것은 일본의 중역을 통해 한국과 중국에『자조론』이 소개되고 '자조' 개념이 유통되는 과정에서 그 연유를 찾을 수 있다.

모택동의 자력갱생론은 중국에서 '자조' 개념이 유통되는 과정의 산물이었다. 즉 모택동이 말하는 '자력갱생'은 한국과 중국과 같은 한자문화권의 동아시아 국가들이 일본을 통해 서구 근대 지식을 받아들였던 언어적 관행이 반영된 것이다. 중국에서 '자조' 개념의 유통과 이것을 환치하는 언어적 표현은 일본과 한국의 경우를 통해 유추되며, 여기에서 일정한 패턴을 찾을 수 있다. 앞서 살펴보았듯이, 1920~1930년대 일본과 1930년대 식민지 조선에서 '자조' 개념은 관제화되었는데, 이때 '자조'는 '자력갱생'으로 치환되어 사용되었다. 1920년대부터 일본에서 '자조' 개념을 관제화하여 자력갱생론을 주장하였듯이, 1930년대 중국공산당 모택동의 자력갱생론 또한 '자조' 개념을 관제화한 것이었다.

이렇듯 모택동이 '자조' 개념을 수용한 사실은 중국에서『자조론』이 번역·소개되는 경위를 보면 더욱 명확히 알 수 있다. 먼저 중국에서『자조론』은 강유위(康有爲, 1858~1927)가 나카무라의『서국입지편』3책을『日本書目志』(1897)에 소개하면서 알려지게 되었다.[56] 이후『자조론』은 양계초의『新民叢報』를 통하여 중국 지식인들에게 더욱 널리 알려지게 되었던 것 같다.[57]

---

56 張偉雄,「自助論の中國での傳播」,『比較文學考』, 日帝社, 2012. 중국어로『자조론』이 완역된 것은 1903년이며 나카무라의『서국입지편』을 중역하였다. 羊杰,『自助論』, 通社, 1903.

57 馮寶華,「梁啓超と日本: 福澤諭吉の啓蒙思想との關聯を中心に」,『比較文學·文

양계초는『자조론』을 처음으로 중국에 소개한 강유위와 더불어 20세기 초
중국 지식인들에게 많은 영향을 주었던 인물로 손꼽을 수 있다. 즉 20세기
초 중국 지식인들은 강유위와 양계초의 서적을 통해『자조론』을 접할 수 있
었던 것이다. 모택동 또한 당시 대부분 중국 지식인들과 마찬가지로 이들의
서적을 통해『자조론』을 처음 접했던 것으로 짐작된다. 1909년 모택동은 湘
鄕縣 縣立東山高等小學校에 입학하였는데, 이 시기 강유위의 글과 양계초의
『신민총보』를 탐독하였다고 알려져 있기 때문이다.[58]

　모택동이『자조론』과 그것의 가치 '자조'의 중요성을 인식하고 수용한 데
에는 무엇보다 그의 스승 양창제(楊昌濟, 1871~1920)의 영향을 빼놓을 수 없
다. 1913년 모택동은 長沙의 湖南第一師範學校에 입학하였고, 여기에서 교사
양창제를 만났다. 양창제는 모택동의 첫 번째 부인인 양개혜(楊開慧, 1901~
1930)의 부친으로서, 모택동의 삶과 사상에 큰 영향을 미친 인물로서 잘 알
려져 있다. 양창제는 일본과 영국에서 각각 6년과 3년간 유학한 다음 9개월
간 독일에서 교육실습까지 마친 근대 지식인이었다. 그가 10여 년간의 유학
생활을 마치고 중국으로 돌아온 다음 호남제일사범학교에서 교편을 잡았는
데, 여기에서 윤리학과 교육학을 담당하는 선생으로서 모택동을 처음 만났
던 것이다.[59]

　이 시기 모택동은 양창제의 소개로 진독수(陳獨秀, 1880~1942)가 편집자
로 있었던 유명한 문예부흥지『新靑年』을 탐독하였고, 그 자신도「체육 교

化論集』 14, 東京大學比較文學 · 文化硏究會, 1997, 49~51쪽.

58 에드가 스노우 記(申福龍 역주),『毛澤東自傳』, 평민사, 1988, 38~39쪽.

59 모택동의 스승으로서 양창제와 그의 학문편력은 다음을 참조. 張偉雄, 위의 책,
　　62~75쪽. 岩間一雄,「東西文明の融合と衝突: 最後の変法派 · 楊昌濟」,『岡山大學
　　法學會雜誌』 173, 岡山大學法學會, 2000. 양창제가 모택동에게 미친 사상적 영향
　　에 관해서는 다음을 참조. 近藤邦康,「楊昌濟と毛澤東: 初期毛澤東の「士哲學」」,
　　『社會科學硏究』 33-4, 白日書院, 1981. 土田秀明,「パウルゼン『倫理學原理』批注
　　への一考察: 楊昌濟と毛澤東の初期思想」,『東洋大學大學院槪要: 文學硏究科 國
　　文學』 49, 東洋大學大學院, 2012.

육의 연구」(1917)라는 논문을 기고하였다.[60] 흥미로운 점은 같은 시기 양창
제가 「治生篇」이라는 글을 『신청년』에 기고하였는데, 이 글을 관통하는 주
제가 바로 '天助自助者' 즉 스마일즈가 말한 "하늘은 스스로 돕는 자를 돕는
다"였다.[61] 중국에 『자조론』을 처음 소개한 인물이 강유위였다면, 양창제는
『자조론』의 가치를 수용하고 파급시켰던 역할을 담당했던 지식인이라고 평
가된다.[62]

　요컨대 모택동은 양창제를 통해 스마일즈의 '자조론'을 수용하였으며, 이
것은 1930년대 중국 공산당의 항일투쟁방침인 자력갱생론으로 표출되었던
것이다. 사회주의 국가의 실천윤리로써 모택동의 자력갱생론은 '개인'의 '자
조'가 아니라 '국가'의 '자조'를 수용한 것이며,[63] 북한의 자력갱생론은 이러
한 모택동의 자력갱생론에 직접적 영향을 받았다. 따라서 모택동의 자력갱
생론이 '자조' 개념을 관제화한 일본 제국주의의 자력갱생론과 동일한 계보
에 있다고 할 때, 북한의 자력갱생론 또한 이 계보와 분리하여 생각할 수
없을 것이다.

---

60 에드가 스노우 記(申福龍 역주), 위의 책, 61~74쪽.
61 毛澤東, 「治生篇」, 『新靑年』 2-4, 1916; 「治生篇」, 『新靑年』 2-5, 1917.
62 張偉雄, 위의 책, 158~159쪽.
63 平川祐弘, 위의 책, 286~288쪽.

결 론

이 책은 새무엘 스마일즈가 저술한『자조론』에서 서구 근대를 이룩한 위인들의 정신을 형상화한 '자조론'에 대한 통시적 연구이다. '자조론'이 스마일즈『자조론』의 원서가 아닌 나카무라 마사나오의『서국입지편』중역을 통해 한말 처음 소개된 시기부터 현재에 이르기까지 남북한 사회에 토착화되는 과정을 살펴보았다. 나아가 식민지 시대와 해방 이후 남북한 사회에서 '자조론'이 관제 이데올로기로써 활용된 사실을 통해 식민지 시기와 포스트식민지 시기의 연속성을 검토하였다.

이 책에서는 기존의 우파 지식인 연구에서 포착하지 못했던 '자조론'을 수용하여 성공주의를 유포한 지식인을 '자조론' 계열 지식인으로 범주화하였다. 그리하여 이미 잘 알려진 최남선과 홍난파와 같은 인물들을 비롯하여 최연택·최영택·최찬식·백대진을 '자조론' 계열 지식인으로 검토하였고, 이들이 번역·출판한『자조론』아류 서적의 분석을 통해 '자조론'이 한국 사회에 토착화되는 징후를 파악하였다. '자조론' 계열 지식인들이 형성된 시기는 3.1운동 전후이며, 1920년대 이후 이들이 수용한 '자조론'의 가치는 식민지 사회로의 적극적 진출을 조장하는 성공주의로 공공적으로 표출되었다.

'자조론' 계열 지식인의 성공주의 주장은 사회주의와 개조론 계열 지식인들이 식민지 조선인에게 요구하던 목표와는 그 방향성이 달랐다. 잘 알려져 있듯이, 한국의 사회주의는 계급문제에 집중하기보다는 일본의 식민지 상태로부터 조선의 독립이라는 민족문제에 주안점을 두었다. 개조론을 주장한 지식인들 또한 일본의 지배를 받는 원인을 조선의 민족성에서 찾고 이것을 개조하여 실력양성을 꾀하자는 목표를 제시하였다. 즉 사회주의와 개조론 계열 지식인들은 일본의 식민지 지배라는 민족모순을 해결하고자 이에 대한 나름의 대안과 목표를 제시하였다고 할 수 있다.

이렇듯 사회주의와 개조론 계열 지식인들이 식민지 '독립' 혹은 '자치'를 목표로 그 방향을 제시한 것과는 달리, '자조론' 계열 지식인들은 소소한 개인의 업적달성을 근대 '문명'의 발전이라는 보다 근원적인 차원에서 의미화 하였다. 이들이 주장한 성공주의 논리에 따르면, 일본의 식민지 지배를 받는 민족모순의 현실은 개인의 업적달성에 부딪히는 하나의 난관으로 설정될 뿐이다. 즉 민족모순은 성공주의 주장에서 성공을 추구하는 개인이 이겨내어야 할 역경과 난관이 되는 수많은 외부환경에 지나지 않는다. '자조론' 계열 지식인들은 일상에서 맞닥뜨리는 일에 대한 근면과 실천을 통한 상향적 사회이동의 가능성을 말했기 때문에, '자조론'은 업적 성취에 대한 사회적 욕망을 가진 식민지 현실을 살아가는 조선인들의 일상에 부지불식간에 스며들 수 있었다.

3.1운동 이후 사회주의와 개조론이 식민지 사회에 유행하는 틈바구니에서도 성공주의가 부상할 수 있었던 요인으로는 1910년대와 달라진 식민통치 아래 개인의 성취 문제가 논의될 수 있는 환경이 조성된 것을 들 수 있다. 그렇지만 무단통치에서 문화통치로 식민통치 체제의 전환이 식민지 사회에 성공주의가 부상된 결정적 이유는 아니었다. 여기에는 조선의 전통 체제를 부정하고 일본의 식민지 시대를 새로운 시대로 인식하는 최남선과 같은 '청년'들이 존재한 데에 더욱 근원적 이유가 있었다.

한말 최남선은 스마일즈 저작을 대한제국의 자강과 독립을 말하는 민족주의 이데올로기로서 의미화하였다. 하지만 3.1운동 직전인 1918년 최남선은 자신의 의견을 개진한 『자조론』 번역서를 출간하였고, 여기에서 한말 민족주의 이데올로기를 탈피하여 식민지 사회에 적극적 진출을 조장하는 개인윤리 덕목으로서 '자조론'을 언급하였다. 즉 1918년 최남선의 '자조론' 해석은 한말 민족주의 이데올로기에서 1920년대 성공주의로 '자조론'의 사회적 의미가 전환되는데 견인차 역할을 해주었다는 점에서 중요하다.

3.1운동 직전 개인윤리 덕목으로서 최남선의 '자조론' 해석을 계승·발전시킨 인물들이 이 책에서 '자조론' 계열 지식인으로 범주화한 홍난파·최연택·최영택·최찬식·백대진이다. 지금까지 파악한 '자조론' 계열 지식인들의 특징을 요약하면 다음과 같다. 첫째 근대 교육을 받은 지식인으로서 전통적인 지식인과 구별되는 '청년'들이다. 둘째 식민지 관제 언론인『매일신보』에서 주로 활동하며 시와 소설 및 번역 등 문학작품 활동을 하였다. 셋째 근대 교육을 바탕으로 문학가·번역가·출판인·음악가 등으로 새롭게 탄생한 근대 전문 직종에 종사했다. 넷째 전통시대 그 가문의 출계가 명확하지 않거나 중인·이서의 가문적 배경을 가졌고, 식민지 시대 그들의 전문적 능력에 의해 사회적 위상을 획득하였다.

'자조론' 계열 지식인들은 성리학 질서체제로 운용되던 조선의 과거를 부정하는 반면, 일본의 식민지 상황을 '새로운 시대'라고 인식하였다. 또 그들 스스로가 이러한 새로운 시대를 이끌 주체 '청년'으로 인식하고 상향적 사회적 이동을 추구한 인물들이었기 때문에, '자조론'의 가치를 성공주의로 표면화하고 식민지 조선사회에 유포하는데 적극적일 수 있었다. 이 책에서는『자조론』을 번역한 최남선과 홍난파를 한국 근대 탄생한 '청년'의 대표적 두 유형으로 검토하였다. 그리하여 중인 가문 출신 최남선은 전통시대 전문기술직 종사자의 후손이라는 가문적 배경으로 탄생한 '청년'으로 분류하였다. 홍난파는 한국 기독교가 선교방침으로 내세운 교육과 의료를 통한 간접선교의 수혜대상자로서 기독교를 배경으로 탄생한 기독교 '청년'으로 살펴보았다.

중인 가문 출신의 최남선과 식민지 시기 이전 이렇다 할 가문적 배경이 없었던 홍난파는 조선왕조의 전통적 신분제도의 운영원리가 지속하는 한 그들의 능력과 재능에 비례하여 사회적 위상을 획득할 수 없었다. 억제되어 있었던 이들의 잠재된 '사회적 욕망'은 일본이 식민통치를 지속시키기 위해 협력자를 구한 문화통치 시기 수면으로 부상했다. 최남선과 홍난파와 같은 근대 교육을 받은 '청년'들은 개인의 근면과 노력을 통한 업적성취를 요지로 하는 '자조론'의 논리를 통해 그들 자신의 상향적 사회적 욕망을 객관화시켰다. 최연택·최영택·최찬식·백대진의 전통시대 가문적 배경 또한 최남선과 홍난파의 그것과 별반 차이가 없었다. 최찬식과 백대진은 이서와 중인 가문 출신이며, 최연택과 영택 형제 또한 뚜렷한 가문의 종적을 찾기 어렵다.

최연택은 3.1운동 직후 동생 최영택과 성공 직종으로 유망하였던 출판업을 개시하여 근대지식 보급에 앞장섰다. 최연택은 1924년 출판한『세계일류사상가논문집』편저에『자조론』의 부분적 번역과 함께 그의 글「성공론」을 삽입하는 한편,『동아일보』『매일신보』의 지면을 통해 지속적으로 개인의 근면과 노력을 통한 성공주의를 주장하였다. 이뿐만 아니라 대중들의 접근성이 높은 야담의 장르에 주목하여,『동아일보』와『매일신보』에서 소개한 성공한 위인들의 이야기를『동서고금』의 근대 야담집에 수록하였다. 이렇듯 최연택은 성공주의를 유포하는 데에 근대 야담의 장르까지 활용하였는데, 이것은 1938년 창간한 야담전문잡지『야담대회록』까지 이어졌다.

한편 최영택은 1920년대 초『매일신보』에 일본의『자조론』아류 서적인『입신모험담』을「입신모험담」과「동서위인담」으로 나누어 번역·연재하였는데, 여기에 그의 견해를 삽입하여 원전의 '자조론'적 가치를 더욱 부각하면서 번역의 시점에서 입신성공의 방향을 제시하였다. 특히 최영택은 근대화와 문명화의 방향으로 식민지 조선인들의 입신성공을 유도하였다. 이를 위해 조선의 근대화·문명화를 저해한 인물로서 흥선대원군의 과오를 부각하여 원전의 '흥선대원군' 항목을 번역하였다.

『입신모험담』을 번역한 최영택은 1910년대 말과 1920년대 초『태서문예신보』와『신천지』의 동인으로 백대진과 함께 활동하였다. 또 백대진은 최찬식과 함께 1910년대 말『신문계』『반도시론』의 편집인과 집필진으로 활동하면서 문학의 양식에서 '자조론'을 수용한 '입지소설'을 발표하였는데, 공교롭게도 이 시기는 최남선이 민족주의 이데올로기를 탈피하여 개인윤리 덕목으로서 '자조론'에 대한 새로운 해석을 주장한 때였다. 즉 3.1운동 직전 1910년대 말 즈음 최남선의 '자조론' 해석에 공명한 백대진·최찬식과 같은 '자조론' 계열 지식인들이 형성되고 있었음을 알 수 있다.

이렇듯 1910년대 말 이미 백대진과 최찬식은 '입지소설'의 장르를 빌어서 성공주의를 유포하였다. 나아가 『신문계』와 『반도시론』에 성공한 세계위인들의 소년시대를 소개한 글을 번역하거나 조선의 성공한 상인들의 실례를 소개하였다. 1910년대 양자가 『신문계』와 『반도시론』에 개재하였던 이와 같은 글은 1920년대 후반 『동서위인소년시대』와 『(현대상인)입지성공미담』에 재수록되었다. 따라서 최찬식의 편저 『동서위인소년시대』와 백대진의 저서 『입지성공미담』을 1910년대 말부터 지속된 '자조론' 계열 지식인으로서 그들의 지적 여정의 산물로 파악하였다.

3.1운동 이후 본격적으로 식민지 사회에 부상한 성공주의는 실제 식민지 조선 사회에서 두 가지 유형으로 표출되었다. 첫째 조선총독부의 보통문관 시험과 고등문관시험을 통과하여 식민지 관료가 되는 관료적 성공이고, 둘째 富를 축적하는 경제적 성공이다. 관료적 성공은 전통시대 과거급제자에게 부여되는 특권과 명예에 대한 기억을 소환해주었기 때문에 식민지 조선인이 매우 선호한 성공의 경로였다. 이 같은 관료적 성공과 경합해야 했던 새로운 성공의 경로가 조선의 양반 관료체제 전통에서 천시되었던 상행위를 통한 부의 축적이었다.

'자조론'의 가치에 입각한 성공주의는 식민지 통치체제에 복무하는 관료적 성공과 과거 전통에서 천시되었던 상행위를 통한 경제적 성공을 추구하는 식민지 조선인의 행위를 정당화시켜주는 사회적 기능을 하였다. 그럼에도 두 방향의 성공의 경로 가운데 '자조론' 계열 지식인들은 경제적 성공의 경로를 더욱 조장하였는데, 이것은 백대진의 『입지성공미담』이 출판된 것을 통해 잘 알 수 있다. 백대진은 조선 시대 천시되었던 상행위를 통해 부를 축적한 상인들을 근면과 인내 그리고 부단한 노력이라는 '자조론' 가치를 실현한 致富시험의 급제자로 추켜세웠다. 즉『입지성공미담』과 같은『자조론』아류 서적의 유통은 식민지 조선사회가 성리학 질서 체계에서 벗어나 근대 자본주의 체제로 전환되는 촉매제 역할을 해 주었다고 할 수 있다.

한편 한말에서 1920년대까지 '자조론' 유통과 1930년대 이후 그것과의 중요한 차이점은 '자조론'의 전유 주체가 한국 지식인에서 식민지 국가로 전환되었다는 점이다. 식민지 국가는 개인의 입신성공을 말하는 1920년대 식민지 사회에서 유통되었던 '자조론'의 사회적 의미를 수용하여, 1930년대 '자력갱생론'의 국가 이데올로기로 專有하였다. 또 이러한 식민지 국가의 '자조론' 전유 방식은 해방 이후 1960~1970년대 남북한의 국가주의 체제에서 동일하게 활용되었다. 남한에서 '자조론'은 박정희 시대의 종식과 더불어 개인윤리 덕목으로 회귀하였지만, 북한의 '자력갱생론'은 국가 이데올로기로서 위치를 여전히 고수하고 있다.

이렇듯 남북한 사회에 여전히 그 유효성을 가진 스마일즈의 '자조론'은 한국뿐만 아니라 세계 각국에 큰 영향을 미쳤다. 한국·중국·일본과 같은 동아시아 국가뿐만 아니라 동일 영어권 국가인 미국에 미친 영향도 만만치 않았다. 그 결과 스마일즈의 '자조론'을 추종하는 후예가 탄생하였는데, 그 대표적 추종자로 미국의 오리슨 스웨트 마든을 손꼽을 수 있다. 미국에서 마든은 스마일즈의 '자조론'을 계승·발전시켜 그 자신의 성공학을 탄생시켰다. 그리하여 마든의 성공주의를 담은 대표적 저서『입지론』은 스마일즈의『자조론』과 마찬가지 일본에서 크게 유행하였고, 이것은 식민지 시기 한국 사회에 유입되었다. 이후 마든의 성공주의는 현재까지 꾸준히 유통되고 있는데, 이것이 유통되고 있는 가장 큰 흔적은 직업적 성공자 앞머리에 붙는 요리왕·판매왕·보험왕 등과 같은 ○○왕의 칭호이다. 요컨대 근대 한국의 성공주의 기원은 스마일즈와 마든의 성공주의의 유입과 전파에서 찾을 수 있는데, 양자의 성공주의가 한국 사회에 토착화되는 과정을 상호·비교하여 살펴보는 작업은 앞으로 남은 중요한 과제이다.

논문 발표지

[1부] '자조론' 수용과 '청년'

1장. 「한국 근대 지식인과 '자조론': 한말 지식인의 '자조론' 이해」, 서강대학교 박사학위논문, 2004, 제2장.

2장. 「1910년대 최남선의『자조론』번역과 '청년'의 '자조'」,『한국사상사학』39. 한국사상사학회, 2011.

3장. 「홍난파 가문의 기독교 수용과 '靑年' 홍난파」,『서강인문논총』29, 서강대학교 인문과학연구소, 2010.

[2부] '자조론'과 성공주의

1장. 「1920년대 이후 성공주의 확산과 기원: 기독교 '청년' 崔演澤의 '자조론' 수용과 성공론」,『한국근현대사연구』76, 한국근현대사학회, 2016.

2장. 「1920~30년대 출판경영인 崔演澤의 야담집 기획과 출간」,『석당논총』70, 동아대학교 석당학술원, 2018.

3장. 「1920년대 '소년계사'의 소년운동:『소년계』『소녀계』잡지의 창간과 휴간을 중심으로」,『국학연구』37, 한국국학진흥원, 2018.

[3부] '자조론'의 토착화와 자기계발서

1장. 「1920년대 출판경영인 崔永澤과『立身冒險談』번역」,『역사와 경계』103, 부산경남사학회, 2017.

2장. 「1920년대 자조론 계열 지식인 최찬식의『자조론』아류 서적 출판과 그 의미:『東西偉人少年時代』출판을 중심으로」,『역사와 경계』111, 부산경남사학회, 2019.

3장. 「1920년대 식민지 조선의 경제적 성공가와 『자조론』 아류 서적: 白
　　大鎭의 『(現代商人)立志成功美談』 출판과 유통의 의미」, 『민족문화논
　　총』 70, 영남대학교 민족문화연구소, 2018.

[4부] '자조론'과 국가주의

1장. 「1930년대 '자력갱생'론의 연원과 식민지 지배이데올로기화」, 『한국
　　근현대사연구』 63, 한국근현대사학회, 2012.

2장. 「한국근대화와 自助情神: 남한의 새마을 정신과 북한 자력갱생론의
　　연원」, 『한국근현대사연구』 69, 한국근현대사학회, 2014.

참고문헌

1. 자료

(1) 신문·잡지

『東亞日報』『大韓每日申報』『每日申報』『時代日報』『朝鮮新聞』『朝鮮日報』
『朝鮮中央日報』『中外日報』『海朝新聞』『皇城新聞』

『開闢』『共修學報』『김일성종합대학학보(철학·경제학)』(북한)『農民』
『大韓自强會月報』『大韓學會月報』『文藝時代』『博文』『半島時論』『別乾坤』『北韓』
『三千里』『새벽』『西友』『少女界』『少年界』『少年』『新文界』『神學世界』『新天地』
『新靑年』『新興朝鮮』『實生活』『野談』『月刊野談』『自力』『在滿朝鮮人通信』『朝光』
『朝鮮』『朝鮮及滿洲』『朝鮮社會事業』『朝鮮地方行政』『朝陽報』『靑年』『靑春』
『學之光』『活泉』『成功』(일본)『殖民世界』(일본)『探險世界』(일본)『少女界』(일본)
『少年界』(일본)『淸議報』(중국)『新靑年』(중국)

(2) 문헌

『南陽洪氏族譜』3, 回想社, 1991.
『서울신학대학교 100년 역사화보집 1911~2011』, 서울신학대학교, 2012,
姜厦聲, 『二十世紀 靑年讀本: 一名 修養編』, 太華書館, 1922.
姜夏馨, 『偉人成功의 徑路』, 太華書館, 1922.
高承濟, 『經濟學者의 回顧』, 經硏社, 1979.
具滋均, 『朝鮮平民文學史』, 文潮社, 1948.
金度演, 『나의 人生白書: 常山回顧錄』, 康友出版社, 1967.
김세한, 『培材八十年史』, 배재학당, 1965.
金永鎭, 『世界之偉人』, 半島出版社, 1929.
金日成, 『김일성저작선집』1~10, 조선로동당출판사, 1967~1994.

_____, 『김일성저작집』 15, 조선로동당출판사, 1981.

_____, 『천리마운동과 사회주의건설의 대고조에 대하여』, 조선로동당출판사, 1970.

김일성동지로작해설편집부 편, 『조선로동당의 정책 해설: 우리 당의 천리마운동』, 사회과학출판사, 1975.

金載衡, 『朝鮮副業寶鑑』, 東亞産業社, 1927.

내무부, 『새마을 운동: 시작에서 오늘까지』, 1976.

大垣丈夫 著(劉文相 飜譯), 『靑年立志編』, 弘文館, 1909.

로동신문사 편, 『위대한 수령 김일성동지께서 창시하신 천리마운동, 천리마작업 반운동』, 로동자신문사, 1973.

류덕제 편, 『한국 아동문학비평사 자료집』, 보고사, 2019.

박문수, 『아현 성결교회 100년사』, 서울아현교회, 2016.

朴正熙, 『민족중흥의 길』, 광명, 1978.

_____, 『새마을 운동: 朴正熙大統領演說文選集』, 大統領秘書室, 1978.

_____, 『한국국민에게 고함』, 동서문화사, 2006.

박제형 지음(이익성 옮김), 『근세조선정감: 구한말 지식인이 본 조선의 정세와 그 뒷 이야기』, 탐구당, 2016.

白大鎭, 『(東西)偉男子女丈夫百話』, 新舊書林, 1930.

_____, 『(現代商人)立志成功美談』, 半島出版社, 1929.

_____, 『新時代處世讀本』, 半島出版社, 1929.

白大鎭·崔演澤 共編(尹致昊 校閱), 『(英鮮對譯) 偉人의 聲』, 文昌社, 1922.

보성팔십년사 편찬위원회, 『普成80年史』, 普成中高等學校, 1986.

새문안85년편찬위원회 편, 『새문안85년사』, 새문안교회, 1973.

새문안교회 창립 100주년 기념사업회 역사편찬위원회, 『새문안교회100년사』, 새문안교회, 1995.

새문안교회70년사 편찬위원회 편, 『새문안교회70년사』, 새문안교회, 1958.

새문안교회역사편찬위원회 편, 『새문안교회문헌사료집』, 새문안교회, 1987.

송순기 지음(간호윤 옮김), 『기인기사록(하)』, 보고사, 2014.

송순기 지음(간호윤 풀어엮음), 『기인기사: 조선의 별난 사람 별난 이야기』, 푸른 역사, 2008.

아현교회 70년사 편찬위원회, 『阿峴七十年史』, 서울 아현교회, 1984.

梁啓超 著(全恒基 譯), 『飮氷室自由書』, 搭印社, 1908.

_____, 『飮氷室文集』, 廣智書局, 1907.

에드가 스노우 記(申福龍 역주), 『毛澤東自傳』, 평민사, 1988.

에비슨 기념사업회 역, 『舊韓末秘錄』 上, 대구대학교 출판부, 1986.

陸定洙, 『松籟琴』, 박문서관, 1908.

伊藤韓吉 講述·大谷一彌 編(白大鎭 譯), 『最新養鷄法』, 회동서관·부업세계사, 1925.

張道斌, 『大院君과 明成皇后』 德興書林, 1927.

張在洽, 『朝鮮人會社·大商店辭典』, 副業世界社, 1927,

장지연, 『韋庵文稿』, 국사편찬위원회, 1956,

정명기 편, 『한국재담자료집성』 3, 보고사, 2009.

정진기 편저, 『박정희대통령의 지도이념과 행동철학』, 매일경제신문사출판부, 1977.

趙璣濬, 『나의 人生學問의 歷程』, 일신사, 1998.

趙敏衡, 『朝鮮農村救濟策』, 神學世界社, 1929.

조선로동당 중앙위원회 당력사연구소, 『위대한 수령 김일성동지전기』 2, 조선로
동당출판사, 2008.

朝鮮副業獎勵會, 『朝鮮副業全書』, 朝鮮副業獎勵會, 1925.

陳綠星, 『사랑의 편지투』, 永昌書館, 1937.

崔南善 譯說, 『自助論』, 新文館, 1918.

_____, 『(訂正版)時文讀本』, 1918.

崔承萬, 『나의 회고록』, 인하대학교출판부, 1985.

崔演澤 著(한림과학원 편), 『한국근대신어사전』, 선인, 2015.

_____, 『(社會小說)단소』, 文昌社, 1922.

_____, 『(社會小說)罪惡의 씨』, 문창사, 1922.

_____, 『罪惡의 種子』, 문창사, 1922.

_____, 『(珍談奇話)東西古今』, 문창사, 1922.

_____, 『世界一流思想家論文集』, 문창사, 1924,

_____, 『燕丹의 恨』, 문창사, 1926.

_____, 『의인의 무덤』, 문창사, 1926.

_____, 『朝鮮의 名勝古蹟』, 문창사, 1933.

_____, 『野談大會錄』 1, 三共社, 1938.

崔永澤, 『꽃피는 나라』, 東盛堂書店, 1939.

_____, 『世界偉人臨終錄』, 동성당서점, 1938.

崔瓚植, 『東西偉人少年時代』, 匯東書館, 1927.

崔湖東 監修, 『文學講義錄』, 朝鮮文化協會, 1930.

洪永厚, 『靑年立志編: 一名 自助論』, 博文書館, 1923.

H. Miller(閔休) 씀(柳瀅基 譯), 『單卷聖經註釋』, 新生社, 1934.

加藤栗泉, 『世界奇聞全集』, 廣文社, 1875.

敎育資料編纂會, 『農村精神講話』, 第一出版協會, 1934.

菊池謙讓, 『朝鮮最近外交史 大院君傳 附 王妃の一生』, 日韓書房, 1910.

堀內新泉, 『(立志小說)故鄕』, 成功雜誌社, 1915.

_____, 『(立志小說)唯一氣』, 成功雜誌社, 1912.

_____, 『(立志小說)人の兄』, 成功雜誌社, 1906.

_____, 『貧兒立志讀本』, 博文館, 1910.

_____, 『商家少年讀本』, 博文館, 1910.

近藤佶, 『自力更生の偉人』, 朝日書房, 1932.

福田琴月, 『世界偉人傳』, 實業之日本社, 1910.

_____, 『偉人の少年時代』, 實業之日本社, 1908.

山宮允, 『書物と著者』, 吾妻書房, 1949.

森彦太郎, 『軍人と膽力』, 文學同志會, 1904.

_____, 『奇憎의 片影』, 文學同志會, 1902.

_____, 『立身冒險談』, 文學同志會, 1904.

石井民司, 『自助的人物之典型 中村正直傳』, 成功雜誌社, 1907.

柳田泉 校訂, 『西國立志編』, 富山房, 1938.

巖谷小波·福田琴月, 『少年日本歷史』 1~6, 博文館, 1910.

永島廣紀 編集, 『朝鮮を語る(宇垣一成), 南總督の朝鮮統治(南次郎)』, ゆまに書房, 2010.

永田岳淵, 『靑年立志編 -修養叢書(1)-』, 富田文陽堂, 1909.

_____, 『苦學力行の人』, 富田文陽堂 1910.

_____, 『實業立身傳』, 富田文陽堂, 1910.

宇垣一成 演說, 『朝鮮の將來』, 朝鮮總督府, 1934.

朝鮮總督府, 『(復刻板)自力更生彙報: 朝鮮總督府農業政策史料』 1~6, ゆまに書房, 2006.

竹內脩 譯述, 『立志論』, 內外出版協會, 1909.

中村正直, 『西國立志編』, 同人社, 1871(東京大學 소장).

風間礼助, 『偉人修養錄』, 文武堂, 1901.

喜久田露水 編, 『精神修養奮闘家立志訓』, 岡田文祥堂, 1914.

2. 연구

(1) 단행본

간호윤, 『송순기 문학 연구: 1920년대 문인 지식인의 대 사회적 글쓰기』, 보고사, 2016.

고훈 외 48인, 『목사가 감동한 그 때 그 장로』, 한국문서선교회, 2007.

공임순, 『식민지 시기 야담의 오락성과 프로파간다』, 앨피, 2013.

권두연, 『신문관의 출판 기획과 문화운동』, 고려대학교 민족문화연구원, 2016.

권오만 외, 『종로: 시간, 장소, 사람 20세기 서울변천사 연구』 2, 서울시립대학교 부설 서울학연구소, 2002.

그리스도와 겨레문화연구회, 『한글성서와 겨레문화: 천주교와 개신교의 만남』, 기독교문사, 1985.

김동운, 『박승직 상점, 1882~1951년』, 혜안, 2001.

김민철, 『기로에 선 촌락: 식민권력과 농촌사회』, 혜안, 2012.

김병철, 『한국근대번역문학사연구』, 을유문화사, 1975.

김복순, 『1910년대 한국문학과 근대성』, 소명출판, 1999.

김성연, 『영웅에서 위인으로: 번역 위인전기 전집의 기원』, 소명출판, 2013.

김성칠, 『역사 앞에서: 한 사학자의 6.25일기』, 창작과 비평사, 1993.

김양환, 『홍난파 평전』, 남양, 2009.

김영미, 『그들의 새마을 운동』, 푸른역사, 2009.

김욱동, 『근대의 세 번역가』, 소명출판, 2010.

_____, 『번역과 한국의 근대』, 소명출판, 2010.

김인수 옮김, 『언더우드 목사의 선교편지(1885-1916)』, 장로회 신학대학교 출판
부, 2002.

김종식, 『근대 일본청년상의 구축』, 선인, 2007.

김형아 지음(신명주 옮김), 『박정희의 양날의 선택: 유신과 중화학공업』, 일조각,
2005,

나카네 타카유키 지음(건국대학교 대학원 일본문화 언어학과 옮김), 『'조선'표상
의 문화지: 근대 일본과 타자를 둘러싼 知의 식민지화』, 소명출판, 2011.

류시현, 『최남선 연구』, 역사비평사, 2009.

리디아 리우 지음(민정기 옮김), 『언어횡단적 실천』, 소명출판, 2005.

리처드 D. 앨틱 지음(이미애 옮김), 『빅토리아 시대의 사람들과 사상』, 아카넷, 2011.

마루야마 마사오·가토 슈이치 저(임성모 옮김), 『번역과 일본의 근대』, 이산, 2000.

마에다 아이 지음(유은경·이원희 옮김), 『일본 근대 독자의 성립』, 이룸, 2003.

문덕수, 『현대한국시론』, 이우출판사, 1974.

박섭, 『한국근대의 농업변동: 농민경영의 성장과 농업구조의 변동』, 일조각, 1997.

박성진, 『사회진화론과 식민지 사회사상』, 선인, 2003.

박은경, 『일제하 조선인 관료연구』, 학민사, 1999.

박지향, 『영국사: 보수와 개혁의 드라마』, 까치, 1997.

박진영, 『신문관: 번역소설전집』, 소명출판, 2010.

_____, 『번역가의 탄생과 동아시아 세계문학』, 소명출판, 2019.

박진환, 『박정희 대통령의 한국경제 근대화와 새마을운동』, 박정희대통령기념사
업회, 2005.

_____, 『박정희시대: 그것은 우리에게 무엇이었는가』, 조선일보사, 1994

박찬승, 『한국근대정치사상사연구: 민족주의 우파의 실력양성운동론』, 역사비평
사, 1992.

_____, 『민족주의의 시대: 일제하의 한국 민족주의』, 경인문화사, 2007.

박철하, 『청년운동』, 독립기념관 한국독립운동사연구소, 2009.

박형우, 『금파 홍석후』, 연세대학교 출판부, 2008.

반민족문제연구소, 『친일파 99인』 돌베개, 1995.

방기중 편, 『일제 파시즘 지배정책과 민중생활』, 혜안, 2004.

브로니슬라프 게레멕 지음(이성재 옮김), 『빈곤의 역사』, 길, 2010.

서동만, 『북조선사회주의체제 성립사 1945~1961』, 선인, 2005.

서동만저작간행위원회 엮음, 『북조선연구』, 창비, 2010.

서신혜, 『한국 전통의 돈의 문학사, 나눔의 문화사』, 집문당, 2015.

서울대학교 새마을운동 종합연구소, 『새마을運動의 理念과 實際』, 서울대학교 새
　　　마을운동종합 연구소, 1981.

서진영, 『중국혁명사』, 한울아카데미, 1992.

소영현, 『문학청년의 탄생』, 푸른역사, 2008.

＿＿＿, 『부랑청년의 탄생』, 푸른역사, 2008.

升味準之輔 著(李慶熹 譯), 『日本政治史 I : 幕末維新, 明治國家의 成立』, 형설출판사,
　　　1991.

신기욱·마이클 로빈슨 엮음(도면회 옮김), 『한국의 식민지 근대성: 내재적 발전
　　　론과 식민지 근대화론을 넘어서』, 삼인, 2006.

앙드레 슈미드 지음(정여울 옮김), 『제국 그 사이의 한국: 1895~1919』, 휴머니스
　　　트, 2007.

야나부 아키라 저(서혜영 옮김), 『번역어 성립사정』, 일빛, 2003.

야마구치 마사오 지음(오정환 옮김), 『패자의 정신사』, 한길사, 2005

연세대학교 의과대학, 『醫學百年』, 연세대학교 출판부, 1986.

염인호, 『조선의용대 조선의용군』, 경인문화사, 2009.

오성철, 『식민지 초등교육의 형성』, 교육과학사, 2000.

윤해동 등저, 『근대를 다시 읽는다』 2, 역사비평사, 2006.

이경훈, 『오빠의 탄생: 한국 근대 문학의 풍속사』, 문학과 지성사, 2003.

이광린, 『개화파와 개화사상연구』, 일조각, 1989.

＿＿＿, 『대한매일신보연구』, 서강대학교 출판부, 1986.

＿＿＿, 『한국개화사상연구』, 일조각, 1979.

＿＿＿, 『한국개화사연구』, 일조각, 1974.

이기훈, 『청년아 청년아 우리 청년아』, 돌베개, 2014.

이영석, 『다시 돌아본 자본의 시대』, 한울 아카데미, 1999.

_____, 『영국 제국의 초상』, 푸른역사, 2009.

이영화, 『최남선의 역사학』, 경인문화사, 2003.

이유선, 『(증보판)한국양악백년사』, 음악춘추사, 1985.

이응호, 『성결교회인물전』 5, 두루, 2001.

_____, 『한국성결교회의 역사』 4, 성결문화사, 1992.

이종석, 『새로 쓴 현대북한의 이해』, 역사비평사, 2000.

_____, 『조선로동당연구: 지도사상과 구조변화를 중심으로』, 역사비평사, 1995.

이충우, 『경성제국대학』, 다락원, 1980.

임종국, 『친일문학론』, 평화출판사, 1966.

장철수 외저, 『남양마을지』, 화성문화원, 1999.

정구충, 『한국의학의 개척자』, 동방도서, 1985.

정선이, 『경성제국대학 연구』, 문음사, 2002.

정진석, 『언론조선총독부』, 커뮤니케이션북스, 2005.

조기준, 『한국기업가사』, 박영사, 1973.

조용만, 『육당 최남선: 그의 생애, 사상, 업적』, 삼중당, 1964.

_____, 『일제하한국신문화운동사』, 정음사, 1975.

주승택, 『한문학과 근대문학』, 태학사, 2009.

죽당이현희교수화갑기념논총간행위원회, 『죽당이현희교수 화갑기념한국사학논
    총』, 동방도서, 1997.

찰스 암스토롱 지음(김연철·이정우 옮김), 『북조선 탄생』, 서해문집, 2006.

최기영, 『이대위: 잊혀진 미주 한인사회의 대들보』, 역사공간, 2013.

최명표, 『한국 근대 소년문예운동사』, 경진, 2012.

김용직 외, 『최남선 다시 읽기: 최남선으로 바라본 근대 한국학의 탄생』, 현실문
    화, 2009.

최원식, 『한국근대소설사론』, 창작사, 1986.

_____, 『한국 계몽주의 문학사론』, 소명출판, 2002.

최학주, 『나의 할아버지 육당 최남선: 근대의 터를 닦고 길을 내다』, 나남, 2011.

쿠도오 쯔네오(工藤恒夫) 지음(전호성 옮김),『왜 사회보장인가?: 자본주의 사회
　　보장의 일반이론』, 치우, 2011.
한기형,『한국근대소설사의 시각』, 소명출판, 1999.
허구생,『빈곤의 역사, 복지의 역사』, 한울 아카데미, 2002.
황정현,『신소설연구』, 집문당, 1997.
홍일식,『六堂硏究』, 일신사, 1959.
Carter J Eckert 저(주익종 옮김),『제국의 후예: 고창 김씨가와 한국자본주의의
　　식민지 기원, 1876~1945』, 푸른역사, 2008.
M. 로빈슨 저(김민환 역),『일제하 문화적 민족주의』, 나남, 1990.
R.H 토니 저(김종철 역),『종교와 자본주의의 발흥』, 한길사, 1983.

高橋昌郎,『中村正直』, 吉川弘文館, 1966.
渡部宗助,『植民地言語敎育の虛實』, 皓星社, 2007.
毛澤東 著(竹內實 譯),『毛澤東語錄』, 平凡社, 1995.
木村直惠,『靑年の誕生: 明治日本における政治的實踐の轉換』, 新曜社, 1998.
北村三子,『靑年と近代: 靑年と靑年をめぐる言說系譜學』, 世織書房, 1998.
相澤與一,『社會保障の基本問題:「自助」と社會保障』, 未來社, 1991.
石田雄,『日本近代思想史における法と政治』, 岩波書店, 1976.
松本武祝,『植民地權力と朝鮮農民』, 社會評論社, 1998.
松澤弘陽,『近代日本の形成と西洋經驗』, 岩波書店, 1993.
遠藤喜美子,『鳳仙花: 洪蘭坡 評傳』, 文藝社, 2002
張偉雄,『比較文學考』, 日帝社, 2012.
田嶋一,『<少年>と<靑年>の近代日本』, 東京大學出版會, 2016.
竹內洋,『(增補版)立身出世主義』, 世界思想社, 2005,
　　　　,『立志·苦學·出世』, 講談社, 1991.
　　　　,『學歷貴族の 榮光과 挫折』, 中央公論新社, 1999.
平川祐弘,『天ハ自ラ助クルモノヲ助ク』, 名古屋大學出版會, 2006.
和崎光太郎,『明治の靑年: 立志·修養·煩悶』, ミネルヴァ書房, 2017.

和田敦彦, 『メディアの中の読者: 読書論の現在』, ひつじ書房, 2002.

Crafts, Wilbur Fisk(內外出版協會 譯), 『眞正の成功者及其成功談』, 內外出版協會, 1906.

Earl H. Kinmonth, *The Self-Made Man in Meiji Japanese Thought: From Samurai to Salary Man* (Berkeley: University of California Press, 1981).

Endymion Wilkinson, *Japan Versus the West: Image and Reality* (London: Penguin, 1990).

George Lillie Craik, *The pursuit of knowledge under difficulties* (London: Bell and Daldy, 1847).

Hwang Kyung Moon, *Beyond Birth: Social Status in the Emergence of Modern Korea* (Cambridge, Mass.: Harvard University Press, 2004).

L. H. Underwood, *Fifteen Years among the Top-knots or life in Korea* (New York: American Tract Society, 1904).

Mark E. Caprio, *Japanese Assimilation Policies in Colonial Korea, 1910-1945* (Seattle: University of Washington Press, 2009).

Orison Swett Marden, *Pushing to the front* (New York: Thomas Y. Crowell Co., 1894).

(2) 논문

김창욱, 「洪蘭坡音樂硏究」, 동아대학교 박사학위논문, 2004.

강남주, 「태서문예신보의 무명시인고」, 『한국문학논총』 2, 한국문학회, 1979.

강대민, 「白山 安熙濟의 大同靑年團運動」, 『慶星大學校論文集(인문·사회편)』 18-2, 경성대학교, 1997.

강진웅, 「북한의 항일무장투쟁 전통과 민족만들기: 민족주의와 권력, 담론, 주체」, 『한국사회학』 46-1, 한국사회학회, 2012.

고유환, 「50년대식 발전전략으로 난관 돌파 시도: 김정일정권의 자력갱생식 강성대국건설노선의 의미」, 『통일한국』 179, 평화문제연구소, 1998.

고은지, 「20세기 '대중오락'으로 새로 태어난 '야담'의 실체」, 『정신문화연구』 31-1,

한국정신문화연구원, 2008.

권유성, 「1920년대 초기 『每日申報』의 근대시 게재 양상과 의미」, 『한국시학연구』 23, 한국시학회, 2008.

권철호, 「1920년대 딱지본 신소설 연구」, 서울대학교 대학원 국어국문학과 석사 학위논문, 2012.

김정숙, 「출판인 최남선 연구」, 중앙대학교 신문방송대학원 석사학위논문, 1991.

김경남, 「근대 이후 이순신 인물 서사 변화과정의 의미 연구」, 『한민족어문학』 61, 한민족어문학회, 2012.

김기승, 「역사학 측면에서의 이순신 연구 방향」, 『이순신연구논총』 2, 순천향대 학교 이순신연구소, 2004.

김남이, 「1910년대 최남선의 "자조론(自助論)" 번역과 그 함의: 『자조론(自助論)』 (1918)의 변언(弁言)을 중심으로」, 『민족문학사연구』 43, 민족문학사학회, 2010.

김남이·하상복, 「최남선의 『자조론(自助論)』번역과 重譯된 '자조'의 의미: 새뮤얼 스마일즈(Samuel Smiles)의 『자조(Self-Help)』, 나카무라 마사나오(中村正 直)의 『서국입지편(西國立志編)』과의 관련을 중심으로」, 『語文研究』 65, 어문연구학회, 2010.

김도형, 「한국근대계몽기 일본적 계몽담론의 영향에 대한 연구: 오가키 다케오 관련기사 및 저술분석을 중심으로」, 『일본공간』 10, 국민대학교 일본학 연구소, 2011.

김명인, 「친일문학재론: 두 개의 강박을 넘어서」, 『한국근대문학연구』 17, 한국 근대문학회, 2008.

김보현, 「박정희 시대 지배체제의 통치전략과 기술: 1970년대 농촌새마을운동을 중심으로」, 『사회와 역사』 90, 한국사회사학회, 2011.

김성진, 「이순신 역사 소설에 투영된 작가와 시대의 욕망」, 『문학치료연구』 45, 한국문학치료학회, 2017.

김승태, 「일제 말기 성결교회의 수난과 교단 해산」, 『한국기독교와 역사』 25, 한 국기독교역사학회, 2006.

김영희, 「고소설과 구전서사를 통해 살펴보는 '구전'과 '기록'의 교섭과 재분화:

임경업이야기를 중심으로」, 『溫知論叢』 36, 온지학회, 2013.

김용직, 「泰西文藝新報硏究: 그 詩作과 詩論을 中心으로」, 『국문학논총』 1, 단국대 문리과대학 국어국문학연구부, 1967.

김원, 「'한국적인 것'의 전유를 둘러싼 경쟁: 민족중흥, 내재적 발전론 그리고 대 중문화의 흔적」, 『사회와 역사』 93, 한국사회사학회, 2012.

김은철, 「「泰西文藝新報」의 역사적 위상: 무명시인의 작품을 중심으로」, 『한민족 어문학』 17, 한민족어문학회, 1990.

김의환, 「새로 발견된 『興宣大院君 略傳』」, 『사학연구』 39, 한국사학회, 1987.

김종철, 「한말 민족현실과 신소설」: 「松賴琴」을 중심으로」, 『인문논총』 5-1, 아주 대학교 인문과학연구소, 1994.

김준형, 「19세기 말 20세기 초 야담의 전개양상」, 『구비문학연구』 21, 한국구비 문학, 2005.

_____, 「근대 전환기 야담의 전대 야담 수용 태도」, 『한국한문학연구』 41, 한국 한문학회, 2008.

_____, 「근대전환기 패설의 변환과 지향」, 『구비문학연구』 34, 한국구비문학회, 2012.

_____, 「야담운동의 출현과 전개 양상」, 『민족문학사연구』 20, 민족문학사학회 민족문학사연구소, 2002.

김태식, 「동아시아 근대와 尙武情神: 韓·中·日, 특히 韓國을 중심으로」, 『한국고 대사탐구』 9, 한국고대사탐구학회, 2011.

김항구, 「大垣丈夫연구: 대한자강회와 대한협회 활동을 중심으로」, 『중제장충식 박사화갑기념논총』, 단군대학교 출판부, 1992.

김행숙, 「『泰西文藝新報』에 나타난 근대성의 두 가지 층위」, 『국어문학』 36, 국어 문학회, 2001.

김현숙, 「일제하 민간 협동조합 운동에 관한 연구」, 『사회와 역사』 9, 한국사회 사학회, 1987.

김혜니, 「泰西文藝新報의 性格考」, 『이화어문논집』 5, 이화여자대학교 이화어문학 회, 1982.

김홍련, 「최찬식 문학연구」, 서울대학교 국어국문학 석사학위논문, 2019.

나운영, 「홍난파 선생 예찬」, 『畿甸文化研究』 14, 인천교육대학 기전문화연구소, 1985.

남궁원, 「개화기 한문문법서 『초등작문법』의 저작 배경과 의의」, 『한문교육연구』 26-1, 한국한문교육학회, 2006.

남상호, 「昭和戰前의 農村更生運動: 農林官僚의 정책의도를 중심으로」, 『일본역사연구』 6, 일본사학회, 1997.

남은경, 「乙支文德의 문학적 전승」, 『동양고전연구』 24, 동양고전학회, 2006.

노동은, 「부문별 친일문제연구: 친일음악 연구현황과 과제 I」, 『민족문제연구』 11, 민족문제연구소, 1996.

_____, 「일제하 음악인들의 친일논리와 단체」, 『음악과 민족』 25, 민족음악학회, 2003.

류길재, 「천리마운동과 사회주의 경제건설: 스타하노프운동 및 대약진운동과의 비교를 중심으로」, 『북한 사회주의건설의 정치경제』, 경남대학교 극동문제연구소, 1993.

류덕제, 「『별나라』와 계급주의 아동문학의 의미」, 『국어교육연구』 46, 국어교육학회, 2010.

_____, 「일제강점기 계급주의 아동문학의 방향전환론과 작품적 대응양상 연구: 『별나라』와 『신소년』을 중심으로」, 『문학교육학』 43, 한국문학교육학회, 2014,

류보선, 「정전의 해체와 민족 로망스: 최근의 친일문학 논의에 대한 단상」, 『문학동네』 13-1, 문학동네, 2006.

류정월, 「『조선기담』에서 구술과 기술, 전통과 근대의 상호작용」, 『한국고전연구』 33, 한국고전연구학회, 2016.

류충희, 「1910년대 윤치호의 식민지 조선 인식과 자조론의 정치적 상상력: 최남선의 자조론과의 비교를 통하여」, 『동방학지』 175, 연세대학교 국학연구원, 2016.

문한별, 「일제강점기 아동 출판물의 관리 체계와 검열 양상: 『불온소년소녀독물역문』과 『언문소년소녀독물의 내용과 분류』를 중심으로」, 『한국문학이론과 비평』 60, 한국문학이론과 비평학회, 2013.

문혜윤, 「백대진 단편소설 연구」, 『한국문학이론과 비평』 23, 한국문학이론과 비평학회, 2004.

민동근, 「새마을정신과 전통적 개혁사상」, 『새마음논총』 4, 충남대학교 부설 새마을연구소, 1983.

박명수, 「성결교회와 부흥운동」, 『신학과 선교』 27, 서울신학대학교 기독교신학연구소, 2002.

박민수, 「새마을운동과 농촌일상의 정치학: 안성군 미양면 갈ㅇ리 사례를 중심으로」, 고려대학교 사회학과 석사학위논문, 2010.

박섭·이행, 「근현대 한국의 국가와 농민: 새마을 운동의 정치사회적 조건」, 『한국정치학회보』 31-3, 한국정치학회, 1997.

박은경, 「한국최초의 민간음악교육기관 조선정악전습소연구」, 『음악과 민족』 21, 민족음악학회, 2001.

박진영, 「소설 번안의 다중성과 역사성: 『레미제라블』을 위한 다섯 개의 열쇠」, 『민족문학사연구』 33, 민족문학사학회, 2007.

_____, 「출판인 송완식과 동양대학당」, 『人文科學』 109, 연세대학교 인문학연구원, 2017.

박형우, 「조선 개항 이후의 서양의학도입: 의학교육을 중심으로」, 『동방학지』 104, 연세대학교 학연구원, 1999.

박천홍, 「근대출판의 선구자 육당 최남선」, 『문학과 사회』 79, 문학과 지성사, 2007.

방기중, 「일제하 李勳求의 農業論과 經濟自立思想」, 『역사문제연구』 1, 역사문제연구소, 1996.

방효순, 「일제시대 민간서적 발행 활동의 구조적 특성에 관한 연구」, 이화여자대학교 박사학위논문, 2000,

_____, 「조선도서주식회사의 설립과 역할에 대한 고찰」, 『근대서지』 6, 근대서지학회, 2012.

배석만, 「1920~30년대 白潤洙 집안의 大昌織物株式會社 설립과 경영: 일제시기 전통상인의 산업자본 전환과정 분석」, 『한국사학보』 64, 고려사학회, 2016.

서수생, 「민족정기와 새마을정신」, 『새마을 연구논총』 10, 경북대학교 새마을연구소, 1989.

손성준, 「『吾偉人小歷史』와 1900년대 번역의 한국적 특수성」, 『대동문화연구』 84, 성균관대학교 대동문화연구원, 2013.

____, 「수신(修身)과 애국(愛國)」, 『조양보』와 『서우』의 「애국정신담」 번역」, 『비교문학』 69, 한국비교문학회, 2016.

송태욱, 「(永厚)洪蘭坡研究」, 연세대학교 대학원 석사학위논문, 1976.

신광철, 「개항기 한국 그리스도교의 포교전략: 한국사회의 그리스도교 이해에 대한 대응을 중심으로」, 『한국기독교와 역사』 9, 한국기독교역사연구소, 1998.

신상필, 「김동인의 『야담』잡지를 통해 본 근대 야담의 서사 기획」, 『한민족문화연구』 57, 한민족문화학회, 2017.

____, 「야담 전문잡지 『월간야담』『야담』의 운영과 작가층의 구성 양상」, 『남명학연구』 53, 경상대학교 남명학연구소, 2017.

안병욱, 「민족부흥의 철학: 자력갱생과 무실역행」, 『東亞政經』, 東亞政經社, 1972.

안용식·송혜경·정현백, 「일제하 조선인 문관고등시험 합격자 분석」, 『현대사회와 행정』 17-3, 한국국정관리학회, 2007.

양진오, 「육정수의 『송뢰금』 연구: 근대적 주체의 모색과 좌절의 의미를 중심으로」, 『어문논총』 42, 한국문학언어학회, 2005.

오유석, 「남북한의 국가 주도 발전 전략과 대중 동원: 새마을 운동과 천리마 운동 비교」, 『동향과 전망』 64, 박영률출판사, 2005.

우남숙, 「『자조론』과 한국 근대」, 『한국정치학회보』 49-5, 한국정치학회, 2015.

____, 「량치차오(梁啓超)의 「自助論」과 한국의 자강·독립 사상」, 『한국동양정치사상사연구』 15-2, 한국동양정치사상사학회, 2016.

____, 「오오가키 다케오(大垣丈夫)의 자조론 연구」, 『한국정치학회보』 51-4, 한국정치학회, 2017.

우미영, 「'朝鮮一周'의 정치성과 植民 情報員의 글쓰기:<牛島詩論>의 朝鮮 視察 日記를 중심으로」, 『어문연구』 43-4, 한국어문교육연구회, 2015.

우상렬, 「조선의 '천리마운동'과 한국의 '새마을 운동' 비교연구시론: 중국의 '대약진운동'을 곁들여」, 『통일인문학논총』 55, 건국대학교 통일인문학연구단, 2013.

원재연, 「병인박해기 남양의 천주교 박해와 순교자」, 『교회사학』 3, 수원교회사연구소, 2006.

원종찬, 「1920년대 『별나라』의 위상」, 『한국아동문학연구』 23, 한국아동문학학
회, 2012.

유광수, 「<최고운전>의 설화적 전승과 '최치원설화'의 연원」, 『한국문학연구』
39, 동국대학교 한국문학연구소, 2010.

유석환, 「1930년대 잡지시장의 변동과 잡지『비판』의 대응: 경쟁하는 잡지들, 확
산되는 문학」, 『사이』 6, 국제한국문학문화학회, 2009.

유재천, 「「朝陽報」論攷」, 『저널리즘論攷: 牛凡 李海暢 敎授華甲 紀念論文集』, 이화
여자대학교 출판부, 1976.

윤경애, 「홍난파의 『레미제라블』 번역 양상과 번역의 계보 고찰」, 『일본어학연구』
59, 한국일본어학회, 2019.

_____, 「홍난파의 『쿠오바디스』 번역 양상과 번역의 계보」, 『번역학연구』 20-2,
한국번역학회, 2019.

_____, 「홍난파의 러시아소설 번역 연구(1): 『첫사랑』의 일본어 저본과 번역의
계보를 중심으로」, 『한민족어문학』 84, 한민족어문학회, 2019.

이강석, 「金日成 '主體思想'의 根源: 毛澤東思想과의 比較硏究」, 『북한』 117, 북한
연구소, 1981.

이강옥, 「서평: 한국재담자료 집대성의 의의와 과제: 정명기, 『한국재담자료집성』
1~3, 보고사, 2009」, 『민족문학사연구』 40, 민족문학사학회 민족문학사연
구소, 2009.

이경돈, 「『별건곤』과 근대 취미독물」, 『대동문화연구』 46, 성균관대학교 대동문
화연구원, 2004.

이기훈, 「'청년', 갈 곳을 잃다: 1930년대 청년담론에 대한 연구」, 『역사비평』 76,
역사비평사, 2006.

_____, 「독서의 근대, 근대의 독서: 1920년대의 책읽기」, 『역사문제연구』 17, 역
사문제연구소, 2001.

이상경, 「1920년대 초의 여성 잡지의 맥락: 권말 영인자료의 소개」, 『근대서지』
2, 근대서지학회, 2010.

이상원, 「泉蓋蘇文傳 연구」, 『한국문학논총』 8·9, 한국문학회, 1986.

이상일, 「1870년 이후의 빈곤과 자본주의: 영국에서 대불황 전후(前後) 빈곤 담론의 형성과 변화의 역사」, 『담론201』 14-4, 한국사회역사학회, 2011.

이새봄, 「나카무라 마사나오의 『西國立志編』 서문에 나타난 보편성 논의」, 『동방학지』 172, 연세대학교 국학연구원, 2015.

이성혜, 「오오가키 다케오(大垣丈夫)의 유학 문명고 일고(一考)」, 『일본문화연구』 45, 동아시아일본학회, 2013.

이순욱, 「백산 안희제의 매체 투쟁과 『자력(自力)』」, 『역사와 경계』 99, 부산경남사학회, 2016.

이송희, 「한말 서우학회의 애국계몽운동과 사상」, 『한국학보』 26, 일지사, 1982.

이승수, 「淵蓋蘇文 서사의 형성과 전승 경로: 연개소문의 형상과 관련하여」, 『동아시아 문화연구』 47, 한양대학교 동아시아문화연구소, 2010.

이승은, 「활자본 야담집 『奇人奇事錄』의 편찬 의식과 의미」, 『Journal of Korean Culture』 24, 한국어문학국제학술포럼, 2013.

이용기, 「유신이념의 실천도장: 1970년대 새마을운동」, 『내일을 여는 역사』 48, 내일을 여는 역사, 2012.

이원필, 「개화기 각종 학회와 민간단체에 의한 교원양성」, 『논문집』 22-1, 부산교육대학교, 1986.

이윤석·정명기, 「개항기 소설과 야담에 나타난 서구 인식」, 『열상고전연구』 17, 열상고전연구회, 2003.

이정철, 「북한의 개방 인식 변화와 신(新)자력갱생론의 등장」, 『현대북한연구』 9-1, 북한대학원대학교, 2006.

이종봉, 「일제강점기 도량형제의 운용 양상」, 『한국민족문화』 57, 부산대학교 한국민족문화연구소, 2015.

이종연, 「중일전쟁 이후 일제의 출판·독서 통제」, 『한국문화연구』 8, 이화여자대학교 한국문화연구원, 2005.

이태진, 「역사 소설 속의 명성황후 이미지」, 『한국사시민강좌』 41, 일조각, 2007.

이현숙, 「<金太子傳> 異本 研究: <每日申報本>과의 비교를 중심으로」, 『한민족문화연구』 5, 한민족문화학회, 1999.

이현종, 「대한자강회에 대하여」, 『진단학보』 29·30, 진단학회, 1966.

이흥우, 「일제강점기 재담집 연구」, 서울대학교 석사학위논문, 2006.

이희정, 「1920년대 식민지 동화정책과 『매일신보』 문학연구(1): 전반기 연재소설의 전개과정을 중심으로」, 『어문학』 112, 한국어문학회, 2011.

_____, 「1920년대 초기의 『매일신보』와 홍난파 문학」, 『어문학』 98, 형성출판사, 2007.

임상석, 「신채호의 영웅서사 역술과 대한제국기 언론매체의 국문 모색: 『을지문덕』을 중심으로」, 『우리어문연구』 60, 우리어문연구, 2018.

임성규, 「1920년대 계급주의 아동문학 비평 연구: 소년문예운동 방향전환론의 전개와 비평사적 의미」, 『아동청소년문학연구』 3, 한국아동청소년문학학회, 2008.

_____, 「아동문학 비평 논쟁의 초두(初頭), 그 도정(道程)과 의미: 「소금쟁이」 번역, 표절논쟁」, 『문학교육학』 24, 한국문학교육학회, 2007.

임성모, 「근대 일본의 국내식민과 해외이민」, 『동양사학연구』 103, 동양사학회, 2008.

임용경, 「북한의 자력갱생원칙연구」, 『북한』 126, 북한연구소, 1982.

임형택, 「야담의 근대적 변모: 일제하에서 야담전통의 계승양상」, 『한국한문학연구』 10, 한국한문학회, 1996.

장경남, 「이순신의 소설적 형상화에 대한 통시적 연구」, 『민족문학사연구』 35, 민족문학사학회, 2007.

장만호, 「민족주의 아동잡지 『신소년』 연구: 동심주의와 계급주의의 경계를 넘어서」, 『한국학연구』 43, 고려대학교 한국학연구소, 2012.

장사훈, 「한국최초의 민간음악 교육기관」, 『민족문화연구』 8, 고려대학교 민족문화연구소, 1974.

장 신, 「1919~43년 조선총독부의 관리임용과 보통문관시험」, 『역사문제연구』 8, 역사문제연구소, 2002.

_____, 「1920~30년대 조선총독부의 인사정책 연구: 보통문관시험 합격자의 임용과 승진을 중심으로」, 『동방학지』 120, 연세대학교 국학연구원, 2003.

_____, 「1922년 잡지 新天地 筆禍事件 연구」, 『역사문제연구』 13, 역사문제연구소, 2004.

_____, 「일제하 조선인 고등관료의 형성과 정체성: 고등문관시험 행정과 합격자
　　　를 중심으로」, 『역사와 현실』 63, 한국역사연구회, 2007.

전병무, 「사법 관료의 식민지적 기원: 일제하 문관고등시험 사법과 합격자 분석」,
　　　『내일을 여는 역사』 36, 내일을 여는 역사, 2009.

전우용, 「鐘路와 本町: 식민도시 京城의 두 얼굴」, 『역사와 현실』 40, 한국역사연
　　　구회, 2001.

정근식, 「식민지 전시체제하에서의 검열과 선전, 그리고 동원」, 『상허학보』 38,
　　　상허학회, 2013.

정문종, 「1930년대 조선에서의 농업정책에 관한 연구: 농가경제안정화정책을 중
　　　심으로」, 서울대학교 대학원 경제학과 박사학위논문, 1993.

정부교, 「근대 야담의 전통 계승 양상과 의미:『월간야담』을 중심으로」, 『국어국
　　　문학』 35, 문창어문학회, 1998.

정상운, 「한국성결교회의 초기 문서운동: 1945년 이전 잡지를 중심으로」, 『성결
　　　신학연구』 3, 성결대학교 성결신학연구소, 1998.

정소영, 「1923년 朝鮮副業共進會의 개최와 영향」, 『숭실사학』 38, 숭실사학회, 2017.

정일균, 「일제의 식민통치와 식민주의적 근대지식의 형성: '다카하시 도루(高橋亨)
　　　의 조선학'의 사례를 중심으로」, 『사회와 역사』 91, 한국사회사학회, 2011.

정주환, 「태서문예신보와 수필의 양상」, 『호남대학교 학술논문집』 16-1, 호남대
　　　학교, 1995.

정하늬, 「일제 말기 소설에 나타난 '청년' 표상 연구」, 서울대학교 대학원 국문학
　　　과 박사학위 논문, 2014.

조경래, 「새마을 정신과 민족적 과업: 온 국민의 자세확립을 위하여」, 『새마을
　　　연구』 1, 상명대학교 새마을연구소, 1978.

조남호, 「『現代新語釋義』 考」, 『어문연구』 31-2, 한국어문교육연구회, 2003.

조윤정, 「무명작가의 복원과 문인교사의 글쓰기: 이일(李一)의 생애와 문학」, 『한
　　　국현대문학연구』, 48, 한국현대문학회, 2016.

조종환, 「애국계몽운동가들의 제국주의 침략에 대한 인식: 백암 박은식을 중심으
　　　로」, 『논문집』 21, 가톨릭상지대학 사회개발·산업기술연구소, 1991.

지부일, 「한말 애국계몽운동가의 근대화 인식론: 백암 박은식을 중심으로」, 『동

양학연구』 7, 동양학연구학회, 2001.

지수걸, 「1930~35년간의 조선농촌진흥운동: 식민지 '체제유지정책'으로서의 기능에 관하여」, 『한국사연구』 46, 한국사연구회, 1984,

차충환, 「이항복 문헌설화와 구비설화 비교연구」, 『한국민족문화연구』 54, 한민족문화학회, 2016.

차혜영, 「1930년대 《월간야담》과 《야담》의 자리」, 『상허학보』 8, 상허학회, 2002.

최미경, 「원영의의 『소학한문독본』 연구」, 성균관대학교 교육대학원 한문교육전공 석사학위논문, 1999.

최영, 「모택동사상과 주체사상의 비교연구」, 『북한』 44, 북한연구소, 1975.

최완기, 「남양지역의 역사 지리적 기초와 천주교 신앙의 수용」, 『교회사학』 3, 수원교회사연구소, 2006.

최재목·손지혜, 「일제강점기 원효 논의에 대한 예비적 고찰」, 『일본문화연구』 34, 동아시아일본학회, 2010.

최재성, 「1930년대 초 김우평의 금융조합 인식」, 『한국민족운동사연구』 88, 한국민족운동사연구회, 2016.

최진아, 「새마을운동에 나타난 自助에 대한 연구: 새마을지도자의 수기를 중심으로」, 서울대학교 외교학과 석사학위논문, 2003.

최현배, 「기독교와 한글」, 『신학논단』 7, 연세대학교 신과대학 신학회, 1962.

최희정, 「한국 근대 지식인과 '자조론'」, 서강대학교 박사학위논문, 2004.

하도균, 「초기 한국성결교회의 전도활동에 관한 연구」, 서울신학대학교 신학대학원, 박사학위논문, 2001.

하지연, 「한말·일제강점기 菊池謙讓의 문화적 식민활동과 한국관」, 『동북아논총』 21, 동북아역사재단, 2008.

한긍희, 「1935~37년 일제의 '心田開發' 정책과 성격」, 서울대 대학원 국사학과 석사학위논문, 1995.

한기형, 「『신청년』 해제」, 『서지학보』 26, 한국서지학회, 2002.

_____, 1910년대 최찬식의 행적과 친일논리: 신자료 <궤상의 몽>소개와 관련하여」, 『현대소설연구』 14, 한국현대소설학회, 2001.

_____, 「근대 잡지 『신청년』과 경성구락부」, 『서지학보』 26, 한국서지학회, 2002.

_____, 「잡지『신청년』소재 근대 문학 신자료(1)」, 『대동문화연구』 41, 성균관
　　　대학교 동아시아 학술원 대동문화연구원, 2003.

한만수, 「1930년대 검열기준의 구성원리와 작동기제」, 『동악어문학』 47, 동악어
　　　문학회, 2009.

한상권, 「일제강점기 차미리사의 민족교육운동」, 『한국독립운동사연구』 16, 독립
　　　기념관 한국독립운동연구소, 2001.

한상우, 「난파 홍영후 연구」, 단국대학교 음악학과 석사학위논문, 1984.

한상준, 「서우학회에 대하여」, 『역사교육논집』 1, 역사교육학회, 1980.

한승조, 「3대 혁명운동과 새마을 운동: 그의 발생과정과 전망」, 『북한학보』 2, 북
　　　한학회, 1978.

함동주, 「러일전쟁기 일본의 조선이주론과 입신출세주의」, 『역사학보』 221, 역사
　　　학회, 2014.

홍성찬, 「서울 상인과 한국 부르주아지의 기원: 김씨가의 사례를 중심으로」, 『한
　　　국경제학보』 21-2, 연세대학교 경제학연구소, 2014.

_____, 「일제하 서울 종로상인의 자산운용: 1910·20년대 수남상회의 자료를 중
　　　심으로」, 『동방학지』 170, 연세대학교 국학연구원, 2015.

홍정수 해제, 「나운영 음악자료(1)/ 제공: 나운영 기념사업회 양악 150년사 메모
　　　(1)」, 『음악과 민족』 17, 민족음악학회, 1999.

황미정, 「중촌정직(中村正直)의 Liberty역고(譯考): 서국입지편(『西國立志編』과 자
　　　유지리(自由之理)를 중심으로」, 『일어일문학연구』 65, 한국일어일문학회,
　　　2008.

_____, 「최남선역『自助論』: 中村正直譯, 畔上賢造譯과의 관련성에 관해서」, 『언
　　　어정보』 9, 고려대학교 언어정보연구소, 2008.

岡島昭浩·澤崎久和·永井崇弘·李忠啓, 「『西國立志編』の漢語-左傍訓を有する漢
　　　字語彙とその索引-」, 『福井大學敎育地域科學部槪要Ⅰ: 人文科學』 51, 福
　　　井大學, 2000.

岡義武, 「日露戰爭後における新しい世代の成長(上) 明治38~大正3年」, 『思想』 512,

岩波書店, 1967.

關肇,「立志の変容: 国木田独歩「非凡なる凡人」をめぐって」,『日本近代文学』49, 日本近代文學會, 1993.

粂井輝子,「日米兩國の成功雜誌に關する一考察」,『アメリカ研究』21, アメリカ學會, 1987.

宮田節子,「朝鮮における農村振興運動: 1930年代日本ファシズムの朝鮮における展開」,『季刊 現代史』2, 現代史の會, 1973.

近藤邦康,「楊昌濟と毛澤東: 初期毛澤東の「士哲學」」,『社會科學研究』33-4, 白日書院, 1981.

大久保利謙,「中村敬宇の初期洋學思想と『西國立志編』の譯述及び刊行について: 若干の新史料の紹介とその檢討」,『史苑』26-23, 立教大學史學會, 1996.

大鳥一元,「日本最初の教科書」,『近代の本の創造史』7, 近代日本の創造史懇話會, 2009.

瀨川大,「研究動向:「修養」研究の現在」,『研究室概要』31, 東京大學大學院教育學研究科基礎教育學研究室, 2005.

馬靜,「實業之日本社の研究: 近代日本雜志史研究の序章」, 東京外國語大學 博士學位論文, 2005.

門脇厚司,「日本的立身・出世の意味變遷―近代日本の情神形成研究・覺書」,『教育社會學研究』24, 日本教育社會學會, 1969.

富田晶子,「準戰時下の朝鮮農村振興運動」,『歷史評論』377, 歷史科學協議會, 1981.

三上敦史,「雜誌『成功』の書誌的分析: 職業情報を中心に」,『愛知教育大學研究報告: 教育科學編』, 愛知教育大學, 2012.

三川知央,「『西國立志編』はどのようにして明治初期の社会に広がったのか」,『人間社会環境研究』17, 金沢大学大学院人間社会環境研究科, 2009.

_____,「明治初期の社会における「小説」の位相: 『西國立志編』の影響を中心として」, 金沢大学大學博士學位論文, 2011.

上妻隆榮,「中國の‘自力更生’について(1)」,『東亞經濟研究』41-1, 山口大學東亞經濟研究所, 967.

舩戶修一,「農山漁村経済更生運動の一試論:「自力更生」の歷史社会学的考察」,

『上智史学』42, 上智大学史学会, 1997.

小橋小玲治, 「清子は蒙古王の家庭教師となる: 大月隆『臥龍梅』(1906年)に見る女性家庭教師表象の一側面」, 『待兼山待論叢』47, 大阪大學大學院文學研究科, 2013.

松本順子, 「朝鮮における「皇國臣民」化政策の展開: 「皇國」靑年の養成を中心に」, 『史觀』86·87, 早稻田大學史學會, 1973.

松本裕司, 「「國民精神作興ニ關スル詔書」の實踐化: 大分縣公立小學校を事例として」, 『九州敎育學會硏究槪要』33, 九州敎育學會, 2005.

岩間一雄, 「東西文明の融合と衝突: 最後の変法派·楊昌濟」, 『岡山大學法學會雜誌』173, 岡山大學法學會, 2000.

王成, 「近代日本における<修養>槪念の成立」, 『日本硏究』29, 國際日本文化硏究センター, 2004.

雨田英一, 「村上俊藏『成功』思想: 近代日本修養思想―形態」, 『敎育學硏究』59-2, 日本敎育學會, 1992.

槇林滉二, 「西國立志編小考: 立身出世の內實」, 『文敎國文學』38·39, 広島文敎女子大學國文學會, 1998,

田中卓也, 「近代少年雜誌における少年讀者の共同體形成に關する一考察: 『少年世界』『少年界』の讀者の比較を通して』, 『關西敎育學會年報』35, 關西敎育學會, 2011.

田中卓也, 「近代少年向け雜誌『少年界』における一考察: 讀者の分析を中心に」, 『關西敎育學會年報』34, 關西敎育學會, 2010.

傳澤玲, 「明治30年代における立身出世考: 『成功』を中心に」, 『比較文學·文化論叢』11, 東京大學比較文學·文化硏究會, 1995.

竹內洋, 「立身出世主義の論理と機能: 明治後期·大正前期を中心に」, 『敎育社會學硏究』31, 東洋館出版社, 1976.

池川英勝, 「大垣丈夫の研究: 大韓自强会との関連を中心として」, 『朝鮮學報』119·120, 朝鮮學會, 1986.

池川英勝, 「大垣丈夫について: 彼の前半期」, 『朝鮮學報』117, 朝鮮學會, 1982.

川瀨貴也, 「植民地朝鮮における「心田開發運動」政策」, 『韓國朝鮮の文化と社會』

1, 風響社, 2002.

淺井良純, 「日帝侵略初期における朝鮮人官吏の形成について」, 『朝鮮學報』 155, 天理大學 朝鮮學會, 1995.

天川潤次郎, 「明治日本における「立身出世主義」思想の起源」, 『經濟學論究』 43, 關西學院大學經濟學硏究會, 1989.

靑野正明, 「朝鮮農村の中堅人物: 京畿道麗州の場合」, 『朝鮮學報』 141, 朝鮮學會, 1991.

土田秀明, 「パウルゼン『倫理學原理』批注への一考察: 楊昌濟と毛澤東の初期思想」, 『東洋大學大學院槪要: 文學硏究科 國文學』 49, 東洋大學大學院, 2012.

馮寶華, 「梁啓超と日本: 福澤諭吉の啓蒙思想との關聯を中心に」, 『比較文學・文化論集』 14, 東京大學比較文學・文化硏究會, 1997.

和田敦彦, 「〈立志小說〉と讀書モード: 辛苦という快樂」, 『日本文學』 48-2, 日本文學協會, 1999.

Michael Robinson, "National Identity and the Thought of Sin Cin'aeho Sadaejuui and Chuch'e in History and Politics", *Journal of Korean Studies* 5 (Seattle: Society of Korean Studies, 1984).

Timothy J. Van Compernolle, "A Utopia of Self-Help: Imagining Rural Japan in the Meiji-Era Novels of Ambition", *Harvard Journal of Asiatic Studies* 70-1 (Cambridge, Mass.: Harvard-Yenching Institute, 2010).

찾아보기

최희정

서강대학교 사학과 대학원에서
「한국 근대 지식인과 '自助論'」(2004)으로
박사학위를 받았다.
세종대학교에서 강의했으며,
현재 서강대학교에서 강의를 하고 있다.

'자조론'과 근대 한국
– 성공주의의 기원과 전파 –

초판 1쇄 | 2020년 1월 15일
초판 2쇄 | 2020년 10월 7일

지 은 이   최희정
발 행 인   한정희
발 행 처   경인문화사
편   집   김지선 유지혜 박지현 한주연
마 케 팅   전병관 하재일 유인순
출판번호   406-1973-000003호
주   소   파주시 회동길 445-1 경인빌딩 B동 4층
전   화   031-955-9300 팩 스 031-955-9310
홈페이지   www.kyunginp.co.kr
이 메 일   kyungin@kyunginp.co.kr

ISBN 978-89-499-4860-7   93910
값 23,000원

* 저자와 출판사의 동의 없는 인용 또는 발췌를 금합니다.
* 파본 및 훼손된 책은 구입하신 서점에서 교환해 드립니다.